JN409039

崇祖 외길 인생

한산이문과 나

韓山李門

호정 이상구 지음

문학공원

▮ 발간사

숭조(崇祖) 외길 인생길에서

호정(湖亭) 이 상 구

나는 목은 중시조의 20대 손이고 존양재 선조의 18대 손입니다.

80평생 그 누가 시킨 일도 아니고, 스스로 종사일을 찾아 가문의 영광된 업적과 유훈을 후손들에게 알리어 "선조의 뜻을 이어받아 새로운 내일을 열자."는 '계왕개래(繼往開來)'의 정신으로 살아온 것이 나의 일생이 되었습니다. 나아가 엷어져가는 조상숭배의 사상을 고취시키자는 소박한 마음으로 살아왔습니다.

돌이켜보면 6·25동란을 당하여 정처없는 피난길에서 이르는 곳이 서천군 한산면이었습니다. 기도하는 마음으로 선조의 사당과 묘를 참배하면서 많은 감회를 받았습니다. 그때 그 감회로 명문가의 후손이란 긍지를 가지면서 그 누군가가 조상들의 세적(世蹟)을 정리하고, 잘못된 것을 바로잡아 왜곡(歪曲)없이 밝히는 것이 후손들의 주어진 과제라고 생각했습니다.

여기에서 비롯된 나의 숭조사상은 1989년도 정부가 발표한 일산, 분당신도시 개발로 조상님들의 묘역이 아파트단지화로 위난(危難)을 맞았지만 종회유지와 유관기관의 도움이 있어 선조들의 묘역이 경기도지정 기념물 제116호 유적-분당 중앙공원-으로 정착된 그 내력을 기록으로 남겨야 한다는 염원을 한 권의 책으로 발간하니 감개가 무량합니다.

한편 선조 문양공파, 인재공파의 유적사료는 수집하였으나 미처 고증 정리하지 못한 점에 송구한 마음을 금치 못합니다. 후일을 기약하며 우선 양경공파를 중심으로 편집하였음을 밝힙니다.

이 책이 나오기까지 많은 사람들의 도움을 받았습니다. 자료 수집과 고증에 도움을 주신 문중 인종현구씨, 최근덕관장님, 이태진박사, 맹인재박사를 비롯하여 신천식교수, 임효재교수, 황재국교수 및 지방문화재위원님들, 격려와 후원 그리고 최종적으로 체제를 바로잡아 준 문중 특구교수, 정복교수, 광복교수, 연복교수, 특히 사제 항구의 도움이 컸습니다. 그리고 편집을 맡아 준 현복교수와 출판비에 도움을 준 통덕랑공휘정규파종회에 감사의 뜻을 보냅니다.

아울러 어려운 여건에도 불구하고 본서의 출판을 맡아준 도서출판 문학공원의 김순진사장님을 비롯하여 관계자 여러분께 감사드립니다.

중시조 목은 선생께서 후세에게 내린 청백근검(淸白勤儉)과 형단원결(形端源潔)의 가르침과 성균관 유학정신인 의례염치(儀禮廉恥)를 좌우명으로 하여 세적실록 정리를 계속할 것입니다.

2013년 정초 관악산 기슭에서

▌축간사

뿌리를 위한 값진 외길

성균관장 **최 근 덕**

"만물은 하늘에 뿌리를 두고 사람은 조상에 뿌리를 둔다.(萬物本乎天人本乎祖)" 그래서 사람들은 그 뿌리인 조상에게 정성을 다하여 보답해야 한다. 이를 보본반시(報本反始)라 한다. 공자가어(孔子家語)에 있는 공부자(孔夫子)의 말씀이다.

우리는 흔히 조상숭배(祖上崇拜)를 말한다. 우리의 전통사상이 이에 바탕을 두고 있기 때문이다. 그러나 18세기 이후 서양의 문물(文物), 특히 과학(科學) 기계문명(機械文明)이 홍수처럼 밀려들면서 이러한 우리의 미풍양속(美風良俗)이 희미해지기 시작했고 현대에 이르러 날로 사그라지고 있다. 뿌리를 잊어버리고 있는 것이다.

호정(湖亭) 이상구(李庠求)선생은 이러한 풍조(風潮)에 맞서 외롭게 보본반시(報本反始)를 지켜온 분이다.

명문갑족(名門甲族) 출신인 호정은 어릴 적 익힌 유가(儒家) 법도(法度)를 그대로 지켜 가풍(家風)을 세우고 위선사업(爲先事業)에 헌신해 왔다. 그 사업들을 일일이 명기(明記)하기 어려울 정도다.

특히 고려(高麗) 신유학(新儒學) 수용기(受容期)에 결정적 역할을 한 대학자(大學者)이자 명현(名賢)이신 가정(稼亭) 이곡(李穀), 목은(牧隱) 이색(李穡) 부자(父子)분의 현창(顯彰) 재조명(再照明) 성사(盛事)에는 필자도 참여한 바 있어 그 열성(熱誠)을 실감하고 있다.

호정 본인도 성균관 유업(儒業)에 참여해 전학(典學), 전의(典儀), 부관장(副館長)을 거쳐 지금은 고문(顧問)으로 앞장서고 있고 해마다 공부자(孔夫子) 탄강일(誕降日)에 올리는 추기석전(秋期釋奠)에는 호정의 주선으로 '목은효도대상(牧隱孝道大賞)'을 시상하고 있다.

이를 미루어 보면 명문(名門) 한산(韓山) 이씨(李氏) 대종회(大宗會) 분위기도 짐작할 수 있다.

오늘의 성균관(成均館)은 목은(牧隱) 선생께서 끼치신 중흥(中興)의 적공(積功)을 잊을 수 없다. 의당 문묘(文廟) 배향(配享)으로 보답해야 된다는 것을 익히 알고 있다.

호정 고문께서 걸어오신 팔순 생애를 뒤돌아보고 그 사이 헌신하신 위선사업도 낱낱이 일곁는 인생역정(人生歷程)을 한 권의 책으로 출간한다고 하니 경하(慶賀)하지 않을 수 없다,

오늘은 말할 것도 없고 내일의 후생(後生)들에게 값진 교본(敎本)이 될 것이다.

계사(癸巳) 2013년 입춘절(立春節)

성균관장(成均館長) **최 근 덕(崔根德)** 성지(誠之)

▮ 편집인의 말

선조 세적실록 편집을 맡으며

현산 이 현 복

언제부터인가 김제공의 12대 종손으로서 나에게 주어진 일이 무엇일까를 생각했습니다. 나의 뿌리를 알고, 나아가서 후손들에게 우리는 <자랑스런 한산인의 후예들>임을 밝히고 싶었습니다. 선조의 위업과 행적을 널리 일려 우리나라 삼대명가의 후손된 긍지를 이어갔으면 하는 바람이었습니다.

자료를 구하던 중 상구 아저씨를 만나 의론하는 가운데 상상을 초월한 방대한 자료를 받고 당황했습니다. 그리고 두려웠습니다.

우선 아저씨의 숭조정신에서 비롯된 견고한 윤리의식, 해박한 지식, 기록에 근거한 정확한 자료, 답사와 전문가와의 면담을 통한 고증을 보았기 때문입니다. 그래도 이를 정리하는 것이 나에게 주어진 과제라 생각했습니다.

이에『한산이문과 나』란 표제를 붙여 편집을 하겠다고 결심하였습니다. 이는 나에게는 영광이고 우리 한산이문 모두의 보감입니다.

편집을 하면서 아저씨의 그 숭조정신에 경의를 표하며 아저씨의 그 정신에 누가 되지 않도록 성의껏 정성을 다했습니다.

이 책 편집의 기회를 주신 아저씨께 마음으로부터 고마움을 전합니다.

한산이씨 사진자료

목은 이색 선조님

1. 호장공 휘 윤경 묘비 복원비
2. 목은 이색 선조 상
3. 시조 호장공 휘 윤경 묘소
4. 가정선생 휘 곡 묘소

1

昨過永明寺暫登浮碧樓城空月一片石老雲千秋麟馬去不返天孫何處遊長嘯倚風磴山青江自流

牧隱

2

3

4

1. 목은선생 휘 색 유묵

2. 목은선생 묘소

3. 목은선생 영당

4. 목은선생 시비

1. 목은선생 신도비

2. 목은선생 연보 판각

3. 여주신륵사 강월헌(목은선생이 독서와 낚시를 하던 곳이라 전해짐)

4. 한산이씨대종회 현판

1. 분당중앙공원

2. 분당중앙공원 내 세장산 한산이씨 묘역

3. 분당중앙공원 내 돌마각

4. 양경공 휘 종선 묘소

1. 양경공 휘 종선 신도비

2. 양경공 휘 종선 묘갈

3. 문열공 휘 계전 묘

4. 문열공 휘 계전 불조묘

1. 문열공 휘 계전 제실

3. 한원군 휘 장윤 묘

2. 문열공(존양제) 휘 계전 신도비
4. 음애공 휘 자 신도비
5. 음애공 휘 자 사당

1. 한성군 휘 질 묘

2. 송와공 휘 기 · 배위 남양홍씨 합폄 묘

3. 송와공 휘 기 신도비각

4. 전부공 휘 원 합폄 묘

5. 아천부원군 휘 증 합폄 묘

1. 분당중앙공원 내 ①삼세 유사비 ②이증 신도비 ③이경류 정려비 ④이정룡 신도비

2. 아계공 휘 산해 묘

3. 아계공 휘 산해 사당

1.통제사공 휘 경심 두룡포 기사비

2. 좌랑공 휘 경류 의발 묘

3. 죄랑공 휘 경류 묘비

4. 좌랑공 휘 경류 묘갈

崇祖 외길 인생

한산이문과 나

韓山李門

호정 이상구 지음

문학공원

차 례(次例)

一부. 시조 호장공 묘비 복원

二부. 가정 이곡선생(稼亭 李穀 先生)

三부. 목은 이색선생(牧隱 李穡 先生)

四부. 양경공 휘 종선(良景公諱 種善)

五부. 문열공 휘 계전 존양재(文烈公諱季甸 存養齋)

六부. 대사성공 휘 우(大司成公 諱 堣)

七부. 영장산 분당중앙공원

八부. 경기도지정문화재

九부. 세보간행 및 도서출판 참여(世譜刊行 및 圖書出版 參與)

十부. 묘비건수(墓碑建竪)와 비문찬(碑文撰)

十一부. 나의 태(胎)가 묻힌 곳

十二. 생업(生業)

十三. 활동(活動)

十四부. 기타(其他)

一부

시조 호장공 묘비 복원

始祖 戶長公 墓碑 復原

一부. 시조 호장공 묘비 복원 (始祖 戶長公 墓碑 復原)

1. 선조묘역 견문기(先祖墓域 見聞記)

견문기는 한국동란을 1950년 6월 25일 북한군에 의해 불법남침을 감행하여 동족상쟁(同族相爭)으로 무방비한 한국군은 많은 희생을 당하여, 정부는 한국군과 남하할 수밖에 없었다. 국군은 재정비하고 UN군의 지원을 받아 반전(反轉)하여 평양(平壤)을 함락하고 압록강까지 진격하니 이제 남북통일이 목전에 이르렀다. 이에 중공군이 개입하여 인해전술로 밀고 내려와 수도 서울을 빼앗겨 불가부득 1.4후퇴(後退)로 전례 없는 혹독한 설한풍(雪寒風)에 남하 피란을 떠나야 했다.

당시 나는 중학교 5학년으로, 중학교 2학년인 내 아우 항구(恒求)를 데리고 무작정 길을 떠나야 했다. 포탄이 앞뒤로 떨어지고 칠흑같이 어두운 밤 피난길을 조명탄이 대낮같이 밝히는 전쟁진중(戰爭陣中)을 무사히 통과하여 나는 정처 없이 남쪽을 향해 가는데 동행인들은 친척 있는 목적지를 향해 부지런히 발걸음을 옮긴다. 곰곰이 발길을 옮기면서 생각나기를 연고가 없는 나로서는 옛 조상님 곁으로 간다고 생각하니 발길이 매우 가벼워졌다. 아무것도 가진 것 없이 동가숙서가식(東家宿西家食)으로 염치없이 피난동행인을 따라가는데 배도 고프고 발이 부르터도 구명도생으로 도리 없이 참고 견뎌서 서천(舒川) 땅 한산(韓山)에 당도하여 옛 조상(祖上)님이 세장(世葬)된 광현(光峴)에 가정선생(稼亭先生) 묘소재실(墓所齋室)에 수호인(守護人) 박흥서(朴興緖)씨에게 인사하고, 박씨가 배석(拜席)을 들고 안내를 받아 성묘(省墓)하였다.

박씨는 3대(代)에 긍(亘)하여 수호해왔다고 한다. 소죽을 쑤는 사랑방안이 매우 따듯하기에 '오늘밤 이곳에 유(留)해도 되겠습니까?'하였더니 쾌히 승낙을 하면서 이곳에서 피난을 마치도록 권하여 천만 뜻밖에도 감사한 말에 눈물겹도록 고마웠다. 박씨는 "한산이씨 후손으로 조상님 곁으로 찾아와 전쟁으로 인한 피난을 하겠다는 학생 형제분을 어찌 거절하겠는가, 불편하더라도 몸성히 지내고 돌아가라."고 한다. 이 말을 을 때 마치 가정 할아버지께서 하시는 말씀으로 착각되었다. 또한 밤이면 우리 선조님들의 일화, 전설의 역사 공부를 뜻있고 재미있게 들어 지금까지도 기억에 생생하다. 우리는 서천군내 사산(四山)에 계신 선조인 시조묘(始祖墓)를 우선 찾아 성묘하며 간밤에 들은 전설, 설화를 생각하며 주위(周圍)를 살펴보았다. 양지바르고 포근하여 아이들이 산소봉분에서 미끄럼을 타던 흔적을 볼 수가 있었고, 거대한 알봉이 3개가 있어서 전설을 뒷받침하고 있었다.

한산이씨 시조(始祖)는 휘 윤경(諱 允卿) 권지호장(權知戶長)이시다. 고려 성종 2년(서기 983) 계미(癸未)에 처음으로 12목(牧) 향리(鄕吏)를 두었는데 직함(職銜)을 보면 당대등(當代等)을 호장이라 했다. 세상에 전하기를 공(公)은 호장으로 서 관(官)의 곡식을 맡은지 여러 해에 출납하는 것이 매우 공정해서 백성들이 그 혜택을 입었고 또 소위 간색(看色)을 볼 때에, 즉 곡식을 계량(計量)할 때 넘쳐흐른 곡식은 취급하는 관리(官吏)들의 몫이어서 사용으로 돌리던 것을 인제 없애니 이로부터 한산의 창고 곡식 만은 유독 색락(色落)이라는 것이 없었다. 이것은 오로지 공(公)의 남긴 혜택(惠澤)으로서 군민(郡民)이 공의 덕(德)을 추모하여 목우상(木偶像)을 만들어 성황묘(城隍廟)안에 봉안(奉安)하고 춘추로 제사를 지냈다 한다.

아드님 휘 인간(諱仁幹) 정조호장(正朝戶長)이시며 자(子)는 휘 효진(諱孝進) 비서랑공(秘書郞公)이시다. 아드님 휘 창세(諱昌世) 판도판서공(版圖判書公)에 이르기까지 사대(四代)의 묘소와 배위(配位) 그리고 생졸

업적(生卒業績) 등의 기록이 없어 후손들은 항상 지금도 안타깝게 여기며 살아온 것이다.

옛 노인의 전하는 말에 호장공 묘소가 한산고을의 오른쪽에 있었는데 관부(官府)를 옮겨 세울 때 그 담 안으로 들어갔노라고 하였다. 일찍이 거기에서 지석(誌石)을 보았으나 이를 숨기는 자가 있어서 드디어 자취가 없어지고 말았다. 고을에 아직 살아있는 노인이 그곳을 가리키며 슬퍼한지 오래였으나 이제껏 찾아내지 못한 것은 대개 관아(官衙)안에 있었기 때문일 것이다.

2. 시조 산소를 찾아 삼은공 휘 승오 찬비를 세우다

1880년(高宗 17년) 내아(內衙: 관청) 안채가 무너졌는데 이듬해 여러 종족들이 현감 승우(承祐: 삼척부사공, 좌랑공댁 감사공 휘집(諱潗)의 6대손)을 보내어 나흘 동안 파헤쳐 해좌(亥坐)지점에서 석곽(石槨)을 찾아 냈으며 동지중추부사(同知中樞府使) 휘 회재(諱晦在: 감사공의 5대손)와 승대(承大: 참판공 휘 경함. 慶涵의 9대손)는 봉분(封墳)을 수축(修築)하고 묘역을 정리하는 역사를 주관(主管)하였는데 묘하게도 묘전(墓前)에는 우람하고 큰 알봉 3개가 있어 풍수상(風水上) 묘의 형국(形局)이 금닭이 알을 품고 있는 형상 즉 금계포란형(金鷄抱卵形)이라 한다. 자연적으로 형성(形成)된 알봉 3개는 명당인 묘(墓)와의 관계가 범상(凡常)치 않을 것이다.

고노(古老)들의 가리키는 곳을 파보니 석광(石壙)이 분명했으나 어느 대(代)의 산소인 것은 단정할 수가 없었다.

묘표(墓表)를 세운 것은 그로부터 6년 후인 1882년 4월 충청도 관찰사(忠淸道 觀察使) 삼은공 휘 승오(三隱公 諱 承五)께서 찬문(撰文)하여 세웠다. 그 후 세월이 흘러 비문이 풍마우세(風磨雨洗)하여 알아보기 어렵던 차에 전란(戰亂)의 병화(兵禍)로 비신(碑身)이 파괴되어 땅에 묻었다고 한다. 묘표문(墓表文)은 고려 권지호장 이공지묘(高麗 權知戶長 李公之墓)라고만 쓰고 휘자(諱字)는 쓰지 않았다.

가정공(稼亭公) 묘수호인(墓守護人) 박홍서씨의 전설(傳說)은 이 고을에 부임(赴任)하는 원님은 관아(官衙)의 마루가 일부 부식(腐蝕)되어 자주 교체하는 일로써 그 관아(官衙)에서 일하는 호장이 썩어가는 마룻장을 예사로운 일이 아님을 유념하고 있던 중 어느 날 원님이 귀한 손님을 모시고 와서 썩어가는 마룻장 앞에 앉아 호장에게 계란 3개를 가져와 이 마룻장 밑에 짚을 깔고 계란을 놓으라 하여, 계란을 몰래 끓는 물에 담

▲ 시조 호장공 이하 3세, 諱 仁幹, 孝進, 昌世 墓가 실전되어온 지 수백 년 시제 궐사로 봉화공파종회 지원으로 신단비를 세우고 시제를 봉향하게 되었다. (2011년)

갔다가 마루 밑에 놓고 기다리는데 20일 만에 그 손님이 와서 묻었던 계란을 가져오라 하여 가져다 대령하니, 곯은 알을 보며 손님은 이곳이 금계포란형으로 관아 앞에 3개의 알봉이 형성되어 있으니 필시 대지명당일 터인데 자기의 배움이 미급(未及)하다며 낙심천만하고 돌아간 후, 호장은 그 마루 밑에 조상을 암장(暗葬)하고 자손에게만 전승(傳承)하였다는 전설이다.

3. 공적비(功績碑)에 하자(瑕疵)가 있어 복원비(復原碑)로 고쳐 세우다

1992년도에 한산이씨 대종회 이사장 전정부차관(前政府次官) 진복(晉馥)씨는 종중임원회에서 전임이사장 현송인구(玄松仁求)씨가 작고(作故)하신지 어느 덧 대상(大祥)이 되어 임기 중 많은 공헌을 하신 업적이 지대(至大)함을 기리기 위해 공적비(功績碑)건립 건(件)을 의결하고 모금운동(募金運動)이 한창일 때 나는 한산이씨 한평군파 영상족보(韓山李氏韓平君派 映像族譜) 제작(製作) 촬영(撮影)으로 충청도관찰사 홍문관예문관 제학(忠淸道觀察使 弘文館藝文館 提學) 등 고루 벼슬하신 삼은공 휘 승오(三隱公 諱 承五)묘소에 갔다가, 너무도 황당(荒唐)하여 되돌아왔다. 삼은공은 예조(禮曹), 이조(吏曹), 공조(工曹), 형조판서(刑曹判書)를 역임하시고 시조 묘를 찾아 묘비(墓碑)를 세워드린 공적(功績)이 많으신 어른의 묘비(墓碑)하나 없이 아무도 돌보지 않는 고총(古塚)과 같았다.

우리 한산이씨는 시조 묘소를 실전(失傳)하고 살아온지 800여년을 이어오는 동안 죄송하고 부끄러운 중에도 타성(他姓)으로부터 명문거족(名門巨族)이라고 일컬어져 들어왔다. 그러나 한편 시조의 묘를 103년 전인 1882년 임오(壬午)에 찾아주신 휘 승우(諱 承祐), 휘 회재(諱 晦在), 휘 승대(諱 承大)씨와 비문(碑文)을 찬(撰)하여 묘비(墓碑)를 세워주신 어른들의 묘도(墓道)가 이와 같아, 나는 대종회(大宗會)에 가서 이사장님께 이 사실을 말하고 마침 전임 이사장님의 공적비 건립에 모금하고 있으니 함께 추진하여 주기를 간절히 요망 하였다. 출연금(出捐金)을 더 거두어야 하는데, 나에게도 협조를 부탁하심으로 한평군파 종회에서도 거두어 출연하였다.

1992년 12월 6일 공적비(功績碑) 제막식(除幕式)에 참여해달라 통지를 받고 비문(碑文)을 살펴보니 목은선생의 17대손 삼은공 승오를 18대손으로, 관(官)은 호조판서(戶曹判書)를 공조참판(工曹參判)으로, 고조비(高祖妣)를 비(妣)로, 정부인 안동권씨(貞夫人 安東權氏)를 정부인 안동김씨(貞夫人 安東金氏) 등으로 비문에 하자(瑕疵)가 많이 있어 도저히 그대로 세울 수는 없다며 한평군과 종인(宗人)들이 크게 노(怒)하여 현장(現場)에 가서 항의(抗議)하며 저항하게 이르렀다. 추진위원장을 비롯한 임원들이 다시 고쳐 세우는데 동의하고 이날 제막식에 군내(郡內) 인사를 많이 초청해놓은 상태임으로 자제(自制)하여 더 이상의 소요는 없었다. 그 후 2개년이 지나도 고쳐 세울 기미가 없고, 나에게도 참을 수없는 항의가 빗발쳐 수시로 이사장님과 추진위원장님께 독촉하였으나 돈이 없다는 말만 되풀이함에 회의(懷疑)를 느낀 나머지 당초(當初)에 삼은공의 공적비건립 청원(請願)한 나 자신이 죄의식(罪意識)에서 벗어 날 수가 없었다.

어느 날 대종회에서 추진위원장을 만나게 되어 매우 거북한 자리 였지만 공적비(功績碑) 추진위를 소집해달라고 강력히 요구하였다. 무책임한 위 원들은 이미 해산된 상태인데 이제 소집에 얼마나 참여할지 걱정된다고 한다. 참으로 한심한 분들이다. 그러나 당시의 위원들이 거의 다 참석하여 서로 얼굴만 마주보며 말이 없다. 침묵이 흐르자 위원장이 오랜만에 오늘 이 자리를 마련한 것은 삼은공의 공적비개수를 아직도 못한 죄만스러운 책임자로서 신림동 상구씨로부터 소집요구가 이루어 졌다는 말만 있고, 해결방안의 토의가 없자, 답답한 어느 위원이 방안이 무엇인가로 발언하니 위원장 대답이 신림동 상구씨의 복안이 있는 상 싶으니 들어보자고 말하기에, 나는 여러 위원님들이 2년 전 묘비제막식날 소요를 기억하시리라 믿습니다. 2개년이 지난 지금까지 아무 대책 없이 방치하고 있으니 한산이씨대종회에 최고의 인격과 품위를 갖추신 분들로 위와 같이 무책임한 분들이라고는 믿기지 않았는데, 도리 없이 내가 빚이라도 내어 개수(改竪)하겠으니 비문(碑文)은 삼은공이 찬(撰)한 원문(原文)을 복원(復原) 하겠으니 승인(承認)해주십시요 했다. 승인을 받고 위원님들의 표정은 각색(各色)이었다. 명예욕에 다투어 종회에 임원이 되면 책임과 의무도 같이 져야 하는 것이 보편적 상식이 아니겠는가? 참으로 개탄(慨歎)해 마지않는다.

▲ 고려호장이공지묘를 한산이씨 시조 고려권지호장공 윤경지묘로 2011년 10월 시향제제막 봉화공파종회지원으로 개비

주로 한산에서 종사에 책임을 지고 열정(劣情)으로 일을 하시는 한산지회장 이신 항규(伉珪)씨 외 홍구(鴻求), 석구(錫求)씨 등 그곳 임원님들의 협조를 받고, 기문(記文)은 율산 은규(栗山 殷珪)씨, 글씨는 관해 윤구(觀海 潤求)씨, 전서(篆書)는 국사편찬조사위원 인종 현구(寅鍾 賢求)씨 등의 협조로 1994년 10월 0일에 제막한다는 통지(通知)를 하였으나 대종회 부이사장 이선규(李宣珪)씨 만이 금일봉을 갖고 오시어 격려하셨다. 나는 이번종사를 통하여 많은 것을 느꼈고, 잘못된 비(碑)를 새로 고쳐 세우고 나니 눈물겹도록 기뻤다.

그간 적극적으로 협조해 주시고 무사히 제막(除幕)을 하도록 도와주신 여러분에게 심심한 위로와 감사의 뜻을 표합니다.

4. 고려권지호장공묘비문원문

아이자시조호장부군세장한산군보운호장공이하지판서공사세묘
소실전고로전설호장공묘재한산고읍지우관부이건시입어관부장
내상유견기지석이휘지자적수민언군지유로지점이자차자구의상
미굴지추심자개이군아재야세병자아지내사비월명년제종견현감
승우굴심사일득석곽어해좌지지즉아지청사지이과합어보재사방
래관자막불책책어왈차한산이씨시조묘야신호전설지불무인이군
아우기좌수십보개봉이축지시기역자동지회재급승대야근안부군
휘윤경고려권지호장배위급생졸일불전남인간정조호장손충진호
장효진비서랑비서생창세판도판서판서생자성감무증찬성찬성생
삼남장배서승차축차곡문효공가정선생가정생색문정공목은선생
세전공이호장장공곡누년이조적심평민수기혜소위간색낙정지곡
예귀사용자역일절제지자시한산창곡독무색낙시공지유택군인추
모공덕이목우상봉안어성황묘중춘추천향언절유부군누적지덕필
다가기세원막징유견지엽지무기본근가험자려흘금육백여사익번
이창수위망족기비여음유기여제종청기기사우석자활기개여시운

숭정오년임오 사월 일

후손 가선대부충청도관찰사 승오

高麗權知戶長公墓碑文原文

我李自始祖戶長府君世葬韓山郡譜云戶長公以下至判書公四世墓所失傳古老傳說戶長公墓在韓山古邑之右官府移建時入於官府墻內嘗有見其誌石而諱之者跡遂泯焉郡之遺老指點而咨嗟者舊矣尙未掘之推尋者盖以郡衙在也歲丙子衙之內舍圮越明年諸宗遣縣監承祐掘尋四日得石槨於亥坐之地卽衙之廳舍址而果合於譜載四方來觀者莫不嘖嘖語曰此韓山李氏始祖墓也信乎傳說之不誣因移郡衙于其左數十步改封而築之尸其役者同知晦在及承大也謹按府君諱允卿高麗權知戶長配位及生卒佚不傳男仁幹正朝戶長孫忠進戶長孝進秘書郎秘書生昌世判圖判書判書生自成監務贈贊成贊成生三男長培署丞次畜次穀文孝公稼亭先生稼亭生穡文靖公牧隱先生世傳公以戶長掌公穀累年而糶糴甚平民受其惠所謂看色落庭之穀例歸私用者亦一切除之自是韓山倉穀獨無色落是公之遺澤郡人追慕公德以木偶像奉安於城隍廟中春秋薦香焉竊惟府君累積之德必多可記世遠莫徵惟見枝葉之茂其本根可驗自麗迄今六百餘祀益繁而昌遂爲望族豈非餘蔭攸暨歟諸宗請記其事于石玆撮其槩如是云

崇禎五年壬午 四月 日

後孫 嘉善大夫忠淸道觀察使 承五 撰

5. 호장공 묘비 번역문(戶長公 墓碑 飜譯文)

우리 이씨는 시조 호장부군으로부터 대대로 한산고을에 잠시 지내왔다. 족보에는 호장공 이하 판서공에 이르기까지 사대(四代)의 묘소가 실전된 것으로 적혀 있다. 옛 노인의 전하는 말에 호장공의 묘소가 한산고을에 오른쪽에 있었는데 관부를 옮겨 세울 때 그 담 안으로 들어갔노라고 하였다. 일찍이 거기에서 지석을 보았으나 이를 숨기는 자가 있어서 드디어 자취가 없어지고 말았다. 고을에 아직 살아있는 노인이 그 곳을 가리키며 슬퍼한지 오래었으나 이제껏 찾아내지 못한 것은 대개 관아의 청사가 있었기 때문일 것이다.

병자년에 관아의 안채가 무너졌는데 이듬해 여러 종족들이 현감 승우를 보내어 나흘 동안 파헤쳐 해좌 지점에서 석곽을 찾아내니, 이곳은 바로 관아의 청사 터로서 과연 족보에 기재되어 있는 바와 같았다. 사방에서 찾아와 보는 이들이 모두 칭송하여 말하기를 이는 틀림없는 한산이씨 시조의 묘소라고 하니 전해오는 말이 거짓이 아니었음을 믿을 수 있다. 이리하여 그 왼쪽 수십 보 쯤 되는 곳으로 군 청사를 옮기고, 묘소를 고쳐 봉분을 쌓았는데, 이 역사를 주관한 이는 동지 회재(同知 晦在)와 승대(承大)였다.

삼가 상고하건데 부군의 휘는 윤경(允卿)이니 고려 권지호장으로 그 배위와 생졸연대는 실전되었다. 아드님 인간(仁幹)은 정조호장이며. 손자 충진(忠進)은 호장이요, 다음 효진(孝進)은 비서랑인데, 그 비서랑이 판도판서 창세(昌世)를 낳았다. 판도판서가 자성(自成)을 낳았으니 감무로서 증 찬성이다. 찬성이 세 아드님을 낳았으니 맏이는 배(培)이요 서승(署丞)이다. 다음은 축(畜)이요, 셋째로 곡(穀)이니 문효공 가정선생(文孝公稼亭先生)이요. 가정은 색(穡)을 낳았으니 곧 문정공 목은선생(文靖公牧隱先生)이시다.

세상에 전하기를 공은 호장으로서 관청 곡식을 맡은지 여러 해에 출납하는 일이 심히 공평하여 백성들이 그 혜택을 입었다. 이른바 간색(看色)이라 하여 뜰에 떨어진 곡식을 의례히 사용으로 돌리던 것을 일체 없애버리니, 이로부터 한산 창고의 곡식만은 유독 색락(色落)이란 것이 없게 되었다. 이는 오로지 공이 남긴 혜택으로서 군내 사람들이 공의 덕을 추모하여 목우상(木偶像)을 만들어 성황묘(城隍廟)속에 모셔놓고 봄・가을로 제사를 지내었다. 그윽이 생각하건대 부군께서 오랫동안 쌓은 덕에 대하여는 반드시 기록한 것이 많을 터이나, 세대가 멀리 떨어져 증거할 길이 없으니 오직 가지와 잎이 무성한 것을 보면 그 근본 뿌리가 어떠했다는 것을 알 수 있을 뿐이다. 고려로부터 지금까지 육백여 년이 지났는데, 더욱 번창해져서 드디어 누구나 우러러 보는 종족이 되었으니, 이 어찌 부군이 남기신 음덕의 소치가 아니겠는가? 여러 종족들이 그 일을 돌에 써 달라고 청하므로 여기에 그 대략을 간추려 이와 같이 적는다.

숭정 5년(崇禎 五年) 임오(壬午) 四月 日 (서기 1882년)

후손 가선대부 충청도관찰사 순찰사 승오 지음

後孫 嘉善大夫 忠淸道觀察使 巡察使 承五 지음

삼은공 휘 승오찬비 원문(三隱公 諱 承五 撰碑 原文)으로

복원(復原)한 기문(記文)

위 원문(原文)은 충청도 관찰사 순찰사(忠淸道 觀察使 巡察使) 삼은공 승오씨께서 장구 한세월 한산군 청사의 관장내(官墻內)에 묻혀 실전되었던 우리 시조호장공의 묘소를 찾게 된 경위를 약술한 글이다. 현감 승우(縣監承祐)씨는 여러 종족들의 협조하에 4일간 땅속을 파헤쳐 석곽(石槨)을 찾아냈으며 동지 회재(同知 晦在)와 승대(承大) 양씨(兩氏)는 봉분(封

墳)을 수축(修築)하고 묘역을 정리하는 역사(役事)를 주관하였는데, 이 묘표(墓表)를 지어 세운 것은 그로부터 6년 후의 일이었다. 그 뒤로 세월이 흘러 백년이 경과하는 동안에 비문은 풍마우세(風磨雨洗)하여 판독하기 어렵던 중 전란의 병화(兵火)로 말미암아 비신(碑身)이 부러져서 지난 1975년에 땅에 묻어 지금은 표석(表石)만 있을 뿐이다. 이제 이를 안타깝게 여기던 몇 분들이 정성을 모아 돌을 다듬고 묘표원문과 번역문을 함께 새겨 삼가 이 복원비(復原碑)를 세우는 바이다.

1994年 甲戌 10月 日

후예 손(後裔 孫) 은규(殷珪) 근기(謹記)

후예 손 윤구(潤求) 근서(謹書)

후예 손 상구(庠求) 근수(謹竪)

6. 시조(始祖)라 함은 성본(姓本) 겨레의 맨 처음이 되는 조상(祖上)

사람은 누구나 조상으로 이어져 부모로부터 태어난다. 인간은 만물지중(萬物之衆)에 영장(靈長)이라 하였다. 나로부터 소급(遡及)해 아득한 태초에 나를 있게 한 인간이 시조(始祖)라 할 것이다.

우리 한산이씨(韓山李氏)는 같은 뿌리이면서 시조를 달리하는 두 계(系)로 이루어진다. 그중 하나는 고려충숙왕 때 원(元)나라 제과(制科)에 급제하여 원에서 한림국사원 검열(翰林國史院 檢閱)을 지냈고, 충목왕(忠穆王) 때 귀국하여 정당문학(政堂文學)과 도첨의찬성사(都僉議贊成事)에 올라 한산군(韓山君)에 봉해진 이곡(李穀)의 5대조인 이윤경(李允卿)을 시조(始祖)로 하는 권지호장공계(權知戶長公系)(보통호장공계라 부름)이고, 나머지 하나는 고려 충열왕 때 광정대부 도첨의참리 상호군검교대장군(匡正大夫 都僉議參理 上護軍檢校大將軍)에 오르고 역시 한주군(韓州君)(한산의 별호)에 봉해진 이무(李茂)의 2대조인 이윤우(李允佑)를 시조로 하는 권지공계(權知公系)이다.

호장공계의 세록(世祿)편에는 시조(始祖)는 이윤경(李允卿)이라 했고, 그 이전에도 선조가 있었겠지만 지금은 알지 못한다고 했다. 그리고 권지공계의 세록 편에 의하면 시조는 이윤우(李允佑)라 하면서 그 이전에 대하여는 전하는바가 없다고 했다.

호장공 묘표석(戶長公 墓表石)에는 고려 권지호장 이공 지묘(高麗 權知戶長 李公 之墓)로 휘자(諱字)가 빠져있어 항상 의아(疑訝)해왔다. 경신보(庚申譜)로부터 을사보(乙巳譜)에 호장공 이하 판서공(判書公)묘를 실전(失傳)하여 옛 노인들의 전설(傳說)로 묘(墓)가 한산고읍에 관부(官府)를 옮겨 지을 때 담장 안에 있다고 이르기에 어느 대(代) 묘인지를 알 수 없어 휘자를 쓰지 않았다고 기록되었다.

그리고 휘 인간(諱 仁幹)과 휘 효진(諱孝進)의 양대(兩代)를 한 줄에 써서 형제(兄弟)처럼 을사보(乙巳譜)에 이르기까지 사대보(四大譜)에 기록되어 있던 것을 대동계도보(大同系圖譜)부터 전부정시술(典簿丁時述)의 집에 간직된 제성보(諸姓譜)애 선조의 휘 윤경(諱允卿)의 자(子)의 휘는 인간(仁幹)이요, 인간의 장남(長男)의 휘는 충진(忠進)이며, 차남의 휘는 효진(孝進)이라고 쓰여 있어 부자 간(父子間)으로 고쳐썼다. 또한 시조의 표기도 문양공파세보(文襄公派世譜), 인재공파세보(麟齋公派世譜), 양경공파세보(良景公派世譜)에는 모두 시조 윤경(始祖 允卿)으로 기록되어 있으니 시조묘비(始祖墓碑)도 개수(改竪)해야 마땅하다.

묘비를 고쳐 세우기 위하여 봉화공파종회(奉化公派宗會)에서 발의(發議)하여 종래(從來)실전(失傳)하여 궐사(闕祀)되었던 고려 정조호장 휘 인간(高麗 正朝戶長 諱 仁幹)이하 삼세비(三世碑)를 시조 호장공 묘역(始祖 戶長公 墓域)에 설단(設壇)하여 제향(祭享)을 받들기로 결의(決議)하였고, 묘비(墓碑)는 "한산이씨 시조 고려 권지호장공 윤경 지묘(韓山李氏始祖 高麗 權知戶長公 允卿之墓" 음기(陰記)는 삼은공 승오 찬(三隱公承 五撰)으로 한산이씨대종회이사장 이윤구(韓山李氏大宗會 理事長 李潤求)로 개수(改竪)하여, 2011년 신묘(辛卯) 음력 10월 14일 시제(時祭)에 전국 도처에서 참예(參詣)한 많은 후손들에 의해 엄수하였다.

이상과 같이 위선사업(爲先事業)에 헌신한 봉화공파이사장 계원(啓遠)씨를 비롯하여 상임이사 근복(根馥)씨, 양경공파이사장 수복(壽馥)씨 대종회이사장님을 비롯하여 사무처장장 명원(明遠)씨 등 각 임원진들의 위선사업(爲先事業)에 관한한 진취적이며 합리성으로 실천함에 첨종(僉宗) 모두가 동참하고 있다.

수백 년 간 조상님들이 하고져 해도 무지(無知)했거나 경제력의 유무(有無)를 막론하고 미루어온 대소종회(大小宗會)사업들이 근간(近間)에 하나하나 풀려 괄목할만한 업적으로 후손들에게 전승(傳承)하여 가정선생, 목은선생의 유훈(遺訓)과 정훈(庭訓)을 계승한 현달(顯達)한 조상님들의 업적과 한산이씨의 위상을 높여줌으로써 더욱 계승 발전해갈 것으로 믿는다.

2011년 신묘(辛卯) 11월 일

二부

가정 이곡 선생
稼亭 李穀 先生

二부. 가정 이곡선생(稼亭 李穀先生)

1. 가정집(稼亭集) 중 14권부터 20권의 원본과 영인본을 성균관 존경각(成均館 尊經閣)에서 복사해오다

가정문효공선조의 문집은 20권중 1권부터 13권까지는 민수 이석구(民樹 李奭求)씨의 국역(國譯)으로 1980년도 6월에 한산이씨대종회 이사장 인구(仁求)씨의 발행으로『국역가정집목은집부원문(國譯稼亭集牧隱集附原文)』으로 나와 있으나 아직까지도 가정집 14권부터 20권까지는 원문조차 쉽게 찾아볼 수 없어서 궁금하고 또한 세화 P&C제약회사 회장이신 이석규(李錫珪)씨를 만날 때마다 원본을 어떻게든지 찾아보라는 간곡한 말씀에 항상 마음속에 간직하고 있었다. 2007년도 2월에 성균관존경각(成均館 尊經閣)에 들려 가정집의 유무를 문의한 바 영인본(影印本)과 원본(原本)이 있다는 말에 너무도 놀랍고 고무(鼓舞)되어 등하불명(燈下不明)이라더니 나로서는 성균관 출입이 십여 년이 되었으면서도 이제야 볼 수 있다는 것에 희열을 느낀다.

옛말에 뜻이 있으면 길이 있고, 진실로 마음속에 각인되면 언젠가 이루어지듯 나는 영인본 복사를 부탁하여 전권(全卷)의 복사물을 석규(錫珪)씨에게 드렸더니, 그토록 좋아하시며 너무나 애쓰고 수고가 많았다며

'오늘같이 기쁜 일이 있을 수 있나.'하며 따라오라고 앞장을 서신 아저씨의 뒷모습과 발걸음이 그렇게 아름답고 경쾌(輕快)함을 처음 보았다. 번역은 안 되었지만 우선 복사를 30부만 해서 나눠 주겠다고 하기에 만류하였으나 기어코 복사하고 제본까지 하여 나누어 주었다. 그 후, 알고 보니 목은연구회에서 민족문화연구소에 번역을 의뢰하여 작업이 진행 중이라고 들었다. 참으로 다행한 일이다. 석규씨는 항상 가정선생(稼亭先生)의 문집 번역에 관한 관심사가 풀려 언제쯤 보게 되느냐고 성급해 하신다. 석규(錫珪)씨는 치환(齒患)으로 고생이시다. 식사보다 술을 더 즐겨하시고 나를 만나면 이런저런 이야기가 끊이질 않는다. 병원치료 중에도 『가정집(稼亭集)』 번역에 대하여 걱정을 하기에 심려를 놓으시라고 하며. 속히 회복하시기를 기원했다. 그 와중에 빨리 와 달라고 전화가 있어 달려가 보니 병세는 깊어 가는데 『가정집(稼亭集)』 번역에 보태라며 현금 200만원을 주시기에 거절하였더니 화를 내시며 한사코 주시어 목은연구회장 정복(貞馥)교수에게 알리니 교수회장 광복(洸馥) 교수와 합께 석규씨 댁에 가서 병환도 중하신대 그간 위선사업(爲先事業)도 많이 하셨으니 '이 돈을 받을 수 없사오니 거두어 주십시오.'하였다. 석규(錫珪)씨는 눈시울을 지우시며 한 마디도 없이 번갈아 얼굴만 바라보는 그 심정을 가히 짐작하고도 남음이 있었다. 2007년 4월 일 끝내 79수를 일기(一期)로 타계(他界)하셨다.

2008년도 초에 동성제약 회장이신 이선규(李善珪)씨로부터 오랜만에 전화로 빨리 와 달라는 말씀을 듣고 회사로 달려갔다. 정초에 세배도 전화도 못 드려 죄송하다고 인사를 드렸더니 의자에 비스듬히 앉아서 화가 많이 나신 표정으로 갑자기 고함을 내며 무슨 사연인지는 모르지만 분함을 이기지 못하고 고성을 내며 발음도 분명하지 못하여 알아들을 수 없어 진정(鎭靜)하시도록 권하였지만 나에게 무슨 말씀인지 계속하시는데 알 수가 없어 피차 답답할 뿐, 몸도 가누지 못하시면서 잠시 진정하시는 기미가 있어 나는 인사하고 일어나려고 하니까, 거기 좀 앉아 있으라고 하시어 앉아 있었다.

이때 회사 직원인 고이숙 이사님이 들어와 회장님의 간호와 식사 약시종(藥侍從) 등 제반사의 수발을 정중히 받들어 드리고 있었다. 마음속으로 매우 고맙게 여겼다. 회장님과의 대화도 잘 통하고 있었다. 그래서 나는 고 이사님께 회장님이 나에게 말씀하시는 바를 못 알아들어 답답하였는데 다시 좀 말씀해달라고 하였더니 회장님이 아까와는 달리 웃으시며 목은대학교를 세우고 부속병원을 차리고 싶다는 엉뚱한 말씀을 하시어 고 이사는 회장님이 근자에 늘 실현 불가능한 그런 이야기를 하신다며 통역을 하기에, 나는 '회장님 건강도 좋지도 않으신대 이제는 좀 쉬시며 건강도 돌보시고 외국 여행도 다니시는 것이 좋겠습니다.'하였다. 회장님은 평생에 그 종합병원의 꿈을 이루는 것이 소원이라고 하신다.

2. 황재국(黃在國) 교수 저(著) 『가정공(稼亭公)의 한시(漢詩) 번역(飜譯)과 연구(硏究)』를 이선규(李善珪) 회장님께 출판(出版)을 권(勸)하여 이루다

나는 문득 가정공(稼亭公)이 고려 때 공녀(貢女)제도 폐지에 대한 말씀을 회장님이 신천식 박사에게 긴(緊)하게 말씀하신 바가 생각나서 지금 강원대학교 황재국 교수(江原大學校 黃在國 敎授)가 『가정선생의 한시집(漢詩集)』 번역(飜譯)과 『이곡의 한시연구(李穀의 漢詩硏究)』의 원고가 탈고된 지 오래되었으나 출간하려고 목은연구회에서 추진 중에 출판비 조달에 어려움이 있어 작년도에 있었던 세화제약 회장님 석규(錫珪)씨에 대한 말씀도 곁들여 했더니 그 비용이 어마나 되느냐고 하시기에 목은연구회 회장 이정복(李貞馥) 교수에게 문의해서 알려드리겠다고 하니까 같이 오라는 말씀에 너무나도 고무되어 후일 교수회장 이광복(李洸馥) 교수도 함께 가서 자세한 내용을 설명 드려 출간하게 되었다. 이토록 회장님의 위선심이 투철하셨고 고 이사님의 부연설명과 조언이 크게 도움이 되었다. 또한 이선규 회장님은 이미 2001년 10월 25일 명지대학교 교수 신천식(申千湜) 박사 저서 『존양재 이계전의 생애와 행록(存養齋 李季甸의 生涯와 行錄)』을 간행과 출판기념회를 성대하게 거행한 바가 있었다.

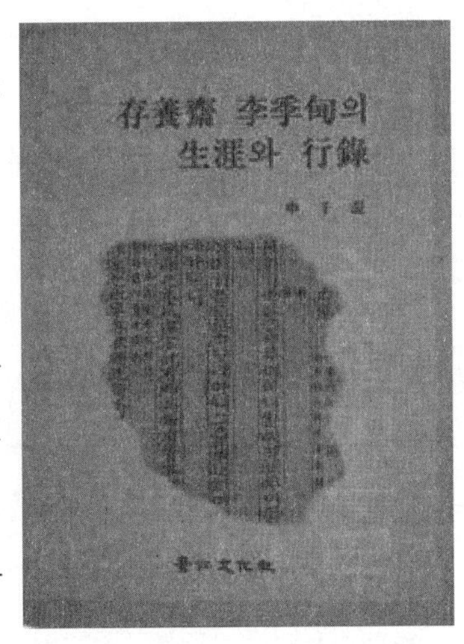

3. 발간사(發刊辭)

– 『역주 가정 이곡 한시집(譯註稼亭李穀漢詩集)』과 『가정 이곡(稼亭 李穀)의 한시(漢詩) 연구(硏究)』 간행(刊行)

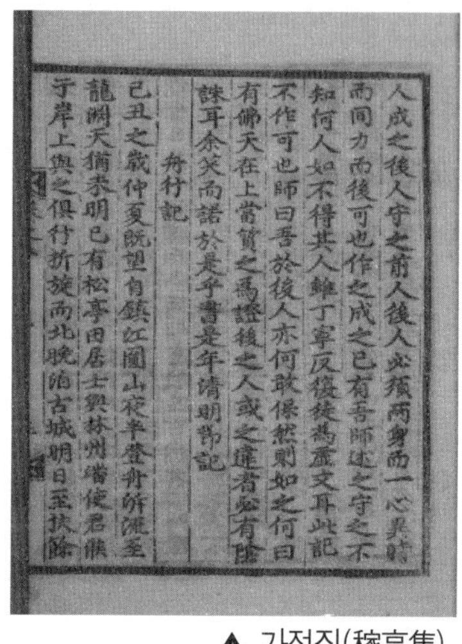
人成之後人守之前人後人必須兩身而一心其時
而同力而後可也作之成之已有吾師述之守之不
知何人如不得其人雖丁寧反覆徒爲虛文耳此記
不作可也師曰吾於後人亦何敢保然則如之何曰
有佛天在上當質之爲證後之人或之違者必有陰
誅耳余笑而諾於是乎書是年淸明節記

舟行記

己丑之歲仲夏旣望自鎭江闍山夜半登舟所泝至
龍淵天猶未明已有松亭田居士與林州倅使君候
于岸上與之俱行折旋而北晩泊古城明日至扶餘

▲ 가정집(稼亭集)

우리 목은연구회(牧隱硏究會)는 그 동안 가정 이곡(稼亭 李穀)과 목은이색(牧隱 李穡)의 사상과 문화 그리고 정치와 종교의 역사적 고증과 문집 번역 등 학문적 연구와 그 기초 작업에 노력해 왔다. 아울러 연구 논문집의 간행 및 국제간 연구 교류와 학술 발표 그리고 기념행사를 통해서 가정과 목은연구에 적으나마 도움이 될 수 있는 길을 모색해왔다.

오래전부터 가정선생(稼亭先生)에 대한 연구를 해오던 황재국(黃在國) 교수가 이번에 가정곡(稼亭穀) 선생의 시 전체를 망라하여 우리말로 친절히 번역을 하고 자세히 주(註)를 달았다. 그 동안 가정(稼亭)의 문집은 번역본이 출간되었으나 시(詩)는 여러 곳에서 부분으로 번역이 되어있을 뿐 완역본(完譯本)이 없었는데 마침 황 교수가 심혈을 기울여 수년 간의 작업으로 그 뜻을 이루어 기쁘기 그지없다. 우리 목은연구회는 연구총서(硏究叢書) 4집으로 『역주 가정 이곡 한시집(譯註 稼亭 李穀 漢詩集)』을 출간하게 되어 흐뭇하며 보람을 느낀다. 황 교수가 역주 가정이 곡한 시집을 출간한 곳은 고려 말의 사상과 문학연구에 획기적인 공헌이며 학계에 새로운 과제를 제시하고 있을 뿐만 아니라 다시 이어서 가정(稼亭)에 대한 연구자료를 종합하여 집대성하고 목은연구회 연구총서 5집으로 『가정이곡의 한시연구(稼亭 李穀의 漢詩硏究)』가 이미 출간되어 있으나 더없이 기쁘고 황 교수의 노고에 마음으로 치하하는 바이다. 아무쪼록 황재국 교수의 이 『역주 가정이곡 한시집(譯註 稼亭 李穀 漢詩集)』과 『가정 이곡의 한시 연구(稼亭 李穀의 漢詩硏究)』가 이미 출간되어 있으니 더 없이 기쁘고 황 교수의 노고에 마음으로 치하하는 바이다. 아무쪼록 황재국 교수의 이 『역주 가정이곡 한시집(譯註 稼亭 李穀 漢詩集)』과 『가정 이곡의 한시 연구(稼亭 李穀의 漢詩硏究)』가 한시(漢詩)를 연구하는 학자 여러분은 물론 한시 동호인 특히 가정(稼亭)과 목은(牧隱)의 문학과 사상을 연구하는 분들에게 크게 도움이 되기를 바란다. 그리고 가정의 문학과 사상적 위치와 가치가 올바로 알려지기를 바란다. 다시 한 번 황 교수의 원고 교정 등을 도와준 대학원생 신동관(申東寬) 군과 특히 이 책이 나오기까지 보살펴주신 이선규(李善珪) 동성제약 회장님께 감사드리며 어려운 여건에서도 출판을 맡아서『가정 이곡 시어 색인 하(稼亭 李穀 詩語 索引 下)』등 많은 책을 펴주신 김흥국(金興國) 사장님에게도 감사를 드린다.

목은연구회 회장 이정복(牧隱硏究會 會長 李貞馥)

4. 고려역사성양회(高麗歷史宣揚會)

1994년 8월 27일 (社)고려숭의회(高麗崇義會) 창립(創立)에 참여하게 된 동기는 경기도 연천군 미산면(媚山面)에 고려태조 왕건(王建)의 묘(廟)를 세우고 1399년 고려태조와 8왕과 충공신을 배향하고 춘추로 제향(祭享)하는 고려숭의전(高麗崇義殿)에 국당 성표환(菊堂 成表煥)씨의 소개로 참여했다. 그러나 우리선조 님의 위패는 한 분도 봉안(奉安)이 안되어 있어 참봉(參奉) 왕준항(王俊恒)씨에게 문의하였다. 그는 미구(未久)에 누락된 충공 신(忠功臣)을 수용하기 위해 별도의 대전(大殿)을 마련하려고 추진위원회(推進委員會)를 구성중이라며 입회(入會)를 권하여 가입하게 되었다. 회장은 유근창(柳根昌)씨를 선출하고, 매번 회의를 국방회관에서 거듭하면서 명칭은 (社)고려선양회(高麗宣揚會)로 2001년 7월 2일 개정(改定)하고 공신각(功臣閣), 충신각(忠臣閣) 건축비와 봉안비(奉安費)를 일위당 1,100만원씩 거출하여 회장 유근창씨의 수완과 노력으로 경기도파주시 탄현면 성동리 648(통일동산 내) 토지개발공사 땅 12,463평을 확보하고 충 · 공신각을 세웠다.

2002년 7월 3일 (사)고려역사선양회(高麗歷史宣揚會)로 개정하고 본전(本殿) 건축비 마련에는 회장 개선(會長改選)으로 차화준(車和俊) 회장님의 역할과 경기도 손학규 지사(孫學圭 知事)의 도움으로 근세(近世)에 가장 웅장하고 거대한 고려통일대전(高麗統一大殿)을 목조건물의 위용(偉容)이 우뚝하게 세워져 개성에 송악산(松嶽山)을 전망(展望)하고 있다. 전례위원회(典禮委員會)에서 상량문(上樑文)을 성균관 최근덕 관장(崔根德館長)이 찬(撰)하도록 협의하였다. 전례위원장 전재환(田在桓)씨와 위원(委員)에 이상구(李庠求), 백승재(白升在), 이세준(李世濬), 왕남철(王南哲)씨 등이다.

2006년 7월 27일 고려통일대전 정전 상량식(正殿 上梁式) 거행일에

비바람이 거세게 몰아닥쳤어도 엄숙하게 거행하였다. 2007년 10월 30일 고려대전에 배향 위로 고려역대(高麗歷代) 34대 왕위와 배향위(配享位) 충, 공신, 유현 (忠, 功臣, 儒賢) 351위 중 우리선조는 가정 이곡선생(稼亭李穀先生), 목은 이색선생(牧隱李穡 先生), 현암 이종덕 선생(玄巖李種德先生), 인재공 이종학 선생(麟齋公 李種學 先生)을 봉안대제(奉安大祭)를 성대히 거행하였다. 앞으로도 매년 10월에 봉제(奉祭)될 것이다.

5. 청원서(請願書)

一. 시조호장공묘. 기타30

2004. 2. 5.

수 신: 경기도 지사님 귀하.

참 조: 성남시장님

청 원 인: 이상구(李庠求)

청원인 주소: 서울특별시 관악구 신림9동 251-388 번지

전화 02) 887-8822. 휴대전화 011-223-8823.

제 목:

가, 분당 중앙공원내 돌마각(突馬閣)을 고유명칭인 청풍루(淸風樓)로 복원(復原).

나, 문화유적으로 연당지(蓮堂趾)에 연당복원(蓮堂復原).

다. 가정이곡선생(稼亭李穀先生)의 청파취동녀서(請罷取童女書)에 의한 곡자상(穀字床:일명 독자상) 과 전통혼례(傳統婚禮)의 초례청(醮禮廳)을 재현(再現)하고, 혼례기구와 복식(婚禮器具 와 服飾) 등을 기념관에 전시(展示)하여 국내유일(國內唯一)한 전통혼례표본(傳統婚禮標本)이 되도록.

이상과 같이 자세한 내용의 자료(資料)를 첨부(添附)하오니 검토(檢討)하시어 청원(請願)을 허락(許諾)하여 주시기를 간망(懇望)합니다.

내용(內容)

국가발전과 문화재행정(文化財行政)에 진력하시는 귀하에게 충심으로 경의(敬意)를 표합니다.

주지하시는 바와 같이 경기도 성남시의 중앙공원(中央公園)은 서울의

근린도시(近隣都市) 공원으로써, 성남 시민들의 휴식과 정신적 충전(充塡)하는 공간이며, 심신단련(身心鍛鍊)의 도장(道場)으로 또한 문화유적(文化遺蹟) 역사(歷史)의 교육장(敎育場)으로써 자리매김하고 있는 자랑스러운 명승지(名勝地)입니다.

제목 가,

그러나 유감스럽게도 분당 신도시 건설을 마무리할 때 도시 곳곳에 붙여진 지명(地名)이나 지하철역명, 또는 공공구조물(公共構造物) 등의 명칭들이 애당초부터 타고난 전래지명(傳來地名)이나 고유명칭(固有名稱)의 고증(考證)없이 임의로 지어진 것들 이어서 이 지역이 지닌 오랜 역사와 문화, 고유전통(固有傳統)들이 일시(一時)에 사라져버린 것은 실로 안타까운 일이 아닐 수 없습니다. 분당신도시 건설이 완료된 지도 어언 10여년이나 경과한 지금 고유지명 등으로 복원한다는 것은 어려운 일이나, 다만 중앙공원 내의 돌마각(突馬閣)에 대하여서는 별첨(別添)된 자료와 같이 1349년(高麗 忠定王 元年) 고려 말의 대학자요 문신이었던, 가정 이곡선생(稼亭李穀先生: 목은 이색[牧隱李穡]선생의 부친)이 귀향(歸鄕)길에 잠시 이곳 낙생역 객사(樂生驛 客舍) 돌마면 수내리 역말)에 기류(寄留)하였다가 이곳의 경관(景觀)에 감탄하고 기명(記名)한 "청풍루"(淸風樓)로 부활(復活)하고 기문(記文)을 편액(遍額)으로 부착(附着)해 주시기를 청원(請願)하오니 조치(措置)하여 주시기 바랍니다.

* 참고자료첨 부(參考資料 添附)

제목 나,

본 중앙공원의 모태(母胎)가 되는 영장산(靈長山)과 숲안(마을고유지명) 일대(一帶)는 15세기경부터 이미 한산이씨(韓山李氏) 후손들의 세거지(世居地)요, 사패지(賜牌地)이며 유적지(遺蹟地)였습니다.

이곳에 연못(蓮池)이 있고 연당(蓮堂)이 수내동 산1-2번지에 있어서, 연꽃은 그 자태(姿態)가 매우 크며 우람하고 아름다워 원근동(遠近洞) 사람들은 여름농한기(農閑期)만 되면 꽃구경과 연당(蓮堂) 또는 청풍루(淸風樓)에서 글 읽는 소리 또는 시(詩)나, 당음(唐音)을 읊는 소리를 들으려고 모여드는 나들이 곳으로 이름난 곳이기도 합니다.

연당(蓮堂)은 당시 글방(書堂)으로 생각되며 1910년 치욕(恥辱)스러운 한일합방(韓日合邦) 이전까지만 해도 이곳 주민들은 강당계(講堂契)를 모아 유지관리(維持管理)하였고, 또한 아동들의 교육장학(敎育獎學)에 크게 이바지 하여 그로 인하여 향상(向上)된 학업진출(學業進出)과 문명사회(文明社會)로 나가는데 큰 디딤돌이었습니다만, 왜놈들은 보통학교를 세워놓고 기존 사숙(私塾) 또는 글방(書堂)을 은근한 간섭과 방해로 그 맥(脈)을 잃었습니다.

제목 다.

역사문화(歷史文化)를 경시(輕視)하는 민족은 멸망(滅亡)하였듯이, 오늘 날 중국(中國)이 우리나라의 뿌리인 고구려역사(高句麗歷史)를 중국역사(中國歷史)로 만들려고 패권야욕(覇權野慾)을 획책(劃策)하고 있어 우리의 분노(憤怒)를 야기(惹起)하고 있으며, 왜놈(日本)들은 엄연한 우리의 영토(領土)인 독도(獨島)를 자기네 영토라며 침략 근성(侵略 根性)을 못 버리고 도전(挑戰)해오고 있습니다. 우리는 이를 직시(直視)하고 온 민족이 떨쳐 일어나 수호(守護)하고 대처 (對處)를 강구(講究)해야할 것입니다. 우리의 역사가 그늘에 가려진 역사적 유산(歷史的 遺産)이나 유물(遺物) 문헌(文獻)을 찾아 갈고 발굴하여 닦아서 세계(世界)에 알려야 할 줄로 생각합니다.

따라서 가정 이곡선생(稼亭 李穀先生)은 이곳 분당중앙공원인 영장산(

靈長山)을 이미 1349년도에 다녀가신 기록이 있습니다. 가정선생의 청파취동녀서(請罷取童女書)에 의한 곡자상복원(穀字床復原)의 건(件)에 대하여, 가정선생께서 중국 원(中國 元)나라 제왕(帝王)에게 고려(高麗)의 동녀(童女: 어린여자)들을 징구(徵求: 뽑아가는) 일을 중지(中止)하게 하는 올리는 글의 내용이 너무나 애절(哀絶)하고 간절(懇切)하여 원(元)나라 순제(順帝)의 마음을 감동(感動)하게 하여 동녀징구(童女徵求)하는 일을 제왕(帝王)의 명령으로 중지하게 하여, 우리 백성들은 거족적(擧族的)으로 환영 행사가 전국(全國)에 파급(波及)되어 그의 덕망(德望)과 인류(人類)의 큰 스승으로 추앙(推仰)받았습니다.

가정선생은 54세를 일기(一期)로 서세(逝世)하신 후로, 우리 민족(民族) 에게 망극지은(罔極之恩)을 주신데 대한 추모(追慕)를 하기 위하여 고결한 청춘남녀가 혼인(婚姻)할 때, 초례청(醮禮廳)에 곡자상(穀字床) 을 차려놓고 헌작(獻酌)하는 의식(儀式)을 오늘날 독자상으로 불리어져오고 있습니다. 곡자상(穀字床)이 독자상으로 변화된 그 어휘 변형(語彙 變形)은 아마도 처녀(處女)를 그 당시 '가짜사내'로 불려온 말이 오랜 세월을 거치면서 '가시내'로 변화된 것과 같은 것으로 알고 있습니다.

그러나 오늘날 예(禮)를 기본으로 하는 성균관(成均館)을 비롯하여 전통혼례(傳統婚禮)를 하는 곳이 많습니다만 정통적(正統的)인 올 바른 전통혼례가 아닌 것으로 알고 있습니다. 전통혼례의 표본(標本)이 되도록 고증연구(考證硏究)하여 기념관에 재현(再現)해서 분당중앙공원 기념관(記念館)또는 여주군문화원(驪州郡文化院)에 전시하여 잊혀진 역사사실에 홍보효과를 거두게 하여주시기 바랍니다.

가정 이곡선생(稼亭 李穀先生)은 그 후 원(元)나라 재상(宰相)들로 부터 탄압(彈壓)을 받게 되어 조정(朝廷)에서는 어쩔 수 없이 정책(政策)상 가정 선생(稼亭先生)을 여주군 북내면 가정리(驪州群 北內面 稼亭里)로 귀양을 보내게 되어 이곳에 와서 정자(亭子)를 짓고 살아서 마을 이름이 가정리(稼亭里)라 합니다. 그에 관한 사료(史料)나 설화(說話)가 많이 전하여지고 있으나, 역사적유물(遺物)이나 유적(遺蹟) 의 흔적(痕迹)을 찾아보기 어려우니 도지사(道知事)님과 문화재위원(文化財委員)님들께 간곡(懇曲)히 청원(請願)드리오니 허락하여 주신다면 그 공적(功績) 또한 후세에 기리 빛날 것입니다.

* 註: 출처,여주군지(驪州郡誌)

첨부: 참고문헌(添附參考文獻): 가정집(稼亭集), 고려사(高麗史),성균관유림춘추(成均館儒林春秋).

6. 청풍정기(淸風亭記) 번역문(飜譯文)

청풍루가 객관(客館)의 동북쪽에 옛 청풍정 자리에 있으니, 목사 홍석(洪錫)이 다시 고쳐지어 누(樓)를 만든 것이다. 이곡(李穀)이 정기를 썼으니 지정 기축(至正 己丑: 元順帝 9年 高麗 忠定王 元年 西紀 1349년) 여름 사월에 근친(覲親)하러 고향으로 돌아가는 길에 낙생역(樂生驛)에 머물렀다. 광주목사(廣州牧使)인 백군화보(白君和父)가 편지를 가지고 달려와 청하여 말하기를 "관사의 북쪽에 있던 청풍정 터를 얻어서 네 기둥 집을 지었는데, 실로 한 고을의 경치 좋은 곳이므로 이 정자에 기문(記文)을 지으라."하거늘 내가 가는 길이 바빠서 회답하기를, "차후 서울로 가는 길에 다시 와서 직접 그곳을 구경한 뒤에 기문을 지어도 늦지 않으리라."하였다. 이듬해에 이르러 보니 백군은 이미 소환되어 갔고, 이군(李君) 아무개가 부임해 온지가 반년이나 되었다. 그때는 어느덧 혹심하게 더워서 숨이 막힐 지경으로 괴롭더니, 이에 이른바 청풍루에 올라가 기둥에 기대고 옷깃을 풀어헤치니 정신이 맑고 상쾌해지면서 모발이 시원스럽게 날리는데, 마치 매미가 시궁창에서 껍질을 벗고 세상 밖으로 나온 듯하였다. 이군이 술상을 차려놓고 공손히 말하기를 "네 기둥 집 구조가 아주 간결하나 아침저녁으로 드는 햇볕이 동쪽 서쪽으로 비치어 앉아있는 손들이 병되게 괴로워하거늘, 제가 양옆에 퇴를 달고 남쪽 추녀를 만들어 각각 5척(尺)씩 하고 북쪽도 또한 그와 같이 하니 조금 넓고 또한 깊게 지어졌다. 이미 흙손질을 하려하는데 선생님이 마침 오셨으니 이 잔을 드시고 글을 써주십시오."하는지라 내 이미 백군에게 허락한지라 정자가 폐쇄한지가 몇 해인가 물으니 부로(父老)중 아는 이가 없었다. 그렇다면 지금 황폐된 것을 개축하려는 것과 다를 바 없노라.

춘추(春秋)에 쓰여 있기를 "글을 쓰고 지울 것이 아니라."고 말한 것도 있고, 또 "노(魯)나라의 장부(長府: 재화나 무기를 넣어 두는 곳)를 왜 반드시 고쳐 지으랴"하고 말한 것도 있으니, 성인(聖人)이 가르치신 뜻이 희미하게나마 드리웠음을 알겠노라. 내가 광주(廣州)에 고을된 것을 보건대 삼면은 모두 높은 산이고 북쪽이 비록 넓게 틔었으나 지세가 평탄하고 낮아서 공청과 민가가 우물 밑에 있는 것 같아서 손님이 오면 차라리 낮고 더러운 것을 병되게 여길지언정 몇 거름 사이에 이렇듯 시원하고 높고 조강한 곳이 있는 것을 알지 못하니 이 정자를 지은 것이 깎아(貶)내리는 예(例)에 들어가지 않을 것이다. 내가 그래서 쓴다. 청풍의 뜻에 있어서는 백군의 말에 다하였으니 나는 다시 덧붙여 말하지 않는다. 백군은 같은 해에 등과 한 친구요, 이군은 뜻이 같은 친구이다. 정사를 함에 모두 청렴하고 부지런하다는 명성이 있다. 경인(庚寅)중하(仲夏)에 기록한다.

출처: 『가정이곡집』 6권 (기, 비)

▌ 청풍정기 원문

지정기축하사월 근성환향 행차낙생역 광목백군화부 주서이요지 차왈관사지북 득고청풍정기 작사주옥 실일주지승 청기지 여행망 고복지왈 후당여경 가일지이우목언 위기미만야 명년지광 칙백군기 소환이이군 모대임반세의 시방혹열 기식여루 내등소위청풍정 의주이피금 정신청상 모발소삽 여선태혼탁이출호진애지외 이군치주종용언왈사주지제 간칙간의 조석양휘 동서양각 좌객병언 여익기양방이작남영 각오척 북역여지 초광차심기오이장단벽지 이자적지 합거상락지 이서세월이지 여기허백군의 내문정지폐기년 이부로무유지자 칙금지기폐 실동어창신 춘추서작 유위불의작자우위로장부하필개작 성인수교지의징의 여관광지위주 삼면개고산 北雖曠遠 지세이하 공해민거 여재정저 빈객지래 영병우비루 이불지규보지간 유차상개 칙차정지작 당불재폄예 여어시서 약부청풍지의 백설진지 여불복췌 백군동년 이군집우 위정구유염근성 경인중하기

清風亭記 原文

至正己丑夏四月 覲省還鄕 行次樂生驛 廣牧白君和父 走書而邀之 且曰官舍之北 得古淸風亭基 作四柱屋 實一州之勝 請記之 余行忙 姑復之曰 後當如京 可一至而寓目焉 爲記未晩也 明年至廣 則白君己 召還而李君 某代任半歲矣 時方酷熱 氣息如縷 乃登所謂淸風亭 倚柱而披襟 精神淸爽 毛髮簫颯 如蟬胎溷濁而出乎塵埃之外 李君置酒從容言曰四柱之制 簡則簡矣 朝夕陽暉 東西兩脚 坐客病焉 余翼其兩旁而作南榮 各五尺 北亦如之 稍廣且深旣圬而將丹碧之 而子適至 盍擧觴落之 而書歲月以志 余旣許白君矣 乃問亭之廢幾年 而父老無有知者 則今之起廢 實同於刱新 春秋書作 有謂不宜作者又謂魯長府何必改作 聖人垂敎之意徵矣 余觀廣之爲州 三面皆高山 北雖曠遠 地勢夷下 公廨民居 如在井底 賓客之來 寧病于卑陋 而不知跬步之間 有此爽塏 則此亭之作 當不在貶例 余於是書 若夫淸風之義 白說盡之 余不復贅 白君同年 李君執友 爲政俱有廉勤聲 庚寅仲夏記

권담(權湛)의 시에 "바람은 장미를 흔들어 꽃은 이미 떨어지고 녹음은 땅에 가득하니 무엇이 한스러우랴. 소년시절 한 누각 달빛 아래 노래하고 춤추던 사람이 십 년 만에 돌아오니 귀밑머리만 세었구나."라고 하였다.

살피건대 이곡(李穀)은 한산(韓山)사람으로 자(字)는 중보(仲父)요 호(號)는 가정(稼亭)이요 시호(諡號)는 문효공(文孝公)이니 목은 이색(牧隱 李穡)의 부친(父親)이다. 고려 충숙왕 복위2년 계유(高麗 忠肅王 復位二年 癸酉)에 원나라 제과 제이갑(元朝 制科 第二甲)으로 합격(合格)하고 벼슬은 한림국사원검렬 정동중서성좌우사랑중(翰林國史院檢閱 征東中書省左右司郎中)을 제수(除授)하고 고려조에 벼슬은 광정대부 도첨의찬성사 우문관대제학감 춘추관사 상호군(匡靖大夫 都僉議贊成事 右文館大提學監 春秋館事上護軍)이다.

목은 이색 선생
牧隱 李穡 先生

三부. 목은 이색선생(牧隱 李穡 先生)

1. 성균관 연혁(成均館 沿革)

▲ 목은 이색 선조 영정

고려초 소수림왕(高句麗 小獸林王) 2년(서기372)에 태학(太學)을 세워 자제(子弟)를 가르쳤다.

영양왕 11년 (서기 600년)에 이문직(李文直)으로서 박사(博士)를 삼다.

백제 근초고왕(百濟 近肖古王) 29년(서기 374년)에 고흥(高興)으로서 박사를 삼으니 백제는 개국으로부터 문자가 무(無)하더니 비로소 서기(書記)를 두다. 신라 선덕여왕(新羅 善德女王) 2년(서기 643년)에 김춘추(金春秋)가 당(唐)에 가서 국학(國學)에 나아가 비로소 석전례(釋尊禮)를 보고 돌아오다. 신문왕(神文王) 2년(서기 682년) 여름[夏] 6월에 국학을 세우고 경일인(卿一人)을 두고 11년에 설총(薛聰)의 고질(高秩)을 택(擇)하니 박학(博學)하여 능히 방언(方言)으로 구경의(九經義)를 해(解)하여 후생(後生)을 훈도(訓導)하다. 성덕왕(聖德王)

16년(서기 717년)에 태감수충(太監守忠)이 당나라로부터 문선왕(文宣王) 10철(哲), 72제자(弟子) 화상(畵像)을 가지고 돌아와 올리니 명하여 태학에 두다. 경덕왕(景德王) 23년에 박사를 명하여 태학에 두고 상서(尙書)를 강(講)하다. 신라학제(新羅學制)는 『주역(周易)』, 『상서(尙書)』, 『모시(毛詩)』, 『예기(禮記)』, 『춘추(春秋)』, 『좌씨전(左氏傳),』 『논어(論語)』, 효경(孝經)』, 『문선(文選)』으로써 교수(敎授)하였다.

고려 태조(高麗 太祖) 13년(서기930)에 왕이 서경에 학교를 창치(創置)하고 박사관(博士官)을 두고 따로 학원을 두어 육부생(六部生)을 가르치고 성종 시 원년(成宗時元年)에 제주자제(諸州子弟)를 뽑아 가르치다. 11年 12月에 국자감(國子監)을 창(創)하고 서제학사(書齋學舍)를 광영(廣營)하고 전장(田庄)을 양합(量給)하여 학량(學糧)에 충(充)하다.

현종(顯宗) 11년에 신라시랑(新羅侍郎) 최치원(崔致遠)으로서 명하여 선성묘(先聖廟)에 배향(配享)하고 13년 봄 정월에 신라한림(新羅翰林) 설총으로써 선성묘에 종사하고 홍유후(弘儒侯)를 증(贈)하다. 22년 윤(閏) 10월에 국자감시(國子監試)를 시설(始設)하니 감시법(監試法)이 이에 시작되었다.

문종(文宗) 27년(1073년) 태복경 김양감(太僕卿 金良鑑)이 봉사입송(奉使入宋)하여 국자도(國子圖)를 거(擧)하여 오다. 선종(宣宗) 8년(1091년) 9월에 72현상(賢像)을 국자감벽상(國子監壁) 위에 그리고 그 위차(位次)는 국자감 명목차제(名目次第)에 의(依)하고 장복(章服)은 다 10철(哲)에 방(倣)하다.

숙종(肅宗) 6년에 선현(先賢)을 국자감(國子監)에 종사할제 선문왕좌우랑(文宣王殿左右廊)에 61자(子) 21현(賢)을 신화(新畵)하여 석전(釋奠)에 종사(從事)하게 하다.

예종(睿宗) 14년(1119년) 7월에 국학에 양현고(養賢庫)를 설립하여 양사(養士)하다. 7년 3월에 왕이 국학에 행(幸)하여 선성(先聖)에게 석전(釋

奠)하고 유신(儒臣)을 명하여 제생(諸生)을 모아 경학(經學)을 강(講)하다. 9년 3월에 노장지학치(老莊之學治)를 금(禁)하다.

충렬왕(忠烈王) 12년(1286) 세자가 국학에 입문하여 6경(六經)을 강(講)하다. 33년 5월에 찬성사(贊成事) 안유(安裕) 양현고(養賢庫)가 탄갈(殫竭)하여서 교양(敎養)에 자(資)할 것이 없으니 백관(百官)으로 하여금 은(銀)과 포(布)를 차(差)하여 첨학(贍學)에 자(資)할 것을 청(請)하니 왕(王)도 또한 내고(內庫)를 내어서 도우다. 유(裕)가 또 김문정(金文鼎)을 중원(中原)에 보내어 선성(先聖)과 70자(七十子)의 상(像)을 그리고 또 제기악기(祭器樂器), 육경제자사(六經諸子史)를 사서 써오다. 6월 국학대성전(國學大成殿)이 성(成)하다.

공민왕(恭愍王) 16년 12월에 성균관(成均館)을 숭문관(崇文館)의 옛터(舊地)에 창건(創建)하고 목은 이색(牧隱 李穡)으로 대사성(大司成)으로 삼고 정몽주(鄭夢周)로 박사(博士)를 삼고 매일(每日) 명륜당(明倫堂)에서 수업(授業)하니 정주성리지학(程朱性理之學)이 시흥(始興)하다.

이태조(李太祖) 6년(1397) 정축(丁丑)에 태학(太學)을 명립(命立)하고 익년(翌年) 무인(戊寅) 7월에 문묘(文廟)를 국도(國都) 동부(東部) 숭교방(崇教坊)에 세우니 즉(卽) 대성전(大成殿), 동무(東廡), 서무(西廡), 제기고(祭器庫), 비각(碑閣), 신문(神門), 동삼문(東三門) 협문(夾門) 동서북료장(東西北僚墻), 수복청(守僕廳), 전사청(典祀廳), 포주(庖廚), 악기고(樂器庫) 차장고(遮帳庫), 낙생청(樂生廳) 향관청(享官廳)이 이루어졌다. 문묘북편(文廟北便) 명륜당(明倫堂)을 세우고 성균관제조(成均館提調) 정도전(鄭道傳) 권근(權近)을 명(命)하여 사품 이하(四品 以下) 유사(儒士)를 도와 경사(經史)를 강(講)하다.

정종(定宗) 2년에 문묘(文廟)가 화화(火禍)하다. 태종 원년(太宗 元年)에 성균관 제주(祭酒)를 개(改)하여 사성(司成)을 삼고 악정(樂正)을 사예(司藝)로 삼고 동(同) 7년 정해 정월(丁亥 正月)에 옛터(구기 舊基)에 북건(復建)하고 묘정(廟庭)에 비석을 세우다. 동(同) 9년에 성균전부(成均典簿) 허주(許椆)를 명하여 석전의(釋奠儀)를 이정(釐正)하고, 세종(世宗) 3년에 왕세자(王世子) 입학지례(入學之禮)를 정(定)하다. 문종원년(文宗元年)에 군신(君臣)을 명(命)하여 날마다 제생(諸生)으로 더불어 강학(講學)하다. 동(同) 9년에 예조(禮曹)가 성균관 구제학규(九制學規)를 내니 『대학(大學)』, 『논어(論語)』, 『맹자(孟子)』, 중용(中庸)』, 『시경(詩經), 『서경(書經)』, 『춘추(春秋)』, 『예기(禮記)』, 『주역(周易)』으로 구제(九齋)를 삼고 회좌강독(會座講讀)하게 하여 매식년(每式年) 회시(會試)에 직부(直赴)하다.

선조(宣祖) 임진란(壬辰亂)에 문묘(文廟)가 병화(兵禍)에 훼(毁)하니 상(上)이 용만(龍灣)으로부터 돌아와 ※예조판서(禮曹判書) 이증(李增)을 보내어 유생(儒生)을 솔(率)하고 문묘허(文廟墟)에 곡(哭)하다. 동(同) 34년 1601년에 문묘(文廟)를 중건(重建)하다. 고종 경술국치 후(高宗庚戌國恥)後 1910년에 경학원(經學院)이라 칭(稱)하고 다시 명륜학원(明倫學院), 명륜전문학교(明倫專門學校)라 칭(稱)하였으며 을유(乙酉) 1945년 광복(光復)과 더불어 성균관(成均館)으로 환원(還元)하고 성균관대학교(成均館大學校)를 별설(別設)하였다.

※예조판서(禮曹判書) 이증(李增): 자(字)는 가겸(可謙), 호(號)는 북애(北崖), 시호(諡號)는 의간공(懿簡公)으로 한산사람(韓山人)이다. 목은선생(牧隱 先生)의 칠대손(七代孫)이다. 묘소(墓所)와 부조지묘(不祧之廟)는 경기도 성남시 분당구 수내동 산1(京畿道 城南市 盆唐區 藪內洞 山1) 경기도지방문화재(京畿道地方文化財)인 분당중앙공원(盆唐中央公園) 내(內)에 있으며 증 대광보국숭록대부 의정부영의정 추충분의평난공신(贈 大匡輔國崇祿大夫 議政府領議政 推忠奮義平難功臣) 아천부원군 영경연홍문관 춘추관관상감사 아천부원군(鵝川府院君 領經筵弘文館 春秋館觀象監事 鵝川府院君)이시다.

2. 성균관(成均館) 대사성(大司成)을 역임(歷任)한 한산인(韓山人)

고려조(高麗朝) ▶ 목은공 휘 색(牧隱公 諱 穡) 고려공민왕 16년 12월에 성균관을 숭문관(崇文館) 옛터에 창립(創立)하시다. ▶인제공 휘 종학(麟齋公 諱 種學) 두문동 72현 중의 목은선생과 부자(父子)분

▮ 1398 - 1497

▸ 문열공 휘 계전(文烈公諱季甸): 부(父) 종선(種善), 조(祖) 목은선생(牧隱 先生)

▸ 문혜공 휘 맹균(文惠公 諱 孟畇): 부(父) 종덕(種德), 조(祖) 목은선생(牧隱 先生)

▸ 대사성공 휘 우(大司成公 諱 堣): 부(父) 계전(季甸), 조(祖) 종선(種善)

▸ 명헌공 휘 파(明憲公 諱 坡): 부(父) 계전(季甸), 조(祖) 종선(種善)

▮ 1498 -1597

▸ 부제학공 휘 균(副提學公 諱 畇): 부(父) 계정(季町), 조(祖) 종선(種善)

▸ 아계상공 휘 산해(鵝溪相公 諱 山海): 부(父) 지번(之蕃), 조(祖) 치(穉)

▸ 명곡공 휘 산보(鳴谷公 諱 山甫): 부(父) 지무(之茂), 조(祖) 치(穉)

▮ 1598 -1697

▸ 창곡공 휘 현영(蒼谷公 諱 顯英): 부(父) 대수(大秀), 조(祖) 희백(希伯)

▸ 호암공 휘 기조(浩菴公 諱 基祚): 부(父) 현영(顯英), 조(祖) 대수(大秀)

▸ 귀천공 휘 정기(歸川公 諱 廷夔): 부(父) 재(榟), 조(祖) 경류(慶流)

▸ 과암공 휘 무 (果庵公諱袤): 부(父) 경전(慶全), 조(祖) 산해(山海)

▮ 1698-1797

▸ 죽현공 휘 병상 (竹峴公 諱 秉常): 부(父) 항(沆), 조(祖) 정기(廷夔)

▸ 문청공 휘 병태 (文淸公 諱 秉泰): 부(父) 협(浹), 조(祖) 정용(廷龍)

▸ 부제학공 휘 덕중 (副提學公 諱 德重): 부(父) 병겸(秉謙), 조(祖) 택(澤)

▸ 충정공 휘 이장 (忠正公 諱 彛章): 부(父) 필중(弼重), 조(祖) 만익(晩益)

1798-1897

▸ 오헌공 휘 우재 (梧軒公 諱 愚在): 부(父) 희대(羲大), 조(祖) 윤영(胤永)

▸ 효정공 휘 희준 (孝貞公 諱 羲準): 부(父) 태영(泰永), 조(祖) 산중(山重)

▸ 문간공 휘 경재 (文簡公 諱 景在): 부(父) 희선(羲先), 조(祖) 학영(學永)

▸ 참판공 휘 시재 (叅判公 諱 時在): 부(父) 희곤(羲坤), 조(祖) 극영(克永)

▸ 삼은공 휘 승오 (三隱公 諱 承五): 부(父) 창재(昌在), 생부(生父) 경재(景在), 조(祖) 희선(羲先)

▸ 판서공 휘 승순 (判書公 諱 承純): 부(父) 겸재(謙在), 조(祖) 희갑(羲甲)

▸ 국내부대신공휘경직(國內府大臣公 諱 耕稙): 부(父) 선부(善溥), 조(祖) 규년(圭年)

▸ 승지공 휘 정직 (承旨公諱貞稙): 부(父) 승구(承九), 조(祖) 경제(景在)

▸ 강암공 휘 용직 (剛菴公 諱 容稙) 학부대신(學部大臣): 부(父) 승조(承祖), 조(祖) 희갑(羲甲)

▸ 참판공 휘 승수 (參判公 諱 承壽) 주미공사(駐美公使): 부(父) 풍재(豊在), 조(祖) 희두(羲斗)

▸ 대사성공 휘 정직(大司成公 諱 鼎稙): 부(父) 승만(承萬), 조(祖) 석재(錫在)

1898-1960

▸ 학부참의공 휘 경직(學部叅議公 諱 庚稙): 부(父) 승기(承耆), 조(祖) 해승(海昇)

▸ 성균관대총장 휘 훈구(成均館大總長 諱 勳求): 부(父) 학규(鶴珪), 조(祖) 면직(冕稙)

위에 기록된 성균관 대사성 명단은 현 성균관대학교 600주년 기념관 내 동판(銅版)에 기록된 총 1,264명 중에서 한산 이문(韓山 李門)으로 확인된 30명의 명단을 발췌한 것이다. 그 외에 3명의 동명이인이 족보에 대조에서 제외되었다. 이는 엄격하게 족보에 의해 부(父)와 조(祖)의 관계가 분명해야 되기 때문이다.

이상과 같이 고려 공민왕 16년 12월에 숭문관의 옛터에 성균관을 창건하고, 목은 이색(牧隱 李穡)으로 대사성으로 삼고 포은 정몽주(圃隱鄭夢周)로 박사를 삼고 매일 명륜당에서 수업하니 정주성리지학(程朱性理之學)이 비로소 흥왕하게 되었다. 또한 선조(宣祖)때 임진왜란에 문묘(文廟:성균관)가 병화로 훼손되어 임금이 피란으로부터 돌아와 예조판서 이증(李增: 鵝川君)을 성균관에 보내어 유생들을 거느리고 문묘터에 곡(哭)을 하였다. 같은 해에 성균관을 중건하여 오늘에 이르렀다.

뿐만 아니라 우리의 열선조께서 이곳을 거쳐서 승승장구 벼슬길에 오르시어 이 나라와 민족을 위하여 헌신하시여 정승, 대제학, 판서, 충신, 공신 등으로 배출되고 우리의 가문을 빛내주시었으니 우리후손들이 어찌 이곳 성균관을 외면할 수 있겠는가. 이곳 성균관에서는 인간으로 태어나 사람으로서 살아가는 윤리와 도덕을 학문적으로 인(仁), 의(義), 예(禮), 지(智)를 공부하여 국가와 사회에 일할 수 있는 유능한 동량지재(棟梁之材)를 기르는 곳으로서 전 세계적으로 유일한 639년 된 최고(最古)의 교육기관이다.

2005년 을유(乙酉) 3월 일

성균관 부관장(成均館 副館長) 호정(湖亭) 상구(庠求) 작성(作成)

3. 목은 이색의 학문과 학맥

1996년 11월 어느 날, 명지대교수 신천식 박사가 나에게 협조 요청

신천식 교수가 어느 식당에서 식사를 하면서 넌지시 나에게 놀라운 이야기를 하는 것이었다. 나는 무슨 말인지 귀가 솔깃하여져 긴장된 시선으로 신박사의 입만 주시하고 있었다.

목은선생의 학문과 교육사상에 대하여 많은 연구를 하고 대학교 강의 때 청강학생들로부터 많은 호응을 받아 왔다며 가끔 꿈에서도 목은선생과 대담 중에 문의를 많이 하여 깨우침도 많았다는 기상천외한 말을 하면서 이제 목은선생의 학문과 학맥을 주제로 글을 쓰기 시작했는데 이상구씨가 성균관과 씨족연합회에서 일하고 계시니 지인이 많으실 터인데 목은선생과 관련된 역사적 인물을 적어드릴 터이니 해당 종중(宗中)에서 문헌과 자료를 수집하여 협조를 부탁하는 것이다. 나는 미력이나마 최선을 다하겠다고 하였다.

아침마다 일찍이 동부인하여 뒷동산인 삼성산(三聖山)에 올라 자기가 고안한 체조를 하고 하산하는데 우리 내외를 전화로 항상 불러내어 동참했다. 등산할 때마다 돌산 아래 거북바위와 호랑바위에 다녀가는 정해진 코스다. 신 박사는 거북바위에 올라 가부좌 즉 책상다리를 하고 약 5분 동안 눈을 감고 명상을 한다. 매일같이 반복하기에 연유를 알아보니 요즘은 목은선생님과 대화를 한다기에 믿기지 않는 농담으로만 치부하였으나 사모님도 거드는 것이 서재에서 글을 쓰다말고 명상을 한다기에 참으로 놀라웠다.

1997년 9월 어느 날, 날씨가 유난히 가물고 무더운 날이었다. '원고는 이제 탈고했는데 술 한 잔 안 사느냐?'고 한다. 참으로 한없이 고마웠고 기쁘기 한량없었다. 곧바로 목은연구회 회장인 이정복(李貞馥) 교수에게 이 기쁜 소식을 전하고 출판할 것을 의논했다. 그러나 출판비가 적지 않은 2천5백만 원을 어떻게 마련하느냐다. 우선 원고료와 인쇄계약금 치룰 돈 한 푼 없이 모두 곤궁에 빠졌다.

대종회에서 해야 할 위선사업(爲先事業)이지만 말조차 꺼낼 수 없는 재정형편이 열악하여, 여타(餘他) 하위 종중들의 호응도 못 받고 특지가(特志家)도 백방으로 찾아 나섰으나 모두 허사로 출판사가 미궁으로 난항을 겪게 되었다. 참으로 부끄럽고 안타까운 일이다. 타성(他姓)들은 소재(素材)가 없어 부러워하는데, 우리는 현조(顯祖)님들이 대를 이어 공적과 명망 높은 유사가 반석 위에 빛나서 이를 선양하는 일에 후손들의 참여와 협조가 미약하니 너무도 대조적이다.

1998년 1월 일 분당수내동에 한평군종회 하위 종중인 통덕랑공 휘 정규(通德郎公 諱 廷葵)과 종회가 있던 날 이사장 관구(寬求)씨에게 미리 출판비 건에 대한 얘기가 있었던 터라, 본회의가 끝나고 기타 사항 때 정식으로 공표하고 논의했다. 13명의 임원들이 이구동성으로 이 건에 대하여는 대종회 차원에서 할 일인데 종재(宗財)도 미약한 말단 종중에서 논의 대상이 안 된다는 것이다. 절대로 옳은 논리다. 나로서도 염치없는 협조를 구(求)하고 있는 초라함을 느꼈다.

회장님이 나에게 좀 더 구체적으로 설명하라고 하기에 용기를 내어 자초지종을 말하고, “백방으로 재원조달을 모색하였으나 무위로 여기까지 이르게 되었으니, 다 같은 목은할아버지의 후손으로서 역대 이래 첫 간행사업인 만큼 어렵지만 우리 통덕랑할아버지의 후손들의 힘으로 이 큰 업적을 남겨 전체 한산이씨 후손들의 귀감이 되고 한편 목은할아버지의 유덕을 기리고 후손으로서 반포지효(反哺之孝)의 실행으로서도 영원한 자랑거리가 되도록 성취합시다.”라고 하였다.

이 말을 경청한 임원들이 이 지원 건에 대해서는 투표로서 각자의 의사표시를 하자며 종중이 생긴 후 처음으로 투표한 결과 찬성 9 대 반대 4로 통과되었다. 나는 눈물겹도록 감사와 치하를 아끼지 않았다. 기쁨의

이 사실을 목은연구회 회장에게 통고하고 수일 내에 일금 이천오백만원을 송금하겠으니 계좌번호를 종회 상무이사에게 알려주라고 했다. 이로써 우여곡절을 겪으면서 근 500페이지에 달하는 목은의 학문과 학맥이 목은연구회 연구총서(硏究叢書) 2집(集)으로 출간하였다. 이 목은의 학문과 학맥은 명지대학교 고고학 교육학 문학박사 신천식(申千湜) 교수 저서로 발간되는 우리 한산이문(韓山李門)의 현조(顯祖)이신 가정이곡(稼亭李穀)선생과 성리학의 태두(泰斗)이신 목은선생의 학문과 학맥을 목은선생의 세 아드님과 15종형제(從兄弟) 손자대에 긍(亘)하여 여말선초(麗末鮮初)에 은문(恩門), 사문(師門), 교유문인(交遊文人), 동년(同年), 문생(門生), 문도(門徒), 교육활동문인(敎育活動門人), 승당교관(昇堂交關)등 학문과 학맥을 정대하고 명백하게 가려져서 수록되어 그간 양보되고 왜곡된 사료가 바로 세워지게 되는 계기가 될 것으로 믿는다.

이 책이 출판되기까지 우여곡절이 많았다. 우리 국내에서는 유일하게 교수회가 한산이씨만이 조직되어 각 분야의 200여 박사들이 역대 조상님들의 뜻을 이어받아 학문을 가르치는 교수들이 현직에서 활동 중이다. 그 가운데 목은연구회도 구성되어 저서 및 문헌번역사업 등 총서(叢書)로 펴내고 있다. 그 주역교수로 교수회회장에 상복(尙馥). 부회장 현복(炫馥), 문원(文遠), 기획이사 특구(特求), 총무이사 광복(洸馥), 재무 상복(相馥), 학술 성규(成珪), 섭외 연복(延馥), 홍보 덩복(正馥), 목은연구회 회장 정복(貞馥) 등 제 교수들이 활약하였으며, 한평군파(韓平君派)종회를 비롯한 예하 종중과 대우사장(大宇社長) 우복(雨馥)등이 많이 후원하였다. 우리 후손들은 대를 이어 현조(顯祖)를 뫼시고 있으나, 고찰하고 선양하는데 소홀하지는 않았나, 매우 부끄럽고 안타까웠다. 앞으로 더욱더 힘써 선양하여 우리 후손에게 차원 높은 조상님의 음덕을 기리고 품위 높은 위상을 후손에게 남겨주어야 한다.

4. 성리학(性理學)의 태두(泰斗) 목은(牧隱) 이색선생(李穡先生)

▮ 정삼봉집 중 이도은집 서(鄭三峰集 中 李陶隱集 序)

"목은선생이 조승가정지훈(蚤承家庭之訓)하고 북학중원(北學中原)하야 득사우연원지정(得師友淵源之正)하고 궁성명도덕지설(窮性命道德之說)이라. 기동환(旣東還)에 연인제생(延引諸生)하니 기견면흥기자일(其見面興起者一)이라. 오천정공달가(烏川鄭公達可)와 경산이공자안(京山李公子安)과 진양하공대림(晉陽河公大臨)과 번양박공성부(蕃陽朴公誠夫)와 영가김공경지(永嘉金公敬之)와 밀양박공자허(密陽朴公子虛)와 영가권공가원(永嘉權公可遠)과 무송윤공소종(茂松尹公紹宗)이니 수이모집불초(雖以矛之不肖)로도 역즉획어수군자지열(亦則獲於數君子之列)이라."하였다.

목은선생이 일찍이 가정 지훈을 이어받아 중국에 가서 올바른 사우(師友)의 연원(淵源)을 득하고 인성과 도덕지설을 궁구하였더라. 고려에 들어와 제생(諸生)들을 불러 가르치니 그에게 배워 일어난 자가 정포은, 하륜, 박상충과 김구용, 박이중, 권근과 윤소종이니 비록 불초지만 또한 여러 군자(君子)의 반열(班列)에 참여하였다.

▮ 권양촌 집중(權陽村 集中)

오좌주(吾座主) 목은선생(牧隱先生)이 조승가훈(蚤承家訓)하고. 득치벽옹(得齒辟雍)하야 이극정대정미지학(以極正大精微之學)이라. 기환(旣還)에 유생(儒生)이 개종지(皆宗之)하니 약포은정공(若圃隱鄭公)과 도은이공(陶隱李公)과 삼봉정공(三峰鄭公)과 번양박공(蕃陽朴公)과 무송윤공(茂松尹公)이 개기승당자야(皆其陞堂者也)라.

우리의 좌주목은선생이 일찍이 가훈을 이어받고, 국자감에 입하여 정대한 학문이 극에 달하여 돌아오니 유생들이 모두 종주(宗主)로 받들었으니 정포은과 도은이공, 삼봉정공, 번양박공, 무송윤공이니 모두 목은선생 문하에서 배운 자라.

▌서사가집중(徐四佳集中)

일시문인재사(一時文人才士)가 합연종지(合然宗之)하고 훈연침욱(薰然浸郁)하니 웅준여정포은(雄俊如鄭圃隱)과 간결여이도은(簡潔如李陶隱)과 호매여정삼봉(豪邁如鄭三峰)과 전아여권양촌(典雅如權陽村)이 개불출선생범위지내(皆不出先生範圍之內)라. 기비추연걸연간세이탁입자호(豈非魁然傑然間世而卓立者乎)아. 황선생공명도덕지성(況先生功名道德之盛)은 관면일시(冠冕一時)하니 독문장호재(獨文章乎哉)아.

학대문인 재사가 유학의 종지(宗之)를 받들어 모여들고 훈연한 마음과 문채가 저저드니 뛰어난 재주를 가진 정포은과 간결한 이도은과 호탕한 정삼봉과 전아한 권양촌이 모두 목은선생의 범위 안에서 나왔으니 어찌 뛰어나고 찬란함이 세상에 우뚝 서지 않겠는가. 항차 선생의 공명과 도덕의 성함이 가장 우뚝하니 유독 문장뿐이겠나.

▌기고봉논사록중(奇高峰論思錄中)

인성(人性)이 수일본선(誰日本善)이나, 비교즉불성취(非教則不成就)라 전조공민시(前朝恭愍時)에 이색(李穡)이 취사교지고(聚士敎之故)로 다유충신의사(多有忠臣義士)라 색(穡)이 소시(少時)에 입중원탁제과(入中元擢制科)하야 사우원(仕于元)하니 박학고재(博學高才)요 교회지사감유공력(敎誨之事甚有功力)하니 정몽주비전학어이색이 역이장권흥기이성(鄭夢周非全學於李穡而 亦以獎勸興起而成)이라.

인성이 비록 본시 착하나 가르치지 않으면 성취할 수 없다. 전조 공민왕 시에 이색이 선비들을 모아 가르친 고로 충신과 의사가 많이 배출되었더라. 색(穡)이 젊어서 중국에 들어가 제과에 합격하여 원나라의 벼슬하니, 넓고 높은 학문을 닦아 교육하는 일에 크게 공력을 기우리니 정몽주는 전학문(全學文)을 이색(李穡)에서 배웠을 뿐 아니라 또한 장려하고 권하여 크게 이루었느니라.

▮ 박현석집중(朴玄石集中)

목은선생(牧隱先生)은 문장(文章)이 조성(蚤成)하고 북학어중토(北學於中土)하야 득문연원대지(得聞淵源大旨)하니 귀이강습(歸而强襲)에 내사포야(乃使圃冶)로 일맥전술(一脈傳述)이라.

목은선생은 문장을 일찍이 이루고 중국에 들어가 학문을 배우니 온갖 학문과 사물의 근원을 습득하여 돌아와 강습하니 정포은과 길야은으로 하여금 학문전술에 한맥으로 하여 이어졌다.

▮ 동유사우록중(東儒師友錄中)

고려공민시(高麗恭愍時)에 성균장교인(成均掌教人)이 六이니 문정공이색(文靖公 李穡)과 포은 정몽주계 이문정문(圃隱 鄭夢周係 李文靖門)와 박상충역계 이문정문(朴尙衷亦係 李文靖門), 김구용역계 이문 정문(金九容亦係 李文靖門), 이숭인역계 이문정문(李崇仁亦係 李文靖門), 박이중역계 이문정문(朴宜中亦係 李文靖門)이라.

고려 공민왕 때 성균관에서 가르치는 사람이 여섯이니 문정공 이색과 포은 정몽주 계의 이문정 가문과 역시 박상충 계의 이문정 가문과 김구용 계의 이문정 가문과 이숭인 계의 이문정 가문과 박이중 계의 문정 가문이 그것이라.

▌목은 시 장단음 중(牧隱詩 長端吟 中)

송헌당국아류리(宋軒當國我流璃) 몽리수증유차사(夢裡誰曾有此思)

이정항금참대의(二鄭況今參大義) 일가완취과하시(一家完聚果何時)

안(按)컨대 이정(二鄭)은 포은과 삼봉(三峰)을 지칭함이니 이정이 모두 목은의 문인으로 이성계가 나라를 찬탈하는데 참여하니 나는 유배를 떠나게 되는구나, 꿈속에서라고 이럴 줄이야 알았으리요. 포은과 삼봉이 이제 큰 의논을 버리고 있으니 우리 집안은 어느 때 다시 모일거나?

▌목은 포은 양현의 관작(隱 圃隱 兩賢의 官爵)

목은선생(牧隱先生) 1328年 무진 생(戊辰 生) ~1396年 병자(丙子 卒)

사위수상(四爲首相) 오위지공거(五爲知貢擧) 육위대사성(六爲大司成) 십위대제학(十爲大提學)

포은선생(圃隱先生) 1337年 정축생(丁丑生)~1392年 임신졸(壬申 卒)

일위수시중(一爲守侍中) 일위동지공거(一爲同知貢擧) 이위대사성(二爲大司成) 이위대제학(二爲大提學)

- 명지대학교 교수(明知大學校 教授) 신천식 박사 저(申千湜 博士 著) 『목은(牧隱)의 학문(學文)과 학맥 중(學脈)』 中에서

5. 성균관 출입은 목은선생을 승무복향(陞廡復享)하기 위해

1993년 계유(癸酉) 11월 14일. 음력 10월 1일 일요일. 성균관 삭 분향일(成均館 朔 焚香日)에 처음으로 봉심(奉審)하였다. 그 동기는 종중일을 하면서 목은할아버지가 고려 말 1367년 12월에 숭문관구지(崇文館舊址)에 성균관을 창(創)하고 목은선생을 대사성을 겸임하고 정몽주를 박사로 삼고 매일 명륜당에서 수업하니 정주성리지학(程朱性理之學)이 흥(興)하기 시작했다고 하였고 그 후 우리의 많은 선조님들이 이곳에서 배우고 제과(制科)에 급제하여 승승장구 벼슬길에 오르신 제과(制科) 및 대과 급제하신 분이 198명이나 되며, 성균관대사성(成均館 大司成)을 역임하신어른만 30명이나 되며 정승반열 13명, 판서 이상 113명, 문과급제 107명, 삼품이상 292명으로 명문거족(名門巨族)의 후손으로서 사문진작(斯文振作)과 인성교육(人性教育)을 외면할 수 없었다.

한편 창령성씨(昌寧成氏) 국당 성표환(菊堂 成表煥)선배와 함종어씨(咸從魚氏) 춘강어약(春江 魚躍)선배의 많은 보살핌을 받아 성균인(成均人)으로 성장하는데 디딤돌이 되었다.

늘 성균관에 출입하면서 석연(釋然)치 못한 것은 목은선생이 사위 수상(四爲 首相)이요 다섯 번의 지공거(知貢擧)를 또한 성균관대사성(成均館大司成)을 초대부터 여섯 차례나 역임하고 십위 대제학(十爲 大提學)을 역임하여 성리학(性理學)의 태두(泰斗)이신 목은선생(牧隱 先生)의 위패(位牌)가 성균관 대성전(成均館 大成殿)에 배향(配享)되지 못한 의구심(疑懼心)이 풀리지 않는다.

여말선초(麗末 鮮初) 변혁기(變革期)에 가혹(苛酷)한 살육박해(殺戮迫害)와 정치적 탄압(政治的 彈壓)으로 인(因)하여 배향(配享)되지 못한 아쉬움이 500년간의 조선시대(朝鮮時代)가 왜놈에게 침탈(侵奪)당하여 고스란히 나라를 넘겨주어 36년간 고달픈 식민지(植民地) 노예(奴隷)가 되어 수탈(收奪)과 고통(苦痛)의 굴레를 세계2차대전(世界二次大戰)에 미군(美軍)의 승리로 벗어날 수 있었다. 우리나라가 광복(光復)된지도 벌써 환갑(還甲)이 넘었고, 조선시대가 끝난 지 100 여년이 지났다.

이제 우리는 민족(民族)의 스승이신 목은선생(牧隱 先生)을 성균관 대성전(大成殿)에 승무복향(陞廡復享)할 것을 심중에 간직하고 열심히 종사(從事)한지 12년 만인 2004년 4월 1일 성균관부관장에 선임(選任)되어 착실하고 열심히 공부하고 노력하였다. 각종 종회 또는 종친 모임등 에서 성균관대학교 유학대학원에 입학하여 인성교육(人性教育)및 선비정신 함양(涵養)으로 선인(先人)들의 뜻을 받들어 숭조목족(崇祖睦族) 종사(宗事)에 밀알이 되도록 입학알선 뿐 아니라 성균관대학교 총장님의 수료증을 받은 분은 성균관 품계(品階) 알선 등에 눈부신 활동으로 성균관 내에서 주목을 받아왔다. 연이어 2006년 9월 7일 이진규(李振珪)씨의 부관장선임 고유제(告由祭)가 있었다.

▮ 성균관제가상(成均館齊家賞)에 목은특별상 제정 선포

2006년 9월19일 성균관 관장단 주례회에서 최근덕관장이 성균관모성회에서 주관하는 성균관 제가상(齊家賞)에 목은 이색선생(牧隱 李穡 先生)의 특별상 제정 선포(特別賞 制定 宣布)를 하였다. 매년 추계석전 대제(大祭)일에 출연금 300만원을 10월 18일 석전일 전에 납부고지가 한산이씨대종회에 통보되었으나 너무나 갑작스러운 사안(事案)이라 재정적으로 취약한 대종회로서도 시일도 촉박하고 감당하기 어렵다는 상복(尙馥)이사장의 답변에 전전긍긍하여, 목은선조선양의 예상치 못한 호기(好機)를 무산되지나 않을까 매우 우려와 걱정을 하는 중 성균관 임원들 진규 부관장(振珪 副館長), 상구 부관장(庠求 副館長), 을규 전학(乙珪 典

學), 환구 전의(桓求 典儀), 용구 전학(用求 典學), 은복 전학(殷馥 典學) 등 6명이 모여 대책을 숙의(熟議) 출연금(出捐金)으로 인하여 무위가 되어서는 안 된다는 의견일치로 출연금을 분담 거출하여 납부함으로 후손으로서 가슴에 맺힌 한을 조금이나마 푸는데 부담스러웠지만 뜻있는 일을 해 이로 인하여 대종회에서는 매년 예산에 반영하여 계속하게 되었다.

2006년 10월 12일 모성회제가상심사위원(慕聖會齊家賞審査委員)으로 위촉받아 심의회에 참여하여 목은다복가정대상(牧隱多福家庭大賞)수상자로 진주향교(晉州鄕校)에서 추천된 강두상(姜斗相)씨가 선발되었다. 10월 18일 추계석전대제(秋季釋奠大祭)가 끝나고, 이어 제가상시상(齊家賞施賞)에 성균관 최근덕(崔根德) 관장이 상장을 시상하고, 한산이씨대종회 이상복(李尙馥)이사장이 부상금(副賞金)을 시상할 때 만장한 참여인들의 축하박수를 받고 답인사에서 강두상씨는 목은선생의 특별상 받은 것이 가장 소중하지 상금은 성균관에 헌성(獻誠)한다 고하여 우레와 같은 박수가 이어지니 나는 남다른 감회를 느꼈다. 우리나라 어린이 교육에 예의도덕(禮儀道德)과 역사(歷史)교육이 없다고 하니 명현(名賢)을 알리가 없다. 그 후 2009년도에도 한산이씨 홍규(洪珪)씨 내외분이 102세의 노모봉양에 특별상을 받으면서 부상 이백만 원을 성균관에 헌성하였고, 2010년도에도 청주에 사시는 창복(昌馥)씨 내외분이 노모에게 극진한 효행으로 특별상을 받으면서 부상을 헌성(獻誠)하여 석전에 참여한 만장한 현장에서 성균관장이 성리학의 태산북두 목은 이색선생의 후예(後裔)답게 효행과 성균관 모성회에 매년 한산이씨대종회에서 삼백만 원씩을 헌성(獻誠)하는데 여러분이 보시는 앞에서 수상자가 헌성하는 아름다움에 찬사를 보낸다고 일장연설에 우레와 같은 박수를 받았다.

성균관 최근덕 관장은 성균관발행 유교신문에 “고려마지막 선비 목은 이색”의 사적(史蹟)을 22회에 장고(長稿)를 게재(揭載)한 바 일천만 유림

(儒林)들에게 목은선생관(牧隱先生觀)을 새롭게 조명(照明)되었다.

성균관 관장은 한산이씨대종회 이사장 이윤구 박사를 성균관 원로(成均館 元老)로 추대(推戴)되어 성균관과의 유대가 깊어졌으며, 성씨연합회 부총재로 선발되어 총회에서 연사로 감명 깊게 조상님들의 미풍양속의 전통과 시국관(時局觀)에 매료되는 청중들의 환영을 받고 있음은 실로 다행한 일이다.

또한 앞으로 문헌서원(文獻書院)도 성균관장 최근덕씨를 원장(院長)으로 추대할 예정으로 교섭되어 있으며, 서원준공식(書院 竣工式)을 성균관 유림 중심으로 대대적인 축제(祝祭)로 승화(昇華)시켜 최종우리의 목적은 목은선생을 서울 문묘(文廟)에 승무복향(陞廡復享)의 뜻을 이루고져 함이다.

2010년 정초에 성균관 단배식(成均館 團拜式)에는 성균관 관장단(館長團), 원로(元老)를 비롯한 고문단(顧問團), 임원(任員), 성균관대학교 교수님 등 100여명의 단배식석상에 한산소곡주를 부관장 이진규(李振珪)씨가 내놓아 한산이씨 목은선생(韓山李氏 牧隱先生)의 문묘배향은 안 되었지만 그 후예들은 매년 제가상 시상금(齊家賞 施賞金)을 출연(出捐)하고 있다며, 고맙게들 여기고 있었으며, 2011년 1월 1일 단배식식대(食代)를 성균관임원 전인이용구(典仁 李用求)씨가 전액 거금(巨金)을 지불하여 관장으로부터 한산이씨 목은선생의 후예(後裔)들의 성심(誠心)과 성리학의 태두목은선생에 대한 3분간 짧은 강의에 식사를 중단하고 예의 경청(傾聽)하였다.

이상과 같은 실상은 목은선생을 승무복향(陞廡復享)에 이르는 복합적인 요건이 집약되는 시기로, 이 기회를 놓쳐서는 안 된다는 강박관념이 있기에 일사불난(一事不亂)으로 공(功)드리고 있음은 목은선조의 후손들의 자존심(自尊心)이며 한맺힌 숙원사업이기에 "목은선생승무복향추진위원회(牧隱先生陞廡復享推進委員會)"를 조직하여 전국에 234개 향교(鄕

校)중 2/3(三分之二)이상의 전교(典校)님의 찬동을 받아 성균관장에게 제출해야 하는 사업을 하루속히 추진해야 할 것으로 한산이씨대종회 이사장님께 올린바 있으며, 그간에 목은선생을 승무복향(陞廡復享)에 관한 근기문건(根基文件) 수집에 협조를 많이 받아 아래와 같이 수록하여 잠재(潛在)된 선현의 역사적으로 부각된 현실을 유림제현에게 재조명하고, 실현(實現)하고져 함이다.

우리나라는 지정학적으로 세계열강의 패권적 야욕(霸權的 野慾)으로 무수한 침범(侵犯)을 당하여 왔다. 지금도 여전하다. 오늘날 중국(中國)이 역사적으로 우리나라의 고구려(高句麗)가 자기네 제후국(諸侯國)으로 떼를 쓰고 있으며, 일본(日本)은 우리의 영토(領土) 독도를 자기네 영토라고 우겨대는 냉혹한 현실에서, 우리나라 성균관(成均館)에 봉안(奉安)된 오성위(五聖位)와 공문십철(孔門十哲)그리고 송조육현(宋朝六賢)등 21位와 동국십팔현(東國十八賢)을 배향(配享)하고 매월삭망(每月朔望)에 분향(焚香)과 매년 춘추석전대제(每年 春秋釋奠大祭)를 전통적 의식(儀式)으로 봉행(奉行)하고 있다. 이에 우리의 자주적(自主的)인 주체성(主體性)으로 고찰(考察)해볼 필요성을 느낀다.

고려 말 목은선생이 성균관을 중창(重創)하여 정주성리지학(程朱性理之學)을 수업(授業)받은 후 조선시대에 유학으로 꽃 피운 후학들의 목은이색선생을 승무복향하라는 끊임없이 답지한 상소문들은 다음과 같다.

6. 서기 1352年 공민왕(恭愍王) 원년(元年)

▮ 임진(壬辰) 2월에

조칙(詔勅)하기를 "학, 교, 상, 서는 교화의 근본인데 국학이 이름만 있고 알맹이는 없다. 12도(徒)는 동서학당이 무너졌어도 수리조차 하지 않는다. 마땅히 수리하게 하고 생도를 길러내어 하나의 경서(經書)라도 통한 자가 있으면 그 이름을 기록해서 올리라"하였다.

4월에 진사 이색(李穡)이 상소하여 청하기를 "밖으로는 학교와 안으로는 학당에서 그 재주를 고사(考査)해서 십이도(十二徒)에 올리고 십이도는 또한 총괄해서 고사(考査)하여 성균관에 올리면, 세월로 기한을 하거나 일월로 기한을 하여 그의 덕망과 재능을 살펴 애부(禮部)에 올려 합격한 자는 벼슬을 주고 합격하지 못한 자는 출신(出身)의 계재를 주어 국학생이 아니면 시험에 참여하지 못하게 하여야 합니다."라고 하였다.

▮ 서기1367 공민왕(恭愍王 16丁未)년 12월에

숭문관(崇文館)의 옛터에 성균관을 창건하고 이색으로 겸대사성(兼 大司成)을 삼고 정몽주로 박사를 삼았으니 겸 대사성은 이색으로부터 시작된 것이다. 이색은 생원의 수를 늘리고 경술(經術)을 아는 선비로 정몽주, 김구용(金九容), 박상충(朴尙衷), 박의중(朴宜中), 이숭인(李崇仁) 등을 선발하여 모두 다른 벼슬에 있으면서 교관(敎官)을 겸하게 하였다. 이전에는 성균관 생원이 몇십 명에 지나지 못하였는데 이색이 정몽주 등과 함께 학칙(學則)을 다시 정하고 매일 명륜당(明倫堂)에 앉아 경서(經書)를 나누어 수업하니, 배우는 자들이 모여들어 서로 보고 느끼므로 정주(程朱)의 성리학(性理學)이 이에 이르러 비로소 흥기(興起)하게 되었다.

정몽주는 영일(迎日)사람이니 습명(襲明)의 후손이다. 이때 동방에 온 경서(經書)는 오직 [주자집주(朱子集註)]인데 몽주의 강론함이 특출하여 다른 자의 의표(意表)에서 나오니 듣는 사람들이 매우 의심하였다. 그러자 호병문(胡炳文)의 『사서통(四書通)』을 얻어 본 다음 서로 합하지 않음이 없음을 보고 선비들은 더욱 탄복하고 이색이 자주 칭찬하기를 "몽주의 횡설수설은 이치를 의논함에 이치에 맞지 않는 것이 없다."해서 동방이학(東邦理學)의 원조(元祖)로 삼게 되었다.

▌유희춘(柳希春)의 일기에 이르기를 태학지(太學志)

서기 1569년 선조(宣祖) 기사(己巳) 7월에 소대(召對)하여 나아가 이르기를, "일전에 임금 선조(宣祖)로부터, 이색(李穡)을 문묘(文廟)에 종사(從祀)하였다가 당시 출향(黜享)한 사실을 하문(下問)받고서 신(臣)이 듣지 못하였다고 대답하였는데 요즘 성균관직(成均館職)이 되어 들으니, 이색(李穡)을 무(廡)의 끝에 종사(從祀)하였다가 다시 출향(黜享)하였다 합니다." 하였다.

이에 임금이 이르기를, "다시 출향한 까닭이 무엇인가?"하기에, 신(臣)이 대답하기를, "신이 자세한 것은 알지 못하나 이색(李穡)의 학술(學術)이 정밀하지 못하고, 불교(佛教)를 배척함이 엄하지 못하였으니 이는 능히 종사할 수 없는 까닭이 아니겠습니까?"라 하였다.

▌유희춘(柳希春): 1513년 중종(中宗) 8년 – 1577년 선조(宣祖) 10년

조선 명종 · 선조 때에 학자. 자(字)는 인중(仁仲), 호는 미암(眉巖) 1538년(中宗 33) 문과에 급제 정언(正言)등을 지냈다. 양재역(良才驛)에 벽서(壁書)사건에 연루되어 제주에 유배되었다가 1567년 풀려나와 선조조(宣祖朝)에 대사성, 대사간을 지내고 1575년 선조(宣祖8) 이조참판을 지냈다. 경사에 밝고 특히 성리학에 조예가 깊었다. 담양에 의암서원 등에 제향되고 있다. – 증좌찬성 주자어류전해 강목고이(綱目考異).

7. 목은 이색선생을 승무복향(陞廡復享)하라는 상소

- 승정원일기(承政院日記) 1884년 (고종21) 甲申 3월 15일 충청도 유생 신학래(申鶴來) 상소

◉ 삼가 아뢉니다. 신들은 문정공(文靖公) 목은 이색선생을 승무하고 복향하려는 뜻으로 함께 답답한 마음을 품고 소리를 같이하여 궐문에서 호소하였는데, 성상의 비답을 받들고 보니 "승무하는 일을 단번에 시행하지 못하는 것은 곧 그 예를 존중하시는 뜻에 대하여는 신들이 다시 어찌 감히 천청(天聽)을 번거롭게 하겠습니까.

이색선생이 무함당하고 출향(黜享)된 원인은 곧 부처를 엄격히 배척하지 않았고 학술이 정미하지 않았다는 두 가지입니다. 그러나 정자(程子)와 주자(朱子)의 학문을 밝혀서 유학을 숭상하였으니 어찌 학술이 정미하지 않다 하겠으며, 중들을 금절(禁絶)하라고 여러 번 배척하는 상소를 아뢰었으니 어찌 부처를 배척한 것이 엄격하지 않다 하겠습니까. 당시 사관(史官)이 선현을 무함한 까닭으로 마침내 귀양가는 벌을 받았으니, 그 일은 성명의 세상에서 이미 나타났고 그 죄는 어진 이를 존경하는 처지에서 피할 수 없었습니다.

◉ 목은선생 행장(行狀)에는 "선생이 학칙을 고쳐 정하고 날마다 명륜당(明倫堂)에 앉아 경서를 나누어 수업하며 의의(疑義)를 논란하였으되 반드시 정자와 주자의 뜻에 맞도록 힘쓰게 하였는데 종일 게을리 하지 않았다. 그래서 동방의 성리학(性理學)이 크게 일어나서 사도(斯道)를 근본으로 여기며 숭상할 줄 알게 된 반면 이단에 현혹되지 않고 공리(功利)를 꾀하지 아니하게 된 결과 유풍(儒風)과 학술이 환히 크게 새로워졌다. 포은(圃隱) 문충공 정몽주(文忠公 鄭夢周)가 스승과 문하생의 분수로 자처하였는데, 선생의 시를 차운(次韻)하여 '수업하는 자리

에서 학문의 광대함을 엿보았다. 『함장증규학해관(函丈曾窺學海寬)』' 고 읊었다." 하였고, 또 "목은선생은 공민왕에게서 예우를 후하게 받았으므로 찬배(贊拜)할 때에도 이름을 부르지 않았고. '사부를 존중하는 것은 사도(師道)를 위한 것이고, 덕을 숭상하고 공로에 보답하는 것은 뒷사람을 권면하기 위한 것이다. 사람들이 송(宋)나라의 성리학을 알고 풍속을 공자와 맹자의 풍속으로 변하게 한 것으로 말하면 실로 경의 함이다'라고 하였다."하였습니다.

◉ 양촌(陽村) 문충공 권근(文忠公 權近)이 지은 행장에 "공은 천품이 명예(明睿)하고 학문이 정심(精深)하여 여러 글을 널리 보았는데 성리학에는 더욱 조예가 깊었다."하였으며,

◉ 동정(東亭) 염제신(廉悌臣)의 상소에는 "이색은 참으로 나랏일을 맡길 만한 신하이므로 전하께서 의심 없이 등용하셨습니다." 하였습니다.

◉ 명고(鳴皐)임전(任錪)이 중국장수 이여송(李如松)의 물음에 답하기를 "이색은 천품이 면민하고 여러 글을 널리 보았으며 후학을 면려하여 사문을 일으키는 것을 자기 임무로 삼았다." 하였습니다.

◉ 선정신(先正臣) 문정공 우암 송시열(文正公 尤庵 宋時烈)이 지은 신도비(神道碑) 음기(陰記)에 "우리 태조(太祖)께서 즉위하고 선생을 불러서 대궐에 이르렀는데, 선생이 포의(布衣)로서 스스로 한 곳에 앉아 '노부(老夫)에게 자리가 없습니다.'하였다. 옛사람이 '자릉(子陵) 엄광(嚴光)이 아니면 광무제(光武帝)의 큰 도량을 이루지 못하였고 광무제가 아니면 자릉의 높은 뜻을 이루지 못하였을 것이다.'하였거니와, 이는 선생의 높은 뜻만이 아니라 우리 성조(聖朝)의 천지 같은 도량을

여기에서 알 수 있는 것이다. 그리고 三년상으로 행하기를 청하고 중들을 금절하고 정자와 주자의 학문을 밝힌 것으로 말하면 다 증거할 만한사실이 있는데, 다만 부처에게 아첨하였다는 말이 뒷사람의 의심을 일으키게 함으로써 오로지 포은만 찬미하도록 하였으니, 어찌 또한 글을 쓴 무리가 호오(好惡)를 사사로이 하여 금후(今後)를 속인 것이 아니겠는가?"하였습니다.

◉ 하담(荷潭) 김시양(金時讓)이 필담(筆談)에 "선생의 큰 절개는 해와 별과 같아서 배운 바를 저버리지 않았는데, 속유(俗儒)가 문집 가운데에 있는 불가(佛家)의 문자를 가지고 의심을 일으켜 작은 흠을 들추어 내었으니 참으로 한탄스럽다. 태조께서 선생에게 한산백(韓山伯)을 봉하셨는데, 역사를 상고해보니 태조의 천지 같은 도량이 고구(故舊)의 의리를 오로지하려 하셨고 또한 선생의 성대한 덕과 큰 명성은 천하가 다 아는 것이고 태조께서 믿고 인정하는 것이다."하였습니다.

그 정순한 충성과 큰 절개는 수십 년 동안 우주를 부지하였는데. 그 덕이 성대할수록 마음이 더욱 겸손해지고 벼슬이 높아질수록 집은 더욱 가난해졌습니다. 심신(心身)과 성정(性情)에서 비롯하여 가향(家鄕)과 방국(邦國)에 이른 것을 보면 이른바 체(體)가 있고 용(用)이 있는 학문이며 중국에서 도통(道統)을 이어 받아 동방에서 선각(先覺)이 된 사람이라는 것입니다. 성조께서 오랜 벗을 대하는 예(禮)로 대우하고 감히 신하로 여기지 않는 것으로 말하면 어찌 백(伯)으로 봉하는 의례적인 예를 가지고 본조(本朝)에 들어왔다 할 수 있겠습니까. 그렇다면 미자(微子)가 송(宋)에 봉해지고 기자(箕子)가 조선에 봉해지고 목은(牧隱)이 백(伯)애 봉해진 것도 새 조정에 들어온 것이라 할 수 있을 것입니다.

아조(我朝)에 들어온 성현을 문묘에 배향함은 존숭하는 뜻에 어그러질 것이 없으나, 선생이 무함당하여 출향(黜享)된 것은 오로지 사관(史官)의 시혐(猜嫌)에서 말미암았으니, 어찌 국가의 전례에 흠결이 있고 사람이 억울한 마음을 가질 일이 아니겠습니까. 바라건대, 천지 같은 성명(聖明)께서는 고상한 인품을 추숭하고 덕의 아름다움을 형용하시어 특별히 목은 이색선생을 승무(陞廡)하고 제향을 회복하라는 은전을 내리심으로써 백세(百世)도록 조천(祧遷)하지 않는 사의(祀儀)를 이어받으시는 한편 '한 시대의 보고 느끼는 이목을 새롭게 하소서…….'하였는데, 답하기를, "상소를 보고 잘 알았다. 이미 전에 답한 것이 있으니 다시 번거롭게 할 것 없다."하였다.

1888년 고종(高宗)25년 무자(戊子) 6월 4일 갑신(甲申)

8. 이색을 문묘에 다시 배향할 것을 청하는 전라도 유생 등의 상소

◉ 전라도 유생 이동협(李東莢) 등이 상소하기를.

"삼가 아뢰니다. 우리 동방(東方)이 비록 한쪽으로 치우쳐 있는 작은 나라이지만, 전장(典章)과 법도(法道)는 중화(中華)에 비길 만하니, 이는 기자(箕子)가 팔조(八條)로 가르침을 세우고 현성(賢聖)한 군주가 서로 전수하였기 때문에 그런 것입니다. 여러 현철(賢哲)한 사람으로 말하자면, 홍유(弘儒) 설총(薛聰)과 문창(文昌) 최치원(崔致遠)이 신라(新羅)에서 창도(倡道)하였고. 문성 안유(文成 安裕)와 문충 이제현(文忠 李齊賢)이 고려에서 흥기시켰습니다. 문효공 이곡(文孝公 李穀)은 문충 이제현에게 배웠고. 그의 아들 문정공 목은 이색(文靖公 牧隱 李穡)은 문효공에게 사숙(私塾)하였으며, 문충공(文忠公) 정몽주(鄭夢周)는 선생문하의 제자였으니, 선생의 도통(道統)과 도설(圖說)은 역사책에 분명히 게재되어 있습니다. 공자, 맹자, 안자(顔子), 증자(曾子), 정자(程子), 주자(朱子)의 도통을 거슬러 올라가 탐구하여 동방(東方)의 학문이 끊어진 뒤를 계승하였으며, 삼년상(三年喪)을 행하고 또 관복(冠服)을 한결 같이 선왕이 제정한 예(禮)에 따를 것을 청하였습니다. 참된 사문(斯文)을 도와주고 이단인 불교를 배척하여 중국으로부터 정통(正統)을 계승하여서 동방의 선각자가 되었습니다. 그러므로 우리나라가 '소중화(小中華)'라 불리운 것이니, 소중화의 사람으로서 어찌 선생의 성대한 덕을 흠모하여 찬미하는 자가 있지 않겠습니까.

◉ 공민왕(恭愍王)이 찬배(贊拜)하고 이름 부르지 않으면서 이르기를, "사부를 높이고 중히 여기는 것은 사도(斯道)를 위해서이고, 덕을 숭

상하고 공에 보답하는 것은 후대의 사람들을 권면하고자 해서이다. 선생은 학문이 천인(天人)에 통달하였고, 식견이 고금(古今)을 꿰뚫었다. 정사를 도와 토론하고 윤색하여 나라의 아름다움을 드날려서 사람들로 하여금 염락(濂洛)의 학문을 알게 하였고 추로(鄒魯)의 풍속으로 바뀌게 하였다."하였습니다. 삼가 생각건대. 태조(太祖) 강헌대왕(康獻大王)의 치제문(致祭文)에 이르기를, "기품(氣稟)은 맑고 밝았으며 경술(經術)은 넓고 우아하였다."하였고, 영종대왕(英宗大王)의 치제문에 이르기를, "문장이 찬란하여 더욱 간절히 흠모한다."하였으니 열성조(列聖朝)가 선생을 공경하고 존중한 것이 이와 같았습니다.

◉ 선정(先正) 문순공 이황(文純公 李滉)이 "동방에도 공자와 맹자의 심학(心學)과 기자의 홍범구주(洪範九疇)를 잘 아는 자가 있는가?"라는 중국 사신의 질문에 답하면서 선생의 일을 기록하여 보여 주고, "선생은 사문을 흥기시키는 것을 자기의 임무로 삼았으므로 학자들이 모두 우러러 흠모한다."하였고.

◉ 문열공 조헌(文烈公 趙憲)이 상소하기를 "옛날 우리나라에 사서(四書)와 오경(五經)이 먼저 전해졌는데 설총과 우탁(禹倬)이 풍속을 따라 해석하여 강론하였고. 『소학(小學)』과 『가례(家禮)』가 나중에 전해졌는데 선생과 정몽주가 오랑캐의 가르침을 바꾸고 성학(聖學)을 분명하게 드러내어서 위급했던 고려 말을 더 지탱하게 하였고 이어 우리나라의 기강을 세웠으니, 임금께 충성하고 나라를 걱정하는 것이 늠름하여 후세까지도 빛나고 있습니다."하였으니, 명덕(明德)의 현자들이 찬미한 것을 일일이 나열하기가 어렵습니다. 신과 팔도의 유생들이 갑신년에 똑같이 억울한 마음을 품고서 한 목소리로 대궐에 나아가 호소하였는데, 삼가 성상의 비답을 읽어 보니, 이르시기를, "공자의 사당에

배향하는 것을 대번에 실시할 수 없으니, 이는 곧 그 예(禮)를 중시하기 때문이다."하였습니다. 성상이 예를 중시하는 마음에 대하여 신등이 어찌 감히 다시 번거롭게 아뢸 수가 있었겠습니까. 그러나 선생이 무고를 받아 출향(黜享)된 것은 실로 나라의 흠전(欠典)이고 바로 사림(士林)들이 억울하게 여기는 점입니다. 그리하여 신과 방외유생(方外儒生)등이 또 己酉年에 한 목소리로 대궐에 나아가 호소하였는데, 삼가 성상의 비답을 읽어 보니, 이르시기를, "현자를 숭상하고 도를 높이는 것을 어찌 그대들이 아뢰기를 기다려서 하겠는가. 대번에 윤허하지 못하는 것은 사체가 매우 신중히 해야 할 일이기 때문이다."하였습니다. 이에 신 등은 답답한 마음에 배회하면서 몸둘 바를 몰랐습니다. 그러나 번거롭게 아뢰는 것은 두려워해서 물러나 침묵한다면, 후학(後學)이 도를 향하는 성의와 조정에서 현자를 존중하는 의리를 장차 어떻게 감동시켜 일으키며, 어떻게 높여 장려하겠습니까.

아, 선생이 무고를 받아 출향된 것은 그 당시 사관(史官)들이 시기하고 미워해서 "불법(佛法)을 숭상하여 믿었고 크게 건백(建白)한 것도 없는데. 본조(本朝)에 들어와서 한산백(韓山伯)에 봉해졌다."고 지목했기 때문입니다. 그러나 살펴보건대, 고려 역사의 잘못된 부분은 전배(前輩)들이 참으로 이미 논의를 했는데. 자기를 호오(好惡)에 따라서 일일이 흠을 잡았으니, 그런 내용을 읽으면 사람들의 마음이 민망스러워 집니다. 당시에는 불법(佛法)이 성행했으니, 위로 왕후(王侯)로부터 아래로 공경(公卿)에 이르기까지 사원(寺院)의 비문(碑文)과 찬사(讚辭)를 지은 것은 군주가 엄히 명한 것이 아니면 친우(親友)가 간절히 부탁한 것이었기 때문에 굳이 거절 할 수 없었던 것입니다.

◉ 임진년에 올린 상소에서, 새로 창건된 절을 모두 철거하게 하면서 말하기를 "중은 곧 충군(充軍)하고, 심부름꾼이나 양민들은 중이 되지

않게 하소서,"하였고. 문수회(文殊會)에서 왕공(王公)들이 부처에게 절했지만 공(公)만 절하지 않았으며, 국인(國印)을 봉하는 데에 이르도록 왕의 뜻을 거스르며 간쟁한 일과 임종할 때에 손을 내저으면서 한 말을 가지고 보면, 또한 평소에 지니고 있던 마음을 징험하기에 충분하니, 불법을 숭상하여 믿었다고 말할 수 있겠습니까. 간관(諫官)이 되어서는 예방(禮防)을 엄히 지키고 백성의 목숨을 소중히 여겨서 여러 번 임금의 노여움을 사면서까지 선한 부류들을 도와 보호하였고, 성균관의 직책을 맡아서는 사문을 흥기시키고 한 시대를 훈도하여서 동방(東方) 이학(理學)의 창시자가 되었습니다. 대제학이 되어서는 변고(變故)가 생겨 어려울 때에 외교 문서를 잘 지어 글을 초하고 윤색하는 일을 맡았는데, 실력이 충분하여서 여러 번 중국 조종으로부터 칭찬을 받았으니, 위로는 왕의 계책을 잘 표현하였고 아래로는 이륜(彝倫)을 따랐습니다. 낭묘(廊廟)에 있게 되어서는 새로 시작하는 것을 어렵게 여기고 대체(大體)를 유지해서 국세(國勢)를 안정되게 유지하여 백성들이 혼란스럽지 않았으며, 심지어 위태롭고 어려운 때에 군주를 도와 극복하는 공을 이루었고, 신하에게 좌지우지되어 종사(宗社)가 위험할 때에 어린 임금을 세워 종사를 안정시켰습니다. 국난을 바로잡고 평정할 것을 도모하여 조금도 두려워하지 않았으며 형벌도 달게 여기고 멸족되는 것도 편안히 받아들였으니, 건백(建白)한 것치고 이보다 큰 게 무엇이 있겠습니까, 남들이 감히 말하지 못하는 말을 해서 유지할 수 없는 형세를 유지하였습니다. 이리저리 떠들다 거의 죽을 지경이었는데도 충의의 성품은 확고부동하여 변하지 않았습니다. 고려에 대한 천명(天命)과 인심(人心)이 이미 떠난 뒤에도 있는 힘을 다하여 몸과 마음을 바쳐 만 번 죽어도 후회하지 않았습니다.

포은(圃隱) 정몽주가 죽을 때에 함께 죽지 않은 것은 특별히 천지(天地)와 같은 도량을 가진 태조께서 옛친구에 대한 의리를 온전히 하고자 했기 때문이니. 또한 선생의 성대한 덕과 큰 명망은 천하 사람들이 모두 알고 있었던 것이며, 태조께서도 평소 신복했던 것입니다. 선생의 정충(精忠)과 대절(大節)은 수십 년 동안 나라를 유지하게 하였는데, 덕이 성대할수록 마음이 더욱 겸손하고 관직이 높을수록 집이 더욱 가난하게 된 것을 보면, 그의 학문은 심(心), 신(身), 성(性), 정(情)에서 근본하여 집, 고을, 나라에까지 이른 것이니, 체(體)와 용(用)을 갖춘 학문이라고 말할 수 있습니다.

성조(聖朝)에 이르러 태조께서 왕위에 오른 뒤, 옛 친구를 대우하는 예로 대우하면서 신하로 삼지 않고 가르침 한 조항을 받고자 원했는데, 공(公)이 말하기를, “노부(老夫)는 자리가 없고, 망한 나라의 대부는 살기를 도모해서는 안 된다.”하였습나다. 끝내 여강(驪江) 청심루(淸心樓) 아래에서 더위를 피하다가 태연스럽게 배 가운데에서 죽어가며 선온주(宣醞酒)를 마시고는 술병마개로 쓴 대나무 잎을 강안(江岸)에 던지며 말하기를, “충성으로 군주를 섬겼으면 이 대나무가 살 것이고. 간사한 마음으로 군주를 망치게 했으면 이 대나무가 말라 죽을 것이니, 나의 일생은 오직 사람들이 평가하는 데에 달려 있다.”하였습니다. 그런데 이 대나무가 과연 뿌리를 내려 잘 자랐으니, 창천(蒼天)이 공(公)의 충성(忠誠)에 감응한 것입니다. 그러니 어찌 백(伯)으로 봉한 것을 의례적인 예(禮)라고 말할 수 있겠습니까. 그렇다면 미자(微子)를 송(宋)나라에 봉하고. 기자(箕子)를 조선(朝鮮)에 봉한 것도 무두 새 조정에 들어 왔기 때문이라고 말할 수 있겠습니까.

◉ 선생의 문집 가운데 시(詩)에 이르기를, “양주(楊朱)와 묵적(墨翟)을 배척하였으니, 그 공이 삼재와 짝할 만하네. 눈물이 나도록 슬프구나, 공묘(孔廟)에는 이끼만 많이 끼었네. [맹씨벽양묵 기공배삼재 상재가류제 궐리다애태(孟氏闢楊墨 其功配三才 傷哉可流涕 闕里多毒苔)]”하였고,

◉ 선정 정몽주가 준 시(詩)에 이르기를 "선생은 일찍이 드넓은 학문의 세계를 보았으니. 지금 우리 도를 어찌 저버리겠는가. [함장승규학해관 지금오도기맹한 函丈曾窺學海寬 祇今吾道豈盟寒)]이라 하였는 바, 사우(師友)에게 매우 기대하고 바란 것을 볼 수가 있으니, 이는 학술(學術)이 정미(精微)한 것이 아니겠습니까, 공자께서 말씀하시기를, '서방(西方)에 성인(聖人)이 있다. 하였는데, 이는 오도(吾道)의 성인이 아니라 저도 불교(佛教)가 지극한 것을 가리킨 것입니다.'"라 하였다.

◉ 선생이 부처에 대해서 또한 성인이라고 말한 것은 근거할만한 것이 없지 않지만. 풍간(諷諫)하여 사찰 짓는 것을 그치게 하려는 뜻에서 나온 것입니다. 정부자(程夫子)가 절에 가서 방정하게 식사하는 것을 보고 말하기를, "삼대(三代)의 위의(威儀)가 모두 여기에 있다. 하였으니, 지금 사관(士官)이 선생을 무고한 것과 같이 한다면 현자이신 정자(程子)도 불교를 숭상하였다는 말을 듣게 될 것입니다."

◉ 선정 문정공(文正公) 송시열(宋時烈)이 지은 신도비명(神道碑銘)에 이르기를. "나를 알아줄 것도 『춘추(春秋)』이고 나를 죄줄 것도 『춘추』다."라고 하여 공자의 도통(道統)을 계승시켜 동방 성리(性理)의 조종(祖宗)으로 삼았으니, 그렇다면 선생을 무고한 것은 실로 자신들의 덕이 하찮다는 것을 드러낸 것입니다. 그런데 공의(公議)가 수백 년 뒤에 정해진 것은 어째서 입니까? 더구나 지금까지도 다시 배향되는 은전을 입지 못하고 있으니, 어찌 조상의 흠전이 아니겠으며 사림(士林)들이 억울해할 일이 아니겠습니까. 삼가 생각건대. 천지와 같고 부모와 같으신 주상 전하께서는 삼대(三代)의 해와 달 같은 밝음을 계승하시고 백왕(百王)의 정비된 제도를 통솔하시니, 덕음(德音)을 내시어 속히 윤허 하소서. 그리하여 문정공 이색(文靖公 李穡)을 공자(孔

子)의 사당에 다시 배향하여 백세토록 천향(遷享)하지 않을 종통(宗統)에 대한 제사를 잇게 한다면, 국가에도 매우 다행하고 사문(斯文)에도 매우 다행이겠습니다. 신 등은 지극히 두렵고 간절한 마음을 감당하지 못하여 삼가 죽기를 무릅쓰고 아뢰니다."하니, 비답하기를,

"상소를 보고 잘 알았다. 전후로 비답을 내었으니, 그대들도 사체가 지극히 중대함을 의당 헤아려서 다시 번거롭게 하지 말고 물러가 학업을 닦도록 하라."하였다.

* 註: 국인(國印)을… 간쟁한 일: 공민왕이 노국공주(魯國公主)의 영정(影幀)을 왕윤사(王輪寺) 동쪽 언덕에 수년 동안 지었는데 완성하지 못하고 다시 마암(馬巖)의 서쪽 땅에 으리으리하게 지으려고 하자, 시중(侍中) 유탁(柳濯) 등이 상서하여 정지하도록 간하였다. 이에 왕이 유탁 등을 하옥시키고 죽이려고 하면서 공에게 여러 사람에게 유시하는 글을 지으라고 명하였으나, 공은 그 명을 따르지 않았다. 왕이 몹시 노하여 국인(國印)을 봉(封)하게 하였는데, 공은 왕이 더욱 노할까 염려하여 국인을 봉하고 거기에 쓰기를, "신(臣) 색(穡)은 삼가 봉합니다." 라고 하였다. 이에 왕이 더욱 노하여 덕 있는 사람을 찾아서 섬기라고 하며 정비궁(定妃宮)으로 거처를 옮기고 진선(進膳)도 윤허하지 않았다. 그러자 신돈(辛旽)이 왕의 노여움을 풀기 위해 왕명(王命)을 따르지 않았다는 죄목으로 공을 하옥시켰다가 나중에 풀어 준 일을 가리킨다. <牧隱集 行狀>

* 註 : 불도(佛道)에 대하여 말하려고 하자, 선생이 손을 내저으면서 "사생(死生)의 이치에 대하여 나는 의심이 없다." 하였는데, 이 내용을 말한 것이다. <牧隱集 神道碑>

1885년 고종(高宗 22 광서11) 9월 29일 갑자(甲子)

9. 이색과 문익점을 문묘에 배향하게 할 것을 청하는 유생 홍재성 등의 상소

◉ 방외 유생 홍재성(洪在誠) 등이 상소하기를.

"삼가 유현(儒賢)의 은덕에 보답하여 숭상하는 것은 성왕(聖王)이 다스림을 힘쓰는 근본이 되며, 도덕을 존경하여 사모하는 일은 후학들이 성현을 계승하는 본원이 됩니다. 그렇기 때문에 문치를 중시하는 교하를 폈던 열성조에서는 반드시 이를 앞세웠던 것이니, 비록 한 가지의 행실이나 한 가지의 절개를 지닌 선비라 할지라도 오히려 능히 그 덕을 권장하고 그 공을 칭찬 하였던 것입니다.

우리 전하에 이르러서는 학문이 날로 선취되고 문물이 크게 빛나서 문열공(文烈公) 신 조헌(趙憲)과 문경공(文敬公) 신 김집(金集)을 아울러 문묘에 종사하는 성대한 의식이 있게 되었으니, 팔방의 생명이 있는 자라면 누구든 인도(人道)를 숭상하여 구습을 일신하는 교화 속에서 뛰며 춤추지 않는 자가 없었습니다. 그런데 만약 도덕과 학문으로 백세토록 무궁한 교화를 일으켜 세우고 절행(節行)이나 충효로 한 세상의 모범이 되었던 사람이 있어서, 그 업적이 비단 태상(太常)에 기록될 뿐만이 아니고 그 공로가 이사(里社)에서 제사로 받드는 데에 그쳐서는 안 될 뛰어난 것인데 아직도 문묘에 배향되지 못하고 있다면, 국가의 전례에 있어 흠이 되는 점과 사림들이 애석하게 여기는 마음이 마땅히 어떠하겠습니까, 이 때문에 신들이 서로 이끌고 와서 호소하며 아뢰는 것입니다.

◉ 삼가 생각해 보건대, 고려 말의 유현(儒賢) 문정공(文靖公) 신 이색(李穡)과 충선공(忠宣公) 신 문익점(文益漸)은 학문의 순수함으로 보거

나 연원(淵源)의 올바른 적통으로 볼 때, 우리 동방의 유종(儒宗)이며 후학들의 표준이 됩니다. 청컨대 역사책에 실려 있는 내용과 선배들이 허여했던 바와 열성조에서 권장하고 숭상했던 사례들을 가지고 대략 그 사실을 열거하여 예람(睿覽)에 대비코자 합니다.

◉ 신들이 삼가 고찰해 보건대, 문정공 신 이색은 고려 말에 의리(義理)가 어두워져 막히고 사설(邪說)이 분분하게 일어나 불교의 폐단이 온 나라에 가득하고, 화(禍)가 세상에 가득하여 홍수의 화보다 더한 때를 당하여, 선생이 쇠퇴한 시대의 물결 속에서 지주(砥柱)처럼 우뚝 서서 정도(正道)를 지키는 것을 실제적인 행실로 삼고 사교(邪敎)를 물리치는 것을 자신의 임무로 삼아 승려의 무리를 물리치고 삼년상(三年喪)의 제도를 시행할 것을 청하였고, 주무숙(周茂叔)과 두 정자(程子)의 학문을 밝혀 여러 차례 임금에게 글을 올렸으니. 이는 이단을 배척하여 옛날의 예(禮)를 회복하고 유교를 숭상한 것으로 사문(斯文)에 연원을 두고서 당세에 보탬이 되었던 바가 컸습니다.

◉ 우리 동방의 여러 선현들이 모두 선생을 도학(道學)과 성리학(性理學)의 종장(宗匠)으로 여겼는데, 선정신(先正臣) 문성공(文成公)이 이(李珥), 문원공(文元公) 김장생(金長生). 고 상신(相臣) 문정공 윤두수(文靖公尹斗壽). 문충공 민정중(文忠公 閔鼎重), 문간공 홍명하(文簡公 洪命夏)가 떠받들고 존중하여 흠모하고 모두들 지극히 찬송하였으니, 선생의 진실한 행실과 진실한 덕은 후인들이 의론으로 다다를 수 있는 것이 아닙니다.

◉ 아, 선생께서 무함을 당한 것은 사관(史官)의 시기와 꺼림을 받은 데 기인한 것인데, "불교를 배척함이 엄격하지 않았다." 등과 "학술이 정

미하지 못하였다."라든가, "부처도 역시 성현이다."라는 등을 지목하여 문묘에서 출향(黜享)하였습니다. 이 세 가지의 설은 여러 가지 문헌을 가지고 고찰해 보더라도 한 가지도 충분히 증거를 댈 수 있는 것이 없으니, 실로 흠을 잡으려고 해도 잡을 수 없는 것들입니다.

신들이 청컨대 역사책을 인용하여 잘잘못을 가려 밝히고자 합니다.

◉ 『고려사(高麗史)』 「공민왕(恭愍王)」 집에서 이르기를, "선생은 부처에 절하지 않았다."하였고, 선생이 올린 상소에서는 대략 이르기를 "새로 창건하는 절을 아울러 철거하도록 해서 승려들을 바로 군대에 충원하게 하소서."하였으니, 이러한 것이 불교를 배척함에 있어 엄격하지 못 했던 점이겠습니까.

1885년 고종(高宗 22. 광서11) 11월 7일

10. 이색(李穡)과 문익점(文益漸)을 성묘(聖廟)에 배향(配享)할 것을 청(請)하다

◉ 방외유생(方外儒生) 김건수(金健秀) 등이 상소(上訴)하기를,

"삼가 아룁니다. 하늘이 사람에 대해서는 감응하는 이치가 있어 하늘이 높고 멀지만 원하는 것이 있으면 반드시 이루어 주며, 아비가 자식에 대해서는 지극히 자애로운 은혜가 있기 때문에 아비가 엄하지만 일이 있으면 반드시 고하는 것입니다. 삼가 생각건대, 우리 전하께서는 신에게 천지와 같으시고 부모와 같으신데, 어찌 원하는 것이 있는데 진술하지 않고 품은 것이 있는데 고하지 않을 수 있겠습니까. 그래서 신 등이 일전에 서로 이끌고 하소연하였던 것인데, 이는 천리(天理)와 인정상 스스로 그만둘 수 없는 것이었습니다.

◉ 삼가 생각하건대, 고려 말의 유현(儒賢) 문정공 이색(文靖公 李穡)의 충선공(忠宣公) 신 문익점(文益漸)의 도학(道學)은 정주학(程朱學)을 연원으로 하였으니 실로 동방의 유종(儒宗)이고 후학(後學)의 표준(標準)이 되는 인물이며, 열성조(列聖朝)에서 포장(褒奬)한 것이 역사책에 밝게 실려 있고 선현들이 존숭한 것이 서책에 상세히 기재되어 있습니다. 정학(正學)인 주자학을 지키고 사도(邪道)인 천주교를 물리치고 학교를 세울 것을 주장한 것과 천리가 어두워진 것을 밝히고 성리(性理)의 미묘하고 심오한 것을 강마(講磨)할 것을 주장한 것은 이미 전의 상소에서 진술하였으니 다시 거론할 것 없습니다만, 삼가 성비(聖批)를 보건데, 그 일의 체모에 있어 지극히 신중히 다루고 더없이 중시하여야 할 일이라는 이유로 아직 종향(從享)을 허락하는 전교를 아끼셨으므로 더욱 여론이 매우 억울해하고 있습니다.

◉ 이러하기 때문에 문열공(文烈公) 신 조헌(趙憲)과 문경공(文敬公) 신 김집(金集)이 그 학문이 고명함으로 해서 이 문물이 호화찬란한 때를 당하여 함께 배향되었으니 전적으로 임금의 은혜를 받은 것입니다. 삼가 생각하건대, 문정공 신 이색과 충선공 신 문익점은 저 양현(兩賢)과 덕이 같고 도가 서로 같은데 가묘(家廟)에서만 제사하는데 그치고 성묘(聖廟)애서는 제사를 지내지 않으니, 어찌 성세(聖世)의 흠전(欠典)이 아니겠으며 많은 선비들이 억울해하는 것이 아니겠습니까, 아. 문정공 신 이색은 이와 같이 탁월한 도덕으로서도 당시에 전당(錢唐)의 충간(忠諫)이 없었던 관계로 사관이 시기하여 싫어함으로 말미암아 문묘(文廟)에서 출향(黜享)되었습니다. 이 때문에 선정신 문정공(文正公) 송시열(宋時烈)이 말하기를, 선생이 무함받은 것은 세도(世道)에 관계되는 것이 적지 않다고 하였습니다.

양경공 휘 종선
良景公 諱 種善

四부. 양경공 휘 종선(良景公 諱 種善)

1. 양경공 휘 종선(良景公 諱 種善) 내외분의 묘비문 개수(改修)의 사고(思考)와 당위성

양경공 휘종선(良景公 諱 種善)는 가정 휘 곡(稼亭 諱 穀)의 손자(孫子)요, 목은 휘색(牧隱 諱穡)의 계자(季子)시다. 양경공의 묘소(墓所)는 한산 영모리 목은선생 묘 계하(階下)에 세장(世葬)되었고 배위 안동권씨(配位 安東權氏)묘는 화양면 표동(華陽面 瓢洞) 쪽박골에 계신데 묘비문(墓碑文)의 표기(表記)가 양경공의 직함은 자헌대부 지중추원사(資憲大夫 知中樞院事)요, 증 순충적덕병의보조공신 대광보국숭록대부 의정부영의정 한산부원군(贈 純忠積德秉義補助功臣 大匡輔國崇祿大夫 議政府領議政 韓山府院君)이신데 묘비에는 중추원사 양경공 이종선 계배 안동권씨지묘(中樞院使 良景公 李種善 繼配 安東權氏之墓)로만 기록되어 매년 추계시사(每年 秋季時祀)에 종회(宗會)때마다 개수(改竪)를 거론하여 왔다.

왜냐하면 한국동란 1952년 1,4후퇴(後退)시 나는 내아우 항구(恒求)와 같이 피난(避難)을 한산지방으로 갔다. 엄동설한(嚴冬雪寒)에 다행이도 가정할아버지 묘소가 계신 기산면 광현(麒山面 光峴) 재실(齋室)에서 주로 피난을 하는 동안 수호인(守護人) 박홍서씨로부터 밤마다 우리 조상(祖上)님들의 전설을 들려주어 한산을 떠날 때까지 선조님 묘소마다 사산(四山)을 거의 매일같이 참배하며 두고 온 식구들의 안녕(安寧)과 건강하게 만나기를 기원하며 지냈다.

어려운 전란(戰亂)시기에 한곳에서 너무 오래 머물기가 염치(廉恥)없어 떠나려고 하니까, 수호인 박씨가 극구 만류(挽留)를 한다. "아직도 전란(戰亂)이 계속인대 어디로 가겠는가, 그래도 조상(祖上)님 계신 곳이 구명도생(救命圖生)의 안식처(安息處)이니 불편하겠지만 식대(食代) 걱정은 말고 있으라."는 온정(溫情)의 말에 감읍(感泣)하였다. 식대는 종회 결산 때 회장님께 보고한다는 것이어서 안도(安堵)가 되었다. 그리하여 우리 형제는 조상님의 은덕(恩德)으로 편안한 피난생활을 하면서 마음속으로 반포지효(反哺之孝)를 실천하려고 다짐하기도 하였다.

박씨의 전설(傳說) 중 재미있는 말을 들었다. 왕사(王師)인 무학(無學)대사가 우리 양경공 배위 산소 자리를 택지(擇地)할 때 산세(山勢)가 박넝쿨 뻗어가는 길을 따라잡은 명당이라는 전설(傳說)을 상기(想起)하게 되었다. 또한 박씨의 전설에 양경공 양경공의 손자 휘 파(坡) 명헌공이 연산군의 모후(母后)인 폐비윤씨 사건에 연루(連累)되어 부관참시를 당하여 그 연좌로 양경공 내외분의 묘소봉분을 1504년(燕山10) 갑자사화(甲子士禍)때에 평분(平墳)한지가 오래 되어도 찾지 못한 것을 고령신씨(高靈申氏)가 상(喪)을 당하여 묘(墓)를 쓰려고 파토(破土)중 지석(誌石)이 나와 살펴보니 목은선생(牧隱先生)의 셋째며느님의 묘소로 판명되어 전설에 듣기로 명당인데 쓰느냐에 옥신각신 하다 한산이씨 댁에 전하여 봉분을 쌓아올렸다는데 모름지기 계하(階下)의 묘가 신담장예(申湛葬禮)때라면 1595년(宣祖28)이니 82년 만에 묘를 찾은 것이다. 이후에 양가의 산(山)소유권쟁송(所有權爭訟)이 일어나 당시의 왕이 신동이서(申東李西)하라고 명판결(明判決)을 하였다는데 공교롭게도 양경공 배위 묘 계하(階下)에 고령신씨 담(湛)묘가 잘 가추어진 묘도(墓道)에 대조적(對照的)으로 할머니 묘표문(墓表文)이 초라해 보였다.

할머니 묘비는 다음과 같이 표기 하였으며,

신씨 묘비문은 아래와 같이 표기(表記)하고 있다 .

中	樞	院	使	良	景	公	李	種	善
중	추	원	사	양	경	공	이	종	선
繼	配	安	東	權	氏	之	墓		
계	배	안	동	권	씨	지	묘		

貞夫人洪州李氏之墓
정부인홍주이씨지묘

嘉善大夫行弘文館副提學知製教兼
가선대부행홍문관부제학지제교겸

經筵參贊官春秋館修撰官申湛 之 墓
경연참찬관춘추관수찬관신담 지 묘

그래서 다음과 같이 비문을 고쳐 세웠으면 하여 양경공파종회에서 결의했다.

資憲大夫知中樞院事贈領議政韓山府院君李公種善繼配
자헌대부지중추원사증영의정한산부원군이공종선계배

贈貞敬夫人安東權氏之墓
증정경부인안동권씨지묘

* 신담(申湛): 1519(中宗14)-1595(宣祖28) 조선 선조때의 문신(文臣). 자(字)는 중경(仲卿), 호(號)는 어성(漁城). 고령인(高靈人). 1552년(明宗7) 문과(文科)에 급제, 1563년 정언(正言), 지평(持平), 전적(典籍) 등을 지내고 1571년 군자감정(軍資監正)으로서 명종실록(明宗實錄)편찬에 참여하였고, 한때 파직(罷職)되었다가 1591년 홍문관제학(弘文館提學)에서 예조참판(禮曹參判)에 승진되었고, 임진왜란(壬辰倭亂)때 전주부윤(全州府尹)으로서 의병 천여명을 모집하여 왜적을 막았다.

\- [참고문헌] 『국조인물고(國朝人物考)』

2. 『송와잡기(松窩雜記)』 왈(曰)

- 양경공의 5대손 휘지란의 계자 휘 희(墍)

우리 선조(先祖) 양경공(良景公)은 목은(牧隱)의 막내아드님인데 무덤이 한산고을 목은의 산소 아래 있다. 성종(成宗)이 폐비윤씨(廢妃尹氏)에게 사약을 내릴 때 공(公)의 손자(孫子) 명헌공 휘 파(諱坡)가 예조판서로 있었다. 연산군(燕山君)이 당시의 재상과 언관(言官)을 추죄(追罪)할 때 명헌공 이파(李坡)는 부관참시(剖棺斬屍: 이미 죽은 자에게 관을 쪼개는 형벌(刑罰)을 당했고. 양경공도 연좌(連坐: 죄인의 직계존비속에게 형을 가함)되어 무덤을 허물어 평토(平土)하였다. 중종(中宗: 연산군 다음 임금)이 반정(反正)을 한 후에도 오랫동안 봉분(封墳)을 이루지 못하고 있었다. 좌의정 이유청(左議政 李惟淸)은 양경공의 형님이신 인재공 휘 종학 (麟齋公 諱 種學)의 현손(玄孫)이니 공(公)에게 종현손(從玄孫)이 된다. 어느 날 일찍 서울 집으로 달려와서 봉화공 휘 장윤(奉化公 諱 長潤)이신 내(松窩公 諱墍)증조에게 묻기를 꿈에 의젓한 어른이 말하기를 집이 허물어져 비가 새어도 자손의 재력(財力)이 달려서 능히 수리하지 못하는데 문중에 오직 군(君)만이 할 수 있으니 보살펴 주기를 바란다고 하였습니다. "꿈을 깨어보니 나도 모르게 땀이 등에 젖었습니다. 우리 문중에 반드시 변(變, 사화를 뜻함)을 겪은 뒤에 미쳐 하지 못한 일이 있을 것이므로 감히 와서 아뢰는 것입니다."하였다. 봉화공께서 양경공의 무덤이 허물어진 뒤에 여러 해가 되도록 복원하지 못한 사유를 자세히 말하니 상공(相公: 左議政 諱 惟淸)이 크게 놀라서 드디어 함께 힘을 합져 흙을 거두어 봉분(封墳)을 만들었다.

- 『한산문헌총서(韓山文獻叢書)』 1권 85판 원문 참조)

연하여 양경공의 계자(季子) 문열공 휘 계전(文烈公 諱 季甸)는 명헌공휘파 (明憲公 諱坡)의 선고(先考)의 묘(墓)도 연좌(連坐)로 평분(平墳)되어 문열공의 7대손인 휘 찬(諱 穳) 수사공(水使公)이 거의 2백 년 만에 척심봉축(拓尋封築)하였으며, 명헌공의 형님인 휘 우 대사성공(諱堣大司成公)의 묘(墓)도 6대손인 휘 업(諱澲) 통덕랑공(通德郎公)이 찾아 성분(成墳)하였다. 이와같이 삼대에 긍(亘)하여 연좌(連坐)로 우리문중에 멸문지화(滅門之禍)로 관로(官路)에 사환(仕宦)하지 못하였으나 중종반정(中宗反正)으로 신원(伸寃)되었다.

국역송와잡기
송와선생휘기저

國譯松窩雜記
松窩先生諱塈著

죽천선생저 휘 덕형
죽창한화송도기이

竹泉先生著 諱德泂
竹窓閑話松都記異

3. 죽천한화. 송도이기(竹泉閑話. 松都異記)

죽천공(竹泉公)은 인재공 휘 종학(麟齋公 諱 種學)의 팔대손(八代孫)이요 좌의정공 휘 유청(左議政公 諱 惟淸)의 현손(玄孫)이다. 죽천한화, 송도이기를 상고(詳考)하면 한산 숭문동(韓山 崇文洞)에 이상사(李上舍)라는 생원(生員, 진사를 말함)이 살았는데, 목은(牧隱)의 증손(曾孫)이었다. 그는 덕(德)을 숨기고 벼슬하지 않았으나, 성질이 순후하고 근신하며 남에게 주기를 좋아함으로 향당(鄕黨)에서 그를 장자(長子)라고 일컬었다.

일찍이 빌어먹는 중이 문 앞에 왔는데 다 떨어진 장삼을 천 갈래로 기웠으나 용모가 기이하고 고상했다. 상사는 즉시 몇 말의 곡식을 주니, 중은 기뻐하여 사례하고 깊이 절을 하고서는 집 앞에 서성거리면서 돌아보아 무엇인가 생각하는 것이 있는 듯 싶었다.

상사 연기(上舍: 衍基)는 괴상히 여겨 묻기를 "너는 그 곡식이 적어서 그러느냐? 그렇지 않으면 할 말이 있어서 그러느냐?"했다. 중이 말하기를 "이 추수 때를 당해서 비렁뱅이 중이 진사댁 문 앞을 지나는 자가 수없이 많을 것인데, 상사께서 번번이 이렇게 많은 양식을 주시면 이것은 받지 못할 곳에 은혜를 베푸시는 것이온 즉, 반드시 남은 경사가 있을 것입니다. 소승 빈도(貧道)가 지리(地理)를 조금 알므로 댁의 지형을 두루 보아서 후하게 주신 은혜에 보답할까 하옵니다."하고 중은 계속해 말하기를 "상사에게 귀한 손자가 있어 오는 경자년에 사마(司馬: 진사)가 되고 임자년에는 과거에 급제하여 수(壽)와 복(福)을 많이 누리실 것입니다. 그러나 이 댁은 마침내는 이성(異姓)의 사람이 살게 될 것인데, 뒷사람도 역시 경자년과 임자년에 발복(發福)하여 공명(功名)과 부귀(富貴)가 서로 대략 같을 것입니다. 또 진사의 자손들은 높은 벼슬에 오르는 이가 연속하고 좋게 끝을 맺을 것입니다."하고 말을 마치자, 그 중은 표연(飄然)히 가버려서 어디로 갔는지 알 수가 없었다. 상사의 손자는 윤번(允

蕃)이니 경자년에 사마에 뽑히고 임자년에 문과(文科)에 급제하여 화려하고 청현(淸顯)한 벼슬을 거쳐 여러 번 주목(州牧)이 되었고, 벼슬이 가선(嘉善) 대사간(大司諫)에 이르러 나이 80여세에 졸(卒)했다. 그 집은 뒤에 상사의 둘째손자 참봉(參奉) 윤수(允秀)에게로 갔는데 참봉이 아들이 없어서 외손(外孫)인 신(申) 빙군(聘君: 장인이라는 말) 신담(申湛)은 이 책의 저자(著者) 이덕형(李德泂)의 장인(丈人)임으로 대(代)를 잇게 했다. 장인이 이 집에서 낳았는데, 역시 경자년에 사마(司馬)에 뽑히고 임자년에 과거에 급제하여 벼슬이 참판(參判)에 이르고 나이 77세에 졸(卒)하여 이름과 지위가 이윤번 대사간(李允蕃 大司諫)과 대략 같았다. 이리하여 그 중의 말이 하나하나 모두 맞았으니, 어찌 이상한 일이 아니랴?

대사간의 손자 희백(希伯)은 과거에 급제하여 벼슬이 시정(寺正)에 이르고 시정의 손자 판서(判書)인 창곡공 휘 현영(蒼谷公 諱 顯英)과 판서에 아들 참의(參議) 호암공 휘 기조(浩菴公 諱 基祚)는 모두 중명(重名)이 있어 한때의 명경(名卿)이 되었다. 어진 대부(大夫)의 착한 일을 쌓은데 대한 보답이 가위부절(可謂符節)과 같이 들어맞았으니, 이는 반드시 하늘이 이상한 중을 보내 서 적덕(積德)하는 자로 하여금 보고 느끼는 바가 있어 더욱 힘쓰도록 한 것이리라. 공교롭게도 참봉 휘 윤수(參奉 諱 允秀)의 외손(外孫)인 부제학 신담(副提學 申湛)이 한산이씨의 대(代)를 이었고 그의 딸을 한산이씨의 증 영의정인 죽천공 휘 덕형을 사위로 삼았으며 평분되었던 양경공 배위 묘소를 찾아주는 등 문양공댁, 인재공댁, 양경공댁과 삼파 댁이 얽히고설킨 인연을 아는 일가들이 별로 없었는데 양경공 배위 묘비에 관한 사적을 몰입(沒入)을 하다 어느 날 나의 몽사(夢思)에 죽천공의 죽천한화송도이기(竹泉閑話松都異記)를 보라는 바람에 불을 켜보니 2시 30분인데 몽사는 너무나도 생생하였다. 양경공 배위와 죽천공, 문양공댁 대사간공 휘 윤번과 고령인 신담과 얽힌 관계를 도표로 표시하면,

도표

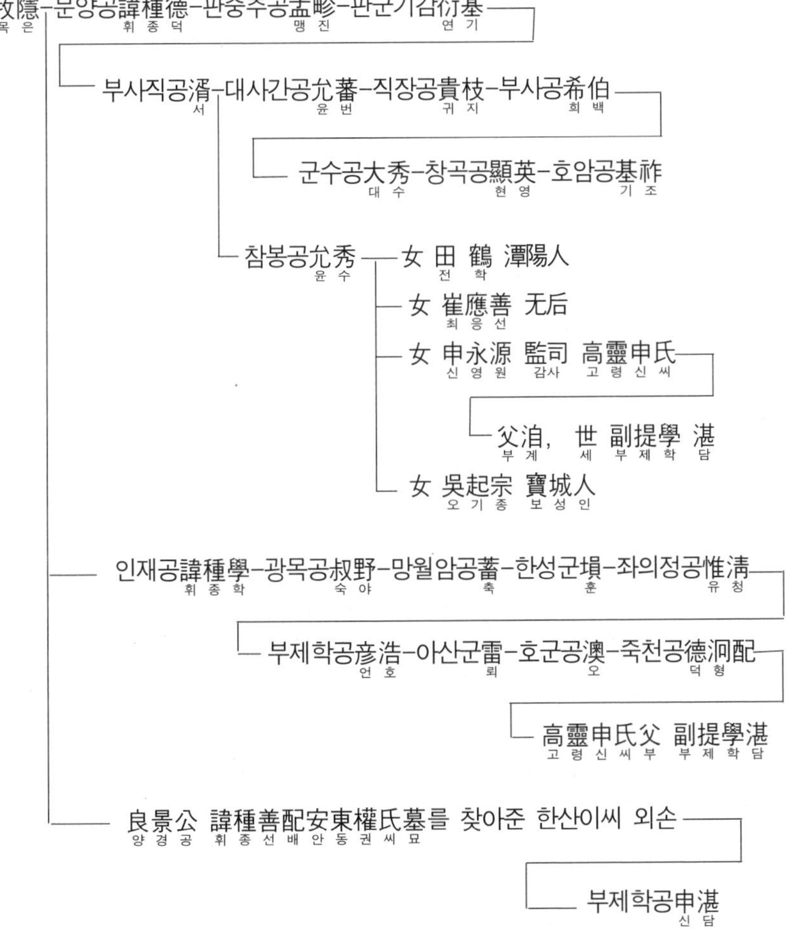
牧隱-문양공諱種德-판중추공孟畛-판군기감衍基
부사직공湑-대사간공允蕃-직장공貴枝-부사공希伯
군수공大秀-창곡공顯英-호암공基祚
참봉공允秀-女 田鶴 潭陽人
女 崔應善 无后
女 申永源 監司 高靈申氏
父洎, 世 副提學 湛
女 吳起宗 寶城人
인재공諱種學-광목공叔野-망월암공蓄-한성군塤-좌의정공惟淸
부제학공彦浩-아산군雷-호군공澳-죽천공德泂配
高靈申氏父 副提學湛
良景公 諱種善配安東權氏墓를 찾아준 한산이씨 외손
부제학공申湛

4. 표동 양경공 배위 안동권씨 묘표 개수 결정

(瓢洞 良景公 配位 安東權氏 墓表 改竪 決定)

나는 30여 년 간 장구(長久)한 세월을 거쳐 숙원(宿願)하던 양경공배위 안동권씨 묘비개수건(墓碑改竪件)에 대하여 해마다 음10월 시제일에 묘소 앞에서 제향에 참여한 일가분들께 개수(改竪)에 당위성(當爲性)을 강조해 왔다. 그것은 다름 아닌 묘비문에 직함(職銜)과 칭호(稱號)가 빈약(貧弱)하고, 배위(配位) 묘(墓) 계하(階下)에 타 성씨인 고령신씨(高靈申氏)의 묘와의 대비(對比)로 발상(發想)하였다.

그 내용인즉 권씨할머니의 비문(碑文)에 "중추원사 양경공 이종선 계배 안동권씨지묘(中樞院使良景公 李種善 繼配 安東權氏之墓)"로 표기(表記)되었고, 계하에 고령신씨 묘비문(墓碑文)에는 정부인홍주이씨 지묘(貞夫人 洪州李氏之墓) 가선대부 행 홍문관부제학지제교 겸 경연참찬관 춘추관수찬관 신담지묘(嘉善大夫 行 弘文館副提學知製敎 兼 經筵參贊官 春秋館修撰官 申湛之墓)로 대비(對比)로 엄연히 권씨할머니의 내명부직함은 증정경부인(贈貞敬夫人)이시고 양경공의 직함 또한 증 영의정(贈 領議政)이신대 어찌 직함을 내려 표기되었는지 항상 의문시되어 이수복 이사장(李壽馥 理事長)님께 수없이 건의(建議)하여 2011년 3월 15일 양경공이사회에 부의(附議)하여 개수하기로 만장일치(滿場一致)에 가결(可決)되었다. 봉화공파이사장 계원(啓遠)씨의 문안(文案)인 표제문으로 초배의 전면(前面) "증 정경부인 안동권씨지묘(贈 貞敬夫人 安東權氏之墓"와 배면(背面)에는 "증 영의정 한산부원군 행 지중추원사 양경공 이종선 초배부 참찬문하부사정임 권균 생졸년월미상 묘실전 생1남 자 정랑공 계수 손 증 이조판서 충간공 행 집현전직자학 사육신 백옥헌 개 봉축 손 중원(贈 領議政 韓山府院君 行 知中樞院事 良景公 李種善 初配 父 參贊門下府事致仕 權鈞 生卒年月未詳 墓失傳 生一男 子 正郎公 季疇 子 贈 吏曹

判書 忠簡公 行 集賢殿直提學 死六臣 白玉軒 塏 奉祀 孫 重遠) 서기 1968年 기 입수(旣 立竪)한 비명(碑銘)이 풍마우수(風磨雨洗)로 인하여 훼손(毁損)되었기 삼가 개비(改碑)하여 입수(立竪)하나이다.

서기 2011年 신묘(辛卯) 4月 日 한산이씨양경공파종회(韓山李氏良景公派宗會) 근수(謹竪).

양경공계배의 비문

전면(前面) "증 정경부인 안동권씨지묘(贈 貞敬夫人 安東權氏之墓)"와

배면(背面)에는 양경공계배비문 陰記로

"증 영의정 한산부원군 행 지중추원사 양경공 이종선 계배 부 찬성 길창군 휘 문충공 양촌 권근 생 4남2녀 서기 1456년 세조 2년 병자 6월 27일 졸 자 좌찬성 공무공 계린 자 증 영의정 행 영중추원사 문열공 계전 자 감찰공 이 완 자 사헌부집의공 이정 서기 1962년 기 입수한 비명 중 일부 오류관계로 삼가 수정 개비하여 입수하나이다.(贈 領議政 韓山府院君 行 知中樞院事 良景公 李種善 繼配父 贊成 吉昌君 諡 文忠公 陽村 權近 生 4男2女 西紀 1456年 世祖 2年 丙子 6月 27日卒 子 左贊成 恭武公 季疄 子 贈 領議政 行 領中樞院事 文烈公 季甸 子 監察公 李琓 子 司憲府執義公 季町 西紀 1962年 旣立竪한 碑銘中 一部 誤謬關係로 삼가 修正 改碑하여 立竪하나이다.)

서기 2011년 신묘(辛卯) 월 일

한산이씨양경공파종회 근수(韓山李氏良景公派宗會 謹竪)

이상과 같이 새로 고쳐 세우고 나니 숙원(宿願事業)이 풀려 한없이 기쁘고 속이 확 트이듯 하였다.

5. 충효를 겸비한 양경공 휘 종선(良景公 諱 種善)은 문헌서원(文獻書院)에 배향되어야 한다

양경공은 1368年 고려조 공민왕 17년 무신(高麗朝 恭愍王 17년 戊申)에 생(生)하여 15세에 문과(文科)에 급제(及第)하여 좌랑(佐郎) 정랑(正郎)으로 조선조(朝鮮朝)에서는 집의(執義) 사간(司諫), 참의(參議), 대언(代言), 인수부윤(人壽府尹)을 역임하고 외방(外方)에 강원도(江原道), 충청도(忠淸道), 함길도관찰사(咸吉道觀察使) 재직 판한성부사(判漢城府使), 개성유후(開城留後), 중추원사(中樞院使), 자헌대부 지준추원사(資憲大夫 知中樞院事) 등을 역임하면서 결당모란(結黨謀亂)의 모함과 목은선생(牧隱先生)의 묘지명(墓誌銘)등으로 폐출(廢黜)되고 중씨(仲氏)인인재공(麟齋公)과 유배(流配)등으로 죽임과 고통(苦痛)을 겪으니 충(忠)이요, 부모(父母)의 임종(臨終)을 지켰으며 장례(葬禮)와 삼년간 여묘(廬墓)를 하니 유림(儒林)의 사림(士林)들이 출천지효(出天至孝)라고 칭송(稱誦)하니 나라에서 효자비를 세우고 정여(旌閭)하니 효(孝)요 충효(忠孝)를 겸비(兼備)한 양경공선생은 자헌대부 지중추원사 증 순충적덕병의보조공신 대광보국숭록대부 의정부영의정 한산부원군(資憲大夫 知中樞院事 贈 純忠積德秉義補助功臣 大匡輔國崇祿大夫 議政府領議政 韓山府院君)으로 만시지탄(晩時之歎)이나 금반(今般) 한산 문헌서원을 이전 중수(移轉 重竪)를 계기(契機)로 추배(追配)하기로 했다.

국고보조(國庫補助)로 한산문헌서원 이전중수로 준공(竣工)을 기해 양경공선생의 위패(位牌)를 추배(追配)하기 위하여 양경공 사적(事績)을 서울대학교 규장각(奎章閣)에 한국학 김학천 연구원(韓國學 金學泉 硏究員)을 만나 일주일간에 걸쳐서 사적(史籍)및 행적(行蹟)등을 찾아 200여쪽을 발췌복사(拔萃複寫)하여 봉화공파종회 상무이사 근복(根馥)씨에게 전하여 행록(行錄)을 의론하니 근복씨가 직접 정리하여 행록을 작성하였다. 양경공파종회(良景公派宗會)주관(主管)으로 대종회(大宗會)에 부의(附議)하자 문양공댁에서 월남 이상재선생(月南李商在先生)을 같이 배향(配享)한다고 하여 설왕설래가 있어 다시 문혜공 휘 맹균(文惠公 諱 孟畇)선생을 배향하기로 의견(意見)을 모았다. 문혜공의 자(字)는 경보(經甫)요 호는 한소재(漢蘇齋) 문양공 휘 종덕(文襄公 諱 種德)의 차자(次子)로서 문과(文科)에 급제(及第)하여 관 정헌대부 의정부좌찬성 집현전대제학 예문관대제학 성균관대사성 증 시 문혜공(官 正憲大夫 議政府左贊成 集賢殿大提學 禮文館大提學 成均館大司成 贈 諡 文惠公)이시다.

▲ 문헌서원

6. 한산이씨 양경공파종회 문헌서원에 양경공 위패 추배 건의

우 323-882 충남부여군내산면주앙리 224-2
담당상무 ☎041-833-4004

문서번호: 양경종 제 009-3호

시 행 일: 2009. 10 .

수 신: 한산이씨대종회

제 목: 문헌서원 위패 추배건의

1. 문헌서원 성역화로 2010년도에 서원 준공예정인 바 최초 1539-1593년에 묘사(廟祠)를 세워 가정 이곡선생(稼亭 李穀 先生)과 목은 이색선생(牧隱 李穡先生) 양위(兩位)를 효정사(孝靖祠)에 배향(配享)한 후, 1611년에 문헌서원(文獻書院)으로 사액(賜額)되어 인재 이종학 선생(麟齋 李種學先生)과 음애 이자 선생(陰崖 李耔 先生)이 배향(配享)되었고. 1713년에는 백옥헌 이개 선생(白玉軒 李塏 先生)을 추배(追配)한 후, 1969년 서원(書院)을 이건(移建)하여 현암 이종덕 선생(玄巖 李種德 先生)을 추배하여 한산이씨 선조 (韓山李氏 先祖) 여섯 분의 위패를 모시고 있습니다.
2. 문헌서원(文獻書院) 중건(重建)에 즈음하여 목은선조(牧隱先祖)의 계자(季子)인 양경공 이종선 선생(良景公 李種善 先生)을 추배(追配)코저 하오니 종중(宗中)의 원만한 협의와 유림들의 동의를 얻어 모실 수 있도록 조치하여 주시기 바랍니다.

가. 이종선선생(李種善先生)은 별지업적에 의거 고려우왕 8년 15세에 문

과에 급제한 후 좌랑, 정랑, 이조(李朝)에서 내직은 집의, 사간, 참의, 대언, 인수부윤을 역임하고, 외방은 풍해도, 강원도, 충청도, 함길도 도관찰사로 재직하다가 판한성부사, 개성유후, 중추원사 등 중책을 역임하면서 결당모란(結黨謨亂) 모함과 목은묘지명(牧隱墓誌銘) 등으로 폐출, 직첩회수 유배 등 수차의 수난을 겪으면서 국가 정책 조정에 크게 기여함은 '충(忠)'에 해당되고,

나. 부친상을 당해서 3년을 여묘(廬墓)하니 향당에서 효자(孝子)라고 칭송하여 이일이 나라에 알려져 효자비(孝子碑)를 세우고 정문(旌門)하였음은 '효(孝)'에 해당되는 바 충효(忠孝)가 겸비한 선생(先生)으로 사료됩니다.

첨 부

1. 양경공 이종선선생 업적 1부.
2. 고려실록(양경공 이종선선생 기록) 1부.
3. 조선왕조실록(양경공 이종선선생 기록) 1부.

7. 양경공 이종선 선생 업적(良景公 李種善 先生 業績)

이종선(李種善)은 목은(牧隱)의 계자(季子)로 자(字)는 경부(慶夫)이다. 1368년 고려 공민왕 17년 무신(戊申)에 태어나 일찍이 음으로 벼슬에 나가 낭장(郎將)이 되었는데 15세가 되던 우왕 8년(1382)에 순흥군(順興君)안종원(安宗源)과 판후덕부사(判厚德府事) 윤진(尹珍)의 문하에서 문과(文科)에 합격한 연후 좌랑(佐郎)과 정랑(正郎)을 역임하였고 또 사헌부집의(司憲府執義)와 사간(司諫)을 지냈다.

공양왕 4년(1392)에는 첨서(簽書)로 재직(在職)했는데,

◉ 태조 1년(1392) 7월 정미(丁未)일에 김진양(金震陽)의 옥사에 연루되어 결당모란(結黨謀亂)이라는 모함(謀陷)을 받아 중형(仲兄)종학(種學)과 더불어 서인(庶人)으로 폐출, 직첩이 회수되고, 장 70대를 집행한 후 먼 지방으로 유배를 당하였다.

이때 이색은 그에게 글을 보내 위로의 마음을 보내었다.

有命在天須自身 사람의 명은 하늘에 있으니 모름지기 자신을 가져라.
安心是藥更河求 마음을 편안케 하는 약을 이밖에 어디서 구하겠는가.

◉ 태조 5년(1396) 4월에 병조참의(兵曹參議)를 제수받았다. 이해 5월에 아버지 색(穡)이 돌아가시자 3년 동안 여묘(廬墓)하니 향당(鄕黨)에서는 그의 효성(孝誠)이 지극하여 나라에서는 효자비(孝子碑)를 세우고 정문(旌門)까지 하였다. 이후 벼슬에 나가지 않고 두문불출(杜門不出)하였으나

◉ 태종 8년(1408)에 호조판사(戶曹判事)에 제수되어 이해 8월에는 전 사헌부 감찰 정제(鄭提)가 호조(戶曹)의 문서(文書)를 조작 위조하여 쌀

60석을 사취하려 한 것을 적발하자 도피함에 따라 사헌부에서 정제의 직첩을 거두고 죄안(罪案)을 시행하도록 하였다. 이해 12월에 와병중인 길창군 권근(吉昌君 權近)이 대간들을 용서하기를 청하는 상서문이 올라감에 임금이 권근의 사위인 이종선을 불러 위로하고 타일렀으며.

◉ 태종9년(1409) 2월에는 우사간대부(右司諫大夫)에 제수되었다.
이해 3월에 세자가 활쏘기에 전념하는 것은 부당하다고 글을 올려 극간하였는데 이에 왕은 그를 불러 문(文)과 무(武)는 하나도 폐할 수 없어 세자로 하여금 활쏘기를 익히게 하였는데 그대들이 모두 옳지 못하다 하 니 내가 그만두게 하였다고 말하였다. 이해 4월에 좌사간대부(左司諫大夫)에 제수되고.

◉ 태종 11년(1411)에 호조참의(戶曹參議)가 되었으나 이해 6월에는 명의 국자조교(國子助教) 진연(陳璉)이 지은 '목은 묘지명(牧隱 墓誌銘)'이 말썽이 되어 탄핵(彈劾)을 받게 된다. 이 묘지명에서 "공양왕이 즉위하자 용사자(用事者)들이 자기들에게 협조하지 않는다고 하여 목은선생을 탄핵하고 장단(長湍)으로 유배시켰다."는 내용인 바. 조정에서는 "용사자(用事者)란 바로 태조를 의미한다."고 하여 문제를 제기함에 따라 이종선은 장(杖) 100대의 형을 받고 동래(東萊)로 유배되었다. 또 그해 7월에는 조영무가 이종선은 그 아비를 후세에 나타내고자 한다고 죄를 청했으나 임금께서 병으로 듣기가 어려우니 물러가라고 지시했다. 이해 10월에는 용서를 받아 경외종편(京外從便)으로 풀려나와,

◉ 태종 12년(1412) 정월에는 호조참의(戶曹參議)의 고신(告身)을 돌려받았고 이해 10월에는 과전(科田)을 돌려받았다. 이후 순창(淳昌), 백천(白川), 여흥(驪興)의 부사(府使)를 지냈고.

◉ 태종 16년(1416)에는 대언(代言)의 직에 있으면서 이해 4월에 문성부원군 유양(柳亮)이 죽자 왕명을 받들어 그의 집으로 가서 조문하면서 장사를 돌보았다.

◉ 태종 17년(1417) 2월에는 풍해도관찰사(豊海都觀察使)에 제수되었고, 이해 7월에는 김득리(金得理)의 후손인 전 총제 박영(朴齡)이 조정의 판결에 불복하고 신문고를 올려 재심을 청구하였다가 노하여 의금부(義禁府)에 구속 되는데 그도(李種善) 이에 연루되어 같이 구속되었 으나 복죄로 모두 석방하였다.

◉ 세종(世宗)이 즉위하자(1418년) 강원도 도관찰사로 출보하였고. 이해 11월에는 강원도 토지 조사에서 백성의 원망이 많다고 재조사 상소를 올려 임금이 감찰 김종서(金宗瑞)를 보내어 다시 검사하게 하였다. 다음해(1419년) 2월에는 한성부윤(漢城府尹)이 되었으며 얼마후에 인수부윤(仁壽府尹)을 배수하였다.

◉ 세종 2년(1420)에 국상이 나자 여천군 민여익과 함께 빈전도감제조(殯殿都監提調)가 되어, 장례를 주관하였는데 이때 습염(襲殮)에서부터 빈(殯)에 이르기까지의 모든 장례절차를 주자가례(朱子家禮)에 준하여 행하였다.

◉ 세종 3년(1421) 4월에는 우군총제(右軍摠制)가 되었고. 다음달 5월에는 우군동지총제(右軍同知摠制)에 제수되었으며, 12월에는 좌군동지총제(左軍同知摠制)가 되었다.

◉ 세종 4년(1422)에는 충청도 도관찰사(忠淸道 都觀察使)로 나갔는데 이때 청산현감(靑山縣監) 탁지(卓祉)가 자난 번 국상 때에 부인들을 모아 향을 베풀었다는 말을 듣고 그를 잡아 국문하여 자세히 보고한 바, 의금부에 지시 국문하여 곤장 100대, 가산몰수, 처자는 종으로 삼게 하였으며 또 이해 10월에 영춘(永春), 단양(丹陽) 지방이 수재를 입어 이곳 사람들의 피해가 막심하여 이를 조정에 실상을 아뢰고 조세감면을 건의하여 허락을 받았다.

◉ 세종 5년(1423) 8월에는 세의정과 육조를 불러 명(明)황제의 명을 받들기 위하여 어떤 의복을 입을 것인지 결정하면서 조정에서는 관마(官馬) 색(色)을 설치하고, 좌 · 우의정과 영돈녕 권홍(權弘), 참찬 김여지(金如知), 판서 조말생(趙末生), 인수부윤 이종선(李種善)을 제조(提調)로 삼아 이를 주관하도록 하였다. 얼마 후 진전사(進箋使)가 되어 명(明)에 갔다.

◉ 세종 6년(1424) 2월에 귀국했다. 사행중(使行中)에 진하사(進賀使) 권희달(權希達)이 명(明)의 조정에서 위의(威儀)를 잃은 행동을 서슴지 않았고 또한 사행들의 경비를 횡령하였으며, 귀국 도중에는 평안도에서 생마 (生麻)와 육미(肉味)를 도색하여 민폐를 끼쳤는데 이것으로 사헌부 및 영의정 유정현 등 상소로 권희달을 탄핵하였고, 이종선도 이 사실을 조정에 즉시 보고하지 않았다는 탄핵을 받아 직첩을 회수당하고 외방으로 유배되었다.

◉ 세종 7년(1425) 정월에 다시 직첩을 돌려받고 풀려나왔으며 과전도 다시 받았고 이해 6월에는 의정부에서 전 인수부윤 이종선(李種善)이 진언하기를 "병선은 국가의 울타리인데 수군은 맡은 바의 일이 너무 힘

들어 수 군중에 유능한 자는 간계를 부려 육군으로 이적하니 병선의 허약함이 지금 극에 이르고 있습니다. 앞으로는 수군의 유능한 자를 육군으로 바꾸지 못하게 하여 변방 방어를 견고하게 하여 주십시오."라는 상소를 올렸다.

◉ 세종 8년(1426)에 함길도감사(咸吉道監司)로 출보하여 2월에는 강원도 횡성 등지에서 강무를 하였고 이날 이종선(李種善)등이 경녕군 이비(李裶) 등 여러 신하들에게 사람을 보내어 음식을 올렸고, 이해 11월에 새 감사를 기다리지 않고 타도에 온 죄를 방조한 권도는 공신의 아들이라 파직만 하고 이종선은 무죄라고 논하지 말라고 하였으나 죄를 캐고 보면 실상 종선 때문에 일어난 것이니 파직시키라고 이조에 전지(全知)하였다.

◉ 세종 9년(1427) 10월에는 판한성부사(判漢城府事)가 되었고. 이해 11월 에 사헌부에서 세가 대족 소송지연으로 종선에게 장(杖) 70대를 주장하였으나 임금께서 논하지 말라고 명하였으며,

◉ 세종 19년(1428) 4월에 진하사(進賀使)가 되어 황태자 책봉 축하 표전과 방물을 받들고 명(明)에 갔다가 6월에 북경에서 귀국하였다. 10월에는 우의정 맹사성, 좌의정 황희 등과 경원부, 용성, 장항 등 방비를 위해 논의하여 대책을 강구하였다.

◉ 세종 11년(1429) 7월에는 황주 선위사(黃州宣慰使)를 겸하였고, 이해 8월에는 세자비를 책봉하는 임무를 띠고 전라도(全羅道)에 가서 처녀들을 물색하였고, 9월에는 이명덕(李明德)과 판한성(判漢城)이종선(李種善)등이 황해도 순위량 병선 정박지가가 추관(搥串)과, 무지관(無知串)

은 부 적합하고 송명포(松明浦) 지역이 방어에 유리하다고 의견을 제시하였으며 그 후 개성유후사유후(開城留後司留後)가 되었다.

◉ 세종 12년(1430) 8월 호조에서 공법 의논차 유후 이종선(留後 李種善), 단 사관 최규(崔揆), 경력 강만로(姜蔓老), 도사 송거(宋拒) 등은 아뢰기를 "공법에 의하여 조세를 거두는 것은 실로 좋은 법입니다. 그러나 우리나라 토지가 비옥하고 척박한 것이 중국과 다른바 구제대로 하는 것이 편리하지 않을까 하옵니다."라고 하고, 경기 수령 29명과 품관, 촌민 등 1만 7천 76명은 모두가 같은 의견으로 가(可)하다고 제시하였고,

◉ 세종 20년(1438) 정월에는 중추원사(中樞院事)를 배수하였는데 이해 3월 14일에 돌아가시니 향년 71세였다. 자(字)는 경부(慶夫)이요. 한산이 본관이니, 목은 이색(牧隱 李穡)의 아들이다. 열다섯 살 되던 임술년에 과거에 합격하였고, 벼슬이 여러 차례 옮겨져서 좌랑 · 정랑을 지냈으며, 부친상을 당해서는 3년을 여묘(廬墓)하니 향당에서 효자(孝子)라고 칭송하였다. 이 일이 나라에 알려져서 효자비(孝子碑)를 세우고 정문(旌門)까지 하였다. 외직은 순창(淳昌), 백천(白川), 여흥(驪興)의 수령을 역임하였고, 내직은 집의(執義), 사간(司諫), 참의(參議), 대언(代言)으로서 인수부윤(仁壽府尹)으로 승진하였다. 다시 외방으로 나가서 풍해도, 강원도, 충청도 관찰사로 있다가 다시 인수부윤이 되었고. 또 중군 총재로서 함길도 도 관찰사로 있다가 판한성부사로 승진하여 다시 개성유후(開城留後)로 옮겼으나, 병으로 사임하고 한가하게 살면서 편케 지난 지가 거의 10년이었는데, 이 해에 중추원사(中樞院事)로 제수되었으나 이때에 와서 졸(卒)했다. 나라에서 조상(弔喪)하고 부의(賻儀)와 제사를 내려주고 시호(諡號)를 양경(良景)이라 하였는데, 양이라는 뜻은 성품이

온량하여 화락하라는 것이고, 경이라는 뜻은 행실을 의리로서 행했다는 것이다. 아들이 다섯인데 이계주(李季疇), 이계린(李季疄), 이계전(李季甸), 이계완 (李季琬), 이계정(李季町)이었다.

이후 자헌대부 지중추원사 증 순충적덕병의보조공신 대광보국숭록대부 의정부영의정 한산부원군 시호 양경공(資憲大夫 知中樞院事 贈 純忠積德秉義補助功臣 大匡輔國崇祿大夫 議政府領議政 韓山府院君 諡號 良景公)로 증직(贈職)되었다.

8. 양경공 이종선 선생의 연보

- 117 열전 30 / 제신 / 김진양 - 김진양이가 판문하 이태조에게 제언으로 이종학, 이종선 등이 먼 곳에 유배. 태조의 휘하 유만수, 윤호, 황희석 등의 상서로 김진양, 이확 ,이숭인, 조호, 이종학, 이종선 등의 사령장(告身)을 빼앗았다. (46세자 46)
- 공양왕 1392년 4월. 을축년 - 이종학, 이종선 등 폐하여 서인을 삼았다.
- 115열전 28 / 제신 / 이색 - 이종학, 이종선 외방에 유배.
- 1492년 7월 28일. 태조 1년. - 전조자(前朝者)로 결당모란(結黨謀亂)했다 하여 이종선 직첩회수. 장(杖) 70대 집행. 먼 지방에 귀양.
- 1396년 5월 7일. 태조 5년. - 목은 이색 졸. 이종선 병조참의.
- 1408년 8월 15일. 태종 8년. - 판사 이종선등이 조사 호조문서 위조한 전사헌부 감찰 정제 직첩회수. 죄안시행.
- 1408년 12월 10일. 태종 8년. - 와병 중 권근 대간들 용서 상서로 권근사위 이종선 불러 위로.
- 1409년 2월 25일. 태종 9년. - 이종선 우사간(右司諫) 대부(大夫)로 임명.
- 1409년 3월 25일. 태종 9년. - 이종서 우사간에게 세자의 활쏘기 훈련금지요구로 중지했다.
- 1409년 4월 16일. 태종 9년. - 이종선 좌사간 대부 임명.
- 1411년 6월 29일. 태종 11년. - 중국에서 보낸 이색(李穡) 비문건으로 이종선 호 조참의직 파면. 장(杖)100대 동래진으로 귀양.
- 1411년 7월 2일. 태종 11년. - 조영무가 이종선이 후세에 이색을 나타내고자 하므로 죄를 주자고 청했다.
- 1411년 10월 15일 태종 11년. - 경상도동래진에 부처한 이종선을 용서하고 경외종편하였다.

- 1412년 1월 24일. 태종 12년. - 전호조 참의 이종선 고신 명하다.
- 1412년 10월 11일. 태종 12년. - 전창의 이종선에 과전(科田)환급.
- 1416년 4월 2일. 태종 16년. - 문정부원군 졸하자 임금의 대언 이종선을 보내어 집에서 제사를 내리고 관에서 장사를 돌보았다.
- 1417년 2월 10일. 태종17년. - 이종선 풍해도 도관찰사에 보직.
- 1417년 7월 11일. 태종17년. - 교지불복으로 이종선 의금부에 수감 후 석방.
- 1418년 10월 16일. 세종 즉위년. - 이종선 강원도 도관찰사에 제수.
- 1418년 11월 29일. 세종 즉위년. - 강원도 관찰사 이종선 고하기를 본도 금년 실지 감사에 불만 백성들의 원망이 많다고 하여 감찰 김종서를 보내 재검사.
- 1419년 2월 8일. 세종 1년. - 이종선 한성부윤(漢城府尹)에 제수
- 1419년 2월 11일. 세종 1년. - 이종선 인수부윤(仁壽府尹)에 제수.
- 1420년 7월 10일. 세종 2년. - 전부윤 이종선 빈전도감제조(殯殿都監提調)담당.
- 1421년 4월 13일. 세종 3년. - 이종선 우군총제에 제수.
- 1421년 5월 11일. 세종 3년. - 이종선 우군동지 총제에 제수.
- 1421년 5월 14일. 세종 3년. - 병조 군사대열에서 후소(後所)는 좌군동지총재 이종선이 속한다고 편제보고.
- 1421년 10월 15일. 세종 3년. - 태상왕이 이원에게 김정의 탕장질에 재 질문에 서 원이 말하기를 김정의 청렴치 못함을 말한 자는 신의 질여서인 이종선이라고 계하다.
- 1421년 12월 7일. 세종 3년. - 이종선으로 좌군동지총제 보직
- 1422년 9월 24일. 세종 4년. - 충청도 청산현감 탁지가 국상 중에 부인들을 인근 읍에 집결 연락(宴樂)하기를 평일과 다름이 없어 관찰사 이종선이 듣고 의금부에 지시 국문하게 하였고 임금이

죄가 죽음에 해당하나 용서하여 곤장 100대에 가산을 몰수하고 처자는 종을 삼게 하였다.

- 1422년 10월 5일. 세종 4년. - 충청도 관찰사 이종선이 풍우재앙이 심한 영춘, 단양에 조세 면제계로 면제되었다.
- 1423년 8월 1일. 세종 5년. - 임금이 세 의정과 육조를 불러 황제의 명을 맞이할 때 어떤 의복을 착용할 것인지, 조말생, 이종선을 제조로 삼았다.
- 1423년 8월 27일. 세종 5년. - 북경에 보내는 사은표문과 전문을 진표사 장천 부원군 이종무와 진전사 부윤 이종선이 지참 떠나므로 의복, 갓, 신, 암말을 하사.
- 1424년 2월 25일. 세종 6년. - 사은사 부사부윤 이종선 북견에서 귀국.
- 1423년 3월 21일. 세종 6년 - 진하사 전도총제 권희달이 명나라에서 범실한 행 동 처벌에 관한 사건 미보고로 장(杖)100대 유 (流) 3천리에 해당하고 자원하는 지방으로 부처 할것을 명하다.
- 1424년 3월 21일. 세종 6년. - 장령, 고약해 등이 진하사 이종선 등에게 중벌을 요청하였으나 불허.
- 1424년 3월 22일. 세종 6년. - 좌사간 박관 등이 진하사 일행 정효문, 이종무, 박 실, 이종선, 변 이, 조현수, 강 속, 김 쟁 등에 중벌을 상소.
- 1424년 3월 22일. 세종 6년. - 진하사 전도총제 권희달과 그 일행 이종선등에게 영의정 유정현등 상소로 직첩을 거둬드린 후 외방으로 부처하다.
- 1425년 1월 14일. 세종 7년. - 이종선 등에게 직첩을 도로 주다.
- 1425년 1월 23일. 세종 7년. - 이종선 등에게 과전을 도로 주라고 호조에게 전지하다.

- 1425년 6월 23일. 세종 7년. - 전인수 부윤, 이종선은 수군 소재 고을 수령과 도의 절제사의 관계로 수군의 유능한 자를 육군으로 전환을 금지하고 병선의 건실로 변방 방어를 견고토록 진언.
- 1426년 2월 13일. 세종 8년. - 함길도 감사 이종선 등이 여러 신하들에게 사람을 보내어 매, 개와 방울을 올렸다.
- 1426년 11월 17일. 세종 8년. - 전 함길도 감사 이종선 새 감사를 기다리지 않고 타도에 온 죄를 방조한 권 도(이종선 처남)는 공신의 아들로 파직하고 종선은 무죄.
- 1426년 11월 19일. 세종 8년. - 이조에 전지하기를 자리를 이탈한 실질 책임자 이종선 파직.
- 1427년 10월 7일. 세종 9년. - 이종선 판한성 부사로 제수.
- 1427년 11월 11일 세종 9년. - 사헌부에서 세가 대족 소송지연으로 종선은 장 (杖) 70대에 또 1년 반으로 하였으나 임금께서 종선 등은 논죄 말라고 명하다.
- 1427년 11월 12일. 세종 9년. - 사헌부에서 이종선, 최 견, 민 소 등에게 처벌 상소하였으나 최 견은 파직, 이종선은 거론불가를 명하다.
- 1428년 4월 12일. 세종 10년. - 판한성부사 이종선 등 황태자 책봉축하 표전과 방물을 받들고 갔다.
- 1428년 6월 21일. 세종 10년. - 전하사 이종선 북경에서 귀국.
- 1428년 10월 20일. 세종 10년. - 판한성 이종선, 우의정 맹사성, 좌의정 황희 등 경원부, 용성 등 방비논의.
- 1429년 7월 20일. 세종 11년. - 판한성부사 이종선을 황주 선위사 겸직.
- 1429년 8월 6일. 세종 11년. - 가례색으로 판한성부사 이종선과 내관 김순은 전라도에서 보내어 처녀 선발.

- 1429년 9월 17일. 세종 11년. 총제 이명덕, 판한성 이종선 등이 황해도 순위량 병선 정박지 성정 논의 송명포로 옮기면 방어에 편리.
- 1429년 9월 30일. 세종 11년. - 이종선을 개성 유후로 제수.
- 1430년 8월 10일. 세종 12년. - 유후 이종선 호조에 공법의논.
- 1438년 1월 24일. 세종 20년. - 이종선을 중추원사(中樞院事)로 제수.
- 1438년 3월 14일. 세종 20년. - 이종선은 중추원사로 졸하다.

고려실록

- 117 열전 30 / 제신 / 김진양 - 김진양이가 판문하 이태조에게 제언으로 이종학, 이종선 등이 먼 곳에 유배.
  - 태조 휘하 유만수, 윤호, 황희석등의 상서로 김진양, 이확, 이숭인, 조호, 이종학, 이종선등을 폐하여 서인(庶人)으로 삼았다.
- 1392년 4월. 046 세자 46 / 공양왕 4년. - 을축년에 이종학, 이종선 등을 폐하여 서인으로 삼았다.
- 115 열전 28 / 제신 / 이색 - 이종학, 이종선을 외방에 유배.

五부

문열공 휘 계전 존양재
文烈公 諱 季甸 存養齋

五부. 문열공 휘 계전 존양재 (文烈公 諱 季甸 存養齋)

문열공 휘 계전의 자(字) 병보(屛甫), 호(號)는 존양재(存養齋), 시호(諡號)는 문열공(文烈公)이요, 목은(牧隱)의 손자요 양경공 휘 종선(種善)의 계자(季子)다.

1. 문열공의 연보(文烈公의 年譜)

- 문열공 휘 계전의 묘는 초장지(初葬地)가 여주군 능서면 왕대리(驪州郡 陵西面 王垈里)였다.
- 1427년. - 종묘부승의 직에 있으면서 친시문과(親試文科)에 급제(及第)하여 집현전학사(集賢殿學士)가 되고,
- 1436년. 세종18년. - 왕명(王命)으로 강목통감훈의(綱目通鑑訓義)를 김문 (金汶)과 함께 편찬(編纂)했고
- 1442년. - 집현전직제학(集賢殿直提學),
- 1447년. - 동부승지(同副承旨)
- 1449년. - 우부승지(右副承旨)로 세종대왕(世宗大王)의 명(命)으로 추은교서(推恩敎書)를 지어 올렸다. 대동법과 정책시정(政策是正)에 관한 수많은 상소(上訴)를 올려 어전(御前)에 상소문이 들어가면 또 이계전의 상소냐고 세종(世宗)이 물어볼 정도였다.
- 1450년. - 문종(文宗)이 즉위(卽位)하면서 도승지를 거쳐,
- 1452년. - 참판(參判)으로 올라 세종실록(世宗實錄) 편수관(編修官)을 겸직하고,
- 1453년. - 병조판서(兵曹判書)를 거쳐 집현전제학(集賢殿提學)이 되고

정란공신(靖亂功臣)에 참여, 한성부원군(韓城府院君)에 봉군(封君)되었다.

- 1455년. - 세자사부(世子師父). 겸 판병조사(判兵曹事)가 되고,
- 1456년. - 세조(世祖元) 6월 14일 단종복위(端宗復位)사건에 조카 백옥헌이 개(白屋軒李塏:사육신)가 주역(主役)인 것이 밝혀졌다. 왕(王)은 의금부(義禁府)에 전지(傳旨)를 내려 공(公)을 이에 연좌(連坐)시키지 말라는 령(令)을 내렸다. 또한 이해 6월 27일 공(公)의 모친(母親) 안동권씨(安東權氏)는 장손(長孫)인 백옥헌이 거열형(車裂刑: 두 마차에 죄인(罪人)의 발을 각기 묶어 몸을 두 갈래로 찢는 형벌)소식을 듣고 실신(失神)하여 운명(殞命)하시니, 세조(世祖)임금이 쌀과 콩30석과 종이 100권, 석탄(石炭) 40석, 유지석(油紙席) 3부와 관곽(棺槨)을 부의(賻儀)로 내렸다. 공(公) 또한 우사간대부 권기(權技)와 장령 최청강(崔清江) 등이 백옥헌, 이개 사건에 연루시켜 처벌하도록 건의(建議)하였으나 왕(王)은 불윤(不允)하였다. 그러나 공께서는 이 환란(患亂)속에 3년만인,
- 1459년. - 도체찰사(都體察使) 겸 영중추원사(領中樞院事)가 되어 56세를 일기(一期)로 한(恨)많은 세상을 떠나셨다. 영의정(領議政)으로 추증(追贈)되고 시호(謚號)는 문열공이다. 묘소는 여주군 능서 면왕대리에 예장(禮葬)하였다.
- 1459년 기묘(己卯) 9월 16일 을미(乙未). 세조 5년. -졸(卒)하니 2일간 정조시(停朝市)하고 부의(賻儀)로 미두(米豆)를 아울러 70석, 유지(油紙) 100권을 내리고 다음날 상(上)이 그 슬픔을 고정하소서 친히 임하셔 애도함과 전정(殿庭)에서 권신(權臣)과 배곡(拜哭)함도 미가(未可)하오니 정지하소서 하니 상(上)이 이에 따르다.

- 증 대광보국숭록대부 의정부영의정 행 수충위사정난좌익공신 보국숭록대부 영중추원사 지성균관사 한성부원군 시 문열공(贈 大匡輔國崇祿大夫 議政府領議政 行 輸忠衛社靖難左翼功臣 輔國崇祿大夫 領中樞院事 知成均館事 韓城府院君 諡 文烈公)
- 시(諡) 박문다견왈문 병덕존업왈열(博文多見曰文 秉德尊業曰烈).
- 묘(墓)는 여주군 능서면 왕대리(驪州郡 陵西面 王垈里)였으나, 여주군 점동면 사곡리 추동(驪州郡 占東面 沙谷里 楸洞)으로 천봉(遷奉)되었다.
- 배 풍기진씨 부 군수 호 조 사재부령 소유 증조 판관 중길 외조 달성부원군 서의(配 豊基秦氏 父 郡守 浩 祖 司宰副令 小儒 曾祖 判官 中吉 外祖達城府院君 徐義)1474년甲午11월 6일졸(卒) 묘(墓): 건위묘하자좌 국조문형안공전문형 부조묘재 충남예 산군 봉산면 봉림리(乾位墓下子坐 國朝文衡案公典文衡 不祧廟在 忠南 禮山郡 鳳山面 鳳林里).

2. 왕조실록(王朝實錄)을 상고(詳考)해보다

세종실록(世宗實錄)을 상고하건대 세종6년 갑진(甲辰) 3월 임신(壬申)에 왕녀(王女)의 시체가 광연루(廣延樓)서쪽 문(門)에서 나왔다. 이에 이계전(李季甸)의 집에 초빈(草殯)했으니 이는 왕녀(王女)를 일찍이 계전(季甸)의 집에서 길렀기 때문에 그 집에 초빈하도록 명(命)하고 종친부마(宗親駙馬)들이 보호했다.

세조실록(世祖實錄)을 상고하건대 세조 2년 병자 6월에 의금부(義禁府)에 전지(傳旨)를 내리기를 '이계전 등을 연좌(連坐)시키지 말라' 했으니 이계전은 이개(李塏)의 삼촌숙(三寸叔)이기 때문에 이런 명령(命令)이 있었던 것이다.

세조(世祖) 2년 병자(丙子) 7월에 대사헌(大司憲)신석조(辛碩祖)가 소(訴)를 올렸는데 그 대략에 말하기를 "이제 이계전(李季甸), 이맹진(李孟畛) 등을 법에 마땅히 연좌(緣坐)시켜야할 자들입니다. 하온데 홀로 그대로 두어두고 작위(爵位)도 전대로 두었사오니 대역(大逆)의 죄는 실로 종묘사직(宗廟社稷)에 관계가 되옵는데 어찌 전하(殿下)께서 사사로이 처리하십니까. 춘추(春秋)의 법에 난신(亂臣)을 베이고 적신(賊臣)을 토벌하는데는 먼저 그 당(黨)을 다스려야 한다 했습니다. 일찍이 듣사오니 이개(李塏)등의 인심이 흉한말과 역도(逆徒)들이 성승(成勝)의 집에 모여 의논하던 날에도 역시 참여했다 하옵는데 어찌 한때의 사사로운 은혜로 해서 만세(萬世)의 큰 법(法)을 폐하십니까. 신(臣) 등은 가슴을 헤치고 마음속을 품고 강력히 떠들어 말지 않는 바입니다. 엎드려 바라옵건대 전하의 재결(裁決)로 신민(臣民)들의 분함을 폐하게 해주시면 종사도 매우 다행스럽고 국가도 매우 다행스럽겠습니다."하자 답하기를 "이계전을 다스리지 말고 이맹진(李孟畛)은 귀양보내라."했다.

세조(世祖) 5년 기묘(己卯) 9월 을미(乙未)일에 영중추원사(領中樞院事) 이계전이 졸(卒)했다. 부음(訃音)이 전해지자 임금은 놀라고, 슬퍼하고 애훼(哀毁)하여 몸을 지탱하지 못할 것 같았다. 친히 대궐 뜰에 나가서 망곡하고 5일 동안 정조철시(停朝撤市)했다. 특히 명(命)하여 여러 아들들을 존휼(存恤:위문하고 구제함)하게 하고 관청에서 장례를 도와주게 했다. 미두(米豆) 모두 백석(百石), 지(紙) 오백 권, 석회(石灰) 육십석(六十石), 유지석(油紙席) 십부(十部) 및 관곽(棺槨)을 부의(賻儀)하니 밭가는 지아비와 장사하는 지어미까지도 분주히 돌아다니면서 눈물 흘리지 않는 자가 없어 모두 말하기를 "우리 공께서 가셨으니 누가 우리를 살릴 것인가?"했다.

고령인(高靈人) 신숙주(申叔舟)의 『보한재집(保閑齋集)』을 상고해보니 「곡이영원사시(哭李領院事詩)」에 "문장과 훈업이 한산부원군 목은 선생을 계승했는데 동방의 태산북두(泰山北斗)라 누가 따를 수 있으랴. 성주(聖主)께서 조회(朝會)를 거두고 저자에서 장사도 하지 않으니 길가는 사람의 슬픈 눈물 또한 끝없이 흐르네. 임금이 보시고 십 년 동안 배종(陪從)하기 익숙한데 몸과 세상은 아득히 한 꿈과도 같네. 멀리 광능(廣陵)을 바라보면서 부질없이 눈물 뿌리니 이 인생(人生)의 남은 한(恨)은 임금 저바림일세. 떠나는 한(恨)은 그 당시에 장맛비에 부쳤더니 어이 헤어지는 길이 구천(九泉)인 줄 알았으리. 강정(江亭)에 약속은 있어도 찾을길 없는데 맑은 시(詩) 다 읽고 나니 눈물이 옷깃에 가득하네."했다.

3. 문열공 휘 계전 묘표 음기

-文烈公 諱 季甸 墓表 陰記

오호차유아 선조문열공 존양재부군의리지장야 묘전구유표석세구마환태불가변 후손기중출수단양군개연유개수지의 벌석구공기중형평안감사 태중종인경상수사사선각연봉 이조지성공기흘속불초현중비기제음 오호성의 부군이목은양촌위내외조인덕지성인막불여량 문장훈업표저어영광이묘간책소수종정소명부대후인지유양칙소자 우하술언유시당봉수척지갈우백세무궁지묘자불가무식시이위기

嗚呼此惟我 先祖文烈公 存養齋府君衣履之藏也 墓前舊有表石歲久磨漶殆不可辨) 後孫箕重出守丹陽郡慨然有改竪之意 伐石鳩功其仲兄平安監司 台重宗人慶尙水使思先各捐俸 而助之成功旣訖屬不肖顯重俾記諸陰 嗚呼盛矣府君以牧隱陽村爲內外祖人德之盛人莫不與凉 文章勳業表著於英光二廟簡策所垂鍾鼎所銘不待後人之揄揚則小子 又河述焉惟是堂封數尺之碣寓百世無窮之墓者不可無識是以爲記

아아! 이곳은 우리 선조 문열공 존양재부군의 옷과 신이 간수되어 있는 곳이다. 묘소 앞에 옛날에는 표석이 있었으나 해가 오래되어 지워져서 거의 분별 할 수 없게 되었다. 후손 기중(箕重)이 단양군수로 나갔을 때 개연(慨然)히 이를 다시 고쳐 세울 뜻이 있어 돌을 깎아 일을 시작하니 그 중형인 평안감사 태중(台重)과 일가 사람 경상수사가 각각 록봉(錄俸)받은 것을 내어 일을 도왔다. 일이 이미 끝나자 불초 현중(顯重)에게 부탁하여 음기(陰記)를 쓰라고 한다. 아아! 장하도다 부군께서는 목은과 양촌 권근(陽村 權近)이 내외조(內外祖)가 되시니 사람의 덕(德)의 장함을 사람마다 부러워하지 않는 자가 없다. 문장과 훈업이 세종, 세조 두

대에 나타나서 역사에 기록되고 돌에 새겨져 있는 바이라. 이는 뒷사람들의 찬양하는 말을 기다릴 것이 없는 터이니 소자(小子)가 또 무엇을 기록하리오. 오직 여기에 두어 자 되는 묘갈(墓碣)을 세우고 여기에 백대(百代)가 가도록 끝없이 사모하는 뜻을 표하고자 하므로 아무 말도 하지 않을 수 가 없어서 이것으로 음기(陰記)를 삼는 바이다.

-11대손 통훈대부 행홍문관교리(通訓大夫 行 弘文館校理) 현중(顯重) 씀

4. 문열공 휘 계전 신도비명 병서

- 文烈公 諱 季甸 神道碑銘 并書

조선국수충위사정난좌익공신보국숭록대부영중추원사겸지성균관사한성부원군증대광보국숭록대부의정부영의정겸영경연홍문관예문관춘추관관상감사세자사시문열이공신도비명병서

朝鮮國輸忠衛社靖難左翼功臣輔國崇祿大夫領中樞院事兼知成均館事韓城府院君贈大匡輔國崇祿大夫議政府領議政兼領經筵弘文館藝文館春秋館觀象監事世子師謚文烈李公神道碑銘竝書

오호(嗚呼)라! 이곳은 문열공(文烈公)과 그 배풍기진씨(配豊基秦氏)의 의리지장(衣履之藏)이다. 공(公)은 한산이씨(韓山李氏)로서 휘(諱)는 계전(季甸)이요. 자(字)는 병보(屛甫)이고 호는 존양제(存養齋)이다. 한산이씨는 동방에 거족으로서 선계는 고려호장 윤경(允卿)을 시조(始祖)하며 이후정조호장 인간(仁幹), 비서랑 효진(孝進), 판도판서 창세(昌世), 도첨의찬성사 자성(自成)을 거쳐 문효공 곡(穀)이 뒤를 이어 가문을 크게 일으켰으니 이분이 공에게 증조가 된다. 조(祖)는 문정공(文靖公) 색(穡)이니 호는 목은(牧隱)이다. 문정공은 도의와 문장이 해동의 으뜸으로 당시 학자들은 유종(儒宗)으로 받들었고 고려에 충절을 지켜 끝까지 조선에 사환(仕宦)하지 않았으니 후세의 학자들은 공의 충절을 규범으로 삼았다. 고(考)의 휘는 종선(種善)이니 시호(謚號)는 양경(良景)이다. 양경공은 15세에 문과에 급제하여 벼슬에 나아갔고 조선이 건국되자 결당모란(結黨謀亂)의 죄를 씌워 원지(遠地)에 유배(流配)되었으니 이는 문정공과 함께 끝까지 고려를 지키려한 충절 때문이었다. 태조(太祖) 5년. 1396년 4월에 병조참의를 제수받았으나 다음 달에 문정공께서 하세(下世)하시자 벼

슬을 버리고 한산으로 낙향(落鄕)하여 3년 동안 시묘(侍墓)하면서 애훼(哀毁)하니 보는 자마다 그 효성에 감복하였다. 이로써 향당(鄕黨)에서는 효자비(孝子碑)를 세워 그 효행을 기렸고 나라에서는 정문(旌門)을 내려 포상하였다. 비(妣)는 안동권씨(安東權氏)인데 문충공 근(近)의 녀(女)이고 검교정승 희(僖)의 손녀이다. 공은 양경공의 3자(三子)로서 태종 4년 1404년에 탄생했는데 천성(天性)이 관인(寬仁)하고 겸후(謙厚)하였으며 성경(誠敬)을 돈독히 하여 숙재계궁(宿齋戒窮)을 조금도 게을리 하지 않았다. 공은 처음에는 음(蔭)으로 벼슬에 나아가 종묘부승(宗廟副丞)이 되었으나 세종 9년 1427년에 친시문과(親試文科)에 급제하여 집현전학사로 발탁되었다. 세종 16년 1434년에는 집현전 수찬이 되었고 이때 왕명을 받들어 통감훈의(通鑑訓義)를 참교(參校)하였다. 다음해에는 집현전교리로 올랐고 세종 18년 1436년에는 또 왕명을 받들어 김문(金汶)과 더불어 강목(綱目)과 통감(通鑑) 훈의를 찬술(撰述)하였다.

세종 24년 1442년에는 직집 현전에 특배(特拜)되었는데 이 때 공께서는 선배인 김문(金汶)보다 위(位)가 높음을 민망히 여겨 왕께 글을 올려 자신의 위(位)를 김문에게 옮겨 제수하도록 청하였으나 왕께서는 이를 불윤(不允)하였다. 이는 공의 학식이 그 자리에 합당하다고 보았기 때문이다. 세종 25년 1443년에는 공법시행(貢法施行)에 따른 자문을 공에게 구(求)하였고 세종 27년 1445년 2월에는 왕명을 받들어 『삼한국대부인 안씨三韓國大夫人 安氏)의 묘지(墓誌)』를 찬하였다. 이해 7월에는 집현전 직제학에 진배(進拜)되고 이때 사창(社倉)과 의창(義倉)에 대한 개혁론을 올렸다. 다음 달에는 어고(魚鹽)의 전매에 대한 폐단을 논하고 이의 개혁을 주청하였으며 이해 10월에는 저화(楮貨) 사용의 폐단을 상소(上疏)하였다. 세종 28년 1446년 5월에는 당면정치의 개혁론을 건의하였는데 그 주지(主旨)는 양계(兩界)의 축성과 도민(徒民)에 대한 문제를 비롯하여 당시 시급히 해결해야 할 급무(急務)들이었다. 이 해 6월에는 공법

▲ 존양재 이계전 선생 신도비

(貢法)운영의 개혁을 건의하였고 이때를 전후하여 세자시강의 우보덕(右輔德)을 겸하였다. 세종 29년 1447년 3월에는 문과한성시(文科漢城試)에서 제술(製述)을 세 곳(三處)으로 분리하여 응시하게 하는데 대한 폐단을 논하고 구례(舊例)에 따라 두 곳(二處)으로 환원하도록 건의하여 윤납되었고, 이 해 4월에는 동부승지가 되었다. 세종30년 1448에는 왕이 문소전(文昭殿) 서북우(西北隅)에 불당을 건립하려 하자 "금내(禁內)에 불당을 건립하는 것은 진실로 불가하고 또 문소전은 청재하는 곳인데 승도로 하여금 그 옆에 처(處)하게함은 더욱 불가하다."는 상소를 올려 이를 중단하도록 하였다. 세종 31년 1449년 2월에는 우부승지에 올랐고, 11월에는 추은고사(推恩古事)를 상고하여 가자시행(加資施行)의 절목을 올렸으며 세종 32년 1450년에는 좌부승지가 되었고, 이 해에 문종(文宗)이 즉위하자 좌승지로 올랐으며 7월에는 도승지에 탁배(擢拜)되었고, 12월에는 절의(節義)를 포장하는 것은 강상(綱常)을 굳게 하는 것이라 하여 정몽주(鄭夢周)와 길재(吉再)를 포상하도록 건의하였으며 며칠 후에는 둔전(屯田)의 폐단을 논하여 이를 바로잡았다. 문종 원년 1451년에는 노모(老母)의 봉양(奉養)을 위하여 벼슬에서 물러나기를 청하였으나 윤허(允許)받지 못하였고, 7월에는 성균관 교육의 중흥(中興)을 위하여 좌찬성 김종서(金宗瑞)를 지성균관사에 겸직시키도록 건의하여 윤납(允納)되었다. 문종 2년 1452년

에는 세종실록의 편찬에 참여하였으며, 단종이 즉위(卽位)하자 이조참판을 배수(拜授)하였고, 이어 동지경연을 겸하였다. 단종(端宗)원년 1453년 6월에는 병조참판에 이배(移配)되었고 10월에는 병조판서(兵曹判書)에 초수(超授)되었다. 그러나 공은 정인지(鄭麟趾), 성삼문(成三問) 등과 더불어 공 없이 공신의 열(列)에 올랐음을 주청하고 공신의 책록(策錄)에서 삭제해주도록 탄원하였다. 그러나 왕께서는 이를 불윤(不允)하였다. 단종 2년 1454년 12월에는 성균관대사성을 겸하였고 집현전 대제학(集賢殿大提學)과 지경연춘추관사(知經筵 春秋館事)도 겸하였다. 다음해 정월에는 왕께서 특별히 하교(下敎)를 내려 공의 충성과 학문을 높이 치하하도록 전지(田地)와 노비를 하사(下賜)하시었다. 세조 원년 1455년 7월에는 세자이사(世子貳師)를 겸하였고. 다음 달에 세조가 육조직계법(六曹直啓法)을 시행하려 하자 공은 하위지(河緯地) 등과 부당함을 논하고 이의 철회를 건의하니 이로써 세조의 미움을 받게 되었다. 세조는 잠저시(潛邸時)에 공과 더불어 벗으로 지내왔는데. 실권을 잡으면서 공에게 의지하려 하였으나 공께서 협조하지 않았으니 이로써 세조는 사정전(思政殿)에서 연회를 베풀었는데 공이 어온(御醞)의 과함을 주청하자 크게 노(怒)하여 공의 관(冠)을 벗기고 홍달손(洪達孫)에게 명(命)하여 머리채를 끌고 뜰로 내려가게 하여 위사로 하여금 곤장을 치게 하였다. 그리고는 공을 일러 "너는 극히 간휼(奸譎)하니 병조의 장(長)이 될 수 없다. 네 직임(職任)을 파직하리라."고 하였다. 세조는 공에게 이러한 벌(罰)을 내리고는 곧 불러 마주앉게 하여 "나는 평소에 너를 애중(愛重)함이 비할 바 없었는데 너는 어찌하여 내 마음을 헤아리지 못하느냐?"고 하여 그간의 서운함을 표현하였고 또 신숙주(申叔舟)를 시켜 "네가 나를 애중함이 이제 나와 같겠는가. 내가 너를 애중히 여기기 때문에 앞으로 너를 좌익공신(左翼功臣)의 높은 등급에 올려놓으려 하는데 너는 나를 따르지 않겠는가?"하여 공을 설득하였다. 아! 세상에는 공을 일러 세조의 정란공신

(靖亂功臣)이라 하여 비하하고 있으나 위의 일을 보라. 춘추대의의 높은 의리(義理)를 신조로 하였던 공께서 처음부터 세조를 도와 왕위에 즉위시켰겠는가? 이해 9월에는 2등공신에 책록(策錄)되고 수충위사협찬정난공신(輸忠衛社協贊靖難功臣)의 호와 한성군(韓城君)이란 봉작을 받았다. 세조 2년 1456년 2월에는 판중추원사(判中樞院事)가 되어 판병조사(判兵曹事)를 겸하였고. 이 해 11월에는 문종실록이 완성되었는데 공은 이 일의 책임을 맡았다. 얼마 후 단종 복위(端宗 復位)를 위한 사건에 백옥헌(白玉軒)이 주역인 것이 밝혀지자 공도 헌부(憲府)의 탄핵을 받았다. 그러나 공을 이에 연루시키지 말라는 왕의 특지(特旨)가 내려 화(禍)를 면하였다. 세조 3년 1457년 12월에는 영중추원사(領中樞院事)에 올랐고. 다음해 6월에는 다시 좌익이등공신(左翼二等功臣)으로 책훈되어 전지(田地)와 노비(奴婢) 등을 하사(下賜)받았다. 그러나 공은 백옥헌의 사건 이후 어찌 화기탕연(和氣蕩然)할리 있었으랴? 오호라, 이 사건이 있은 후 3년이 되던 세조 5년 9월 을미(乙未)에 마침내 고종(考終)하시니 이때 수(壽)는 56세였다. 부음이 전해지자 왕은 크게 진도(震悼)하여 정조(停朝)와 철시를 명하면서 후한 부의(賻儀)를 내려 장사를 주관하도록 하였고, 문열(文烈)이란 시호(諡號)를 내렸다. 비(配)는 풍기진씨(豊基秦氏)인데 부(父)는 군수(郡守) 호(浩)이고 조(祖)는 사재부령(司宰副令) 소유(小儒)이며 외조(外祖)는 달성부원군(達成府院君) 서의(徐義)이다. 4남4녀를 낳으시니 장남 육(堉)은 무후하였고, 차남 우(堣)는 단종 원년 1453년 증광문과(增廣文科)에 급제하여 성균관 대사성(成均館 大司成)에 이르렀고, 3남 파(坡)는 문종 원년 1451년에 증광문과(增廣文科)에 급제하여 의정부좌찬성(議政府 左贊成)에 이르렀으며, 시호(諡號)는 명헌(明憲)이다. 4남 봉(封)은 세조 10년 1464년 별시문과(別試文科)에서 장원(壯元)으로 탁제(擢第)되어 형조판서(刑曹判書)에 이르렀고 시호(諡號)는 헌평(憲平)이다. 장녀는 금성인(金城人)현령 유소(劉昭)에게, 차녀는 강화인 현감 최

▲ 존양재 이계전 선생 사당(충남 예산군 봉산면 봉림리)

연년(崔延年)에게, 3녀는 여천인별좌(呂泉人別坐) 권선(權善)에게, 4녀는 는 동래인감찰(東萊人監察) 정계금(鄭繼金)에게 각기 출가(出嫁)하였다. 손(孫) 이하는 너무 많아 다 기록할 수가없다. 아! 하늘이 위인(偉人)을 세상에 낼 때는 불세(不世)의 재덕(才德)을 갖추게 하고 또 불세의 제우(際遇)를 만나게 히여 그로 히여금 불세의 상업(相業)을 아루도록 한다고 하였는데 한산이씨의 세업을 살펴보면 이말이 허언(虛言)이 아님을 알 수 있다. 어찌 일가(一家)에서 가정공(稼亭公)을 내고 목은공(牧隱公)이 나오며 또 양경공(良景公)이 나오고 문열공(文烈公)이 나올 수 있단말인가. 공의 후손으로서도 상신(相臣), 학자(學者), 청백리(淸白吏), 충렬지사(忠烈之士)가 서로 이어 나와서 마치 임랑(淋琅)이 나란히 솟아오르는듯 하니 하늘이 이 가문에 번창지조(繁昌之祚)를 내림이 무한함을 알겠도다. 오호라! 지초(芝草)가 어찌 진실로 뿌리가 없을 것이며, 예천(醴泉)이 어찌 그 근원없이 올 수 있단 말인가. 공의 사적(事蹟)은 혁혁(赫赫)하여 당세에 세인들의 추념한바 되었는데, 세월이 유전(流轉)하는 중에 많은 수난을 입어 사실이 왜곡됨이 많았도다. 이제 상고하니 공이 몰한지 540

여년이 지났도다. 그동안 공의 천궁(天穹)은 수차에 걸쳐 난액(難厄)을 당했구나. 공의 졸후에 여주에 성산에 의리의 장(藏)을 마련하였으니 이후 창릉(昌陵)이 즉위하여 영릉(英陵)을 이곳에 모시게하니 공의 천궁은 이곳 여주(驪州) 점동명 사곡리로 천장되었다. 그후 연산군(燕山君)이 윤씨의 폐비(廢妃)사건에 공의 아들 명헌공이 참여하였다 하여 추죄(追罪)하고 구천(九泉)에 있는 자까지도 연좌(連坐)하니 이로써 공의 천궁도 다시 삭토(削土)의 화(禍)를 당하였다. 중종반정(中宗反正) 이후 신원(伸寃)되니 후손들은 공의 묘를 다시 찾아 예경(禮敬)하였고 비갈을 세워 추념하였으나 아직것 신도의 비는 마련하지 못하였다. 이제 공의 효성스런 후손들이 마음을 합하여 돌을 마련하고 신도(神道)의 비를 세우려고 한다. 훌륭하도다. 공의 후손들이어! 조상의 무덤을 초래지중(草萊之中)에 매몰되도록 하지 않고, 그 덕업의 성(盛)함을 세상에 현양(顯揚)하는 것은 서기(庶幾)가 천령(天靈)을 위로하는 것이고 또한 이것은 후손된 자가 행해야 할 지극(至極)한 도리가 아니겠는가. 이재 공 몰후 540여년에 공의 후손들이 공의 혁업(赫業)을 기리기 위하여 신도의 비를 조성하니 이 어찌 아름답지 아니한가?

명(銘)하노니, 숭정산 정기받아 가정산(稼亭山) 태어나나 가문의 서여(緖餘)를 열었고, 태산교악(泰山喬嶽)의 정기 받아에 목은공 테어나니 해동의 종유(宗儒)로다 양경공이 뒤를 이어 충효를 빛 보이니 효자리의 정표(旌表)가 우뚝하도다. 건곤성악(乾坤星嶽)의 정기 받아 공께서 태어나니 목은공의 손자요 양경공의 아들이라. 왕실에 어름같이 맑음은 공의 정아(情雅)한 기풍이요 위봉상린(威鳳祥麟)은 공의 기상(氣象)이 아니던가. 태어날 때부터 석덕(碩德)을 갖추어 성경(誠敬)에 돈독하고 숙제계궁하였도다. 용두에 올라 이름 떨치니 영릉(英陵)은 집현전集賢殿에 불러 사륜(絲綸)을 윤색(潤色)케 하였고, 현릉(顯陵)이 즉위하니 은태(銀台)의 후설(喉舌)되어 직언을 서슴지 않았도다. 성균의 장(長)이 되어 교훈에 전념하니 생도들은 태산북두로 받들었고, 장릉과 광릉께서는 공의 숙덕(宿德) 우러러 유종의 칭호 내렸도다. 오호라! 광릉이 즉위하고 장릉이 화(禍) 당하니 공의 뜻 아니던가? 백옥헌의 충절이 화로서 보답되니 공도 연루(連累)되어 탄핵받았도다. 광릉(光陵)의 특지(特旨)로 화를 면했으나 공의 마음 하늘의 무너짐 아니런가? 성숙(星宿)이 상태(上台)에서 떨어지니 마침내 백성들은 의지할 곳 잃었고 나라는 부의(賻儀)를 내려 장례를 주관하였으나 그 귀감을 잃었구나! 성산의 정기는 용혈(龍穴)에 합(合)하고 여강(驪江)의 물은 굽이쳐 왕왕(汪汪)하구나. 용혈(龍穴)과 성혈(星穴)이 합하는 이곳에 풍운(風雲)의 조화(調和) 또한 합하니 아! 이곳이 바로 공의 유택 아니던가?

이제 정민(貞珉)에 글 새겨 공의 업적 현양(顯揚)하니
이길 지나는 자 이를 보고 공의 뜻 기리소서

서기 1998년 무인(戊寅)

후학 명지대학교 인문대학 사학과 교수 문학박사 신천식
(後學 明知大學校 人文大學 史學科敎授 文學博士 申千湜)은 삼가 지음

5. 전해오는 말과 왕조실록(王朝實錄)

원래 문열공 묘소는 능서면 왕대리가 초장지였다. 이곳에는 또한 어느 대가(大家)집 묘가 있었다고 한다. 그 대가집 산소자리를 택지(擇地)할 때 지관(地官)이 이곳에 묘를 쓰되 봉분(封墳)도 만들지 말고 절대로 비(碑)와 비각(碑閣)을 세워서는 안 되며 특히 개천에 다리를 놓아서는 안 된다고 경고(警告)를 했다고 한다. 그러나 그 대가집에서는 지체 높은 양반으로 묘의 봉분과 비를 세우지 말라니 될 말인가 하고 성분입비(成墳立碑)했다고 한다.

▌왕조실록(王朝實錄)에

영릉(英陵)은 당초 광주대모산(廣州大母山)에 있었는데 능지(陵地)가 불길하다고 논란이 되어 천장지(遷葬地)를 고르게 되었다. 10월경부터 호조판서(戶曹判書) 노사신(盧思愼), 예조판서(禮曹判書) 임원진(任元濬), 한성부윤(漢城府尹) 서거정(徐巨正) 등과 상지관(相地官) 안효례(安孝禮) 등을 각지에 파견하여 산을 답사하도록 하여 여러 곳을 살핀 결과 여주에 와서 이미 세조대왕(世祖大王)의 능지(陵地)를 복택(卜擇: 집터나 묘자리로 정하는 곳)할 때에 권총(權聰)의 부모(父母)의 묘(墓)-점동면 덕평리 강금산에 있는 길창군 권규(吉昌君 權硅)와 경안공주(慶安公主) 양위(兩位)의 묘를 말함에 대하여 이미 논란이 있었던 바 이곳을 다시 답산(踏山) 하였다.

상지관 안효례가 그 자리는 장생수파(長生水破) 때문에 쓸 수 없다고 하여 복지(卜地)에서 제외하고 용인(龍仁)에 금령산(金嶺山), 여주에 성산(城山)의 길흉(吉凶)을 진달(進達)케 하여 의논 끝에 그해 12월 27일에 가서 여주성산으로 결정(決定)을 보았다.

전설로는 상지관 안효례가 복택(卜擇)하러 남한강(南漢江)을 따라 거슬러 올라 여주강에 닿을 무렵 억수 같은 폭풍우(暴風雨)를 만나서 배를 강가에 매어놓고 폭풍우를 피해가려고 언덕에 올라 기다리다 해가 저물어 비는 그치지 않아 춥고 배가 고파서 민가(民家)를 찾아가는데 개천마다 황토물이 범람(氾濫)하고 칠흑(漆黑)같이 어두운 밤에 개천마다 쉽게 건널 수 없어 난감한데, 반갑게도 희미한 불빛이 가물거리는 쪽을 향하여 오르락내리락 개천을 건널 수 없고, 몸이 너무도 지쳐서 가물거리는 불빛만 응시하는데 비가 그쳤다. 불빛이 한결 빛나 보여 마침내 다리를 천우신조(天佑神助)로 만나 불빛 나는 집에 당도하여 주인을 찾아 유(留)하기를 청하여 쉬게 되었다.

날이 밝아 깨어 살펴보니 천하명당(天下明堂)에 어느 대가집 산소가 자리하고 있어 그를 수호하는 재실(齋室)이었다고 한다.

6. 문열공 휘 계전 묘역(文烈公 諱 季甸墓域)

능서면 왕대리에서 점동면 사곡리로 면봉(緬奉)된 문열공 묘소에 문관석(文官石)과 망주석에 가끔 부엉이가 올라앉아 유난히도 큰소리로 부엉부엉 울어대면 수호인은 새벽같이 행장을 차리고 서울로 올라가 종손댁이나 도유사댁에 알리면 두둑한 노비(路費)와 극찬(極讚)을 받는다 한다. 그것은 며칠 후에 문열공 후손이 과거(科擧)시험 또는 대과(大科)에 급제한 소식이 공교롭게도 퍼져 집안간에 큰 잔치를 연다는 속설이 있어 산직(山直)이는 밤마다 귀 기우려 부엉이 울기만 기다린다는 전설이다. 제사 때 제수 장만시 정결하게 정성들여 하지 않으면 벌을 받는다고 한다. 문열공 산소를 바라보고 오른쪽 산신제석아래 정수정(淨水井)우물이 있다. 제사에 쓰일 물은 이 우물에서 길어다가 사용 했다고 한다. 그런데 수호인은 아들에게 깨끗한 물병을 주며 심부름을 하는데 물 한 병을 들고 오다가 물 한 모금을 마셨는데 입에서 물병이 떨어지지 않아 울며 소동이 벌어졌다는 이야기며, 제사밥을 지을 때 정결하지 못하게 머리칼이 들어간다든지 불결하면 수호인의 어린 딸이 아궁이로 딸려 들어가 크게 데었다는 말 등은 한산이씨의 영혼의 정령(精靈)이 엄격하고 거세니 정성들여 정결하게 하라는 경고로 일러오는 말이리라.

앞서 강금산 권규(權硅)의 묘에 대하여 장생수파(長生水破)가 실로 조금도 의심할 여지가 없었는데 안효례가 허위로 아뢰는 바람에 복지(卜地)가 되지못한 것을 책망(責望)하여 상지관의 처벌 논란이 일었으나 임금이 이를 논하지 못하게 하고 그대로 지금의 영릉(英陵)자리로 결정을 하였다. 영역(塋域)안에 광주(廣州李氏)의 이인손 충희공(李仁孫 忠僖公), 한산이씨(韓山李氏)의 이계전 문열공(李季甸 文烈公)의 묘, 성주이씨 공참공(星州李氏 工參公)의 민가총(民家塚)이 있었는데 각기 그 자손들과 협의하여 이인손은 능서면 신지리(新池里), 이계전은 점동면 사곡리(沙谷

▲ 여주군 점동면 사곡리 추동 문열공 휘 계전 묘

里), 이사순은 여주읍 연라리 (煙羅里)로 사패지(賜牌地)를 내리고 1468년에 이장(移葬)시켰다.

문열공의 배위는 풍기진씨(豊基秦氏)요, 부(父) 군수공(郡守公)의 휘는 호(浩)이니 묘(墓)는 분당중앙공원 한산이씨 묘역 안에 계시었다. 1990년도 분당 신도시 개발로 인해 면봉(緬奉)되었다. 문열공의 부조묘(不祧廟)는 예산군 삽교2리 누산 목은영당(禮山郡 揷橋二里 樓山 牧 影堂)앞에 계셨는데, 분당신도시 개발로 영장산 한산이씨 묘역에 계신 공의 손자 한원군 휘 장윤 봉화공(韓原君 諱 長潤 奉化公)을 위시하여 세장(世葬)된 25기(基)의 선조묘역이 경기도지정문화재 기념물 제116호로 지정되고 토지보상금 중 위선사업비로 1998년 9월에 예산군 봉산면 봉림리에 부조묘를 이건(移建)하고 위토(位土)도 더 장만하였으며 여주묘 하에는 2층 양옥 재실(齋室)을 신축하여 매년 제향전야(祭享夜)에 많은 후손이 모여 결산총회(決算總會)를 하고 있다.

▌ 증보판CD-ROM 국역 조선왕조실록 제1집

예종 002 00/ 12/ 27(癸丑)

천릉할 땅을 여흥 성산의 이계전(李季甸)의 분묘로 정하고 술자리를 베풀다.

선정전(宣政殿)에 나아가서 하동군(河東君) 정인지(鄭麟趾), 봉원군(逢原君) 정창손(鄭昌孫), 고령군(高靈君) 신숙주(申叔舟), 상당군(上黨君) 한명회(韓明會), 인산군(仁山君) 홍윤성(洪允成), 좌의정(左議政) 김질(金鑕)과 육조(六曹參判) 이상과 승지(承旨) 등을 불러보고. 천릉(遷陵)할 땅을 의논하여 정하였다. 또 상지관(相地官) 안효례(安孝禮) 등을 불러서 각각 여흥성산(驪興城山)의 이계전(李季甸) 분묘(墳墓)와 강금산(剛金山)과 용인(龍仁)의 금령산(金嶺山)의 길흉(吉凶)을 각각 진달(陳達)하게 하고, 이계전(李季甸)의 분묘(墳墓)의 땅으로써 정하였다. 이어서 술자리를 베푸니 정인지(鄭麟趾) 등이 아뢰기를,

"강금산(剛金山) 권총(權聰)부모(父母)의 분묘(墳墓)는 실로 장생수파(長生水破)가 아니었는데도, 안효례(安孝禮)가 신(臣)과 더불어 함께 이 산을 복지(卜地)하고서 그 흉(凶)인 것을 말하지 않았고, 용인(龍仁)으로 가는 도중에 있을 때에야 이에 장생수파(長生水破)를 말하고 쓸 수가 없다고 하였습니다. 신(臣)등이 즉시 가서 보고자 하였으나, 역로(驛路)가 조폐(彫弊)하였기 때문에 예조판서(禮曹判書) 임원준(任元濬)등으로 하여금 상지관(相地官)을 거느리고 다시 살피게 하니, 조금도 장생수파(長生水破)에 대한 의심이 없었습니다. 이로써 보건대, 안효례(安孝禮)의 이러한 말은 정섭(情涉)이 주무(綢繆)하니, 청컨대 유사(攸司)에 회부하여 국문(鞫問)하게 하소서,"하니 전지(傳旨)하기를,

"여러 재상(宰相)들의 말이 옳다. 그러나 만약 안효례를 죄 준다면, 후일에 상지(相地)할 자들이 두려워하여 반드시 그 나쁜 것을 밝혀서 말하지 아니할 것이니, 죄를 줄 수가 없다." 하였다.

[원전] 8집 316면

[분류] ※왕실-의식(儀式) ※사상-토속신앙(土俗信仰)

7. 문화재지정 신청서(文化財指定 申請書)

1999. 4. .

▮ 연혁 및 유래

- 이계전(李季甸) 1404년 태종(太宗) 4년 ~ 1459년 세조(世祖) 5년. 조선 세조 때의 문신, 자(字)는 병보(屛甫), 호는 존양재(存養齋). 한산인(韓山人) 1404년 2월 14일생
- 1427년 세종(世宗) 9년 정미(丁未) - 종묘부승(宗廟副丞)으로 3월 20일 친시을과(親試乙科) 3등 등과(登科)
- 1436년 세종(世宗) 18년 병진(丙辰) 8월 임술일(壬戌日) - 김문(金汶)과 더불어 강목통감훈의(綱目通鑑訓義)를 찬(撰)하라는 어명을 받음.
- 1442년 세종(世宗) 24년 임술(壬戌) 10월 - 직집현 전직(直集賢 殿職) 배수(拜受)
- 1445년 세종(世宗) 27년 을축(乙丑) 2월 병인일(丙寅日) - 직집현 전직으로 三韓忠大夫人 安氏(삼한충대부인 안씨) - 세종의 국빙(國聘) 심온(沈溫)의 부인 묘지(墓誌)를 지으라는 명(命)을 받음.
- 1445년 세종(世宗) 27년 을축(乙丑) 7월 _- 집현전 직제학(集賢殿 直提學).
- 1447년 세종(世宗) 29년 정묘(丁卯) 4월 무오일(戊午日) - 동부승지(同副承旨)배수(拜受)
- 1449년 세종(世宗) 31년 기사(己巳) 11월 병오일(丙午日) - 우부승지(右副承旨)로 의명추은교서제진(依命推恩敎書製進)
- 1450년 세종(世宗) 32년 경오(庚午) 윤(閏) 1월 기미일(己未日) - 부승지(副承旨)로 예조판서 허익(許翊) 등과 연위사(宴慰使)로 받

다.

- 문종 즉위년(文宗 卽位年) 경오(庚午) 10월 - 도승지(都承旨)
- 12월 경자(庚子) - 배고부(拜告訃) 청시표전(請謚表箋) 전우(傳于) 경복궁찬인

• 1451년 문종 원년(文宗 元年) 신미(辛未) 7월 병신(丙申日) - 걸사직(乞辭職) 불윤(不允)

• 1452년 문종(文宗) 2년. 임신(壬申) 2월 병술일(丙戌日) - 허익(許翊) 등과 더불어 세종실록(世宗實錄)쓰기 시작했다.

• 1452년 이조참판(吏曹參判)

• 1452년 3월로 1454년에 이르기까지 단종 2월 갑술에 세종실록 편수관(編修官)

• 1453년 단종 원년(端宗 元年) 계유 5월 - 동지경연(同知經筵)

- 동년 6월 병조참판(兵曹參判) 10월 병조판서(兵曹判書) 배수(拜受).
- 동년 11월 경신일(庚申日) 수충위사협찬정난공신 병조판서 집현전대제학 지경연사 겸 성균관대사성 한성군(輸忠衛社協贊靖難功臣 兵曹判書 集賢殿大提學 知經筵事 兼 成均館大司成 韓城君) 습봉(襲封)
- 11月 신미일 공신호 삭제(功臣號 削除)를 청(請)하다. 상불윤(上不允).

• 1454년 단종(端宗) 2년 갑술(甲戌) 4월 신사일(辛巳日) - 춘추관(春秋館)에 세종실록 163질을 지어 올리다. 지관사(知館事)

- 동년 7월 청소율 시행(請昭律 施行) 상재행(上裁行).

• 1455년 세조 원년(世祖 元年) 7월 세자이사(世子貳師).

- 동년 9月 겸 성균관 대사성(兼成均館 大司成).

• 1456년 세조(世祖) 2년 2月 계묘일(癸卯日) - 판중추원사 겸 판병조사

(判中樞院事 兼 判兵曹事).

- 동년 7월 을축일(乙丑日) 선비권씨졸(先妣權氏卒). 의명사부미두병(依命賜賻米斗並) 30石 紙100卷 석회(石灰)40석(石) 유지석(油紙席)3部 관곽(棺槨).

• 1459년 세조(世祖) 5년 기묘(己卯) 7월 2일 영중추원사직(領中樞院事職)으로 경기도도체찰사(京畿道都體察使) 점 군정(點 軍丁)

• 1459년 세조(世祖) 5년 기묘(己卯) 9월 16일 을미일(乙未日) - 졸(卒). 2일간 정조시(停朝市)하고 부미두병(賻米豆並) 70석(石) 지(紙) 100권(卷) 익일(翌日) 상(上)이 그 슬픔을 고정하소서. 친히 임하셔 애도함과 전정(殿庭)에서 '권신(權臣)과 배곡(拜哭)함도 불가하오니 정지하소서'하니 상(上)이 이에 따르다.

• 증 대광보국숭록대부 의정부영의정 행 수충위사 정난좌익공신 보국숭록대부 영 중추원사지성균관사 한성부원군 시 문열공 - 박문다견왈문 병덕존업 왈열

贈 大匡輔國崇祿大夫 議政府領議政 行 輸忠衛社 靖難左翼功臣 輔國崇祿大夫 領 中樞院事知成均館事 韓城府院君 諡 文烈公 - 博文多見曰文 秉德尊業 曰烈

• 묘(墓): 경기도 여주군 점동면 사곡리 추동자 좌(京畿道 驪州郡 占東面 沙谷里 楸洞子 坐)

• 배(配): 풍기진씨 부군수호 조사재부령소유 증 조판관중길 외조 달성부원군서의(豊基秦氏 父郡守浩 祖司宰副令小儒 曾 祖判官中吉 外祖 達城府院君 徐義)

• 1474년 갑오(甲午) 11월 6일 졸(卒)

• 묘(墓) 건위묘계하자좌(乾位墓階下子坐) 국조문형안공전문형 부조묘재 충남 예산군 봉산면 봉림리(國朝文衡案公典文衡 不祧廟在 忠南禮山郡 鳳山面 鳳林里).

세종실록(世宗實錄)을 상고(詳考)하건대 세종6년 갑진(甲辰) 3월 임신(壬申)에 왕녀(王女)의 시체가 광연루(廣延樓) 서쪽 문에서 나왔다. 이에 이계전(李季甸)의 집에서 길렀기 때문에 그 집에 초빈하도록 명(命)하고 종친부마(宗親駙馬)들이 보호했다.

세조실록(世祖實錄)을 상고하건대 세조 2년 병자(丙子) 6월에 의금부(義禁府)에 전지(傳旨)를 내리기를 "이계전 등을 연좌시키지 말라." 했으니 이계전(李季甸)은 이개(李塏)의 삼촌숙(三寸叔)이기 때문에 이런 명령(命令)이 있었던 것이다.

세조2년 병자 7월에 대사헌(大司憲) 신석조(辛碩祖)가 소를 올렸는데 그 대략에 말하기를 "이제 이계전, 이맹진(李孟畛) 등을 법에 마땅히 연좌(連坐)시켜야 할 자들입니다. 하온데 홀로 그대로 두어두고 작위(爵位)도 전대로 두었사오니 대역(大逆)의 죄는 실로 종묘사직(宗廟社稷)에 관계가 되옵는데 어찌 전하께서 사사로이 처리하십니까. 춘추(春秋)의 법에 난신(亂臣)을 베이고 적신(賊臣)을 토벌하는 대는 먼저 그 당(黨)을 다스려야 한다. 했습니다. 일찍이 듣사오니 이개(李塏) 등의 인심이 흉한 말과 역도(逆徒)들이 성승(成勝)의 집에 모여 의논하던 날에도 역시 참여했다 하옵는데 어찌 한때의 사사로운 은혜로 해서 만세(萬世)의 큰 법(法)을 폐하십니까. 신(臣) 등은 가슴을 헤치고 마음속을 풀고 강력히 떠들어 말지 않는 바입니다. "엎드려 바라옵건대 전하(殿下)의 재결(裁決)로 신민(臣民)들의 분함을 쾌하게 해주시면 종사도 매우 다행스럽고 국가(國家)도 매우 다행스럽겠습니다."하자 답하기를 "이계전은 다스리지 말고 이맹진(李孟畛)은 귀양보내라"했다.

세조 5년 기묘(己卯) 9월 을미일(乙未日)에 영중추원사 이계전(領中樞院事 李季甸)이 졸(卒)했다. 부음(訃音)이 전해지자 임금은 놀라고, 슬퍼하고 애훼(哀毁)하여 몸을 지탱하지 못할 것 같았다. 친(親)히 대궐 뜰에 나가서 망곡(望哭)하고 5일(五日) 동안 정조철시(停朝撤市)했다. 특히 명하여 여러 아들들을 존휼(存恤)하게 하고 관청(官廳)에서 장례(葬禮)를 도와주게 했다. 미두(米豆) 모두 백석(百石), 지(紙) 오백 권(五百 卷), 석회(石灰) 60石, 유지석 10부(部) 및 관곽(棺槨)을 부의하니 밭가는 지아비와 장사하는 지어미까지도 분주히 돌아다니면서 눈물 흘리지 않는 자가 없이 모두 말하기를 "우리 공(公)께서 가셨으니 누가 우리를 살릴 것인가?"했다.

계전(季甸)은 한산부원군(韓山府院君) 색(穡)의 손자이다. 성품이 관후(寬厚)하고 기우(氣宇)가 넓으며 널리 배워서 글을 잘하고 일에 임해서는 결단을 내려 사문(斯文)을 흥기(興起)시키는 것으로 책임을 삼았다. 아들 셋이 있는데 우(堣), 파(坡), 봉(封)이요, 시호는 문열(文烈)이다. 널리 듣고 많이 보았다하여 문(文)이요 덕(德)을 가지고 왕업(王業)을 존중히 여겼다 하여 열(烈)이다.

고령인(高靈人) 신숙주(申叔舟)의 『보한재집(保閑齋集)』을 상고해보니 곡이영원사시(哭李領院事詩)에 "문장(文章)과 훈업(勳業)이 한산부원군(목은)을 계승했는데 동방(東邦)의 태산북두(泰山北斗)라 누가 따를 수 있으랴. 성주(聖主)께서 조회(朝會)를 거두고 저자에서 장사도 하지 않으니 길가는 사람의 슬픈 눈물 또한 끝없이 흐르네. 임금 모시고 十年동안 배종(陪從)하기 익숙한데 몸과 세상은 아득히 한 꿈과도 같네 멀리 광능(廣陵)을 바라보면서 부질없이 눈물 뿌리니 이 인생(人生)의 남은 한(恨)은 임금 저버림일세. 떠나는 한(恨)은 그 당시에 장맛비에 부쳤더니 어이 헤어지는 길이 구천(九泉)인줄 알았으리. 강정(江亭)에 약속은 있어도 찾을 길 없는데 맑은 시(詩) 다 읽고 나니 눈물이 옷깃에 가득하네"했다.

▌문열공 휘 계전 묘표음기(文烈公 諱 季甸 墓表陰記)

오호차유아 선조문열공존양재부군의리지장야묘전구유표석세구마환태불가변 손기중출수단양군개연유개수지의벌석구공기중형평안감사태중종인경상수사사 선각연봉이조지성공기흘속불초현중비기제음 오호성의부군이목은양촌위내외조 인덕지성인막불여량문장훈업표저어영광이묘간책소수종정소명부대후인지유양칙소자우하술언유시당봉수척지갈우백세무궁지묘자불가무식시이위기

嗚呼此惟我 先祖文烈公存養齋府君衣履之葬也墓前舊有表石歲久磨漶殆不可辨 孫箕重出守丹陽郡慨然有改竪之意伐石鳩功其仲兄平安監司台重宗人慶尙水使思 先各捐俸而助之成功旣訖屬不肖顯重俾記諸陰 嗚呼盛矣府君以牧隱陽村爲內外祖 人德之盛人莫不與凉文章勳業表著於英光二廟簡策所垂鍾鼎所銘不待後人之揄揚則小子又河述焉惟是堂封數尺之碣寓百世無窮之墓者不可無識是以爲記

아아! 이곳은 우리 선조 문열공 존양재부군의 옷과 신이 간수되어 있는 곳 이다. 묘소 앞에 옛날에는 표석이 있었으나 해가 오래되어 지워져서 거의 분별할 수 없게 되었다. 후손 기중(箕重)이 단양군수로 나갔을 때 개연(慨然)히 이를 다시 고쳐 세울 뜻이 있어 돌을 깎아 일을 시작하니 구 중형(仲兄)인 평안감사 태중(台重)과 일가사람 경상수사가 각각 록봉(錄奉)받은 것을 내어 일을 도왔다. 일이 끝나자 불초현중(顯重)에게 부탁하여 음기(陰記)를 쓰라고 한다. 아아! 장하도다 부군께서는 목은(牧隱)과 양촌(陽村: 權近)이 내 · 외조(內 · 外祖)가 되시니 사람의 덕(德)의 장함을 사람마다 부러워하지 않는 자가 없다 문장과 훈업이 세종(世宗), 세조(世祖), 두 대에 나타나서 역 사에 기록되고 돌에 새겨 있는 바이라,

이는 뒷사람들의 찬양하는 말을 기다릴 것이 없는 터이니 소자(小子)가 또 무엇을 기록하리오. 오직 여기에 두어 자 되는 묘갈(墓碣)을 세우고 여기에 백대(百代)가 가도록 끝없이 사모하는 뜻을 표하고자 하므로 아무 말도 하지 않을 수가 없어서 이것으로 음기(陰記)를 삼는 바이다.

11대손(十一代孫) 통훈대부 행 홍문관교리(通訓大夫 行 弘文館校理) 현중(顯重) 씀.

첨부서류(添附書類)

1. 문화재 신청서(文化財 申請書)
2. 행적(行績)과 문헌약기(文獻略記)
3. 문열공 휘 계전 묘표음기(文烈公 諱 季甸 墓表陰記)
4. 문열공 묘비(文烈公 墓碑) 및 자료사진(資料寫眞)

상기와 같이 자료(資料)를 갖추어 신청(申請)하오니 문화재로 지정(指定)하여 주시기 간절(懇切)히 바랍니다.

1999년 4월 일

한산이씨문열공파(韓山李氏文烈公派) 종회이사장(宗會理事長)
이두원(李斗遠)

경기도지사(京畿道知事)님 귀하(貴下)

8. 문열공 묘역, 여주향토유적 제16호로 지정

1964년도부터 이천, 여주시제에 거의 빠짐없이 참예(參詣)하여 각지 도처에서 오시는 일가 어른들을 뵈올 때 마다 우리 조상님의 전설적인 담소(談笑)와, 밤참약주가 높아서 때로는 언성을 높이기도 하여 자정을 넘기는 일이 비일비재(非一非再)지만 할아버지의 피를 나눠가진 일가 동기(同氣)이기에 양보하고 용서하는 마음이 그토록 아름다울 수가 없다.

나는 신천식 박사의 도움으로 분당에 영장산 한산이씨 묘역을 도 지정 문화재를 받은 후 문열공파 종회에 이사(理事)로 참여하여 이사장 두원(斗遠)씨와 상무이사 갑규(甲珪)씨 등과 같이 종사에 힘을 쏟았다. 1997년도에 문열공 신도비 건립이 당면한 과제였다. 왜냐하면 1993년도에 문열공 묘소 계하에 계신 수사공 휘 찬(水使公 諱 欑)의 묘갈(墓碣)을 세울 때 부이사장 선규(宣珪)씨 등의 설왕설래(說往說來)하는 일도 있었으나 미구(未久)에 문열공 신도비 세울 위치에 터를 닦아놓고 그 옆에 비갈을 세운지 5년 만에 봉화공 유재 지원금으로 신도비 건립애 대한 논의가 되어 추진위(推進委)의 일원으로 참여하였다. 비문은 석학(碩學)에게 부탁 하드라도 신도비문(神道碑文)하면 행장(行狀) 또는 년보(年譜)가 있어야 함에도 문열공의 행적(行績)을 기술한 문적(文蹟)이 전혀 없어 매우 난처하였다.

위원들은 별다른 묘안이 없어 문학박사 신천식(申千湜) 교수에게 청원안(請願案)에 찬성으로 결정을 본 것은 이미 분당 한산이씨묘역 문화재로 지정할 때 우리선조님들의 역사적사실과 경기도 금속대관, 목은의 학문과 학맥을 편찬 등으로 우리 조상님의 역사적인 행적을 잘 알고 있기 때문이다. 그래서 1998년 6월에 이사장 두원(斗遠)씨와 상무이사 갑규(甲珪)씨 차로 나는 신 박사를 대동하여 식사대접을 하면서 신도비문 찬(撰)을 청(請)하여 승낙을 받았다. 신 박사는 행장(行狀) 또는 연보(年譜)

를 요구함에 이사장이 아직도 문헌이나 행록이 없어 미안하지만 이 기회에 행장과 연보를 저술(著述)해주기를 아울러 요청했다. 나 또한 부끄러움을 무릅쓰고 "신 교수는 역사학자로서 이미 지난번 분당 문화재건과 경기금속대관, 목은이색의 학문과 학맥을 편찬 등으로 훌륭한 업적을 쌓으신 일로 하여 교수님의 역량으로 써주시기 부탁드립니다."라고 궁색한 청원에 신 박사는 '허허!'하며 더 이상 말을 잇지 못하였다.

아울러 나는 분당지구 신도시 개발로 조상님 묘역 보존에 많은 곡경(曲徑)을 치른 바 있어, 이 여주지방의 지형이 비산비야(非山非野)로 정부로부터 언젠가는 개발로 곤경(困境)을 겪을지 몰라 신천식(申千湜) 박사에게 문화재신청을 하겠으니 협조를 부탁하였다. 이에 신 박사 하는 말이 '이 회장님은 욕심이 너무 많다'며 문화재적 자료(資料)도 미비(未備)한데 되겠느냐 하여 망설이다 여주사는 인종 현구(寅鍾 賢求)씨와 상의를 하였다. 현구씨는 국사편찬조사위원(國史編纂調査委員)으로 있었기에 협조를 부탁하고, 이사장에게 의론하니 두원씨는 나에게 위임하여 도청에 가서 양식을 받아 지난번 경험을 토대로 문화재신청서를 작성 하여 우선 여주군에 접수시키도록 인종 현구씨에게 전했다. 수시로 현구씨와 간헐적(間歇的)으로 연락하며 문열공파종회 임원인 원구(元求)씨가 자료 수집과 업무연락 등 많은 협조를 아끼지 않았다. 한편으로는 신도비 사업도 겸하여 추진하고 진행 중이었다.

9. 문열공 신도비문 검토 입석과 행록 발간에 대한 뒤안길

신도비의 재질은 오석(烏石)으로 좋은 돌을 구하려고 보령에 사는 임원인 원규(元求)씨, 신복(信馥)씨, 명곡댁 종손 태수(台洙)씨 등이 많은 관심을 갖고 협력하고 나는 상무이사 갑규씨 차에 이사장과 동승하여 수차 석공장에 확인하러 가서 좋은 돌을 만나 결정하였다. 또 한편으로는 문열공 종손으로서 연세대학교 교수인 정석(正稆)씨와 중앙대학교교수 문원(文遠)씨는 신 교수가 중앙대학교 대학원에서 문학박사를 취득한 관계 등으로 이미 잘 알고 지내는 사이로서 신 교수가 우리 선조님에 대한 저서, 비문찬 등의 노고에 감사한다며 대접하기 위해 신림동까지 찾아와 문열공 신도비문, 행록 등의 대화가 자연스럽고 격조(格調)높은 시간을 갖기도 하였다.

비문(碑文)을 써서 일차 교정을 겸해서 살펴보라며 장문(長文)을 주기에 거의 6천여 자나 되어 자수(字數)를 3/1을 줄여야 한다고 하여 다시 수정(修整)해서 추진위(推進委)에 전달하여 글씨는 후손인 서예가 남천 종구(南泉, 琮求)씨에게 요청하여 특수(特殊)한 예서(隸書)체로 정성을 다하여 글씨를 썼을 뿐 아니라, 현장에까지 출장하여 석공(石工)에게 교정을 당부하는 등 협조를 하였다. 공(公)이 몰(沒)하신지 541년만인 1999년 4월에 비를 세우는 자리도 준비되었던 자리가 아니고 지관(地官)을 불러와 택지(擇地)한 곳에 입석(立石)을 완료(完了)하였다.

이사장 두원씨가 신천식 박사에게 신도비문 찬을 청할 때 행장이나 연보도 청원하였던 바 신박사가 동시에 연구 집필(硏究 執筆)하여 신도비는 입석이 완료 후 이사장 두원씨가 신 박사를 모시고 여주 신륵사 안 식당에 상무 갑규씨와 함께 가서 감사의 식사대접을 하고 귀경길에 두원씨는 만취(滿醉)하여 신박사와 대화에서도 행록은 언제쯤 끝나느냐며 하던 분이, 그 후 갑자기 문열공파 종중에 돈이 없다며, 돌변(突變)해 행록 간행 거부로 난처한 입장에 처하여 인면수심(人面獸心)도 유분수지 어찌 이러하듯 치졸(稚拙)한지 황당무계(荒唐無稽)다. 추진위에 의론(議論)도 없이, 신천식 교수에게 정식으로 통보도 없이 일방적으로 파기(破棄)하니 배은망덕(背恩忘德)이며 후안무치(厚顔無恥)가 아닐 수 없다.

이 와중(渦中)에 또 인종 현구씨로부터 전화가 왔다. 여주군내에 문화재신청 건이 너무 많은 중에도 심의(審議)를 우선 문열공 건에 대하여만 6월 1일부 군문화재심의(郡文化財 審議)를 하기로 회의를 소집 중에 있다는 말과 군심의를 통과시켜 도에 제출하겠으나 현 신청서류로는 자료(資料)가 미약하여 도청(道廳)심의에서 탈락(脫落)할 염려가 되니 자료보완(資料補完)과 통과에 책임을 질 수 없다는 통화 내용이다.

본시(本是) 신 교수의 말로도 "현재 문열공 문화재 자료로서는 여주군지정 향토문화재로도 불충분(不充分)하니 행록(行錄)이 간행(刊行)후에 신청(申請)이 유리하다"는 말과 "행록을 현대 후학(現代 後學)들의 문헌연구 자료로서 박사(博士), 석사(碩士)가 탄생한다면 학술적(學術的)으로도 귀문중(貴門中)에 큰 영광이 아니겠나?"하는 의미 있는 말을 듣고 감명(感銘)을 받았다.

상기(上記)와 같은 실정(實情)인 바 당해(當該) 종중 책임자(責任者)들의 거부행태(拒否行態)를 무엇이라고 표현하겠나! 이러한 내용으로 한평군파종회 이사장 학구(學求)씨에게 1999년 5월에 당면한 시급성(時急性)의 서신을 전하기도 하였으나 별다른 도움도 얻지 못하였다. 문화재 건은, 1999년도에 인종 현구씨 말과 같이 결국 여주군지정 향토유적 제16호로 지정받았다.

뜻있는 곳에 길이 있다고 하였다. 탓만 하고 있을 수 없어 백방으로 수소문(搜所聞)하여 후원자(스폰서)를 찾는 것 또한 쉬운 일이 아님을 실감하였다. 우선은 신용(信用)이요 대상이 공명성(共鳴性)이어야 하며 길이 명성(名聲)이 남아야하는 조건(條件)을 구변(口辯)이 좋아 설득력(說得力)이 조화(調和)로워야 하는데, 이에 미치지 못하니 참으로 걱정이 아닐 수 없다.

성균관 삭망(朔望)에 분향(焚香) 후 가까운 삼선교(三仙橋)에 세화피엔씨(世和P&C) 제약회사(製藥會社) 회장이신 석규(錫珪)씨를 가끔 만나 담소(談笑)를 나누는데, 문열공의 행록(行錄)에 관한 애로(隘路)를 말하니 석규(錫珪)씨께서 동정어린 말로 호정(湖亭)의 위선심(爲先心)은 하늘에 닿았다며, 동성제약 회장(東星製藥 會長)인 선규(善珪) 형님에게 같이 가서 말씀을 드려보자고 하여 택시를 타고 가뵈었다. 회장님이 오랜만이라며 반가워하신다. 그도 그럴 것이 수년 전에 파나비죤 이석형(李錫炯) 전(前) MBC PD를 대동하고 동성제약과 창설자인 선규씨 가족들의 선전영상물(宣傳映像物)을 촬영한 바가 있은 후였으니까 석규씨가 먼저 사연의 말씀을 자세하게 드렸다.

선규씨가 다 듣고 나서 나에게 원고를 탈고(脫稿)했느냐고 하시기에 1998년 4월에 목은 이색의 학문과 학맥과 1999년 4월에 문열공 신도비문을 찬할 때부터 준비는 되었으리라고 말하니, 그럼 신 박사를 만나보고 싶다고 하여, 그 후 인사소개를 하였더니 행록을 저서해달라고 하시며 신 박사에게 가정선생의 공녀(貢女)제도를 원나라 제왕에게 폐지하게 한 이야기로 시간이 흐르는데, "내가 계약금을 드리시지요."하였다. 그런데 회장님은 아무 말이 없는데 석규씨가 준비한 돈봉투를 직접 신 박사에게 전하여 확실하게 일은 시작되었다. 참으로 너무나 고마웠다. 이로써 목은연구회 회장 정복씨와 광복 교수에게 이 사연을 알리니 너무도 가쁘다고 하며 그 노고에 감사한다는 식사까지 받았다. 그 후 이사장 두원씨가 갑자기 병원에서 운명했다는 부음(訃音)을 받았다. 그 후임(後任)으로 신원(信遠)씨가 잔여 임기 간을 수행하게 되었다.

연(然)이나 2001년 10월 그토록 험난한 역경을 딛고 『존양재 이계전의 생애와 행록(存養齋 李季甸의 生涯와 行錄)』이 출간되어 이름난 큰 호텔에 예약되어 초청장이 발송(發送)된 수일 후, 문열공종중 이사회에 소집되어 참석했다. 회의 의제는 다름 아닌 행록출판기념회에 참여하느냐에 명분론으로 나에게 문열공파 종회에 부의(附議)하지 않고 임의로 상구이사가 단독으로 추진했으니 사과를 하라는 것이었다. 참으로 적반하장(賊反荷杖)도 유만부동(類萬不同)이지 칭찬(稱讚)은 몰라도 사과라니 도무지 납득(納得)할 수 없는 억지(抑止)에 동의할 수 없다고 하였다. 따라서 한 이사가 하는 말이 상구 이사님의 말이 지당한 것이 그토록 수고가 많은 분의 노고를 치하(致賀)의 공로패를 드려야 하는데 그 선행(善行)을 잘못했다고 사과(謝過)요구는 부당하다고 하니까, 부이사장 말이 문열공종회가 엄연한데 출판기념회에 참여 명분이 서질 않으니 독주한 점에 있어 사과 한 마디만 하면 조용할 것이니 하라는 것이어서 이에 따랐다. 뿐만 아니라 출판회의 진행과 주관을 문열공파 임원회에서 하겠다고 하여 하라고 했다.

대망의 존양재행록 출판기념을 축하객이 성균관 관장 최창규(崔昌圭)씨를 비롯하여 유생(儒生)들과 동성제약 임직원 그리고 문중에서 대거 참여하여 만장을 이룬 가운데 광복(珖馥) 교수의 사회(司會)로 동성제약 이선규 회장의 인사와 실무를 한 상구가 경과보고 와 내빈축사(內賓祝辭)로 성균관 최창규(崔昌圭) 관장의 축사 목은연구회회장 정복교수의 축사 그리고 저자 신천식 박사의 답사로 하는 진행(進行)을 정복 교수, 광복 교수가 계획한대로 집행(執行)을 변경할 수 없다고 하여 집행하였다. 하객들에게는 푸짐한 오찬(午餐)과 행록(行錄) 한 권씩 증정하였다.

10. 『존양재 이계전 선생 생애와 행록(存養齋 李季甸 先生의 生涯와 行錄)』 발문(跋文)

2001년 10월에 이제 『존양재 이계전의 생애와 행록(存養齋 李季甸 先生의 生涯와 行錄)』이 출간(出刊)되니 참으로 감회가 깊지 않을 수 없다. 나는 아무 배움도 없는 사람으로 그저 조상의 위업(偉業)을 존숭(尊崇)하면서 그 가르침에 위배됨이 없도록 노력하면서 살아왔을 뿐이다. 내가 종사(宗事)에 관심을 갖게 된 것은 27세 되던 해였다. 여주 문열공 시향에 참여한 어른들로부터 가정선생(稼亭先生)과 목은선생(牧隱先生) 그리고 존양제선생(存養齋先生)에 대한 역사적 전설 등을 듣고 크게 감동하여 우리 선조들을 선양하는데 내 생(生)을 다 하리라고 결심을 하였었다. 지금 내 나이가 고희(古稀)를 넘겼으니 세월의 무상함을 다시 한 번 느끼지 않을 수 가 없다.

그간 종중의 일을 살피면서 참으로 마음 뿌듯한 일도 많았다. 이상복(李尙馥) 교수회 회장을 비롯하여 목은연구회장(牧隱硏究會長) 이정복(李貞馥) 교수와 이광복(李洸馥), 이특구(李特求), 이문원(李文遠) 교수 등의 눈부신 활동으로 가정선생(稼亭先生)과 목은선생(牧隱先生)에 대한 학술 세미나가 수차례에 걸쳐 있었고, 또 그 연구업적도 활발하니 어찌 기쁘지 않겠는가, 그리고 한산이씨 교수모임이 발족되어 선조들을 존숭선양(尊崇宣揚)하고 있으니 또한 기쁘지 않을 수 없다.

특히 이 자리를 빌려 신천식(申千湜) 박사님께 크게 감사를 드리고 싶다. 박사님은 일찍이 『목은이색(牧隱李穡)의 문학(學文)과 학맥(學脈)』을 출간하여 목은선생(牧隱先生)의 위상을 바로잡아 높혀 주었고, 또 <존양제이계전(存養齋 李季甸)선생의 신도비문(神道碑文)>을 찬(撰)하여 선생의 업적을 세상에 널리 알리었다. 참으로 고마운 일이 아닐 수 없다. 그러나 나는 존양재 선생의 업적이 우리 역사에 빛나고 있으나. 아직껏 그 어른의 행록(行錄)이나 연보(年譜)를 마련하지 못하였음을 송구(悚懼)스럽게 생각하여 왔다. 그래서 신 박사에게 행록(行錄)과 연보(年譜)를 저술해달라고 이사장 두원(斗遠)씨와 같이 요청(要請)하니, 신 박사는 "이 일은 우리 學界에서 마땅히 했어야 할 일이었다."고 하면서 흔쾌히 수락해주었다. 그 후 부탁한 문열공이사장 두원씨가 돌연히 "종중(宗中)에 어려움이 있어 후일(後日)로 미루자는 통보를 받았다. 하늘이 무너지는 것만 같은 충격을 받고, 참담한 마음으로 지내는데 저술(著述)은 1998년에 탈고(脫稿)하였다는 연락을 받았는데 이사장 두원(斗遠)씨가 급서(急逝) 소식에 망연자실 중 세화(世和)P&C회장 석규(錫珪)씨와 동성제약(東星製藥) 이선규(李善珪) 회장님 형제(兄弟)분의 절대적인 협조(協助)로 출판하여 기념식(記念式) 또한 성대히 거행하게 된 그간에 사연을 발문(跋文)으로 기록함을 송구하게 생각하며, 신천식 박사님께 거듭 감사와 경의(敬意)를 표해 마지않는다.

2001. 10.

성균관 전의(成均館 典儀) 이상구(李庠求) 발(跋)

11. 『존양재 이계전 선생 생애와 행록(存養齋 李季甸 先生의 生涯와 行錄)』 출판식장에서의 성균관장 기념사

영릉성세(英陵盛世)에 아주 높으신 사표(師表)이신 우리 존양재 이선생(李先生)님의 출판기념식전이 엄숙하게 진행되고 있는 바로 이 시각, 신사년(辛巳年) 음력 양춘(陽春) 구월(九月)의 중순 저녁, 그 일정부터가 너무나 소중합니다. 옛 문자 그대로 춘서가 아닌 추서일각이 치천곡으로 이렇게 빛나는 의미 속에서 우선 너무나 감아(感雅)로운 인사를 올리게 되었습니다.

우선 존양재 선생님은 존양(存養)이라고 하는 아호부터가 이 민족사와 문화 앞에 깊은 인연이 있습니다. "존심양성(存心養性)"이라. 이 마음을 바르게 보존하고 그리고 이 본성(本性)자리를 기른다고 하는 성리학(性理學)의 본령(本領)에서부터 아호(雅號)로 걸어오신 그분의 일생(一生)이야말로 민족사 앞에 이어질 수 있는 이 승리시대(勝利時代)의 각광(脚光)에서 너무나 소중해서 다시 한 번 경모(敬慕)의 인사를 올리는 바입니다.

존양제 선생님은 이 나라 민족사 앞에 그야말로 삼통(三統)이 유비(有斐)합니다. 일찍이 이 민족사의 전통 위에는 군(君), 사(師), 부(父)를 통해서 삼통이 있는데, 그 삼통은 바로 부(父)를 통해서 체통(體統)이요, 그리고 군(君)을 통해서는 법통(法統)이었습니다.

바로 존양재 선생님께서는 바로 목은(牧隱)선생님의 영포(令抱)이시고 도학의 상징(象徵)이셨던 양촌(陽村) 권(權)선생님의 외영포(外令抱)이시고, 그 이후로 이어진 이 나라 민족문화의 도학적인 그야말로 세세(世世)에 계승해온 이 유비(有斐)로운 후손들로 보았을 때, 그 체통을 이 나라오디에서 비할 수가 있겠습니까? 너무나도 소중합니다. 다시 그 분께서는 물론 그 목은선생부터 이어지는 이 나라 성리학(性理學)의 도통(道統)이 되겠습니다마는 그 분의 도통에서는 우리 근세왕조(近世王朝)만이 아니라 양조

(兩朝)를 이어질 수 있는 민족사 앞에 너무나 큰 의미가 있는 것이다.

당시 여조(麗朝)에서 우리가 그렇게 이 성리학을 가지고 우리들의 도통의 근원을 이루었을 때 목은선생님을 비롯하셔서 그 이후 근세 왕조로 이어지는 바로 그 큰 맥락(脈絡)앞에서 우리는 이 나라 백세불변(百世不變)으로 이어질 수 있는 세계사적인 도통의 의미가 여기에 함께 하고 있기 때문에 이것은 무엇에도 비교할 수 없어 우리들에게는 소중한 민족사의 가치가 되겠습니다. 그리고 세 번째로 잘 아시는 바로 영묘조(英妙祖) 세종(世宗)의 성세대(盛世代)에 정치적(政治的)으로나 또는 학덕(學德)으로 보았을 때에 거기에서 근세 왕조의 기틀을 위해서 위민정치(爲民政治)의 민본적(民本的)인 기틀을 위해서 이룩하신 그 학덕과 그리고 그 세업(世業) 이야말로 이 나라 근세 왕조의 가장 큰 바로 법통의 기반이었기 때문에 이렇게 삼통이 유비로운 이 큰 민족사의 총량(總量) 앞에서 우리는 오늘 그분의 행록과 그리고 사상에 대한 이 업적을 가슴속에 사모하게 되는 것입니다.

이렇게 삼통이 유비로운 우리 존양재 선생 앞에 우리들은 일찍이 찬양해온 하나의 그러한 의미가 있습니다. 그것이 무엇이뇨, 바로 입언(立言)과 입덕(立德)과 입공(立功)이라고 하는 삼불후(三不朽)의 바로 이 큰 빛이라고 볼 수 있습니다. 그 분이 남기신 도학적(道學的)인 行績을 통해서 쌓으셨던 입덕, 그리고 근세 왕조(近世 王朝)의 가장 후세에게 길이 빛날 수 있는 입공(立功)의 이것이야말로 이 나라 민족사와 함께 할 수 있는 영원한 삼불후의 빛이라고 소생(小生)은 확신을 합니다. 흔히 우리는 신천년(新千年)이 올 때 이야기 합니다. 신천년은 문화의 세계(世界)다. 이 때 문화를 이야기할 때 감히 한 말씀을 드린다면 이제까지 저 서양(西洋)의 물질문명(物質文明)의 바탕이 되어 왔던 그것은 물질 그 자체에서 해답을 구하는 물리(物理)의 시대가 벽에 부딪쳐서 더 가지 못할 때 이것을 초극(超克)할 수 유일한 해답은 이 동방에서 빛날 수 있는 인간의 본성(本性)에서 진지한 해답을 찾는 성리지학(性理之學)이라는 것이 바로 근본이 되겠습니다.

이 성리학을 놓고 새천년을 살펴볼 때, 21개의 문화권(文化圈)이 있고 민족국가(民族國家)가 있습니다마는 그 어느 곳을 보아도 적요(摘要)하게 그 뿌리의 전통이 없습니다. 유일하게 동방의 군자국(君子國)인 이 나라에만은 이 성리학의 전통이 우리들에게 지금 이 존양재 선생님만을 통해서도 확인할 수 있듯이 근 600년의 이 통서(統緖)가 여기에 확연합니다. 우리들의 성리학으로 노래하는 신천년의 시대사적(時代史的)으로 보았을 때 우리는 분명히 바로 500년 내지 600년을 앞선 선진국(先進國) 문화선진국이라고 하는 이 사실 이것을 오늘의 바로 이 출판기념식전을 통해서 숙연하게 확인할 때 더 감아롭기 그지없습니다. "신종추원(愼終追遠)이면 민덕(民德)이 귀후의(歸厚矣)"라. 조상에 대해서 지극하게 잘 받들 수 있는 이 정성, 이것을 통해서는 온 백성의 덕이 후한 대로 돌아간다고 했습니다. 오늘 이 나라의 도학(道學)과 그리고 학덕(學德)의 명문(名門)이신 박래 명문대가(名文大家) 한산이씨 이 가문을 통해서 이렇게 민족사 앞에 큰 의미가 현양(顯揚)이 되고 있을 때 이것은 바로 이 나라 이 칠천만 한민족(七千萬 韓民族)이 함께 나누어 가질 수 있는 후(厚)한 덕(德)의 바로 그 바탕이라고 여겨져서 더욱 감아(感雅)의 말씀을 드리면서 만 35년 전에 저의 모교(母校)인 서울대학교에 한국사상(韓國思想)이라는 국학과목(國學科目)을 신설했던 저에게는 이러한 업적을 이렇게 진지하게 이룩해주신 저자(著者)이신 신천식 교수(申千湜 教授)님께 더욱 감사의 말씀을 드리지 않을 수가 없고, 외람스럽습니다마는 성균관(成均館)을 맡고 있는 저로 볼 때에는 천만유림(千萬儒林)의 정성을 함께 담으면서 이 민족사(民族史) 앞에 문화적으로 위대한 승리가 계실 것을 기원(祈願)하면서 축사(祝辭)의 인사를 가름하겠습니다. 감사(感謝)합니다.

2001년 11월 2일

성균관장(成均館長) 최창규(崔昌圭)

대사성공 휘 우
(大司成公 諱 堣)

六부. 대사성공 휘 우(大司成公 諱 堣)

1. 한산이씨(韓山李氏) 숲안 종중도유사(宗中都有司)가 관습종중(慣習宗中)인 대사성공파(大司成公派)를 겸(兼)하다

1992년도 한평군파종회(韓平君派宗會) 이사장(理事長) 학구(學求)씨가 불가피(不可避)한 사정(事情)으로 사표(辭表)를 내어, 부이사장(副理事長)이었던 상구(庠求)가 잔여기간(殘餘期間) 업무승계(業務承繼)를 총회(總會) 승인(承認)으로 대사성공파 종중업무(大司成公派 宗中業務)도 겸(兼)하였다.

대사성공파종회 부이사장(副理事長)에 갑규(甲珪) 상무이사(常務理事)로는 누대(累代)를 봉제수호(奉祭守護)하는 상복(常馥)씨. 이사(理事)로는 인구(麟求), 선구(宣求), 헌규(憲珪), 재복(載馥), 감사(監査)에 철구(喆求) 제씨(諸氏)로 구성하여 업무를 수행하였다. 종재(宗財)라고는 옛부터 밭도지, 텃도지를 콩으로 받던 것을 쌀값으로 전환과 처음으로 도조인상을 다음과 같이하였다.

■ 대지(垈地)임대료 인상 및 현금으로 환산한 1994년 12월 19일 회의에서 성명 종전(從前) 인상된 현금 비고

유정열 8두(斗) 300,000원(1994년 12월 28일 징수)

양윤식 7두(斗) 280,000원.

박상희 5두(斗) 200,000원.

이재문 3두(斗) 120,000원.

박종하 2두(斗) 100,000원.

성남시 중원구 성남동 21-26번지

한산이씨 대사성공파 종회

이사장 이 상 구

현금화 인상으로 경작인(耕作人)들의 반발(反撥)도 샀으나 이를 원만(圓滿)히 진정(鎭靜)시켜 저축(貯蓄)할 여력(餘力)은 없이 간신히 제사(祭祀)를 받들고 세금(稅金)을 내는 정도로 해오던 중, 분당신도시 개발로 봉화공파 유재지원금(遺財支援金) 일억원(1億圓)을 받아 기금조성(基金造成)의 시초(始初)가 되었다. 그 후 임기만료로 학구(學求) 이사장에게 다시 업무를 이관하고 종중사(宗中事)에서 떠난 후로는 봉화공파 종회에서 대사성공 업무를 맡아 운영(運營)하였다. 그런데 2008년 무자(戊子) 4월 2일 한평군파종회에 참석통지를 받고 참석했다. 안건(案件)은 대사성공 종회임원의 임기만료(任期滿了)로 한평군파에 주어진 임원개선에 원로(元老)인 형구(亨求)씨가 상구(庠求)로 선발지명(選拔指名)에 동의(同意)하기에, 이미 15년 전에 대사성공파 종무(宗務)를 4년여 간 했던 일을 상기(想起)시키며 다른 분으로 개선(改選)요구를 하였으나 용납이 안 되었다. 어쩔 수 없이 수락(受諾)연설로 "천학비재(淺學菲才)한 저를 선발해 주심에 감사드리며 남은 여생을 마지막으로 봉사(奉仕)하라는 지상명령(至上命令)으로 알고 열심히 임무를 수행(遂行)하겠다."고 하였다.

동년 4월 25일 봉화공파종회사무실에서 대사성공파 이사회의에 참석하여 상무이사 갑규(甲珪)씨 사회(司會)로 부이사장 근복(根馥)씨의 개회인사로 이사장 은규(殷珪)씨의 병환으로 참석하지 못하여 부득이 제가 회의를 주재(主宰)하게 되었다며 임원의 임기 만료(滿了)로 우선 이사장

선임의건을 상정하였다. 이사(理事) 한 분이 상구 이사(庠求 理事)를 이사장으로 추천(推薦)하니 전원(全員)이 동의하여 박수로 결정되어, 나는 이미 1992년도에 한평군파이사장(韓平君派理事長)시 대사성공파이사장을 겸무한 바 있었으니 유능(有能)한 분으로 추대(推戴)해주기를 원했으나 받아들여지지 않아 수락의 변(辯)으로 "여생(餘生)에 최선을 다하여 봉사(奉仕)하겠다."며 의장석에 좌정(坐定)하고 회의를 주재하였다.

안건(案件)은 본 종중 재원(財源)이 열악(劣惡)하여 수입원(收入源)으로 창고 신축 건을 상정(上程)하여 결의를 받아 건축추진 6인소위원회를 결성하였다. 이사장 상구(庠求), 부이사장 근복(根馥), 상무이사 갑규(甲珪), 이사 상원(相遠), 원구(元求), 헌구(憲求) 제씨로 하여 상무는 건축허가신청 수속 등으로 바쁜 나날을 보내며 건축업자(建築業者)선정(選定)에 입찰(入札)로 동 문중인 을규(乙珪)씨의 낙찰(落札)로 본격적으로 건축이 시작하였다. 광주시 장지동565-1번지에 81평(坪) 1동(棟)과 장지동 663-18번지에 170평 1동(棟) 등 2개동을 신축(新築)하기에 만난고초(萬難苦楚)를 극복(克復)하고 준공(竣工)을 필(畢)하였으며, 요즘 국가적으로 경제상황(經濟狀況)이 열악(劣惡)한 때에 세입자(貰入者)에대 한 걱정을 많이 하였으나 다행이도 세입자(貰入者)가 나타나 계약(契約)을 모두 체결하여 월세(月貰)가 매월 입금(入金)되니 영리종중(營利宗中)으로 변화(變化)되었다.

앞으로도 재정확충(財政擴充)으로 가용(可用)할 수 있는 모든 자원(資源)을 현실화(現實化)해야 되겠다고 생각하였다. 그래서 대사성공 할아버지가 세상을 떠나신지 540여년이 되어도 아직까지도 단갈묘비(短碣墓碑)에 풍마우세(風磨雨洗)로 묘도(墓道) 또한 갖추어 들이지 못한 죄송(罪悚)함을 산소(山所)를 뵈올 때마다 느껴진다.

2009년도에 봉화공 종중 이천 종산(利川 宗山)일부가 정부로부터 수용(收用)을 당해 토지보상금을 하위종중에 위선사업비로 분배한다기에 임원진(任員陳)에게 대사성공파 종중에도 배정(配定)을 요청(要請)하였으나 대사성공파종중 재산(財産)이 봉화공종중보다 많다는 이유(理由)로 거절당하였다. 봉화공파종중 유재지원금(遺財支援金)으로 예하(隷下) 지파종중에 위선사업비를 수차(數次)에 걸쳐 배정받아 재실(齋室), 묘도석물(墓道石物)은 물론 문집 발간 등 많은 종사(宗事)를 하였건만 봉화공의 선고(先考)이신 대사성공파에는 지금까지 재실이 없어 2007년도 시향 날 비가 억수같이 쏟아져서 광주에서 제수(祭需)를 여주재실에 모셔다가 제사를 지내는 해프닝을 버린 적도 있었다. 재실(齋室)이 시급(時急)하고 묘비(墓碑)를 비롯한 신도비(新道碑)와 묘도(墓道)를 다 설립(設立)해야 할 자금 확보가 난제(難題)다.

2010년도 봉화공파종회(奉化公派宗會) 이사장 계원(理事長 啓遠)씨 외 임원들의 협의로 대사성공 묘비개수 및 사초와 계단설치 등의 공사비 헌성으로 갑자기 작업계획서, 비문찬(碑文撰), 묘비 표제(表題) 등 치밀하게 작성하여 대의원회에 의결을 받아 작업을 시작하였다. 주로 대사성공파 종회 상무이사가 지휘감독(指揮監督)으로 수고가 많았다. 그간 나는 '대사성공휘우행록변의(大司成公諱堣行錄卞疑)에 대한 고찰(考察)'한 새로운 사실(事實)들의 대하여 발굴분석(發掘分析)한 자료(資料)와 광주시문화원 문화연구소장 박광운(朴光雲)씨가 태백산사고본(太白山 史庫本)에 영인본(影印本)을 선조 휘 우(諱 堣)의 관계된 부분을 초(抄)한 새로운 직함(職銜)을 추가(追加)한 행록안(行錄案)을 우리 종중임원(宗中任員)님들께 배포(配布)한 바 있다. 이는 여러분들의 교정(校訂)을 받아 신도비문(神道碑文) 찬문(撰文)에 자료(資料)로서 대비(對備)하고저 했다.

2. 대사성공 행록 변의(大司成公 行錄 卞疑)

상안 일소기 칙아 선조 병인 반정일 이모 이재 직승지 입시 연산 창황지제 소위 다유 가괴 자운 혹의 아 선조 인지오인 양가개야 개 선조 생어세종임자 단종계유 증광과등제 세조정축 탁중시 졸우정해팔월 일일칙 정해어병인기위사십년의 고 지년세 기무가의 차공지제 명헌공 휘파 이연산모 윤씨 폐사시사 혹피 연산 령감지화 이공 손 찬성공 휘 치 역이련좌 지배진도 중묘 개옥 내몽방 방환칙 설사 공 향년 구장재 손 유좌 기독유 대직 입시 지리호 우가일증야 차 퇴계지숙부 여공 성명동 자역동 이호칭송재 지소위 이견재 음애집중 차 족조 부제학공 병태 족숙 도정공 극영 지소고정 이오종형 희명씨 역유소기 서무후자 지의야여 희시*.

- 대사성공 행록변의 번역문

嘗按 一小記 則我 先祖 丙寅 反正日 李某 以在 直承旨 入侍 燕山 蒼黃之際 所爲 多有 可怪 者云 或疑 我 先祖 人之誤認 良可慨也 盖 先祖 生於世宗壬子 端宗癸酉 增廣科登第 世祖丁丑 擢重試 卒于丁亥八月 一日則 丁亥於丙寅已爲四十年矣 考 之年歲 已無可疑 且公之弟 明憲公 諱坡 以燕山母 尹氏 廢死時事 酷被 燕山 逞憾之禍 以公 孫 贊成公 諱穉 亦以連坐 至配珍島 中廟 改玉 乃蒙放 放還則 設使 公 享年 久長在 孫 猶坐 豈獨有 帶職 入侍 之理乎 尤可一證也 此 退溪之叔父 與公 姓名同 字亦同 而號稱松齋 之所爲 而見在 陰崖集中 且 族祖 副提學公 秉泰 族叔 都正公 克永 之所考訂 而吾從兄 羲明氏 亦有所記 庶無後者 之疑也歟 羲著*.

- 大司成公 行錄卞疑 飜譯文

일찍이 조그만 기록을 상고해보니 우리 선조께서 병인(丙寅: 中宗元年) 반정(反正)하던 날, 이모(李某)가 입직(入直)한 승지(承旨)로서 입시(入侍)하고 있었는데, 연산(燕山)이 창황(蒼黃)한 터에 하는 양이 괴상한 일이 많았다 했다. 이것을 가지고 혹은 우리 선조인가 잘못 알고 있으니 참으로 탄식할 일이다. 대개 선조께서는 세종 임자(世宗 壬子: 1432)년에 나시어 단종 계유(端宗 癸酉: 1453)년에 증광과(增廣科)에 급제(及第)하셨고. 세조 정축(世祖 丁丑: 1457)년에 중시(重試)에 합격되셨고, 정해(丁亥 1467)년 8월 1일에 졸(卒)하셨으니, 정해(丁亥)에서 병인(丙寅 1506)년은 이미 40년이나 되는 터이니 햇수를 가지고 상고한대도 이미 의심할 여지가 없는 것이다. 또 공의 아우 명헌공 휘 파(明憲公 諱 坡)는 연산의 어머니 윤씨(尹氏)가 폐사(斃死) 당할 때의 일로 혹독하게 연산(燕山)의 보복(報復)하는 화(禍)를 입었으며, 공의 손자 찬성공 휘 치(贊成公 諱 穉)도 역시 여기에 연좌(連坐)되어 진도(珍島)로 귀양 갔다가 중종(中宗)이 반정(反正)한 뒤에 용서받아 풀려 돌아왔다. 그러니 설사 공의 향년(享年)이 길고 오래었다 하더라도 손자가 거기에 연좌되었는데 승지(承旨)의 직책을 가지고 입시(入侍)했을 이치가 있겠는가. 이것이 더욱 뚜렷한 한 가지 증거인 것이다. 이는 퇴계(退溪)의 숙부(叔父)가 공(公)과 성명(姓名)도 같고 자(字)도 역시 같은데 호(號)는 송재(松齋)인대, 이 분의 일로서 음애집(陰崖集) 속에도 보이고, 또 족조(族祖) 부제학공(副提學公) 병태(秉泰)와 족숙(族叔) 도정공 휘 극영(都正公 諱 克永)의 고정(考訂)한 바요, 내 종형(從兄) 희명(羲明)씨도 또한 기록한 것이 있으니 거의 후자(後者)의 의심은 없을 것이다.

※희시(羲蓍): 좌랑공 휘 경류(佐郎公 諱 慶流)의 5대손 삼산공 휘 태중(三山公 諱 台重)의 손자로 돈령부판관 증 이조참의(敦寧府判官 贈 吏曹參議)를 지냈다.

3. 贈吏曹參判韓山李公堣神道碑銘 幷序
증이조참판한산이공우신도비명 병서

공工의 성姓은 이씨李氏요 휘諱는 우堣이며 자字은 명중明仲이니 관향貫鄕은 한산韓山이다 한산이씨는 고려조高麗朝 권지호장공權知戶長公 휘 윤경諱允卿을 시조始朝로 받들며 휘곡諱穀의 호號는 가정稼亭이요 시호諡號는 문효공文孝公에 이르러 크게 드러났다 문효공은 당시 세계제국世界帝國이었던 원元의 제과制科에 제이갑第二甲으로 급제及第하여 벼슬이 정동행중서성좌우사원외랑征東行中書省左右司員外郎에 이르렀고 중국에 돌아와 도첨의찬성사都僉議贊成事에 이르렀다 아드님은 휘색諱穡 호號는 목은牧隱으로 또한 원元의 정동성제일명征東省第一名 제과제이갑制科第二甲으로 발탁되어 조열대부지제고朝列大夫知制誥에 이르렀고 고려高麗에 돌아와서는 조정朝廷의 영수領袖로 우러름을 받아 벼슬이 문하시중우문관대제학門下侍中右文館大提學으로 한산부원군韓山府院君에 봉封해졌다. 양대兩代에 걸쳐 사문斯文의 종장宗匠으로 받아들어졌으니 바로 공公의 고조증조高祖曾祖가 되신다 조휘祖諱는 종선種善이요 시호諡號은 양경공良景公이시니 조선조朝鮮朝에 들어 의정부영의정한산부원군議政府領議政韓山府院君에 추증追贈되었다 고考는 휘계전諱季甸 호號는 존양재存養齋 시호諡號가 문열공文烈公이시며 세조世祖때 좌익공신佐翼功臣으로 대제학영중추원사大提學領中樞院事을 역임歷任하셨고 비妣은 풍기진씨豊基秦氏로 지봉산군수知鳳山郡守 휘호諱浩의 따님이시다 공公은 四남四녀중 차남次男으로 一四三二년 임자壬子 세종 십사년世宗十四년에 탄생하시었으며 어릴적부터 총혜영민聰慧英敏하여 열다섯살 때 사마시司馬

試에 올라 단종원년端宗元年 스물두살에 생원生員으로 증광문과정과增廣文科丁科에 급제及第하였다 벼슬길에 나아가 정자正字와 사관史官을 거쳐 세조二년 주부主簿로 좌익원종공신左翼原從功臣에 책록冊錄되었다 이어 세조이년사예世祖二年司藝로 문과중시文科重試에 오른 후 오년五年에 별시위別侍衛로 보임補任되었고 경연經筵에서 역학계몽易學啓蒙을 진강進講하였다 八년에 판종부시사判宗簿寺事로 재임在任중 분수어사分巡御使가 되어 황해도黃海道로 내려갔다가 곧 황해도관찰사黃海道觀察使에 제수除授되었다 세조世祖十년 성균관대명성成均館大司成으로 명明나라 사신使臣을 명륜당明倫堂에서 접대한 후 문묘봉심文廟奉審을 주선하는 등 친교親交을 맺어 다음해 공조참판工曹參判으로 사신使臣이 되어 명明나라를 다녀왔고 첨치중추원사僉知中樞院事로 사은사謝恩使이 되어 명明나라를 다녀올 때는 제주도민濟州道民으로 표류漂流해간 十四명을 구출구출해 데려오기도 했다 一四六七년 정해丁亥 세조世祖 十二年 八月 초하룻날 기세棄世하시니 三十六수壽였다 직함은 증가선대부이조참판겸동지경연의금부춘추관성균관사홍문관예문관제학세자좌부빈객한산군행통정대부성균관대사성지제교贈嘉善大夫吏曹參判兼同知經筵義禁府春秋館成均館事弘文館藝文館提學世子左副賓客韓山君行通政大夫成均館大司成知製教이시다 배위 이천서씨휘진관판사利川徐氏諱晉官判事따님이시고 배위안동권씨 휘숭지관목사配位安東權氏諱崇智官牧使따님이시다 묘소墓所은 경기도광주장지리갈마치동록고사동곤좌京畿道廣州檣枝里葛馬峙東麓古寺洞坤坐이 二남三녀를 두었으니 맏인 장윤長潤은 봉화현감奉花縣監을 지내고 증정헌대부이조판서贈正憲大夫吏曹判書로 한원군韓原君에 봉封해졌고 차남세윤次男世潤은 어모장군공조정랑禦侮將軍工曹正郎이다 삼녀三女는 종실괴산군이지순창인조경생원진주인유한장宗室槐山君李漬淳昌人趙璥生員晉州人柳漢長에게 각각各各출가했다 손孫은 四남二녀이며 이후예손爾後裔孫이 크게 번성하여 거경석학巨卿碩學이 대대代代로 배출됐다 종회이사장宗會理事長인 성균관상구원로成均館庠求元老께서 반궁泮宮으로 불녕不佞을 찾아와 글을 청請하니 감히 사양하지 못해 위와 같이 약술略述하고 이에 명銘하기를

유종명문儒宗名門 초령髫齡부터 열다섯살 스물두살
정훈庭訓받아 총혜영민聰慧英敏 진사합격進士合格 문과급제文科及第

사예사관司藝史官 대사성大司成에 명明나라에 표류민漂流民도 청직淸職
거쳐 나아갔고 두 번 사신使臣 구救해왔네

문명文明으로 명환名宦으로 아까울손 훌훌털고
중망衆望받고 떨쳤거늘 三十六수壽 가시었네

적선지가積善之家 예손번영裔孫繁榮 향기로운
길이길이 필유여경必有餘慶 대대거경代代巨卿 그 이름을 전傳해가리

임진壬辰 2012년 입춘절立春節

성균관관장成均館館長 경주慶州 최근덕崔根德 근찬謹撰

4. 대사성공행록변의(大司成公 行錄 卞疑)에 관계참고인(關係參考人)

1) 이우(李堣)

한산인(韓山人) 목은 이색 문정공(牧隱 李穡 文靖公)의 증손, 존양재 휘 계전 문열공(存養齋 諱 季甸 文烈公)의 자(子). 자(字)는 명중(明仲)

- 1432년 세종(世宗) 14년 임자생(壬子生) - 사마(司馬)
- 1453년 단종 원년(端宗 元年) 계유(癸酉) 2월 10일 - 증광문과정과선(增廣文科丁科選)
- 1457년 세조(世祖) 2년 - 정축 중시(丁丑 重試) 관 통정대부 성균관대사성(官 通政大夫 成均館大司成)
- 1467년 세조(世祖) 12년 정해(丁亥) 8월 1일 - 졸(卒) 수(壽) 36.
  증 가선대부 이조참판 겸 동 지경연의금부춘추관 성균관사홍문관 예문관 제학 세자좌부빈객 한산군 행 통정대부 성균관대사성 지제교
  (贈 嘉善大夫 吏曹參判 兼 同 知經筵義禁府春秋館 成均館事弘文館 藝文館 提學 世子左副賓客 韓山君 行 通政大夫 成均館大司成 知製敎)
- 묘(墓): 경기도 광주군 광주면 잠지리 갈마치동록 고사동 곤좌(京畿道 廣州郡 廣州面 墻枝里 葛馬峙東麓 古寺洞 坤坐)
- 배(配) 이천서씨 부 판관 진 생2녀 (利川徐氏 父 判官 晉 生2女) 묘부(墓附)
- 배(配) 안동권씨 부 목사 숭지(安東權氏 父 牧使 崇智) 묘하폄(墓下窆) 8월 23일 졸

2) 이파(李坡)

한산인(韓山人). 대사성 공 휘우(大司成公 諱 堣)의 아우. 호(號) 소계, (蘇溪) 시호(謚號) 명헌공(明憲公).

- 1434년 세종(世宗) 16년 갑인(甲寅) 1월 기해일(己亥日) - 출생
- 1450년 세종(世宗) 32년 경오(庚午) 18세 - 사마(司馬)
- 1451년 문종 원년(文宗 元年) - 신미증광문과(辛未增廣文科) 동년(同年) 집현전교서랑(集賢 殿敎書郎)
- 1453년 단종 원년(端宗元年) 계유(癸酉) - 집현전부교리(集賢殿副校理)로 증가독서(贈假讀書)하다.
- · 1454년 단종(端宗) 2년 갑술(甲戌) - 집현전수찬(集賢殿修撰)
- 1458년 세조(世祖) 4년 무인(戊寅) - 사헌부집의(司憲府執義)
- 1462년 세조(世祖) 7년 임오(壬午) - 판내자시사(判內資寺事)
  동년(同年) 6월 계유일(癸酉日) - 예문관직제학(藝文館 直提學)
- 1463년 세조(世祖) 8년 계미(癸未) 9월 - 우승지예조사(右承旨禮曹事)로 임(任)하여 동 국통감수찬(東國通鑑修撰)에 참여.
- 1465년 세조(世祖) 10년 을유(乙酉) - 승정원 도승지(承政院 都承旨)에 임(任)하고 영의정 신숙주(領議政 申叔舟)에게 명(命)하여 국가대사를 도승지에게 문의하여 처리토록 하라. 동년 7월 공조참의(工曹參議). 10월 한성부윤(漢城府尹)
- 1466년 세조(世祖) 11년 - 서거정(徐居正), 신숙주(申叔舟), 노사신(盧思愼)등과 함께 독서관(讀書官)이 되고 문과(文科), 초시(初試), 중시(重試)를 취하게 하여 상(上)이 친제제제(親製製題)하다.
- 1475년 성종(成宗) 6년 을미(乙未) - 이조참판(吏曹參判)
- 1476년 성종(成宗) 7년 병신(丙申) - 노사신(盧思愼), 서거정(徐居正)등과 삼국사절요 (三國史節要)를 찬진(撰進)하다.
- 1479년 성종(成宗) 10년 기해(己亥) - 지중추부사(知中樞府事)로 개성

부 선위사(開城府 宣慰使)로 다녀옴.

- 1481년 성종(成宗) 12년 신축(辛丑) - 예조판서(禮曹判書)
- 1483년 성종(成宗) 14년 계묘(癸卯) - 예조판서로부터 우참찬(右參贊)으로 빈전도감제조(殯殿都監提調)를 받다.
- 1485년 성종(成宗) 16년 을사(乙巳) - 의정부좌참찬 겸 예조판서(議政府左參贊 兼 禮曹判書)

  동년(同年) - 정희왕후부묘 시예의사(貞熹王后附墓 時禮儀使)의 공(功)으로 안구(鞍具) 마일필(馬一匹)을 하사(下賜)받다.

  동년 - 우찬성(右贊成)으로 충청도 진휼사(忠淸道 賑恤使)로 다녀오다.
- 1485년 성종(成宗) 16년 을사(乙巳) - 좌찬성(左贊成).
- 1486년 성종(成宗) 17년 병오(丙午) 2월 25일 - 좌찬성으로 졸(卒)하니 상(上)은 철조(輟朝)하고 조제(弔祭)하여 예장(禮葬)은 예(例)에 따르게 하였다.
- 1504년 연산군(燕山君) 10년 갑자(甲子) 4월 18일 - 왕전왈(王傳曰) 폐비(廢妃)할 시에 좌찬성(左贊成)으로 인견고사(引見古事) 하였으니 그 죄는 난신(亂臣)과 다름이 없다. 그러니 당연히 부관참시(剖棺斬屍)하고 가산(家産)을 몰수(沒收)할 것이며 그 자손은 금고(禁錮)케하라 하였다. 그리고 또 그 날짜로 '이는 너무 가벼우니 그 자손을 폐(斃)하여 서인(庶人)으로 하게 하라.'하였다. 19일 의금부(義禁府)에 자손의 직(職)과 명(名)을 적어 올리라고 명(命)하였다. 의금부도사(義禁府都事) 권적(權勣)이 부관참시를 말리고 전하여 이르기를 "죄인의 생사(生死)가 어찌 다르겠소."하니 참시(斬屍)를 늦추고 양주목사(楊州牧使) 정건(鄭健)을 시켜 시신(屍身)의 부훼여부(腐毁與否)를 검시(檢屍)케 하라하다. 개록치계(開錄馳啓)

4월 20일 도사 권책(都事 權勣)이 복명(復命)하기를 파(坡)의 시신(屍身)의 살이 조금 썩었다고 하였다. 4월 22일 전왈(傳曰) 파(坡)등 처묘도妻墓道) 석물(石物) 병철거(並撤去)하라고 명(命)하였다. 호조(戶曹)에서 계(啓)하기를 재물(財物)이 심히 많으니 한성부(漢城府)에 동의(同議)를 청(請)하여 역군(役軍) 20인(人)을 수전(輸轉)케 하다.

- 증시(贈諡) 명헌공(明憲公)
- 배(配) 파평윤씨 부 영평위 계동(坡平尹氏 父 鈴平尉 季童)
- 묘(墓) 양주 풍양면 지산리 와초동 계좌(楊州 豊壤面 芝山里瓦草洞 癸坐)
- 사가 서거정 찬(四佳 徐居正撰) 신도비(神道碑) 점필재(佔畢齋) 김종직(金宗直) 찬지(撰誌)

3) 이자(李耔)

한산인(韓山人) 목은 휘 이색 문정공(牧隱 諱 李穡 文靖公)의 차자(次子) 휘 종학 인재공(諱 種學 麟齋公)의 현손(玄孫) 휘 우 대사성공(諱 堣 大司成公)의 삼종손(三從孫), 자(字) 차야(次野) 호(號) 음애(陰崖)

- 1480년 성종(成宗) 11년 경자생(庚子生)
- 1501년 연산군(燕山君) 7년 신유(辛酉) - 사마(司馬)
- 1504년 연산군(燕山君) 10년 갑자(甲子) - 식년문과 관 자헌대부 의정부우참찬 겸 지경연성균관춘추관사(式年文科 官 資憲大夫 議政府右參贊 兼 知經筵成均館春秋館事)
- 1519년 중종(中宗) 14년 기묘(己卯) - 기묘사화(己卯士禍) 폐거음성(廢居陰城)
- 1533년 중종(中宗) 28년 계사(癸巳) 12월 15일 졸(卒) 수(壽) 54. 증 보국숭록대부 의정부좌찬성 겸 판의금부사 오위도총부도총관 시

문의공 도덕박문 왈 문숙야경계 왈 의공이 종계 최초 변무(贈 輔國崇祿大夫 議政府左贊成 兼 判義禁府事 五衛都摠府都摠管 諡 文懿公 道德博聞 曰 文夙夜警戒 曰 懿公以 宗系 最初 辨誣)

중종조록 광국후종훈정위불천선청백리 향사한산문헌서원 충주팔봉서원 문집 병화산실유약간수행우세 유년보(中宗朝錄 光國厚從勳定爲不遷選淸白 吏 享祀韓山文獻書院 忠州八峰書院 文集 兵火散失有若干首行于世 有年譜)

- 묘(墓): 대사간공 묘 계하 제이위 축좌(大司諫公 墓 階下 第二位丑坐)
- 배(配): 증 정경부인 의령남씨 묘실전 후배 증 정경부인 인천채씨 대헌 인천군 수 녀(贈 貞敬夫人 宜寧南氏 墓失傳 後配 贈貞敬夫人仁川蔡氏 大憲仁川君 壽 女) 기해 5월 19일 졸(卒) 육 1남3녀(育 一男三女) 묘 쌍폄(墓雙窆) 방손 사인 해창찬갈 용인 지곡리 상동(傍孫 舍人 海昌 撰碣 龍仁 芝谷里 上洞)

4) 이우(李堣)

진성인. 퇴계 이황의 숙부(眞城人 退溪 李滉의 叔父). 자 명중(字 明仲) 생원(生員) 식년문과급제(式年文科及第) 정언(正言), 헌납(獻納), 병조정랑(兵曹正郎), 중종반정(中宗反正)에 공을 세워 정국공신4등(靖國功臣4等) 청해군(淸海君)에 봉(封)해졌다. 그 후 강원도, 경상도관찰사(江原道, 慶尙道觀察使)를 역임(歷任). 저서(著書)는 『송재집(松齋集)』, 『송재관동행록(松齋關東行錄)』.

5) 이우(李禹)

중종 때 문신(中宗때 文臣) 자(字) 명중(明仲), 호(號) 송재(松齋) 1498년(燕山君4) 문과급제(文科及第) 호조참판(戶曹參判), 강원도관찰사(江原

道觀察使)에 이르러 병(病)으로 사직(辭職). 승지(承旨)로서 중종반정(中宗反正) 때에 공(功)을 세워 분의정국공신(奮義靖國功臣) 등에 책록되고 청해군(靑海君)에 봉(封)해졌으나 반정당시(反正當時) 입직승지(入直承旨)로서 반정군(反正軍)에 가담하여 공(功)을 세운 것처럼 가장(假裝)한 사실이 드러나 1514년 중종(中宗) 9년 록권(錄卷)을 박탈(剝脫)당하고 삭직(削職)되었다. 1515년 중종(中宗) 10년 안동부사(安東府使)가 되어 선정(善政)을 베풀어 당상관(堂上官)이 되었다. 저서(著書) 『송재집(松齋集)』.

- 문헌文獻): 『연산군일기(燕山君日記)』, 『중종실록(中宗實錄),
『국조인물고(國朝人物考)』.

6) 이우(李瑀)

1542년 중종(中宗) 37년 ~ 1609년 광해군(光海君) 1년. 조선초기의 서화가. 자(字)는 계헌(季獻), 호(號)는 옥산(玉山), 죽와(竹窩), 기와(奇窩). 율곡(栗谷)의 아우인데 『태백산사고본(太白山史庫本』)에 "세조(世祖1) 1455년 을해(乙亥) 12월 27일 이우(李堣)에게 원종공신(原從功臣)2등에 록훈(錄勳)하다."를 이우(李瑀)로 오기(誤記)되었다.

이우(李瑀)는 1542년생으로 세조조(世祖朝)에는 태어나지도 않았다. 이우(李瑀)는 1567년 명종(明宗) 22년 진사시(進士試)에 급제하여 빙고별좌(氷庫別坐)로 등용, 감찰(監察) 등을 거쳐 군자감정(軍資監正)까지 지냈다. 금(琴).서(書), 시(詩), 화(畵)에 능(能)하므로 사람들이 사절이라 하였다. 깨알 위에 구(龜)자를 썼고 콩알 양편에 오언절구(五言絶句)를 썼으니 필법에 어긋남이 없었다고 한다. 선산(善山)의 무동서원(茂洞書院), 비안의 귀천서원(龜川書院)에 제향(祭享)되었고. 시호(謚號)는 문헌공(文憲公)이다. 저서(著書)는 『옥산시고(玉山詩稿)』, 작품 「평은성토정비: 양주(平隱城土貞碑:楊州)」. - 문헌(文獻) 국조인물고(國朝人物考)

5. 음애공 휘 자(陰崖公 諱 耔) 일기(日記) 중에

평성부원군(平城府院君) 박원종(朴元宗)은 부잣집에서 생장하여 젊었을 적엔 뜻이 크고 남에게 구속 받지 않아서 푸줏간 동네에 출입하면서 활 쏘고 말 타는 것을 배워 무과(武科)에 급제하여 청현(淸顯)의 벼슬을 하더니, 드디어 행실을 고쳐 글을 읽고. 대의(大義)를 통달(通達)하게 되어 세속(世俗)을 따라 행동하지 않았다. 월산대군(月山大君)의 부인은 그의 누이로서 연산(燕山)에게 더럽힘을 당하고 결국 병들어 죽으니, 그는 항상 분하게 여겨왔다. 이때 성희안(成希顔)은 매양 망원정(望遠亭)에서 놀제, 재상(宰相)들과 그를 좇는 자로 하여금 시(詩)를 짓게 하였다.

이에 "성인의 마음은 원래 청류(淸流)를 사랑하지 않는도다."라는 구절을 지으니, 연산(燕山)이 크게 노하여 이것은 자기 기롱(欺弄)한 것이라 하여 드디어 벼슬이 떨어져 집에 있었다. 연산의 어지러운 정치가 날로 심해져서 종사(宗社)가 위급 하자 성공(成公)은 본래 큰 계략이 많은 터라, 어둡고 어지러운 것을 맑게 하고 성명(聖明)을 추대하고자 하나, 더불어 함께 계획할 사람이 없어 답답하여 마음 부칠 곳이 없었다.

마음으로는 박원종(朴元宗)이 가히 큰일을 부탁할만하다고 생각했으나 본래 좋아하던 터가 아니어서 말을 꺼내기 어려웠다. 마을사람 신윤무(辛允武)라는 자가 두 집을 왕래하여 심히 친밀했으므로, 창산군(昌山君:성희안)은 그로 해서 은밀하게 뜻을 시험하게 했더니, 평성군 박원종(平城君朴元宗)은 이에 옷깃을 떨치고 일어나서 말하기를 "이는 내가 밤낮으로 '마음속에' 쌓아두고 있는 터이요."했다. 이에 창산(昌山)이 저물녘에 평성(平城)의 집에 이르러서 각각 통곡하면서 평생의 충의(忠義)를 털어놓아 말하기를, "마땅히 죽음으로써 국사에 허락할 것이니, 남아의 죽고 사는 것은 명(命)이 있는 터인즉 어찌 종사(宗社)

의 위험이 조석에 있는 것을 보고서도 구하지 않는단 말인가."하였다. 이에 사람은 심히 즐거워 하드니 두어 달이 지나자 '공(公) 등은 고립되어서는 일을 이루지 못할 것'이라 하고 드디어 그 뜻을 유순정(柳順汀)에게 통지했다.

유순정은 회답을 오래도록 지연시키고 능히 속히 승낙하지 않았지만, 그러나 마음속에 이미 같이하기로 승낙하였다. 드디어 박영문(朴永文). 신윤무(辛允武), 홍경주(洪景舟)등에게 두루 말해서 각각 동지(同志)를 모으게 하였다. 그러나 규합(糾合)된 자들은 모두 무부(武夫)들이 많아서 의리를 좇지 않고 일을 인하여 공(功)세우기만 즐겨 해서 상의하지 않고서도 서로 뜻이 같으므로 그 들이 있는 곳마다 날뛰었다. 병인년(丙寅年) 9월 2일에 연산(燕山)이 장단석벽(長湍石壁)에서 놀고져 하여 호종(扈從)하는 재상(宰相)은 다만 구종(口從)한 사람만 데리고 가기를 허락했다. 공(公) 등은 약속하기를 이날 문을 닫고 한쪽으로는 지켜서 진저(晉邸)를 추대하기로 계획이 이미 이루어졌었는데, 연산이 명(命)하여 이 놀이를 중지시키었으나 장사(將士)들은 분(奮)이 일어날 것을 생각하여 계획한일이 이미 폭로되었으니, 형세가 그대로 말수가 없었다. 공(公) 등은 의논하기를 초하루 밤중에 장사(將士)들을 훈련원(訓練院)에 모이게 하고 사람을 나누어, 변수(邊修) 최한홍(崔漢洪)으로 하여금 내성(內城) 동쪽을 지키게 하고, 심형(沈亨)과 장정(張珽)은 내성서쪽을 지키게 하였는데 창졸간에 군대가 없음으로 역부(役夫)들을 몰아다가 지키게 했다. 공(公)과 성(成) 유(柳) 양공(兩公)은 바로 광화문(光化門)앞 수백 보 지점에 나가서 말을 세워 진을 이루고, 공(公)이 부채를 휘둘러 지휘하는데 용지(容止)가 신인(神人)과 같았다. 신윤무로 하여금 용사(勇士) 이심(李甚) 등 십여 명을 거느리고 먼저 신수영(愼守英)을 때려죽이고 다음으로 임사홍(任士洪)을 죽이고 그 다음으로 신수근(愼守勤)을 죽이도록 했다. 신수겸(愼守謙)은 당시 개성유수(開城留守)로 있었으므로 일이 정해진 뒤에 서서히 사람을 보내서 죽이기로 했다.

신수근(愼守勤)등은 비록 권세를 빙자(憑藉)하고 사치(奢侈)하여 형편없이 굴었지만 당시에 난폭한 임금의 뜻에 영합(迎合)해서 실로 국가의 근본이 기울어지게 한 자가 어찌 이 사람들뿐이라마는, 유독 이 세 사람만을 죽인 것은 수근이 본래 교만(驕慢)하고 방종(放縱)하여 법대로 행동하지 않았었다. 또 장차 국구(國舅)가 된다면 함부로 나대어 제어하기 어려운 형세가 있을 것이므로 급히 그 우익(羽翼)을 제어했던 것이다. 공(公) 등이 처음 의논하기는 구수영(具壽永)이 음란한 짓을 가르치고 악한것을 행하게 한 추함이 있다하여 함께 없애려 했으나 그 족질(族姪)중에 현손(賢孫)이란 자가 있어 이 계획을 알고 구수영에게 달려가 고하자 구수영이 훈련원으로 나와 목숨을 빌었기 때문에 공(公) 등이 용서했던 것이다.

윤무(允武)가 이 네 사람을 쳐 죽일 때, 이심은 항상 철퇴를 가지고 길 옆에 숨었다가 별감(別監) 한 사람으로 하여금 명패(命牌)를 가지고 가서 대궐에 들어오기를 재촉하니, 저들이 경황하여 대궐에 들어갈 때 심(甚)이 세게 치니 말에서 떨어지면서 머리의 골이 모두 터져 나왔다. 수근이 습격을 받고 땅에 떨어지자 따라가던 종 하나가 그의 머리 위에 엎드려 자기 몸으로 철퇴를 막는 것을 심이 모두 쳐 죽였다. 심(甚)이 손으로 네 사람을 죽이고 나니 피가 튀어 얼굴에 가득하고 옷이 온통 빨개졌으나 그 공을 보이기 위해서 며칠 동안 얼굴도 씻지 않고 옷도 갈아입지 않으니 보는 자가 추하게 여겼다.

평명(平明)이 되자 백관들이 모두 모였으나 누가 어떻게 한 일인지 알지 못하고 입직(入直)하던 도총관 민효증(閔孝曾)과 병조참판 유근선(柳謹先)이 먼저 나오고, 승지 이우(承旨 李堣)가 다음으로 나오고, 또 윤장(尹璋)과 조계형(曺繼衡)이 나오니, 입직(入直)했던 군사들은 모두 성을 넘어서 공(公) 등의 군사에 붙었다. 처음 연산(燕山)은 금중(禁中)에서 이 변을 듣자 어찌 할 바를 알지 못하고 차비문(差備門)

안에 앉아 승지(承旨)등을 불러들여 앉히고 말하기를 "이 같이 태평한 세상에 어찌 다른 변이 있겠느냐, 아마도 이것은 흥청(興淸)의 남편 되었던 자들이 모여서 도둑이 된 것이리니 급히 정승과 금부당상(禁府堂上)을 불러 처치하도록 하라"하고 이우(李堣)를 명하여 열쇠를 가지고 대궐문을 돌면서 조사하게 하였다. 이우(李堣)는 먼저 사람을 시켜 문에 나가서 조종이 이미 소속된 데가 있는 것[이것은 중종(中宗)의 신하가 된 사람으로 중종(中宗)이 하늘과 사람의 모든 의사로 왕(王)이 되었다고 말한 것이다]을 조사해 알고 드디어 몸을 빼어 문을 나왔다. 연산(燕山)은 이우(李堣)가 이미 문을 나갔다는 애기를 듣고 앞으로 나아가 윤장(尹璋)과 조계형(曺繼衡)의 소매를 잡으니 두 사람은 거짓 사양해 피하는 체하고 소매를 뿌리쳐 나가버렸다. 이들은 문틈으로 쫓아 나가려 했으나 계형(繼衡)은 당시 희롱과 은총을 받던 신하인지라 문을 지키던 장사(將士)가 잡아다가 상을 타려고 데리고 군문(軍門)에 나가니 공(公) 등은 역시 용서하였다. 이때, 대궐 안 환시(宦侍)와 여러 가지 종류의 사람들[제색인(諸色人)]이 모두 나오고 오직 후궁(後宮)과 광대 기생들만 서로 모여 우니 소리가 밖에 까지 진동했다.

이에 극문(戟門) 안에서 회의하고 유자광(柳子光)과 이계남(李季男)은 머물러 궐문을 지켜 폐주(廢主)가 도망하는 것을 막도록 했다. 공(公)등이 백관(百官)을 거느리고 경복궁(景福宮)에 나가 자순대비(慈順大妃)에게 명령을 청하니 이윽고 문을 열고 이끌어 들였다. 공(公)등이 근정전(勤政殿)서쪽 뜰에 나아가 벌려 앉아 유순정(柳順汀)과 정미수(鄭眉壽)로 하여금 잠저(潛邸)에 가서 임금의 행차를 맞게 했다. 이때 상감께서는 평시서(平市署)옆 인가에 피해 있었으므로 순정(順汀) 등은 마을 문 밖에 앉아서 재삼 나가시기를 권했다. 상감이 융복(戎服)으로 연(輦)을 타고 갖추어 나오니 저자에서는 평상시와 같이 요동함이 없었고 부로(父老)들은 만세를 부르며 눈물을 흘리는 자가 있었다. 한낮이나 되어 경복궁에 들어가니 유자광은 곽광(霍光)이 창읍왕(昌邑

王)을 폐한 고사(故事)를 본받아 전왕(前王)을 대궐 안에 가두고 대비(大妃)에게 폐주(廢主)한 연고를 고하려 하니, 공(公) 등은 의논하고 이를 중지시켰다.

날이 어둡기 전에 백관의 반열(班列)을 정하고 임금이 근정전에서 즉위(卽位)한 다음 사방에 교서(敎書)를 내려 대사(大赦)하였다.

6. 동명이인의 행적, 연대 대비표

- 同名異人의 行績, 年代 對比表

區分	韓山李氏 李 堣	眞城李氏 李 堣	李 禹
生 卒	1432年(世宗14) 1467年(世祖12)壽36	1469年(睿宗元) 1517年(中宗12)壽49	朝鮮中宗 때 文臣
字, 號	명중(明仲)	명중(明仲)	명중(明仲), 송재(松齋)
科擧 文科	1453年(端宗元) 增廣文科及第	1498年(燕山4) 式年文科及第	1498年(燕山4) 文科及第
功臣 封君	1456年(世祖元) 左翼原從功臣封韓山君	中宗反正靖國功臣4等 封淸海君	中宗反正奮義靖國功臣4 等. 封靑海君
官職	1462年判中副侍事 黃海道觀察使 成均館大司成	正言, 獻納, 兵曹, 正郞 江原道觀察使 慶尙道觀察使	戶曹參判江原道觀察使 1514年(中宗9)錄券剝脫 削職1515年安東府使善 政
著書		松齋集, 松齋關東行錄	松齋集, 文獻燕山君, 日記, 中宗實錄國朝人物考

7. 음애일기 중 원문

평성부원군박원종졸원종생장고량소락탁불기출입도사학사어중무과력청현수절절독서통대의불수속부심월산대군부인내기자야피오연산수염질이사심상앙분시성희안상수연산유망원정령재종부시희안시유성심원불애청류지구연산대노이위기기수락직가거연산난정일심 종사위급성공소다대략욕곽청혼난추대성명무여규화읍읍무뢰의박공가속대사이본비동호난어발언유리인신윤무자왕래양가심압창산수령시미의평성내분앙이기왈시아일야축적야창산내모저평성가각통곡서평생충의의허국이사남아사생유명개유견 종사위재조석이불휼호어시양공환심급거수월공등자이고립난성수이기의통우류순정지회구지불능쾌종연업기동지민면이기수편유박영문신윤무홍경주등령각창동지소두합자솔다무부불규의리락인사취공불모이동소재용약구월초이일연산욕유장단석벽호종재집지허솔구사일인공등약시일폐문거수추대진저구화기성연산명정시행장사사분기사기로세불가지공등의초일일야반회장사우훈련원부분령변수최한홍수내성동심형장정수내성서창졸무견병구역부이위공급성류양공직예광화문전수백보허립마성진공휘선지휘용지약신영신윤무솔용사이심등십여인선격살신수영차임사홍차신수근수겸칙시위개성유수고욕대사정후서유인주지수근등수빙적권세호치무상이당시영합난군실경국본자기무기인이독주차삼인자수근소교종불궤이우위국구칙장유발호난제지세고급제기우익이공등초의구수영유도요선악지추욕병제지기족질구현휘자지기모분고수영수영예훈련원결명공등세지윤무지격살삼인야이심상지철추복로좌령별감일인지명패촉부궐피차경황예궐심분격추마두뇌개출수근피격추지유노일인복두상이신당추심수병격살지심수살사인비혈만면의복진적욕잔기공수일불회이역복관자추지평명백관개회이유부지기소이자입직도총관민효증병조참지류경선출승지이우차출윤장조계형우출입직군사개유성출부초금

중문변막측소유연산좌차비내소승지등입좌왈여차태평지시안유타변공시흥청지부상취위도이기극소정승급금부당상이처치내명이우지관약순심궐문우선령인출문심지조정기유소속수추신출문연산문우기출문거전파윤장조계형유이인양위손피휘이출욕종문두출계형시소총롱지신수문장사욕지이요상액예군문공등역세지궐내환사급제색인등개출유후궁창류상취호곡성진어외어시회의극문내유류자광이계남수궐문이비폐주분일공등솔백관예경복궁문외청명우 자순대비아이개문인입공등예근정전서정열좌령류순정정미수영 가우잠저 상피우평시서방인가순정등좌리문외재삼권진 상이융복어연비법물이출시불역사부노호만세유류제자일오입경복궁류자광욕순곽광폐창읍왕고사치전왕어궐중고 대비이폐주지고공등의지지일미모백관반정 상즉위우근정전반교사방대사

陰崖日記 中 原文

平城府院君朴元宗卒元宗生長膏粱少落托不羈出入屠肆學射御中武科歷淸顯遂折節讀書通大義不隨俗浮沈月山大君夫人乃其姊也被汚燕山遂染疾而死心常怏憤時成希顔常隨燕山遊望遠亭令宰從賦詩希顔詩有聖心元不愛淸流之句燕山大怒以爲譏己遂落職家居燕山亂政日甚 宗社危急成公素多大略欲廓淸昏亂推戴聖明無與規畫悒悒無賴意朴公可屬大事而本非同好難於發言有里人辛允武者往來兩家甚狎昌山遂令試微意平城乃奮袂而起曰是我日夜畜積也昌山乃暮抵平城家各痛哭敍平生忠義宜許國以死男兒死生有命豈有見 宗社危在朝夕而不恤乎於是兩公歡甚邑居數月公等自以孤立難成遂以其意通于柳順汀遲回久之不能快從然業己同之澠勉而己遂徧諭朴永文辛允武洪景舟等令各倡同志所糾合者率多武夫不規義理樂因事就功不謀而同所在踊躍九月初二日燕

山欲遊長湍石壁扈從宰執只許率丘史一人公等約是日閉門拒守推戴晉邸區畫己成燕山命停是行將士思奮機事己露勢不可止公等議初一日夜半會將士于訓鍊院部分令邊脩崔漢洪守內城東沈亨張珽守內城西倉卒無見兵驅役夫以衛公及成柳兩公直詣光化門前數百步許立馬成陳公揮扇指揮容止若神令辛允武率勇士李深等十餘人先擊殺愼守英次任士洪次愼守勤守謙則時爲開城留守故欲待事定後徐遣人誅之守勤等雖憑籍權勢怙侈無狀而當時迎合亂君實傾國本者豈無其人而獨誅此三人者守勤素驕縱不軌而又爲國舅則將有跋扈難制之勢故急除其羽翼耳公等初議具壽永有導瑤宣惡之醜欲並除之其族姪具賢暉者知其謀奔告壽永壽永詣訓鍊院乞命公等貰之允武之擊殺三人也李深嘗持鐵椎伏路左令別監一人持命牌促赴闕彼且驚惶詣闕深奮擊墜馬頭腦皆出守勤被擊墜地有奴一人覆頭上以身當椎深遂並擊殺之深手殺四人飛血滿面衣服盡赤欲潺其功數日不頮而易服觀者醜之平明百官皆會而有不知其所以者入直都摠管閔孝曾兵曹參知柳溗先出承旨李堣次出尹璋曹繼衡又出入直軍士皆踰城出附初禁中聞變莫測所由燕山坐差備內召承旨等入坐曰如此太平之時安有他變恐是興青之夫相聚爲盜耳其亟召政丞及禁府堂上以處置乃命李堣持管鑰巡審闕門堣先令人出門審知朝廷己有所屬遂抽身出聞燕山聞堣己出門遽煎把尹璋曹繼衡袖二人佯爲遜避揮而出欲從門竇出繼衡時所寵弄之臣守門將士欲持而邀賞掖詣軍門公等亦貰之闕內宦寺及諸色人等皆出唯後宮倡流相聚號哭聲震於外於是會議戟門內留柳子光李季男守闕門以備廢主奔逸公等率百官詣景福宮門外請命于　慈順大妃俄而開門引入公等詣勤政殿西庭列坐令柳順汀鄭眉壽迎　駕于潛邸　上避于平市署滂人家順汀等坐里門外再三勸進　上以戎服御輦備法物以出市不易肆父老呼萬歲有流涕者日午入景福宮柳子光欲循霍光廢昌邑王故事致前王於闕中告　大妃以廢主之故公等議止之日未暮百官班定　上卽位于勤政殿頒敎四方大赦

8. 대사성 공 휘우 신도비 건립 건 종회에 제안

▮ 신도비건립사업 계획서(안)

품명	공사명	규격	단위	수량	단가	금액 (원)	비고
8자비석 및 용첩, 거북	신도비	8X2.7X1.7	자	1조		16,500,000	
비석보호대	탑돌이	5.5mX5.5m	m	1조		3,000,000	
난간내부 화강석공사	연마			1조		1,200,000	
바닥레미콘	기초공사	6.5mx6.5m	m	10m2		550,000	
철근	기초공사	10mm	mm	0.5톤		500,000	
기초공사 굴착기	토 목	0.3		1 일		400,000	
레미콘타설 인력	전문인력			2 일		200,000	
총공사 부대비용						300,000	
수각자		큰글씨	글자	40	20,000	800,000	
수각자		작은글씨	글자	2,000	1,500	3,000,000	
잡비						1,600,000	
계						28,050,000	

※ 신도비 비문 작성 수고료 미포함.

■ 한산이씨 대사성공 휘 우 신도비 건립내역

구 분	재 질	수 량	비 고
이수(螭首)	오석(烏石), 화강암(花崗巖).	일척칠촌(二尺七寸)	
비신(碑身)		팔척(八尺)	
구대석(龜臺石)		일척칠촌(一尺七寸)	

9. 대사성공 휘 우 행록

- 大司成公 諱 堣 行錄

증 가선대부 이조참판 겸 동 지경연의금부춘추관 성균관사홍문관 예문관제학 세자좌부빈객 한산군 행 통정대부 성균관대사성지제교 이공 행록(贈 嘉善大 夫吏曹參判 兼 同知經筵義禁府春秋館 成均館事弘文館 藝文館提學 世子左副賓客 韓山君 行 通政大夫 成均館大司成知製敎 李公 行錄)

공(公)의 성(姓)은 이씨(李氏)요, 휘(諱)는 우(堣)이며 자(字)는 명중(明仲) 한산인(韓山人)이다. 고려(高麗)때 시조(始祖)인 휘 윤경(諱 允卿) 고려 권지호장공(高麗 權知戶長公)이 휘 인간(諱 仁幹) 관정조호장(官正朝戶長)을 낳으시고 아드님의 휘 효진(諱 孝進) 관 봉헌대부 비서랑 일운진사(官 奉憲大夫 秘書郞 一云進士)요, 그의 아들님 휘 창세(諱 昌世)는 관추봉 봉익대부 판도판서(官追封 奉翊大夫 判圖判書)요, 아드님은 휘 자성(諱 自成)이니 정읍감무(井邑監務)로 도첨의찬성사(都僉議贊成事)를 증직(贈職)하였고, 그 아드님의 휘(諱)는 곡(穀)이니 중국 정동성향시(中國征東省鄕試)의 제일명(第一名)으로 제과(制科) 제이갑(第二甲)에 발탁되어 벼슬이 정동행중서성 좌우사원외랑(征東行中書省 左右司員外郞)에 이르렀고 중국에서 돌아와 도첨의찬성사(都僉議贊成事)로 시호(諡號)는 문효공(文孝公)인데 호(號)는 가정(稼亭)이다. 아드님 휘(諱)는 색(穡)이요, 호(號)는 목은(牧隱)이니 또한 중국정동성(中國征東省) 제일명(第一名)으로 제과(制科) 제이갑(第二甲)으로 발탁되어 응봉한림문자지제고국사원편수관 조열대부 정동행중서성 좌우사랑중(應奉翰林文字知制誥國史院 編

修官 朝列大夫 征東行中書省 左右司郎中)을 제수하고 본국으로 돌아와 고려조(高麗朝)에서는 관추충보절동덕찬화보리공신 벽상삼한삼중대광문하시중 판전리사사 영 효사관서연예문관춘추관사 우문관대제학 상호군 한산부원군(官推忠保節同德贊化輔理功臣 壁上三韓三重大匡門下侍中判典理司事 領 孝思觀書筵藝文館春秋館事 右文館大提學 上護軍 韓山府院君)으로 부자분(父子分)의 도덕문장(道德文章)과 절의(節義)로 그 명성(名聲)이 천하(天下)를 진동(振動)하여 백세의 종사(宗師)가 되셨으니 사문(斯文)의 유현(儒賢)들이 모두 문하에서 배출(輩出)되어 온세상에서 태산북두(泰山北斗)로 추앙(推仰)하였으니 공(公)의 고조(高祖)와 증조(曾祖)가 되신다. 조부(祖父)는 양경공 휘 종선(良景公 諱 種善)이니 이조(李朝)에 와서 좌찬성(左贊成)에 자헌대부지중추원사(資憲大夫知中樞院事)로 증 순충적덕병의보조공신 대광보국숭록대부 의정부영의정 한산부원군(贈 純忠積德秉義輔祚功臣 大匡輔國崇祿大夫 議政府領議政 韓山府院君)시호(諡號)는 양경(良景)이다. 선고(先考)는 문열공 휘 계전(文烈公 諱 季甸)이니 1404년 태종(太宗4) 갑신(甲申) 2월 14일 생으로 영중추원사(領中樞院事)로 세조(世祖)임금의 지우(知遇)를 받아 공적(功績)이 충훈부(忠勳府)에 기록되고 인덕을 쌓은 여음(餘蔭)이 집안을 더욱 번영(繁榮)으로 이끌었다. 증 대광보국숭록대부 의정부영의정 행 수충위사정난좌익공신 보국숭록대부 영중추원사지성균관사 한성부원군 시호 문열공(贈 大匡輔國崇祿大夫 議政府領議政 行 輸忠衛社靖難左翼功臣 輔國崇祿大夫 領中樞院事知成均館事 韓城府院君 諡號 文烈公)이다. 1459년 세조(世祖)4) 기묘(己卯) 9월 15일 56수(壽)로 졸(卒)하였다. 선비(先妣)는 대구군부인(大丘郡夫人) 풍기진씨(豊基秦氏)이니 지봉산 군수 호(知鳳山 郡守 浩)의 따님이

고 조(祖)는 사재부령 소유(司宰副令 小儒)이며 외조(外祖)는 달성부원군 서의(達城府院君 徐義)이다. 4남 4녀를 낳으시니 장남(長男) 육(堉)은 무후(无后)하였고 공(公)이 차남(次男)이요, 삼남(三男)파(坡)는 1451년문종원(文宗元)에 증광문과(增廣文科)에 급제(及第)하여 의정부(議政府) 좌찬성(左贊成)에 이르렀으며, 시호(謚號)는 명헌(明憲)이다. 계남(季男) 봉(封)은 1464년 세조(세조) 10년 별시문과(別試文科)에서 장원(壯元)으로 탁제(擢第)되어 형조판서(刑曹判書)에 이르렀고, 시호(謚號)는 헌평(憲平)이다. 공 휘 우(公 諱 堣)는 1432년 세종(世宗) 14년 임자생(壬子生)으로 사마시(司馬試)에 올라 1453년(端宗元) 계유(癸酉) 2월 10일 증광문과정과(增廣文科丁科)에 선발(選拔)되었다. 1455년 단종(端宗)3년 을해(乙亥) 12월 4일 아드님 봉화공 휘 장윤(奉化公諱長潤)를 낳으시다.

- 1455년 단종(端宗) 3년 을해(乙亥) 12월 27일 이우(李堣) 공에게 원종공신(原從功臣) 2等에 녹훈(錄勳)하다.
- 1456년 세조(世祖元) 병자(丙子) 6월 27일 공(公)의 조모(祖母)인 안동권씨 부 찬성 길창군 문충공 호 양촌 근 조 정승 희 증조 부원군 고 외조 문경공 고성 이강(安東權氏 父 贊成 吉昌君 文忠公 號 陽村 近 祖 政丞 僖 曾祖 府院君 皐 外祖 文景公 固城 李堈)이 졸(卒)하다.
- 1457년 세조(世祖2) 정축(丁丑) 중시(重試)에 올라 관 통정대부 성균관대사성(官 通政大夫 成均館大司成)이 되다.
- 1459년 세조(世祖4) 기묘(己卯) 9월 15일 선고(先考) 영중추원사 이계전 시 문열공(領中樞院事 李季甸 謚 文烈公)이 졸(卒)하다. 부음(訃音)이 전해지자 임금은 놀라고 슬퍼하고 애훼(哀毁)하여 몸을

지탱하지 못할 것 같았다. 친히 대궐 뜰에 나아가서 망곡(望哭)하고 오일(五日)동안 정조철시(停朝撤市)했다. 특히 명하여 여러 아들들을 존휼(存恤)하게하고 관청(官廳)에서 장례(葬禮)를 도와주게 했다.

- 1460년 세조(世祖5)경진(庚辰) 공(公)등을 불러 역학계몽(易學啓蒙)을 강(講)하게하다. 상(上)이 후원(後苑)에 나아가서 활쏘는 것을 구경하고판내자시사 이우(判內資寺事 李堣), 지승문원사 이파(知承文院事李坡), 직강노 사신(直講盧 思愼)을 명소(命召)하여 역학계몽(易學啓蒙)을 강(講)하였다.
- 1463년 세조(世祖8) 계미(癸未) 4월 16일 공(公) 등을 팔도분대(八道分臺)를 보내기로 하였다. 임금이 감사(監司), 수령(守令)의 법을 어겨 작폐(作弊)할 것을 염려하여 팔도(八道)에 분대(分臺)를 보내라고 하여 승지(承旨)등에게 물으니 승지 등이 의논하여 아뢰기를 "보내는 것이 편하겠습니다."라 하였으므로 즉시 예문직제학(藝文直提學) 안관후(安寬厚).판종부시사(判宗簿寺事)인 공(公)을 보내다. 동년 8월2일 공(公)을 황해도관찰사(黃海道觀察使)로 임명(任命)하다.
- 1463년 세조(世祖8) 계미(癸未) 8월 17일 공(公)등을 분순어사(分巡御使)로 황해도(黃海道)에 보내다. 그가 가지고간 사목(事目)은 제때에 파종(播種)하지 않은 자와 거짓으로 파종한 현상을 한자가 있으면 수령(守令)을 가두어 국문(鞫問)할 것, 수령이 칠사(七事)를 거행하는지 여부, 호조(戶曹)에 내린 전지(傳旨)의 금령조건(禁令條件)을 규리할 것 등이다.
- 1465년 세조(世祖10) 을유(乙酉) 5월 23일 성균관대사성(成均館大司成)인 공(公)이 명(明)나라 사신(使臣)들을 성균관문선왕(成均館文宣王)을 배알(拜謁)하게하다.

- 1466년 세조(世祖11)병술(丙戌) 3월 26일 공조참판(工曹參判)인 공(公)을 명(明)나라에 보내어 칙유(勅諭)를 회주(回奏)하고 표리(表裏)를 내려준 것을 사례(謝禮)하게 하다.
- 1466년 세조(世祖11) 병술(丙戌) 8월 28일 공(公)에게 첨지충추원사(僉知中樞院事)로 임명(任命)하다.
- 1466년 세조(世祖11) 병술(丙戌) 9월 2일 사은사(謝恩使)로 공(公)이 명(明) 나라에 다녀오다. 공(公)이 사은사 칙서(勅書)를 가지고, 표류(漂流)한사람 제주(濟州)의 김형두 등 14명을 데리고 명나라로부터 돌아왔다. 동년 공(公)이 14인의 표류인을 명나라에서 데리고 온 것을 사은(謝恩)하다.
- 1467년 세조(世祖12) 정해(丁亥) 8월 1일 36수(壽)로 졸(卒)하다. 증직(贈職)은 현손(玄孫)인 송와공 휘 희(松窩公 諱 壂) 증영의정(贈領議政), 아천군 휘 증(鵝川君 諱 增), 증 영의정(贈 領議政), 아계공 휘 산해(鵝溪公 諱 山海)영의정(領議政), 명곡공 휘 산보(鳴谷公 諱 山甫) 증영의정(增領議政) 등의 책훈(策勳)으로 인(因)한 것이다. 묘(墓)는 경기도 광주시 광주읍 장지리 갈마치 동록 고사동 곤좌(京畿道 廣州市 廣州邑 檣枝里 葛馬峙 東麓 古寺洞 坤坐)이다.
- 배(配) 이천서씨 부 판사진(利川徐氏 父 判事晉) 묘부(墓附)하고, 배(配) 안동권씨 부 목사숭지(安東權氏 父 牧使崇智) 건위묘 계하(乾位墓階下)에 모셔졌다.
- 1504년 연산군(燕山君) 10년 갑자(甲子) 4월 18일 갑자사화(甲子士禍) 때 공(公)의 아우 휘 파(諱 坡)가 성종조(成宗朝) 폐비윤씨(廢妃尹氏)를 폐사시(廢死時) 예조판서(禮曹判書)로 있었기 때문에 명헌공(明憲公)이 몰(沒)한지 18년에 의금부도사의 건의로 부관은 하였으나 참시는 면(免)하고 석물철거(石物撤去)및 묘(墓)를 평분(平

墳)조치 되었다. 형(兄)인 공(公)의 묘(墓)와 선고(先考) 문열공 휘 계전(文烈公 諱 季甸)의 묘, 그리고 조부 양경공 휘 종선(祖父 良景公 諱 種善)의 묘 등 삼대(三代)의 묘를 평분(平墳)으로 연좌(連坐)를 당하였고 공(公)의 손자 휘 치(孫子 諱 穉) 찬성공(贊成公)도 사화(士禍)에 연루되어 진도(珍島)에 유배(流配)되었다가 1506년 중종반정(中宗反正)이후 풀려났다.

평분(平墳)되었던 공(公)의 묘소는 오랫동안 후 육대손(六代孫)인 휘업(諱業) 통덕랑공(通德郎公)이 찾아 성분(成墳)하였고 선고(先考)의 묘는 칠대손 휘 찬(七代孫 諱 欑) 수사공(水使公)이 백유여년 만에 전심갈력하여 지석(誌石)을 찾아 성분(成墳)했으며 조고 양경공 휘 종선(祖考 良景公 諱 種善)묘는 공(公)의 종조부 휘 종학(從祖父 諱 種學) 인재공(麟齋公)의 현손(玄孫)인 휘 유청 좌의정공(諱 惟淸 左議政公)의 몽사(夢事)애 대하여 봉화공 휘 장윤(諱 長潤)과 의논 후 협력하여 성분(成墳)하였다고, 공의 현손(玄孫)인 휘 기(諱 塈) 송와공(松窩公)이 저술한 『송와잡기(松窩雜記)』에 가록되었다. 공(公)의 아드님 장윤(長潤)은 관봉화 현감(官奉化 縣監)을 역임하고 증 정헌대부 이조판서 겸 지의금부사 오위도총부도총관 한원군(贈 正憲大夫 吏曹判書 兼 知義禁府事 五衛都摠府都摠管 韓原君)이요, 배(配)는 고령박씨 현감 인효(高靈朴氏 縣監 仁孝)의 따님이다. 차자(次子) 세윤(世潤)는 어모장군(禦侮將軍), 공조정랑(工曹正郎)이다. 공(公)의 따님이 세분인데 종실 이지 괴산군(宗室 李漬 槐山君)에게 출가되고 또 순창인 조경(淳昌人 趙瓊)과 진주인 유한장(晉州人 柳漢長) 생원(生員)에게 시집보냈다. 공(公)의 손자(孫子)는 사남이녀(四男二女)로 장손(長孫)은 질(秩) 한성군(韓城君)이요, 벼슬은 관 부사 가선대부

동지중추부사 겸 오위도총부도총관 한성군(官 府使 嘉善大夫 同知中樞府使 兼 五衛都摠府都摠管 韓城君), 차손(次孫)은 치(穉) 찬성공(贊成公)이니 관 통훈대부 수원판관 증 숭정대부 좌찬성(官 通訓大夫 水原判官 贈崇政大夫 左贊成)이다 셋째손(孫)온(穩)은 벼슬이 현감(縣監) 무후(无后)다. 넷째손(孫) 정(程) 부호군(副護軍)은 어모장군 행 충좌위부호군(禦侮將軍 行 忠佐衛副護軍)이다.

증손(曾孫)으로 지훈(之薰) 좌부승지(左副承旨), 지난(之蘭)의 정공(議政公)은 증 이조판서 의정부영의정(贈 吏曹判書 議政府領議政), 지숙(之菽) 한평군(韓平君)은 증 순충보조공신 이조판서 한평군(贈 純忠輔祚功臣 吏曹判書 韓平君), 지번(之蕃) 성암공(省庵公)은 증 순충적덕보조공신 의정부영의정 한천부원군(贈 純忠積德輔祚功臣 議政府領議政 韓川府院君), 지무(之茂)의 정공(議政公)은 증 순충보조공신 영의정 한창부원군(贈 純忠輔祚功臣 領議政 韓昌府院君). 휘 지함(諱 之菡) 토정공(土亭公)은 증 자헌대부 이조판서 오위도총관 세자시강원 찬선(贈 資憲大夫 吏曹判書 五衛都摠管 世子侍講院 贊善) 지환(之芄) 충의위부사직 증좌승지(忠義衛副司直贈左承旨)다.

현손(玄孫)은 식(埴) 증 이조참판 아주군(贈 吏曹參判 鵝洲君). 희(塈) 송와공(松窩公)은 예조(禮曹), 이조판서(吏曹判書), 복상추천증의정부영의정(卜相推薦贈議政府領議政). 증(增) 북애공(北崖公)은 추충분의평난공신 아천부원군 예조판서 증 의정부영의정 시 의간공(推 忠奮義平難功臣 鵝川府院君 禮曹判書 贈 議政府領議政 諡 懿簡公). 산해(山海) 아계공(鵝溪公)은 양관대제학(兩館大提學) 의정부영의정 복배(議政府領議政 復拜). 산보(山甫) 이조판서 증 충근정량효절협책호성공신 의정부영의정 한흥부원군(吏曹判書 贈 忠勤貞亮孝節協策扈聖功臣 議政府領議政 韓興府院君) 등으로 계승(繼承)하여 현달(顯達)한 후손 좌의정 휘 사관 효정공(左議政 諱 思觀 孝靖公), 영의정 휘 경재 문간공(領議政 諱 景在 文簡公) 등이 모두 공의 가르침에서 이루어졌다 할 것이다.

서기 2011년 3월

한산이씨대사성공파종회 이사장 이상구 삼가 씀

10. 대사성공 묘비문 음기 개수 (大司成公 墓碑文 陰記 改竪)

공의 휘(諱)는 우(堣)요 자(字)는 명중(明仲)이며 한산이씨 제10세손(韓山李氏 第十世孫)이시다.

가정선생 휘 색(稼亭先生 諱 穀)은 고조(高祖)이시고 목은선생 휘 색(牧隱先生 諱 穡)은 곧 증조(曾祖)이시며 양경공 휘 종선(良景公 諱 種善)이 조고(祖考)이시고 영중추원사 문열공 휘 계전(領中樞院事 李季甸 謚 文烈公)이 공의 고(考)이시다. 서기 1432년 세종 14년에 장남(長男)으로 出生하셔 사마(司馬)에 이르고 1453년 단종원년(端宗元年) 계유(癸酉) 2월 10일 증광시문과(增廣試文科)에 급제(及第)하시고 1457년 세조2년(世祖2年) 정축(丁丑)에 중시(重試)에 합격(合格)하시다. 공은(公)은 선조(先祖)로부터 물려받은 덕목(德目)과 문장(文章)이 뛰어났고 관직(官職)이 성균관대사성(成均館大司成)에 오르셔 일취월장(日就月將)하시던 중 애석(哀惜)하게도 1467년 세조12년(世祖12年) 정해(丁亥) 8月 1日에 향년(享年) 36세로 서거(逝去)하셨다. 이후 가선대부 이조참판 겸 동지경연의금부춘추관 성균관사홍문관 예문관제학 세자좌부빈객 한산군(嘉善大夫 吏曹參判 兼 同知經筵義禁府春秋館 成均館事弘文館 藝文館提學 世子左副賓客 韓山君에 주증(追贈)되셨다. 초배(初配)는 이천서씨(利川徐氏)이고 후배(後配)는 안동권씨(安東權氏)이며 자(子)는 봉화현감(奉化縣監)을 지내시고 정헌대부 이조판서 한원군(正憲大夫 吏曹判書 韓原君)에 추증(追贈)된 휘 장윤(諱 長潤)이시다. 손(孫)은 한성군 질(韓城君 秩)과 찬성공 치(贊成公 穉) 부호군공 정(副護軍公 程) 세 분을 두셨으며 증손(曾孫)은 승지공 지훈(承旨公 之薰)과 의정공지란(議政公 之蘭), 한평군 지숙(韓平君 之菽), 성암공 지번(省菴公 之蕃), 한창부원군 지무(韓昌府院君 之茂),

토정공 지함(土亭公 之菡) 부사직공 지환(副司直公 之苋) 일곱 분을 두셨고, 현손(玄孫)에 이조판서 송화공 기(吏曹判書 松窩公 墍) 예조판서 북애공 증(禮曹判書 北崖公 增)과 영의정 아계공 산해(領議政 鵝溪公 山海), 이조판서 명곡공 산보(吏曹判書 鳴谷公 山甫) 등이 현달(顯達)하여 가문(家門)을 빛낸 바, 이 모두가 공(公)의 가르침에서 이루어졌다 할것이다. 일찍이 공(公)의 산소(山所)를 이곳으로 모셨으나 묘비(墓碑)등 구석물(具石物)이 불충분한데다 관직(官職)및 품계(品階)가 올바르게 표기되지 못하였으며 오랜 세월 속에 풍마(風磨)로 비문이 훼손(毁損)되어 염려하던 중 늦었으나마 후손계(後孫系)인 봉화공파종회(奉化公派宗會)의 헌성(獻誠)으로 개비(改碑)하여 삼가 입수(立竪)하나이다.

2010년 경인(庚寅) 월 일

한산이씨 대사성공파 후손 계원 찬(韓山李氏 大司成公 後孫 啓遠 撰)

영장산 분당중앙공원
(靈長山 盆唐中央公園)

七부. 영장산 분당중앙공원 (靈長山 盆唐中央公園)

1. 봉화공 휘 장윤(奉化公 諱 長潤) 이하 열선조(列先祖) 묘역을 문화재로 보존

내가 사는 이웃에 귀(貴)한 분을 많이 얻었다. 1972년 5월 11일 상경(上京)하여 1975년에 관악구 신림동에 정착(定着)하게 된 동기(動機)는 자식 교육이 목적이었다. 또한 장형(長兄)님이 동사무소 사무장(事務長)으로 계셨으며, 신림동 양지마을 뒷산에 나의 15대 조모(十五代 祖母) 묘소(墓所)가 계신 곳으로 더욱 정감(情感)이 들고, 관악산과 삼성산 아래 공기 맑은 이곳에 서울대학교를 비롯하여 중 · 고등학교 등 아이들의 교육적 환경이 좋고 고시촌(考試村) 많기로 소문난 동네에서 문구류업이 최적소(最適所)로 선택(選擇)받아 성업(盛業)에 오고가는 고객(顧客) 중에 대학교수님들도 많이 접(接)하게 되었다. 서울대학교 박물관장 임효재 박사(任孝宰 博士), 규장각실장 이태진 박사(李泰鎭 博士), 최병헌 박사(崔炳憲博士), 명지대학교 박물관장 신천식 박사(申千湜 博士), 숭실대학교 이길영 박사(李吉永 博士), 연세대학교 이광호 교수(李光虎 教授) 등 모두 명교수님들과 교우(交友)하던 중 가장 친밀(親密)히 한 임효재 교수 내외와 신천식 교수 내외였다.

임효재 교수는 길 건너 집값이 갑절이나 되는 집을 계약하고 자기 집을 복덕방에 내놓은지 한참이나 되었는데 원 매자는 없고, 계약한 집 잔금 치러야할 날짜는 다가오는 긴박(緊迫)한 사정에 이르러 나에게 싸게 줄 터이니 사라는 것이다. 참으로 딱한 일이다. 나는 아직 집을 살만한

▲ 분당 신도시개발로 한산이씨 묘역에 사면비 이전방침을 수원에 거주하는 역술인 이성구를 초청하여 십자성지 단비석론법으로 한산이씨 묘산입수비를 이건하였다.

재원(財源)마련이 안 된 상태인데 은행(銀行)에 대출이 가능하다하여 생애(生涯)에 처음으로 내 집 장만을 하게 되었다. 뿐만 아니라 임 교수가 미국 워싱턴대학교 교환교수로 가 있을 때에도 우리 부부(夫婦)를 초청(招請)하여 생전에 외국여행과 장시간의 비행기여행을 한 것이 평생 고마움을 잊을 수가 없다. 그리고 서울대학교에 교환교수로 온 일본큐슈대학교 구라다니 교수 등이 오면 꼭 나를 동석시켜 함께 맥주를 마셨는데 나는 일본말을 많이 잊었지만 의사소통(意思疏通)에는 별 지장이 없었다.

신천식(申千湜) 교수는 이웃에 약 50미터 거리에 사는 사이로 조석으로 만나게 된 것은 퇴근길에는 가끔 두꺼운 왕조실록(王朝實錄)을 복사(複寫)해 가는데 자료 중에 나의 선조이신 존양재 휘 계전(存養齋 諱 季甸) 문열공(文烈公)의 사적(史蹟)이 있어 물었다. 신 박사는 대뜸 한산이

씨(韓山李氏)시냐 고 되묻기에 나의 18대조(十八代祖)가 된다고 대답하니 참으로 현달(顯達)한 조상을 모신 댁이라고만 한다. 그래서 같이 다방으로 가서 신분(身分)이 명지대학교 교수로 확인(確認)하여 더욱 친밀(親密)해졌다. 그분의 고향은 경남 진해(慶南鎭海)라고 했다. 나는 성남시 분당(城南市 盆唐)이라 하고, 수내동 뒷뫼에 조상이 세장(世葬)된 곳으로 500여 년 간 한산이씨 집성촌(韓山李氏 集成村)을 이루고 살았고, 목은선생(牧隱先生)의 현손(玄孫)이며, 존양재 휘 계전(存養齋 諱 季甸) 문열공(文烈公)의 손자(孫子)가 되며, 토정(土亭)선생의 조부(祖父)되시는 한원군 휘 장윤(韓原君 諱 長潤)를 비롯하여 대(代)를 이어 충신(忠臣), 공신(功臣), 청백리(淸白吏), 봉군(封君)되신 어른들의 묘역(墓域)이 있다고 자랑을 한 바가 있었다.

2. 영장산 묘역(靈長山 墓域)에 비문 탁본 및 문화재적 가치 조사

1988년 10월 갑자기 분당에 유적지를 안내해 달라기에 숲안 종중 도유사(都有司) 형구(亨求)씨에게 전화로 알리고, 택시로 신 박사를 대동(帶同)하여 분당 영장산(靈長山) 하에 신도비(神道碑), 정여비(旌閭碑),비갈(碑碣) 등 비군(碑群)이 있는 곳으로 안내(案內)하였다. 이곳에는 이미 신박사의 문하생인 명지대학교 박물관 학예연구사(明知大學校 博物館 學藝硏究士) 엄익성(嚴翼成)씨와 경기도 학예연구사(京畿道 學藝硏究士) 김성환(金成煥)씨, 명지대학교 대학원 사학과(明知大學校 大學院 史學科) 변은숙(邊銀淑)씨, 도유사 이형구(李亨求)씨 등이 대기하고 있었다.

신 박사는 주위를 돌아보고 탁본을 지시하고 비문(碑文) 등을 살펴보고 나에게 비문들이 문헌록(文獻錄)에 있느냐고 묻는다. 있다고 하니 복사해달라고 하여 정여문 비문(旌閭門 碑文)만 없다고 하니 탁본을 번역한다고 하며 글자가 너무 많이 훼손(毁損)되어 아쉽다고 하였다. 늦가을 낮 시간이 짧아 별로 쉬지도 못하며 열심히 하는데 해는 벌써 서산에 걸쳤다. 묘비문(墓碑文), 묘갈문(墓碣文) 탁본(拓本)과 문관석(文官石) 동자석(童子石), 상석(床石) 등 조사(調査)에 너무나 수고가 많아 저녁식사 대접을 하면서 신 박사의 의견을 들어봤다. 문화재적 가치로 생각되나 일단 경기도에 신청서(申請書)를 작성해 올려보라고 도유사 형구씨에게 권하면서 도문화재 심사위원회(審査委員會) 심사를 받으라고 권하여 나와 형구씨는 고무(鼓舞)되었는데, 조속히 신청서를 작성해 올리라고 거듭 당부하였다.

한두 달이 지나 신 교수가 신청(申請)했느냐고 묻기에 형구씨에게 전화로 문의해보니 아직 못했다고 했다. 그래서 서둘러 제출(提出)해 달라고 신신 당부하였으나 그 후로도 아무 소식이 없어 전화로 물었더니 성남시에 제출하였다고 하여 신 교수에게 알렸다. 그 후 도에 가보니 올라온 것이 없다고 하여 또 형구씨께 도에 접수된 사실이 없다고 하니 어찌된 일이냐고 화내어 물으니 그 후 시에 가서 알아보니까 담당자 책상서랍에 문화재신청서가 아닌 인명록(人名錄)이라고 하여 보류했다는 뒷이야기에 아연실색(啞然失色)하였다. 그러자 1989년 4월 27일 노태우 정부발표로 분당, 일산지구를 신도시 개발지구로 공포(公布)하였다. 땅이 꺼지고 하늘이 내려앉는 듯 황당무계(荒唐無稽)했다. 이제 원망(怨望) 질책(叱責)한들 무슨 소용이며, 신 박사(申 博士)를 뵐 면목(面目)도 명분(名分)도 없어졌다. TV, 신문 보도에 집값이 날로 올라 정부(政府)의 결단으로 발표된 국책사업(國策事業)인데, 일개 문중의 조상묘 보존(祖上墓保存)을 한다는 것이 간단한 문제(問題)는 아니다. 그래서 더욱 지난날 문화재신청(文化財申請)이 되었어야 했는데, 당시 신청서작성을 모르면 모른다고 했으면 또는 의논(議論)이라도 했었으면 하는 생각에 지난 일을 생각할수록 열(熱)이 치받혀진다. 이제 만시지탄(晩時之歎)한들 무엇하나. 서로 무작정 믿은 것이 화근이었다.

그렇다고 손을 놓고 있을 수도 없는 일이다. 그래서 고위 공무원직을 역임(歷任)한 내 아우 항구(恒求)를 불러 의논(議論)과 숙의(熟議)를 거듭하였다.

5월 5일은 서울 수송동 목은선생 영당 다례(牧隱先生 影堂 茶禮)날이다. 한산이씨대종회(韓山李氏大宗會)에서도 분당 신도시개발(盆唐 新都市開發)소식을 듣고 걱정들을 하며 초헌관으로 국회의원(國會議員) 이인구 의원(李麟求 議員)이 다례행사(茶禮行祀)가 끝나자, 각처에서 오신 참례하신 일가 여러분께서도 신문보도를 보셔서 알고 게시는 바와 같이. 분당신도시 개발로 500여 년 간 한산이문(韓山李門)의 집성촌(集成村)과

세장(世葬)된 우리선조(先祖)님들의 묘소(墓所)가 일시에 흔적(痕迹)도 없이 사라질 위난(危難)을 당하고 있으니 후손들이 지혜(智慧)를 모아 슬기롭게 대처하여 보존(保存)하는데 협력하자는 요지로 역설하였다.

그 후 나는 신천식 교수를 대하기조차 민망(憫惘)하여 임효재 교수(任孝宰 敎授)에게 당면한 사태를 어떻게 해야 할지를 말하니 즉답 없이 난색(難色)으로 현장에 가서 답사(踏査)해 봐야겠다고 하는 말에 한 가닥 희망적인 안도감을 느꼈다. 그래서 내 아우 항구(恒求)에게 각계요로에 제출할 진정서(陳情書)작성과 아울러 문화재신청서도 작성하여 성남시와 경기도청에 제출(提出)등 본격적(本格的)으로 움직였다. 집안형님인 종구 교수(鍾求敎授)의 보완수정(補完修整)하여 한산이씨대종회(韓山李氏大宗會) 이사장(理事長) 인구(仁求)씨, 성남 한산이씨종회장 충규(忠珪)씨 그리고 뒷뫼 영장산묘역보존대책위원장((靈長山墓域保存對策委員長) 이형구(李亨求)씨 등으로 날인(捺印)하여 작성하였다.

3. 청원서(請願書)

1989년 5월 일

귀 하

- 건명(件名): 이진봉(李陳峰 · 일명 뒷뫼)에 대한 원형보존책(原形保存策) 분당지구(盆唐地區)
- 소재지(所在地): 경기도 성남시 수내동 산1번지의 2[京畿道 城南市 藪內洞山 1番地의 2]
- 면적(面積): 약(約) 330,000㎡(10만평)

(1) 상기(上記) 이진봉(李陳峰) 속칭(俗稱) '뒷뫼'는 조선왕조(朝鮮王朝) 성종(成宗, 1457-1494) 재위(在位, 1470-1504) 여말 거유 목은 이색선생(麗末 巨儒 牧隱 李穡 先生)의 현손(玄孫)인 현감 이장윤 한원군(縣監 李長潤 韓原君)은 후손(後孫)으로 부사 이질 한성군(府使 李秩 韓城君), 판관 증 의정부 좌찬성 이치(判官 贈 議政府 左贊成 李穉), 호군 이정(護軍 李程), 증 좌부승지 이지훈(贈 左副承旨 李之薰), 증 의정부 영의정 이지난(贈 議政府 領議政 李之蘭), 증 판서 이지숙 한평군(贈 判書 李之菽 韓平君), 증 의정부 영의정 이지번 한천부원군(贈 議政府 領議政 李之蕃 韓川府院君), 증 공신 영의정 이지무 한창부원군(贈 功臣 領議政 李之茂 韓昌府院君), 증 판서명현 이지함 토정공(贈 判書名賢 李之菡 土亭公), 판서 증 영의정 이희시 장정공(判書 贈 領議政 李墍諡 莊貞公), 판서공신 증 영의정 이증 아천부원군(判書功臣 贈 領議政 李增 鵝川府院君), 의정부 영의정 이산해 아계공(議政府 領議政 李山海 鵝溪公), 판서공신 증 영의정 이산보 한흥부원군(判書功臣 贈 領議政 李山甫 韓興府院君), 좌의정 이사관 시 효정공(左議政 李思觀 諡 孝靖公), 의정부 영의정

이경재 봉조하문간공(議政府領議政李景在奉朝賀文簡公), 등 공신(功臣), 충신(忠臣), 청백리(淸白吏), 부제학(副提學) 등이 세장(世葬)된 묘역(墓域)으로 유서(遺緖)깊은 곳입니다.

(2) 누대(累代)에 걸쳐 전해지고 있는 말에 따르면 토정 이지함 선생(土亭 李之菡 先生)은 친히 이 산 일대를 답사(踏査)한 끝에 그의 조부(祖父)이신 장윤(長潤) 어른의 묘소로 이곳에 택지(擇地)하셨으며, 이 산 내룡(山來龍) 이 마치 거북과 같다 하여, 거북이가 물을 얻지 못하면 죽는 법이라 하고 내룡 끝에 연못을 조성(造成)하였다고 합니다. 그리하여 지금도 이 연못에는 여름이면 붉은 연꽃이 탐스럽게 만발하여 주변에 노수거목(老樹巨木)들이 창연(蒼然)하게 얼마 전 까지만 해도 백로(白鷺)가 떼를 지어 날아들었으며, 고가(古家)와 사당(祠堂),그리고 삼세유사비(三世遺事碑), 신도비(神道碑), 정여문비(旌閭門碑), 비갈(碑碣), 사면비(四面碑), 묘비(墓碑), 문관석(文官石), 동자석(童子石) 등 역사의 유물(遺物)과 선열(先烈) 들의 숨결이 심오(深奧)하게 깃들어져 있는 숨은 명승유적(名勝遺蹟)이 즐비합니다.

(3) 또한 이곳에는 임진왜란(壬辰倭亂) 당시 상주전투지(尙州戰鬪地)에서 혁혁한 공훈(功勳)을 세우고 29세 꽃다운 나이로 순국산화(殉國散華)한 병조좌랑 이경류(兵曹佐郎 李慶流)의 의관장(衣冠葬)된 묘(墓)와 그의 공적 비갈(功績碑碣)[대제학 이재찬(大提學 李縡撰)과 그의 부친(父親)아천부원군의 불천지위사당(不遷之位祠堂) 등 수많은 역사적인 문화재(文化財)가 잘 보존(保存)되고 있으며 병조좌랑 이경류 공(兵曹佐郎 李慶流公)의 애마(愛馬)가 공의 관복(官服)과 서찰(書札)을 싣고 와서 죽은 아전(衙前)과 충마의총(忠馬義塚) 말무덤이 현존(現存)되어 있으며 그 외에도 사도세자 빈 혜경궁(思悼世子 嬪 惠慶宮) 홍씨(洪氏)의 외조부(外祖

父)인 감사공이집(監司公 李潗)의 墓와 청백리(淸白吏)로 고명(高名)하신 문청공 이병태(文淸公 李秉泰)의 묘소(墓所)등이 함께 모셔져 있다.

(4) 위와 같이 유서 깊은 선조들의 묘역과 유적을 지키며 오백여년(五百餘年)이 지나도록 촌수(寸數)를 넘어서 일가를 이루고 대대손손(代代孫孫)이 살아온 우리 후손(後孫)들은 신도시건설이라는 명분하에 이 지역을 획일적(劃一的) 으로 일시에 훼손되고 매몰되어 주요 유물(主要 遺物)들이 타 지역으로 강제이전 등 본래의 위치와 원형(原形)을 잃게 될지도 모르는 상항에 심각한 우려를 느끼지 않을 수 없습니다.

첫째로는 장구한 세월에 걸쳐 영위해온 생존권에 대한 직접적이고,

둘째로는 앞서 지적한바 일가적 유대의 붕괴입니다.

이는 어느 특정한씨족이나 정파(政派)의 이해관계를 떠나 역사적(歷史的) 인간적(人間的) 존재가치(存在價値)에 대한 중대한 부정(否定)이며 국가적으로 크나큰 손실이 아닐 수 없다고 생각합니다. 따라서 도시계획 입안단계에서 이 지역의 역사적 문화적 가치(價値)가 새로이 평가(評價)되어 영구적(永久的) 보존책(保存策)이 강구되어야 마땅할 것으로 생각됩니다. 그렇게 함으로서 오히려 이 지역의 문화적으로 지역적 특성을 최대한 살려 새로운 시각에서 아름답게 가꾼다면 역사교육적(歷史敎育的)인 면은 물론이고, 쾌적하고 품위 있는 전원도시로 발전할 수 있을 것으로 믿어 여기에 본 위원(本 委員)의 구체적 청원사항(請願事項)을 구신(具申)하오니 혜람(惠覽)하시와 선처(善處)하심을 간곡히 바랍니다.

(5) 청원사항(請願事項)

① 상기(上記) [뒷뫼]산을 보존하기 위하여 신도시 개발지역에서 제외(除外)하여 주시기를 바라옵고,

② 상기(上記)한 사항(事項)의 각종 유물(遺物) 묘역(墓域)에 설치된

석물(石物), 연지(蓮池), 노수거목(老樹巨木), 괴목(槐木), 사면비(四 面碑),삼세유사비(三世遺事碑), 신도비(神道碑), 정여문비(旌閭門碑), 비갈(碑碣),충마의총(忠馬義塚)[말무덤], 불천지위사당(不遷之 位祠堂), 기타(其他) 역사적유물(歷史的遺物)등을 문화재(文化財)로 지정(指定)하여 주시기를 간절(懇切)히 청원(請願)합니다.

첨부(添附)

① 뒷뫼에 보존(保存)되어 있는 각종유물 사진 10배.

② 사료집(史料集) 1권.

뒷뫼 원형보존대책위원회장(原形保存對策委員會長)

경기도 성남시 중원 구수내동 93(京畿道 城南市 中院區 藪內洞 93)

이형구(李亨求) 인

한산이씨대종회 이사장(韓山李氏大宗會)

서울시 종로구 수송동 95(鍾路區 壽松洞 95)

이인구(李仁求) 인

경기도 성남시 한산이씨종회장(京畿道 城南市 韓山李氏宗會長)

경기도 성남시 중원구 수내동 93(京畿道 城南市 中院區 藪內洞 93)

이충규(李忠珪) 인

(6) 참고사항(參考事項)

지난 1989년 4월 27일 정부의 분당지구 신도시건설계획발표 이후 한국의 고고학(考古學) 및 역사적유물 등의 권위학자인 서울대학교 교수 임효재 박사(任孝宰 博士), 서울대학교 교수 이태진 박사(李泰鎮 博士), 서울대학교 교수 최병헌 박사(崔炳憲 博士), 명지대학교 교수 신천식 박사(申千湜 博士), 한국정신문화연구원 교수 이형구 박사(李亨求 博士), 성남시문화원장 권기흥(權基興)씨 등 학계(學界)의 저명(著名)한 교수들이 연일 계속 조사 중에 있으며 전묘역의 특이성인 묘역의 경계비(境界碑)로서 입수비(入首碑), 한산이씨세장지산(韓山李氏世葬之山), 사면비(四面碑), 병조좌랑공(兵曹佐郎公)의 정여문비(旌閭門碑), 충마의총(忠馬義塚) 등은 국내에서도 보기 힘든 희귀성(稀貴性)을 지적하고 국가적 차원에서 보호(保護)되어야할 지역으로 평가진행 중에 있음.

4. 성남문화원장 권기홍씨가 작성한 진정서

(1) 성남문화원

1989년 5월 23일

성문 89-037

수신:

제목 : 분당지역 새도시 건설에 따른 진정서

① 지난 4월 27일 정부당국에서 발표한 분당지역 새도시 건설에 관련사항입니다.

② 분당지역 내 문화유적지가 훼멸될 위기에 처하여 별첨과 같이 진정서를 제출하오니 영구 보존되도록 각별히 조치(참고)하여 주시기 바랍니다.

유첨: ① 진정서 1부
　　① 참고 사진 7부 끝

성남문화원장　권 기 홍 인

(2) 문화유적보존진정서(文化遺蹟保存陳情書)

성남시(城南市)의 유일한 문화유적지(文化遺蹟地)로 50만 시민(市民)이 우리의 전통문화(傳統文化)를 상고하고 조상(祖上)의 얼을 배우는 산 교육장(敎育場)으로 활용될 뿐 아니라 자연경관 또한 뛰어난 일단의 문화유적지(文化遺蹟地)가 분당지역(盆唐地域)의 신도시개발 계획으로 훼멸될 위기에 있어 그 보존을 위해 진정서를 제출합니다.

① 소 재: 성남시 수내동 이진봉(李陳峰)산 일대.

② 유적개요: 토정(土亭) 이지함이 터를 잡았다고 전해지는 한산이씨

(韓山李氏)들의 세거지(世居地)로 충신정문(忠臣旌門) 불천지위사당(不遷之位 祠堂), 일단의 전통 묘지(墓地), 의대묘(衣帶墓)와 말무덤, 전설이 깃든 연못, 수백 년 수령의 보호수(保護樹)들이 있음.(참고사진1)

③ 진정내용: 신도시개발계획에도 시민공원으로 지정하여 현상을 보존할 수 있도록 조치하여 주시기 바람.

④ 참고유적현황:

가. 삼세유사비(三世遺事碑)와 충신정문(忠臣旌門) 고려 말의 충신 목은이색(牧隱李穡)의 4대손인 봉화공 이장윤(奉化公李長潤)이 하 삼세의 신도비로 세칭 삼세유사비(三世遺事碑)라 하여 충신정문은 아천군 이증(鵝川君李增)공과 그 아들 이경류(李慶流)공의 충절을 함께 기리며 왕(王)이 내린 것임.

나. 좌랑공묘(佐郎公墓)와 말무덤, 아천군 이증의 아들 이경류공은 병조좌랑으로 임진왜란 때 경상도 상주전투에서 장열하게 순국(殉國)하였 는데 부형(父兄)이 시신(屍身)을 찾으려고 하였으나 찾을 길이 없었다. 그러나 타고 다니던 말이 공의 의대(衣帶)를 물고 와서 전사소식을 전하 고 스스로 굶어죽었으므로 공의 옷과 투구로 장사지낸 의대장(衣帶葬) 과 충마(忠馬)의 무덤이 함께 현존하고 있음

상기 진정서를 각계요로(各界要路)에 건설부장관, 문화재관리국장, 한국토지개발공사사장, 경기도지사, 행정안전부장관, 감사원장, 정부합동민원실장, 성남시장, 국회의장, 송부(送付)하는 한편 서울대학교 교수 임효재 박사, 이태진 박사, 명지대학교 교수 신천식 박사, 경기도 학예관 강대욱씨, 민속촌장 맹인재씨 등과 국회의원 이인구 의원, 이긍규 의원, 이해찬 의원, 국회의장비서실장 이동복씨, 감사원 이덕구 국장님께는 괴로움만 많이 끼쳐드려 송구할 뿐 제대로 접대 한번 못하여 지금까지도 죄송한 마음을 지울 수가 없다. 면담약속을 지키려고 항상 택시를 이용할

수밖에 없는 교통수단이 자유롭지 못한 애로(隘路)를 감내(堪耐)하드라도 경제적으로도 원활하지 못하여 결례(缺禮)가 적지 않았다. 수내동 형구(亨求)씨가 간간히 교통비조로 조달해 받았지만 내가 소상인(小商人)으로서 돈통에 있는 대로 가지고나가 활동비로 사용하여 안사람과의 충돌이 잦았음도 사실이다. 따라서 아우인 항구가 그토록 전심갈력으로 종사(從事)하였어도 교통비 한 푼 못 주었다.

동아일보사 주필 이도성(李都成)씨가 노모(老母)와 누님을 뫼시고 나를 찾아 신림동까지 오셨다. 분당신도시개발로 뒷뫼산에 세장된 열선조의 묘들과 500여 년 간 한산이씨 후손들의 집성촌(集成村)이 일시에 매몰(埋沒)될 위기(危機)를 맞아 주소(晝宵)로 걱정이 되어 이렇게 찾아 왔다며 대처방안(對處方案)이나 진행상항 등에 관하여 문의하시기에 있는 대로 자세히 말씀드리고 '노구(老軀)로 이곳 누지까지 찾아주셔서 격려해 주심에 너무 감사의 말씀 드립니다.'하였다. 그렇다. 당면한 위기극복에 혼신의 정열을 경주하는데 누구 하나 달려와서 격려하는 이 없었건만 도상이 모자분의 방문으로 용기가 솟고 외롭지 않음을 실감하였다. 이도성은 나름대로 역량을 발휘하여 크게 협조하였다고 생각한다. 이도성의 증조부는 구한말 조정(朝廷)에 학부대신의 각료(閣僚)로서 항일투쟁(抗日鬪爭)으로 옥고를 겪으신 나라와 우리 문중을 빛내주신 강암(剛菴) 이용직(李容稙) 어른이시다.

5. 청원서에 대한 정부요로에서 온 회신문

(1) 경기도지사. 도시 30303-498. 수신 한국토지개발공사(1989. 5. 29.)

(2) 내무부장관. 총무 01250 수신 뒷뫼 원형보존대책위원회(1989. 6. 2.)

(3) 감사원장. 민원 01254-834. 수신 성남시 중원구 수내동 93번지 (1989. 6. 3.)

(4) 한국토지개발공사사장. 특기(1) 591-2650 중원구 수내동 93번지(1989. 6. 8.)

(5) 경기도지사. 도시 30303-558. 원형보존대책위원회 이형구(1989. 6. 9.)

(6) 건설부장관. 택지 01254-13199. 중원구 수내동 93번지 이형구(1989. 6. 10.)

(7) 문화재관리국장. 문입 35300-2983. 중원구 수내동 93번지(1989. 6. 12.)

(8) 건설부장관. 택지 01254-13400. 중원구 수내동 93번지(1989. 6. 13.)

(9) 국회의장. 의안제2334 성남시 수내동 93번지 이형구 외 99인(1989. 6. 14.)

(10) 정부합동민원실장. 합민 01254-35630. 수내동 93번지 이형구(1989. 6. 14.)

(11) 경기도지사. 문공 35300-1054 수내동 93번지(1989. 6. 16.)

(12) 건설부장관. 택지 01254-14201 수내동 93번지(1989. 6. 21.)

(13) 성남시장. 도시 30260-337 중원구 수내동 93번지(1989. 6.)

(14) 한국토지개발공사사장. 특사1(용1)591-3064 수내동 93번지(1989. 6. 27.)

(15) 성남시장. 문공 35310-11455 제목 경기도문화재 보호구역 지정통보 (1990. 5. 4.)

(16) 경기도지사. 고시 경기도 고시 152호 문화재보호법 제55조 5항 및 경기 도문화재 보호조례 제13조의 규정에 의거 수내동 한산이씨 묘역 외 6건에 대하여 경기도문화재보호구역을 지정하고 동조례 제14조의 규정에 따라 다음과 같이 보호구역을 고시한다.

6. 전통문화(傳統文化) 문화재(文化財)

(1) 문화재(文化財) - 학예관 강대욱(學藝官 姜大旭)

수내동 한산이씨묘역(藪內洞 韓山李氏墓域)

. 지정번호(指定番號): 경기도기념물제116호(京畿道記念物 第 116 號)
. 지저년월일(指定年月日): 1989, 12, 29.
. 소재지(所在地): 성남시중원구수내동산1-2(城南市 中院區 藪內洞 山 1-2)
. 소유자(所有者): 한산이씨봉화공파종회(韓山李氏奉化公派宗會)
. 규모(規 模): 87,000여평 전체묘역(餘坪 全體墓域)

이 묘역은 수내동에 소재한 이진봉(李陳峰)을 주산으로 하여 서남향 능선에 위치하고 있다. 멀리 남한산성의 주봉을 이룬 영장산을 중조(中祖)로 하여 그 낙맥(落脈)으로 우뚝 솟은 금단산(黔丹山)을 근조(近祖)로 하였으며 검단산에서 다시 서북을 향해 뻗어 내린 산줄기를 내룡(來龍)으로 하였다. 내룡이 내려와 평지를 이루다 다시 일좌청산(一座靑山)이 남북으로 거북이처럼 누었으니 이진봉(李陳峰)이다 이진봉은 숲안마을(수내동)을 학의 날개처럼 西南으로 감싸 안았다. 한산이씨묘산 입수비(入首碑)가 서있던 곳이 입수(入首)의 위치에 해당하고 청계산(淸溪山)이 내백호(內白虎)를 이루었고 광교산(光敎山)이 외백호(外白虎)의 형상이다. 계현(鷄峴)은 미사가 되고 발이봉(發李峰)이 조산(祖山)이며 성덕산(聖德山)이 안산(案山)을 이루고 있다. 매지봉(梅枝峰)이 내청룡(內靑龍) 문형산(文衡山)이 오청룡(外靑龍)으로 동남을 감싸 안았으며 마을 앞을 흐르는 숲안천이 내수구(內水口)이니 물길이 감돌아 주산(主山)을 싸고 흐르는 곳에 삼세유사비(三世遺事碑)가 서있고 멀리 탄천(炭川)이 외수구의 모습이다. 이진봉(李陳峰)을 중심으로 동서남북 사개호(四個虎)에 경계비(境界碑)를 세워 세장지(世葬地)를 수호하고 있으니 명당(明堂)의 형국(形局)을 이루고 있다.

이곳 이진봉의 서남향 능선(稜線)에는 한원군 이장윤(李長潤), 한성군 이질(李秩), 한평군 이지숙(李之菽)을 비롯하여 모두 19위(位)의 선조 묘가 있고 산자락에는 별묘(別廟)와 연지(蓮池)가 있으니 조선 중 · 후기세계(中 · 後期世系) 선영(先塋)의 묘제를 나타내 주고 있는 일예(例)라고 하겠다. 피장자별(被葬者別)로 묘제와 유적을 살펴보면 다음과 같다.

▌비군(碑群)

(1) 한산이씨 삼세이하 유사비(韓山李氏 三世以下 遺事碑)

이 비는 여말 성리학(性理學)의 거두인 목은이색의 4대손이며 선조때 문신(文臣)인 이증(李增)의 증조(曾祖)로 현감(縣監)을 지내고 자헌대부 이조판서 한원군(資憲大夫 吏曹判書 韓原君)에 증직된 이장윤(李長潤)과 그의 아들로 군수를 지내고 수직(壽職)으로 선조(宣祖)의 훈봉(勳封)을 받은 한성군 이질(李秩), 그리고 이장윤(李長潤)의 손자로 순충보조공신 정헌대부 이조판서(純忠輔德功臣 正憲大夫 吏曹判書)에 증직된 한평군 이지숙(韓平君 李之菽)의 유사(遺事)를 후손인 이병연(李秉淵)이 지어 1728年(英祖4)에 건립한 것이다.

비의 규모는 비신(碑身)의 높이 285cm, 폭 80cm, 두께 26cm. 비좌(碑座)의 대석(臺石)은 가로 127cm. 세로 84cm, 높이43cm이다. 이 유사비는 대리석 비신위에 八작(作) 지붕형의 가배석(加倍石)을 얹었다. 화강암으로 된 장방형 비대석(碑臺石)은 지대석(地臺石) 위에 놓여있는데 평면에 복연(覆蓮)이 양각(陽刻)으로 각출되어 있고 전후좌우는 면당초문

(面 唐草文)이 조식되어 있다. 숭정기원 후 재 무신 11월(崇禎紀元 後 再戊申 十一月)의 건립기(建立記)와 통훈대부 백천군수 병연(通訓大夫 白川郡守 秉淵) 근술생원 병건 근서(謹述生員 秉健 謹書), 진사기중 근전(進士 箕重 謹篆)의 명문(銘文)이 있다.

(2) 이증 신도비(李增 神道碑)

이증(李增)은 자(字)가 가겸(可謙)이고 호(號)가 북애(北崖)로 이지숙(李之菽)의 아들이다. 1525年(中宗20)에 출생하여 1600년(선조33)에 졸(卒)하였다. 1560年(명종15) 별시문과(別試文科)에 병과(丙科)로 급제하였고 1589연(선조22) 정여립의 모반사건을 다스린 공으로 평난공신(平難功臣) 3등에 책훈(策勳)되고 아천군(鵝川君)에 봉(封)해졌다. 비의 규모는 높이 300cm. 폭 87cm. 두께 33cm. 화강암비대석(碑臺石)은 가로 140cm. 세로 93cm. 높이 60cm.의 장방형인데 화강암지대석(地臺石) 위에 놓여있다. 가배석은 우진각지붕의 형식을 취하였는데 아무런 조식이 없다.

비제(碑題)는 유명조선국 증 대광보국숭록대부 의정부영의정 영경연홍문관예문관 추관관상감사 세자사 아천부원군 시 의간공 행 추충분의평난공신 정헌대부 예조판서 겸 지의금부사 오위도총부도총관 아천군 이공 신도비명 병서

(有明朝鮮國 贈 大匡輔國崇祿大夫 議政府領議政領 經筵弘文館藝文館秋館觀象監事 世子師 鵝川府院君 諡 懿簡公 行 推忠奮義平難功臣 正憲大夫 禮曹判書 兼 知義禁府事 五衛都摠府都摠管 鵝川君 李公 神道碑銘幷序)로 되어있다.

비문은 가선대부 병조참판 겸 홍문관 제학 정두경(嘉善大夫 兵曹參判 兼 弘文館 提學 鄭斗卿)이 짓고 글씨는 외5대손(外五代孫) 가의대부 예조참판 겸 동지의금부사 이진휴(嘉義大夫 禮曹參判 兼 同知義禁府事 李

震休)가 쓰고 전액(篆額)은 외5대손(外五代孫) 자헌대부 이조판서 겸 지의금부사 동 지경연춘추관사 오위도총부도총관 세자우빈객 윤덕준(資憲大夫 吏曹判書 兼 知義禁府事 同 知經筵春秋館事 五衛都摠府都摠管 世子右賓客 尹德駿)이 하였다.

(3) 이경류 정여비(李慶流 旌閭碑)

이경류(李慶流)의 자(字)는 장원(長源)으로 병조좌랑(兵曹佐郞)을 역임하였다. 임진왜란(壬辰倭亂) 당시 조방장변기(助防將邊璣)의 종사관(從事官)으로 이해 4월25일 상주전투(尙州戰鬪)에서 순국하여 홍문관 제학(弘文館 提學)에 증직을 받고 충신정문(忠臣旌門)을 하사 받았다.

정여비(旌閭碑)는 2개(個)의 정방형 화강암(正方形 花崗岩) 기둥을 세운 후 가운데 목재현판(木材懸板)을 끼웠고 화강암 팔작(作) 지붕형의 가첨석을 얹은 독특한 양식을 취하고 있다. 기둥의 대석(臺石)은 각각 장방형에 복련(覆蓮)과 당초문(唐草文)이 조식되어 있으며 화강암지대석 위에 놓여 있다. 정려문(旌閭文)은 충신 선교랑수 병조좌랑 이경류 지여(忠臣宣敎郞守 兵曹佐郞 李慶流 之閭)로 되어 있다. 규모는 정여현액(旌閭懸額)이 폭 75cm, 높이 37cm, 두께9cm이며 기둥은 각각높이176cm, 폭 34cm이다. 대석(臺石)은 각각 가로 63cm, 세로 100cm, 높이 30cm로 가첨석(加檐石)은 가로 240cm, 세로 109cm, 높이 55cm이다.

(4) 이정용 신도비(李廷龍 神道碑)

이정용(李廷龍)의 자(字)는 몽향(夢鄕)으로 목은이색(牧隱李穡)의 10세손이며 이경류(李慶流)의 손자다. 1629年(인조7)에 출생(出生)하여 1689년(숙종15)에 졸(卒)하였다. 김제군수(金堤郡守)를 역임했고 아들 이택(李澤)이 현달함으로써 가선대부 이조참판 겸 동지의금부사 오위도총부부총관 행 통훈대부 김제군수 전주진관병마동첨절제사(嘉善大夫 吏曹

參判 兼 同知義禁府事 五衛都摠府副摠管 行 通訓大夫 金堤郡守 全州鎭管兵馬同僉節制使)를 증직(贈職)받았다.

비신(碑身)은 대리석에 화강암 가첨석을 얹었는데 팔작지붕형이다. 화강암으로 된 장방형 비대석은 상면에 복련(覆蓮) 12엽(葉)이 전후좌우측면은 당초문이 조식되어 있다. 규모는 높이 350cm, 폭 88cm, 두께 31cm이고 대석은 가로 150cm, 세로 99cm, 높이 53cm이다. 이 신도비는 삼세유사비(三世遺事碑), 이경류 정려비(李慶流 旌閭碑)와 함께 같은 형태의 조형미(造形美)를 보여주고 있어 같은 시기에 조성(造成)되었음을 알 수 있다.

비제(碑題)는 "유명 조선국 증 가선대부이조참판 겸 동 지의금부사 오위도총부부총관 행 통훈대부 행 김제군수 전주진관병마 동 첨절제사 이공신도비명병서(有明 朝鮮國 贈 嘉善大夫 吏曹參判 兼 同 知義禁府事 五衛都摠府副摠管 行 通訓大夫 行 金堤郡守 全州鎭管兵馬 同 僉節制使 李公 神道碑銘幷序)"로 되어 있고, "대광보국숭록대부 의정부우의정 겸 영경연사감춘추관 이의현 찬 통훈대부 종부사정지제교 겸 춘추관편수관 김진상 서 가선대부예조참판 겸 동지의금부사 오위도총부부총관 홍현보(大匡輔國崇祿大夫 議政府右議政 兼 領經筵事監春秋館 李宜顯 撰. 通訓大夫 宗簿寺正知製敎 兼 春秋館編修官 金鎭尙 書. 嘉善大夫 禮曹參判 兼 同知 義禁府事 五衛都摠府副摠管 洪鉉輔)"의 전액(篆額)으로 되어있다. 건립(建立)은 숭정기원 재 무신(崇禎紀元 再 戊申 十一月 日)로 되어 있어 1728年(영조4)임을 알 수 있다.

▌A군 묘역(墓域)

(5) 이오 묘(李澳 墓)

이 묘역(墓域)은 한산이씨 삼세유사비군(韓山李氏 三世遺事碑群)이 위치한 앞산 능선(稜線)에 자리잡고 있다. 묘역에는 이오(李澳), 이원(李垣), 이한(李漢). 이병건(李秉健). 이산중(李山重)의 묘가 있는데 차례로 기술하면 다음과 같다. 이오(李澳)의 묘는 혼유석 1기, 상석 1기, 향로석 1기, 망주석 2기, 묘표 1기가 배치되어 있다. 재질은 모두 화강암이고 봉분의 규모는 높이 160cm에 직경이 560cm이다. 묘표는 높이 180cm, 폭 60cm, 두께 27cm의 대리석 비신이며 비대석은 장방형화강암으로 상면에는 운문(雲文)이 전후좌우측면에는 당초문이 조식되어 있다. 묘표에는 "조선통훈 대부부평부사 이공휘 오지 묘 숙부인 남양홍씨 부좌 숙부인 죽산안씨 부우(朝鮮 通訓大夫 富平府使 李公 諱 澳之 墓 淑夫人 南陽洪氏 附左 淑夫人 竹山安氏祔右)"의 명문(銘文)으로 되어 있어 부인과 합장묘(合葬墓)임을 알 수 있다.

망주석은 팔각의 신석(身石)에 상단에는 운문과 안상문이 조식되어 있고 상석은 2개의 고석(鼓石)이 앞면을 받치고 있는데 고석의 중앙에는 2개의 선을 두르고 중앙에 태극문양을 조식 하였다. 향로석은 당초문이 비교적 정교하게 조식되어 있고 하단에는 안상문(眼象文)이 조식되어 있다. 이오(李澳)의 자(字)는 담백(膽伯)으로 1659년 효종(孝宗) 10년에 출생하여 관직은 부평부사(富平府使)를 지냈다.

(6) 이원 묘(李垣 墓)

종친부전부(宗親府典簿)를 지낸 이원 묘(李垣 墓)로 50평 규모이다. 석물은 1984년에 건립(建立)한 묘비(墓碑) 1기를 비롯하여 혼유석(魂遊石), 상석(床石), 향노석(香爐石) 각1기와 문인석 동자석 각2기, 망주석 2기가 있다.

혼유석은 장방형(長方形)으로 하단에 안상문(眼象文)이 조식되어 있고. 망주석(望柱石)은 八각의 신석(身石)에 2단으로 조성되었다. 문인석(文人石)은 홀을 잡고있는 형상에 흉배와 관대(冠帶)의 모형이 각기 조성 되어있다. 묘비(墓碑)에는 "통정대부 종친부전부 한산이공 휘 원 지묘 숙부인 청풍김씨지묘 합폄(通政大夫 宗親府典簿 韓山李公 諱 垣 之墓 淑夫人 淸風金氏之墓 合窆)"의 명문(銘文)이 있어 합장묘(合葬墓)임을 알 수 있다. 이원(李垣)은 한평군 이지숙(韓平君 李之菽)의 맏아들로 1522년(중종17)에 출생(出生)하여 관직은 종친부전부(宗親府典簿)를 지냈다.

(7) 이한 묘(李漢 墓)

처사 이한(處士 李漢)은 종친 부전부공 이원(宗親府典簿公 李垣)의 현손(玄孫)이다. 묘의 석물(石物)은 묘비(墓碑) 1기, 상석 1기, 향로석 1기, 동자석 2기, 망주석 2기가 있으며 동자석(童子石)은 2기가 배치되어 있는데 홀을 잡고 있는 형상에 관대(冠帶)가 조식되어 있다. 30여 평의 규모로 묘비는 1984년에 세워졌는데 재질은 화강암이다. "처사 한산이공휘 한 지묘(處士 韓山李公 諱 漢 之墓)"로 되어 있고 족예 중규(族裔仲珪)의 식(識)과 명구(命求)의 서(書)로 건립되어 있다.

(8) 이병건 묘(李秉健 墓)

호조정랑(戶曹正郎)을 지낸 이병건의 묘로 30여 평의 규모다. 석물은 묘비 1기, 상석 1기, 향노석 1기, 망주석 2기가 있다. 묘비는 대리석으로 1973년에 건립되었으며 고양군(高陽郡)에서 천봉(薦奉)되었음을 밝히고 있다.

묘비는 비양(碑陽)에 "유명 조선국 가선대부 이조참판 겸 동지 의금부사 오위도총부부총관 행 통훈대부 행 호조정랑 한산이공 휘 병건지묘 배 정부인 남양홍씨 부좌(有明 朝鮮國 贈 嘉善大夫 吏曹參判 兼 同知 義禁府事 五衛都摠府副摠管 行 通訓大夫 行 戶曹正郎 韓山李公 諱 秉健之墓 配 貞夫人 南陽洪氏 附左)"로 되어 있고, 비음(碑陰)에는 "세 경인 동 입석불초고사중 읍혈근식(歲庚寅冬立石 不肖孤山重 泣血謹識) 단기 4360년 계축 4월 14일 자고양천봉(自高陽薦奉)"으로 되어 있다. 상석은 가로 130cm, 세로 85cm, 두께 34cm,인데 고석2개가 지대석과 함께 받치고 있으며 향로석은 四각으로 조성되어 있는데 안상문이 조식되어 있다. 이병건(李秉健)의 자(字)는 여강(汝剛)으로 이집(李潗)의 아들이다. 1696년(숙종22)에 출생하여 1719년(숙종45) 사마시(司馬試)에 급제 호조정랑(戶曹正郎)을 지냈다. 배위 남양홍씨(配位 南陽洪氏)와 합장묘로 고양군 벽제읍 성산리 내동(高陽郡 碧蹄邑 城山里 內洞)에 있던 것을 이곳으로 이장하였다.

군자감정(軍資監正)을 지낸 이산중(李山重)의 묘로 약 30평 규모이다. 석물로는 상석, 향로석 각 1기, 망주석 2기가 있으며 재질은 모두 화강암이다. 상석은 길이 153cm, 폭 98cm, 두께 45cm의 규모이다. 상석의 전면에는 "군자감정 한산이공 산중지묘 배 증 정부인 양주조씨 부좌간좌후 배 증 정부인 반남박씨묘 자율전천부우("軍資監正 韓山李公 山重之墓 配 贈 貞夫人 楊州趙氏 附左艮坐后 配 贈 貞夫人潘南朴氏墓 自栗田遷附右)"의 명문이 음기되어 있다. 상석은 지대석과 함께 전면에 고석 2개가 받고 있고 앞에 향로석이 놓여있다. 향로석은 높이가 55cm, 폭이 36cm, 인 정육각형이며 망주석 높이가 200cm이다.

이상의 묘역을 A 묘군(墓群)이라 한다.

▌B군 묘역(墓域)

(10) 이증 묘(李增 墓)

이 묘는 조선 중종, 선조 때의 문신으로 자(字)는 가겸(可謙), 호(號)는 북애(北崖)로 목은 이색(牧隱李穡)의 7대손인 이지숙(李之菽)의 둘째 아들 이증(李增)의 묘역(墓域)이다. 1589년 대사간으로 정여립(鄭汝立)의 모반사건을 다스린 공으로 1590년 평난공신 (平難功臣) 3등이 고 아천군(鵝川君)에 봉해졌으며 부제학(副提學)을 거쳐 형조, 예조, 공조판서를 역임 좌참찬(左參贊)에 이르렀다. 성품이 청렴하고 검소했다. 영의정에 추증(追贈)되었고 시호는 의간(懿簡)이다. 묘역은 산의 정상부에 사성(莎城)으로 치장되었다.

봉분에는 상석 1기, 향로석 1기가 있고 좌측에 묘갈이 있으며 망주석과 문인석 각 2기가 묘전을 장식하고 있다. 한편 묘 앞은 지대석으로 치장하여 2단을 만들었으며 좌측문인석 밑으로 반석(飯石)이 배치되어 있어 특이하다. 묘갈(墓碣)은 대리석재인데 이수와 비신(碑身)이 1매석으로 조성되었다. 이수는 두 마리의 용(龍)이 연꽃으로 쌓여져 있는 여의주를 다루는 형상이 조각되어 있어 눈길을 끈다. 비좌(碑座)의 대석(臺石)은 장방형 화강암으로 되어 있는데 아무런 조식이 없고 비신을 꽂은 형태이다.

묘갈(墓碣)은 "조선 정헌대부 예조판서 아천군 한산이공 증지묘 배 정부인 경주이씨 부좌(朝鮮 正憲大夫 禮曹判書 鵝川君 韓山李公 增之墓 配貞夫人 慶州李氏 祔左)"로 되어 있다. 상석은 대리석이며 앞에는 육각형의 향로석이 놓여있다. 망주석은 높이가 154cm로 연화문과 안상문(眼象文)이 조식되어 있으며 문인석은 높이가 168cm에 견폭이 60cm의 규모로 전형적인 조선중기 문인석의 기법이 엿보인다. 이 묘는 그의 증조부인 이장윤(李長潤) 묘역 위에 위치하여 도장(倒葬)의 장법(葬法)을 따르고 있음을 보여주고 있다. 이 묘역의 봉분 및 석물의 규모는 다음과 같다. 봉분높이 200cm, 직경 620cm, 묘갈높이 179cm, 폭 48cm, 두께 18cm, 상석길이 153cm, 폭 94cm, 두께 28cm, 향로석높이 27cm, 폭 41cm, 반석길이 153cm, 폭 88cm, 두께16cm이다.

(11) 이장윤 묘(李長潤 墓)

이 묘는 봉화현감(奉化縣監)을 지낸 이장윤의 묘역으로 이증(李增)의 묘역하단에 위치하고 있다. 묘역은 묘표 1기, 향로석 1기와 동자석 2기, 문인석 2기가 배치되어 있는데 묘 앞을 지대석으로 치장하여 2단을 이루고 있다. 묘표는 대리석재로 조성되었는데 이수와 비신이 일매석으로 되어 있다. 이수는 괴운문(怪雲文)이 조식되어 있고 비신은 화강암 비좌의 대석에 꽂혀있다. 묘표의 비문은 "통훈대부 행 봉화현감 이장윤지묘 배 숙부인 고령박씨지묘 동 강이실간좌곤향(通訓大夫 行 奉化縣監 李長潤之墓 淑夫人 高靈朴氏之墓 同 崗異室艮坐坤向)"으로 되어 있다.

상석은 대리석으로 조성되었고 향로석은 당초문(唐草文)이 조식 되어 있다. 동자석은 화강암 재질인데 공수의 자세를 취하고 있고 상단부에 구멍이 뚫린 호로병을 들고 있는 형상이다. 문인석은 홀(笏)을 잡고 있는 형상이며 관복이 조각되어 있다. 이 묘역의 봉분 및 석물의 규모는 다음과같다. 봉분높이 260cm, 직경 600cm 묘갈높이 147cm, 폭 50cm, 두께17cm, 상석길이 115cm, 폭 86cm, 두께11cm, 향로석높이 26cm, 폭 28cm, 동자석높이 95cm, 견폭 32cm, 문인석높이 155cm, 견폭 35cm 이다.

(12) 이질 묘(李秩 墓)

이 묘는 60평으로 상 · 하분(上 · 下墳)을 이루고 있다. 석물로는 묘표, 상석, 향로석, 각 1기 문인석 2기가 있다. 봉분은 앞의 것이 이질(李

秩)의 것이고 뒤의 것이 부인 무송윤씨(茂松尹氏)의 것이다. 이질의 묘는 높이 150cm, 직경 540cm이고, 부인의 묘는 높이 140cm 직경 520cm, 이다. 묘표는 아무런 조식이 없는 장방형 비좌의 대석(臺石)에 호패형(戶牌型)의 비신으로 되어 있는데 "조선 가선대부 한성군 이공 질지묘 정부인무 송윤씨부후(朝鮮 嘉善大夫 韓城君 李公 秩之墓 貞夫人 茂松尹氏附後)"로 되어 있다.

그리고 음기(陰記)에 "오호삼세유사비기성합견부군사행이묘전수표종불가궐고자이숭정재무신수차석잉식우기배칠대손병정서(嗚呼三世遺事碑旣成哈見府君事行而墓前樹表終不可闕故玆以崇禎再戊申竪此石仍識于其背七代孫秉鼎書")의 명문(銘文)이 있어 이 비는 1728년(영조4)에 세웠음을 알 수 있다. 혼유석 상석, 향로석의 재질은 화강암이고 문인석은 홀(笏)이 턱을 받치고 있는 금관조복의 형상이다. 석물의 규모는 다음과 같다. 묘표높이 177cm, 폭 55cm, 두께20cm, 혼유석길이 77cm, 폭 30cm, 상석길이 140cm, 폭 83cm, 두께18cm, 향로석높이 27cm, 폭 26cm 문인석높이 150cm, 견폭 40cm이다.

(13) 이확 묘(李穫 墓)

이 묘는 대구진관병마첨절제도위(大邱鎭管兵馬僉節制都尉)를 지낸 이확(李穫)의 것으로 묘표, 혼유석, 상석, 향로석, 각 1기와 망주석 2기가 세워져 있고 봉분의 규모는 높이 150cm, 직경 530cm이다. 묘표는 1985년에 세운 것으로 비신은 오석으로 되어 있고 비좌의 대석은 화강암이다. "증 통훈대부 장악원정행통훈대부 현풍현감 대구진관병마동첨절제도위 한산이공확지묘 숙부인 전주이씨 숙부인 동래정씨 부좌"(贈 通訓大夫 掌樂院正 行 通訓大夫 玄風縣監 大邱鎭管兵馬同僉節制都尉 韓山李公穫之墓 淑夫人 全州李氏 淑夫人 東萊鄭氏 祔左")의 비문으로 되어있어 그의 부인 전주이씨와 동래정씨가 부장되어 있음을 알 수 있다. 이 묘역에 세워진 석물의 규모는 다음과 같다. 묘표높이 113cm, 폭 36cm, 두께 15cm. 혼유석길이 82cm, 폭 37cm, 두께 20cm, 상석길이 123cm, 폭 84cm, 두께 39cm, 향로석길이 32cm, 폭 26cm, 망주석높이 138cm, 견폭 44cm이다.

(14) 이집 묘(李潗 墓)

황해도관찰사 겸 병마수군절도사 순찰사 해주목사(黃海道觀察使 兼 兵馬水軍節度使 巡察使 海州牧使)를 지낸 이집(李潗)의 묘이다. 묘역은 30여 평으로 묘비 1기, 상석 1기, 향로석 1기와 망주석 2기가 세워져 있다. 봉분의 규모는 높이 160cm, 직경 540cm인데 이질(李秩)의 묘 하단에 위치하고 있다. 묘갈은 “유명 조선 통정대부 수황해도관찰사 겸 병마수군절도사순찰사 해주목사 한산이공집지묘 정부인 기계유씨부좌(有明朝鮮 通政大夫 守黃海道觀察使 兼 兵馬水軍節度使巡察使 海州牧使 韓山李公潗之墓 貞夫人 杞溪兪氏祔左”)의 비문으로 되어있는데 팔작지붕형의 가첨석을 얹었고 비신과 비좌의 대석(臺石)은 방형(方形)으로 되어 있다. 비신은 대리석재이고 가첨석과 비좌의 대석은 화강암으로 되어 있다. 비좌의 대석은 상단에는 복연문(覆蓮文)이 측면에는 당초문이 전후좌우로 새겨져 있다. 상석에도 전면에 관찰사공 묘석(觀察使公 墓石)의 명문(銘文)이 있고 측면에는 “광주 상돌마간용간 입수 간좌 곤향 병손 득수 서파천산병인 분금 정축 정미 6월 17일 오시 안정 무신 2월 입석(廣州 上突馬 艮龍艮入首 艮坐 坤向 丙巽 得水 西破 穿山 丙寅 分金 丁丑 丁未歲 丁未 六月 十七日 午時 安定 戊申 二月 立石”)의 명문이 새겨져 있다.

망주석은 8각의 신석(身石)으로 되어 있는데 당초문과 안상문이 조식되어 있고 다람쥐 모형의 동물이 돌출되어 있는데 하늘로 향한 모양을 취하고 있다. 대리석재의 상석은 고석 2개가 상석 앞을 받치고 있으며 향로석은 안상문과 당초문이 조식되어 있다. 이 묘역에 세워져 있는 석물의 규모는 다음과 같다. 비갈 높이 210cm, 폭 45cm, 두께45cm, 혼유석 길이 120cm, 폭 100cm, 상석 길이 150cm, 폭 95cm, 두께46cm. 향로석 높이 51cm, 폭 38cm, 망주석 높이 174cm, 폭 53cm이다.

(15) 이지숙 묘(李之菽 墓)

종묘서령(宗廟署令)을 지낸 한평군(韓平君) 이지숙의 묘역이다. 이지숙(李之菽)은 봉화공 이장윤(奉化公李長潤)의 손자이며 한성군 이질(韓城君李秩)의 아들이다. 묘역은 묘표, 혼유석, 상석, 향로석 각 1기. 동자석, 망주석 각 2기가 배치되어 있는데 봉분의 규모는 높이 165cm, 직경 670cm이다. 묘표에는 "조선 종묘서령 증 이조판서 한평군 이공지숙지묘 증 정부인 선산김씨부좌(朝鮮 宗廟署令 贈 吏曹判書 韓平君 李公之菽之墓 贈 貞夫人 善山金氏祔左)"의 비문과 음기(陰記)에 "오호부군시졸약기어삼세유사비이묘전필유표연숙사래세감지우상자이숭정재무신수차석잉식기음육대손병정서(嗚呼府君始卒略記於三世遺事碑而墓前必有表然菽使來世欲之尤詳玆以崇禎再戊申樹此石仍識其陰六代孫秉鼎書)"의 명문(銘文)이 있다. 묘표는 호패형(戶牌型)으로 되어 있는데 비신(碑身)과 비좌(碑座)의 대석(臺石)이 모두 화강암으로 되어있으며 혼유석, 상석, 향로석도 화강암으로 조성되었다. 동자석은 공수의 자세로 홀을 쥐고 있는 형상이며 흉배가 새겨져 있다. 망주석은 당초문과 안상문이 새겨져 있다. 석물의 규모는 다음과 같다. 묘표높이 172cm, 폭 54cm, 두께18,5cm, 혼유석 길이 73cm, 폭 49cm, 상석길이 118cm, 폭 82cm, 두께18cm, 향로석 높이 27cm, 폭 27cm, 동자석 높이 115cm, 견폭 32cm, 망주석 높이 163cm, 폭 40cm이다.

(16) 이정 묘(李程 墓)

어모장군 충좌위부호군(禦侮將軍 忠佐衛副護軍)을 지낸 이정(李程)의 묘이다. 묘역은 배위 창원황씨(配位昌原黃氏)의 묘와 상·하분(上·下墳)으로 조성되어 있는데 규모는 이정의 묘가 높이 160cm에 직경 520cm,이고 부인의 묘는 높이 158cm에 직경 470cm이다. 이 묘에는 묘표 1기만이 있는데 "조선 증 호조참판 행 어모장군충좌위부호군 한산이공 휘정지묘 배 증 정부인 장수황씨 부조 배 증 정부인 창원황씨 계하(朝鮮 贈戶曹參判 行 禦侮將軍忠佐衛副護軍 韓山李公 諱程之墓 贈 貞夫人 長水黃氏 祔左配 贈 貞夫人 昌原黃氏 階下")로 되어 있는데 1975년에 세운 것이다. 장수황씨와 합장묘인 묘와 잇대어 아래로 창원황씨의 묘가 있는데 상석, 향로석, 각 1기와 망주석 2기가 세워져 있다. 최근에 조성한 것이다.

(17) 이지환 묘(李之芄 墓)

이지환(李之芄)은 충의위부사직(忠義衛副司直)을 지낸 사람으로 이정(李程)의 아들이다. 묘역은 상석, 향로석, 표석, 각 1기와 망주석 2기가 배치되어 있는데 봉분의 규모는 높이 150cm, 직경 470cm이다. 묘표에는 "조선 증 좌승지 행 어모장군 충의위부사직 한산이공 휘 지환지묘 배증 정부인 경산김씨부좌(朝鮮 贈 左承旨 行 禦侮將軍 忠義衛副司直 韓山李公諱之芄之墓 配 贈 貞夫人 慶山金氏祔左")로 되어있어, 경산김씨와 합장묘임을 알 수 있다. 석물은 최근에 새로 조성하였는데 규모는 다음과 같다. 상석 길이 110cm, 폭 78cm, 두께30cm, 향로석높이 15cm, 폭 50cm, 망주석 높이 145cm, 폭 40cm, 묘표높이 180cm, 폭 45cm, 두께22cm이다.

▌C 묘군 한산이씨묘역

(18) 이정용 묘(李廷龍 墓)

이 묘는 이진봉 동남향의 묘역 제일 정상에 위치해 있다. 아천군 이증의 손자로 김제군수(金堤郡守)를 지낸 이정용의 묘이다. 봉분의 규모는 높이 170cm, 직경 535cm이다. 묘역은 묘표, 혼유석, 상석, 향로석, 각 1기와 망주석, 문인석, 각 2기가 배치되어있는 전형적인 조선시대 묘제를 이루고 있다. 묘의 전면은 상석의 지대석을 장대석으로 치장하여 2단으로 하였고, 좌측 망주석 안쪽으로 장방형의 판석(板石)을 놓았다.

묘표는 대리석비신에 비좌(碑座)는 화강암 대석(臺石)으로 되어있는데 복연문(覆蓮文)이 조식 되어있다. 비문은 "유명조선 증 이조참판 행 김제군수 이공 휘 정용지묘 정부인 제세양씨 부좌(有明朝鮮 贈 吏曹參判 行 金堤郡守 李公 諱 廷龍之墓 貞夫人 濟世梁氏 附左"로 되어있어 부인과 합장묘임을 알 수 있다. 상석은 전면을 화강암으로 조성된 고석(鼓石)이 받치고 있으며 후면은 2단(段)으로 묘역을 치장한 장대석이 받치고 있다. 전면 2개의 고석에는 전후좌우에 귀면(鬼面)이 조각되어 있다. 망주석은 다람쥐모형의 동물이 위에서 아래로 내려오는 형상으로 조각되어있다. 문인석은 매우 섬세하고 중후(重厚)한 금관조복(金冠朝服)의 형상으로 홀(笏)을 쥐고 있으며 흉배에는 운문이 조식 되어있는 전형적인 문인석의 양식을 취하고 있다. 이 묘역에 세워져있는 석물의 규모는 다음과 같다. 묘표높이 170cm, 폭 60cm. 두께27cm, 상석 길이 140cm, 폭 83cm, 두께39cm, 향로석높이 41cm, 폭 34cm, 망주석 높이 145cm, 폭 40cm, 문인석 높이 145cm, 견폭 41cm, 판석 길이 116cm, 폭 74cm, 두께 30cm이다.

7. 청원서(請願書)

수 신: 경기도 지사님 귀하. 2004. 2. 10.

참 조: 성남시장님

청원인: 이상구(李庠求)

청원인 주소: 서울특별시 관악구 신림9동 251-388 번지

전화 02) 887-8822. 휴대전화 011-223-8823.

제목: 가. 분당 중앙공원 내 돌마각(突馬閣)을 고유 명칭인 청풍루(淸風樓)로 복원(復原).

나. 문화유적으로 연당지(蓮堂趾)에 연당복원(蓮堂復原).

다. 가정 이곡선생(稼亭 李穀先生)의 『청파취동녀서(請罷取童女書)』에 의한 곡자상(穀字床:일명 독자상)과 전통혼례(傳統婚禮)의 초례청(醮禮廳)을 재현(再現)하고, 혼례기구(婚禮器具)와 복식(服飾) 등을 기념관에 전시(展示)하여 국내유일(國內唯一)한 전통혼례표본(傳統婚禮標本)이 되도록.

이상과 같이 자세한 내용의 자료(資料)를 첨부(添附)하오니 검토(檢討)하시어 청원(請願)을 허락(許諾)하여 주시기를 간망(懇望)합니다.

내용(內容)

국가발전과 문화재 행정(文化財行政)에 진력하시는 귀하에게 충심으로 경의(敬意)를 표합니다. 주지하시는 바와 같이 경기도 성남시의 중앙공원(中央公園)은 서울의 근린도시(近隣都市) 공원으로서, 성남 시민들의 휴식 과 정신적 충전(充塡)하는 공간이며, 심신단련(身心鍛鍊)의 도장(道場)으로 또한 문화유적(文化遺蹟) 역사(歷史)의 교육장(敎育場)으로서 자리

매김하고 있는 자랑스러운 명승지(名勝地)입니다.

가.

그러나 유감스럽게도 분당 신도시 건설을 마무리할 때 도시 곳곳에 붙여진 지명(地名)이나 지하철역명, 또는 공공구조물(公共構造物) 등의 명칭들이 애당초부터 타고난 전래지명(傳來地名)이나 고유명칭(固有名稱)의 고증(考證)없이 임의로 지어진 것들 이어서 이 지역이 지닌 오랜 역사와 문화, 고유전통(固有傳統)들이 일시(一時)에 사라져버린 것은 실로 안타까운 일이 아닐 수 없습니다. 분당신도시 건설이 완료된 지도 어언 10여 년이나 경과한 지금 고유지명 등으로 복원한다는 것은 어려운 일이나, 다만 중앙공원내의 돌마각(突馬閣)에 대하여서는 별첨(別添)된 자료와 같이 1349년(高麗 忠定王 元年) 고려 말의 대학자요 문신이었던, 가정 이곡선생[(稼亭 李穀 先生: 목은 이색(牧隱 李穡)선생의 부친(父親)}이 귀향 (歸鄕)길에 잠시 이곳 낙생역 객사(樂生驛 客舍: 돌마면 수내리 역말)에 기류(寄留)하였다가 이곳의 경관(景觀)에 감탄하고 기명(記名)한 "청풍루(淸風樓)"로 부활(復活)하고 기문(記文)을 편액(扁額)으로 부착(附着)해주시기를 청원(請願)하오니 조치(措置)하여 주시기 바랍니다.

나.

본 중앙공원의 모태(母胎)가 되는 영장산(靈長山)과 숲안(마을고유지명) 일대(一帶)는 15세기경부터 이미 한산이씨(韓山李氏) 후손들의 세거지(世居地)요, 사패지(賜牌地)이며 유적지(遺蹟地)였습니다. 이곳에 연못(蓮池)이 있고 연당(蓮堂)이 수내동 산1-2 번지(番地)에 있어서, 연꽃은 그 자태(姿態)가 매우 크며 우람하고 아름다워 원근동(遠近洞) 사람들은 여름농한기(農閑期)만 되면 꽃구경과 연당(蓮堂) 또는 청풍루(淸風樓)에서 글 읽는 소리 또는 시(詩)나, 당음(唐音)을 읊는 소리를 들으려고 모여드는 나들이장소로 이름난 곳이기도 합니다. 연당(蓮堂)은 당시 글방(書堂)으로 생각되며 1910년 치욕(恥辱)스러운 한일합방(韓日合邦)이전까지만 해도 이곳 주민들은 강당계(講堂契)를 모아 유지관리(維持管理)하였고, 또한 아동들의 교육장학(教育獎學)에 크게 이바지하여 그로 인하여 향상(向上)된 학업진출(學業進出)과 문명사회(文明社會)로 나가는 데 큰 디딤돌이었습니다만, 왜놈들은 보통학교를 세워놓고 기존 사숙(私塾) 또는 글방(書堂)을 은근한 간섭과 방해로 그 맥(脈)을 잃었습니다.

다.

역사문화(歷史文化)를 경시(輕視)하는 민족은 멸망(滅亡) 하였듯이, 오늘날 중국(中國)이 우리나라의 뿌리인 고구려역사(高句麗歷史)를 중국 역사(中國歷史)로 만들려고 패권야욕(覇權野慾)을 획책(劃策)하고 있어 우리의 분노(憤怒)를 야기(惹起)하고 있으며, 왜놈(日本)들은 엄연한 우리의 영토(領土)인 독도(獨島)를 자기네 영토라며 침략근성(侵略根性)을 못 버리고 도전(挑戰)해오고 있습니다. 우리는 이를 직시(直視)하고, 온 민족이 떨쳐 일어나 수호(守護)하고 대처(對處)를 강구(講究)해야 할 것입니다. 우리의 역사가 그늘에 가려진 역사적유산(歷史的遺産)이나 유물(遺物) 문헌(文獻)을 찾아 갈고 발굴하여 닦아서 세계(世界)에 알려야 할 줄로 생각합니다. 따라서 가정 이곡선생(稼亭 李穀先生)은 이곳 분당중앙공원인 영장산(靈長山)을 이미 1349년도에 다녀가신 기록이 있습니다. 가정선생의 『청파취동녀서(請罷取童女書)』에 의한 곡자상 복원(穀字床 復原)의 건(件)에 대하여, 가정 선생께서 중국(中國 원(元)나라 제왕(帝王)에게 고려(高麗)의 동녀(童女: 어린 여자)들을 징구(徵求: 뽑아가는)하는 일을 중지(中止)하게 하는 올리는 글의 내용(內容)이 너무나 애절(哀絶)하고 간절(懇切)하여 원(元)나라 순제(順帝)의 마음에 감동(感動)하게 하여 동녀징구(童女徵求)하는 일을 제왕(帝王)의 명령으로 중지하게 하여, 우리 백성들은 거족적(擧族的)으로 환영 행사가 전국(全國)에 파급(波及)되어 그의 덕망(德望)과 인류(人類)의 큰 스승으로 추앙(推仰)받았습니다. 가정 선생은 54세를 1기(期)로 서세(逝世)하신 후로, 우리 민족(民族)에게 망극지은(罔極之恩)을 주신데 대한 추모(追慕)를 하기 위하여 고결한 청춘남녀가 혼인(婚姻)할 때, 초례청(醮禮廳)에 곡자상(穀字床)을 차려놓고 헌작(獻酌)하는 의식(儀式)을 오늘날 독자상으로 불리어져오고 있습니다. 곡자상(穀字床)이 독자상으로 변화된 그 어휘 변형(語彙變形)은 아마도 처녀(處女)를 그 당시 "가짜 사내"로 불려온 말이 오랜 세월을 거치면서 "가시내"로 변화된 것과 같은 것으로 알고 있습니다.

그러나 오늘날 예(禮)를 기본으로 하는 성균관(成均館)을 비롯하여 전통혼례(傳統婚禮)를 하는 곳이 많습니다만 정통적(正統的)인 올 바른 전통혼례가 아닌 것으로 알고 있습니다. 전통혼례의 표본(標本)이 되도록 고증연구(考證硏究)하여 기념관에 재현(再現)해서 분당중앙공원 기념관(記念館) 또는 여주문화원(驪州文化院)에 전시(展示)하여 잊혀진 역사사실 (歷史事實)을 홍보효과(弘報効果)를 거두게 하여주시기 바랍니다. 가정 이곡선생(稼亭 李穀 先生)은 그 후, 원 (元)나라 재상(宰相)들로 부터 탄압(彈壓)을 받게 되어 조정(朝廷)에서는 어쩔 수 없이 정책(政策)상 가정 선생(稼亭 先生)을 여주군 북내면 가정리(驪州群 北內面 稼亭里)로 귀양 을 보내게 되어 이곳에 와서 정자(亭子)를 짓고 살아서 마을 이름이 가정리(稼亭里)라 합니다. 그에 관한 사료(史料)나 설화 (說話)가 많이 전하여지고 있으나, 역사적 유물(遺物)이나 유적(遺蹟)의 흔적(痕迹)을 찾아보기 어려우니 도지사(道知事)님과 문화재위원 (文化財委員)님들께 간곡(懇曲)히 청원(請願) 들이오니 허락(許諾)하여 주신다면 그 공적(功績) 또한 후세(後世)에 길이 빛날 것입니다.

-출처: 여주군지(驪州郡誌)

· 참고문헌(參考文獻): 『가정집(稼亭集)』 『고려사(高麗史)』
『성균관유림춘추(成均館儒林春秋)』.

8. 봉화공 묘비 파손 복원비
(奉化公 墓碑 破損 復原碑)

1997년 정축(丁丑) 6월 11일 정신질환자 괴한(怪漢)에 의해 경기도문화재기념물 제116호인 봉화공 묘비와 상석을 파괴(破壞)시켜 봉화공파종회 상무이사 이철구씨로부터 긴급전화를 받고 다음날 아침 일찍이 현장에 도착하였다. 상무이사 철구씨의 설명으로는 이미 경찰에 신고하여 수배 중에 있으며 경기도와 성남시 문화재 관계기관에도 신고하였다고 한다.

얼마 후 경찰에 잡힌 범인의 신병(身柄)을 확보하였으나 정신 질환자로 판명되고 관계기관(關係機關)의 지시로 파손된 세 토막씩 된 묘비와 상석을 접합하여 안전하게 보존하도록 하는 지시에 의해 접합하여 아천군 휘 증(鵝川君 諱 增)의 부조묘(不祧廟) 경내(境內)에 잘 보존하였다.

봉화공파종회에서는 사후 대책회의를 거듭하여 석물을 복원조성 할 것을 의결하고 관계 당국과 협의하였으나 원형대로 복원하라는 것이어서 나로서는 장고(長考)의 고민 끝에 이사장인 정석(正秙)씨와 상무이사 철구(喆求)씨와 그 외 몇 분의 이사(理事)들과 의논하여 내손으로 설계도안을 작성하였다. 그리고 비(碑) 문안(文案)을 작성하여 회람(回覽)하여 수정(修正)을 하고, 시제(時祭日)이 1997년 11월 9일(음 10월 10일)내에 입석(立石)이 되도록 수차(數次)의 건립추진회의를 하며 비(碑)의 재질은 애석(艾石)으로 하며 상석은 화강석으로 결정하고 신속히 서둘렀다.

비 문안은 당국의 지시(指示)대로 전과 같이 쓰고, 후면에는 고쳐 세우게 된 연유와 증직된 관직을 썼다. 추진위원 중 적극적으로 참여하여 활동하신 철구(喆求)씨, 갑규(甲珪)씨, 원구(元求)씨, 태수(台洙)씨, 신복(信馥)씨 등으로 질 좋은 애석(艾石)을 찾으려고 수시로 보령 석재공장에 들러 완성하여 복원 입수(復原立竪)하였다.

1997년 11월 일

봉화공묘비 개수문(奉化公墓碑 改竪文)

앞면

淑人高靈朴氏之墓
通訓大夫奉化縣監李長潤之墓
同崗異室艮坐坤向

숙인고령박씨지묘
통훈대부봉화현감이장윤지묘
동강이실간좌곤향

뒷면

贈正憲大夫吏曹判書兼知義禁府事
五衛都摠府都摠管韓原君通訓大夫奉化縣監安東鎭管兵馬節制都尉
贈貞夫人高靈朴氏
西紀一九九七年丁丑六月十一日損壞로 因하여 舊墓表石은 別途 接合 保存하였으며 改竪碑
全面은 文化財 復原 次元에서 怪雲紋螭首와 文案은 原文과 同一하게 刻銘하였으며 背面에는
文獻에 依한 贈職事實과 緣由를 記載하여 西紀 一九九七年 十月 日 謹竪하다

증정헌대부이조판서겸지의금부사
오위도총부도총관한원군통훈대부봉화현감안동진관병마절제도위
증정부인고령박씨
서기일구구칠년정축육월십일일손괴로 인하여 구묘표석은 별도 접합 보존하였으며 개수비
전면은 문화재 복원 차원에서 괴운문리수와 문안은 원문과 동일하게 각명하였으며 배면에
는 문헌에 의한 증직사실과 연유를 기재하여 서기 1997년 10월 일 근수하다

9. 분당 신도시개발로 한산이씨묘역 문화재 중 사면비 위치 변경에 따른 지가사변(地家士 辨)

선조사파비이석론(先祖四破碑移石論) 묘(卯) -- 진(震)

입석논법(立石論法) 각답십자성론법(卽答十字星論法) 인(寅) -- 간(艮)

입수논법 각논법(入首論法 各論法) 진(辰) --- 손(巽)

형국논법(形局論法) 구혜혜호형(龜兮兮虎形) - 당시 지가서 논법

산맥논법(山脈論法) 형지단석(形止短石)

입수논법(入首論法) 지리학적 부산논리(地理學的 父山論理)

팔괘논법(八卦論法) 각삼합론 진간손(角三合論 震艮巽)

태과표(太過表) 고로자법(高老者法) 왕(王)에게 충(忠), 부모(父母)에는 효(孝)

향곤혈지주인(向坤血地主人) 자손삼대출진(子孫三代出辰) 오대빈난(五代貧難)

삼기제성(三奇帝星) 간축(艮丑) 간곤(艮坤) 미곤(未坤)

진갑(震甲) 묘인(卯寅) 신을(申乙)

■ 십자성지단비석논법(十字星止短碑石論法)

각국표석(各局表石): 사방에 초점을 맞추기 위한 논법.

입수지표(入首之表): 묘소를 알기 위한 표석.

▌한산이씨 묘산 입수비(韓山李氏 墓山 入首碑) 팔괘진법 도본(八卦震法 圖本)

묘간좌곤향(묘간좌곤향)

진즉묘룡(진즉모룡)

간맥즉간맥생기(간맥증간맥생기)

하니 손맥(손맥)을 찾아간

간음손양(간음손양)으로 택(택함)

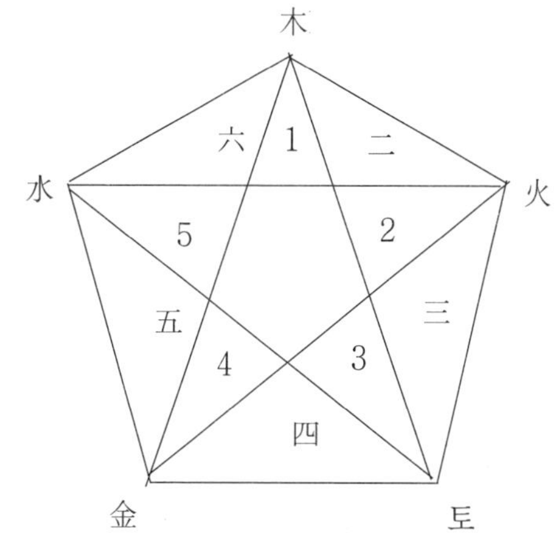

▲ 오대양 육대주 성진법(星震法)

▌즉입수15도수행(즉입수15도수행)

내척(內尺)은 반드시 척도(尺度)가 있다.

좌향간수좌합지지(坐向艮數坐合之地): 초점(焦點)을 맞추기 위해 거리 제한(距離制限)이 없음. 무허비자수(無墟碑字數)가 없다.

▌십오도수(十五度數)의 법칙(法則)

午

15 15 15

辰 巽 4-----9-----2 坤

巳 震 3-----5-----7 酉

艮 8-----1-----6 戌

丑寅 子 亥

경기도지정기념물 제116호 한산이씨묘역산도(韓山李氏墓域山圖)

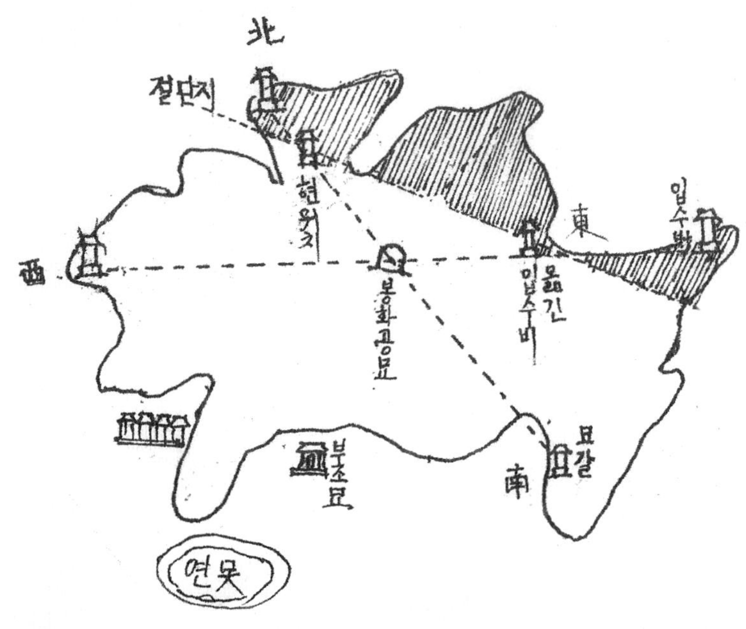

위 도표에 동쪽 묘산입수비와 서쪽 세장지산비와 직선으로 연결하고 북쪽세장지산비와 좌랑공 비갈과 직선연결선의 교차점(交叉點)이 봉화공 묘소가 되는 신비(神秘)한 역술에 신기하고 놀랍기만 하다. 그리하여 이전되는 비석의 이동이 동일선상에서는 원근(遠近)에 이상이 없다고 한다.

상기 감기사(鑑記事)는 1990년도 영장산 한산이씨선조묘역을 문화재로 지정후 신도시건설로 동쪽 한산이씨묘산입수비와 북쪽 한산이씨세장지산비를 이전(移轉)할 때 숲안 종중에서 수원에 역학연구소 원장 이성구(易學研究院 院長 李盛求)씨를 초빙(招聘)하여 작성된 역술감서(易術鑑書)를 필사(筆寫)한 것이다. 광주군내 명당은 ① 마제, ② 국말, ③ 숲안으로 꼽힌다.

10. 이천(利川) 12대조 첨추공(僉樞公) 휘(諱) 경부(慶溥) 묘산(墓山)이 단독명의 회복등기 문건을 발견 종중 공동명의로 변경등기

보통굴댁 문구(文求)의 할아버지 휘 봉직(諱 奉稙)씨 댁과 우리 집 마당을 같이 쓰고 있는 곳에 이웃해 친히 살고 있었다. 그래서 자연스럽게 수시(隋時)로 만나 대화가 이루어진다. 그래서 봉직대부(奉稙大父)가 나에게 금년도 이천(利川), 여주(驪州) 시향(時享)에 상구(庠求)와 같이 참예하고 싶은데 어떠한가, 하시기에 대부께서 76세의 고령(高齡)이신대 행보(行步)가 어떠하신지요? 하니까 대부께서는 해방(解放)된지도 언간 20년이나 되어도 지금까지 한 사람도 시제에 가려들지 않으니 음10월 6일은 이천 장생이 첨추공(僉樞公)시제요, 7일은 여주 문열공(文烈公) 제향이며 하룻밤 자고 8일은 수사공(水使公) 제향(祭享)까지 다녀오자고 하신다.

1964년 갑진(甲辰) 음10월 5일 이른 아침 대부를 뫼시고 떠났다. 나 또한 34세가 되도록 처음으로 시향봉제다. 험준한 나무꿀고개를 넘어 30리 길을 걸어서 광주 경안(廣州 京安)서 버스를 타고 이천군 신둔면 수광리 정류소에 하차하여 또 걸어서 10리길인 마장면 장암리 장생이에 도착 수호인 구석씨와 대부의 소개로 인사를 나누었다. 재실은 초가로 안채와 사랑채가 너무도 퇴락(頹落)한 고옥(古屋)이다. 사랑방에 여장을 풀고 소죽을 쑤운 따뜻한 방에 메주덩이가 시렁에 매달려 있었다. 대부께서는 피곤(疲困)으로 자리에 누우셨다.

구석씨는 족보(族譜)상으로 성구(成求)인데 항렬자(行列字)가 상인지 하(下)에 쓰는지를 잘 몰라 옛 어른들이 지었다는 구석씨 족형(族兄)이 족보를 갖고 들어와 옛 부터 가보(家寶)로 모셔왔는데 아우가 자기 소속을 알려달라고 한다. 나도 8권으로 된 구보(舊譜)는 1740년 영조(英祖)16년 상주목사 휘 수보(秀輔), 형조좌랑 휘 산로(山老), 사천공 휘 병연(秉淵)등이 수보(修譜)한 경신보(庚申譜)를 처음으로 접(接)하는지라 반갑고도 호기심

(好奇心)으로 석유(石油)등잔불 밑에서 우선 나의 계통(系統)부터 살펴가기 시작했다. 족보는 누가 한 번도 펴 본 일 없이 깨끗한 한지(漢紙)로 엮은 그대로였다.

몇 장을 넘기는 순간 노란 이팔봉투가 눈에 띄기에 무엇인가 하고 열어 보니 해방 후 회복등기(回復登記)한 종중 산 문서(宗中 山 文書)다. 명의자는 수호인 성구씨의 부친인 봉규(鳳珪)씨의 단독명의로 되어있었다. 나는 못 본 체 덮어버렸다. 그렇지 않아도 대부께서 늘 걱정한바 대로다. 봉직씨는 어려서부터 이천군 신둔면 소정리서 살면서 지근거리이기에 제사에 늘 참여 했다고 하는데 오늘날 성구가 재실을 자기 소유라고 하니 숲안 대소가(大小家)에서 제사에 참여 하지 않으므로 해서 생기는 폐단이라고 걱정하신다. 옛날에 첨추공 휘 경부(僉樞公 諱 慶溥)의 위답(位畓)이 다섯 마지기요 첨추공의 손자 통덕랑 휘 정시(通德郎 諱 廷蓍)공의 위답(位畓)은 여섯 마지기로 박씨와 김씨가 각기 묘산을 수호(守護)와 봉제(奉祭)를 했는데 봉규씨가 억지로 권한을 빼앗아 지금에 이르렀다는 말씀은 들어 알고 있었다. 이 시점에서 회복등기도 봉규씨 단독명의(單獨名儀) 문서(文書)가 내 눈에 띈 것도 조상님 묵우(默祐)의 계시(啓示)가 아니랄 수 없다. 아침 일찍 준비된 제수와 제의기구를 지고 들고 산상에 가서 시제를 모시고 음복(飮福)을 한 다음 여주로 향해 떠났다.

이천서 버스를 타고 여주에서 내려 또 30리 거리를 봉직대부를 뫼시고 찬찬히 마냥 걸어가면서, 이천 장생이서 있었던 일을 말씀드리지 않을 수가 없었다. 대부는 종중산 회복등기 단독명의 산(山)문서에 대해서 적이 놀라시며 분명히 보았느냐고 몇 번이고 무르시며, 이거 큰일이 아닌가? 하며 말씀을 잇지를 못하신다. 늦가을 노을이 서산(西山)에 비춰질 무렵 청안리 고갯마루에 앉아 쉬며 또 산 문서를 보았느냐고 되 무르신다. 어둡기 전에 빨리 가시자고 서두르니까 거의 다 왔다고 하시며 참으로 내가 너와 같이 오길 잘 했다며, 무엇인가 대부의 마음속 숙제가 풀린 듯 하게 들렸다.

나는 문열공 묘 재실에 들어가 이미 원로(遠路)에서 오신 웃어른들께 인사하고, 어른들의 조상님에 대한 옛이야기로 주거니 받거니 이야기꽃이 피어오르는데 연만(年晩)하신 어른 대규(大珪)씨가 나에게 '어디서 온 누구라고 했지?'라며 다시 구체적으로 소개하라는 말씀에 경기도 광주 숲안서 온 상구라고 정중히 인사들이고. 여기 문열공할아버지의 손자(孫子)되시는 봉화공 휘 장윤 한원군 후손입니다. 그리고 연산군(燕山君)의 갑자사화(甲子士禍)때 피화(被禍)로 양경공 이하 삼대묘소(三代墓所)가 평분(平墳)된지 근 이백 년 만에 문열공 묘소를 찾아주신 수사공 휘찬(穳)께서 11代祖가 된다고 하니까, 적이 놀라는 표정으로 문열공 배위 계하 산소가 수사공인 줄은 알고 있었으나 그 후손은 처음 만나는 것 같다며 이야기는 계속 이어지는데 저녁식사가 들어왔다. 여주시향은 음10월 7일과 8일 양일간 사곡리 동민들의 잔칫날이라 예로부터 전해오고 있다. 동민들은 시향전날 대감산소 청소와 벌초는 물론이며 큰 돼지도 잡고 제수(祭需) 장만에 협조하는 것은 동민들이 종중 터에 집을 짓고 살며 연료(燃料)는 조림(造林)이 잘 가꾸어진 종산(宗山)에 의존하게 되니 애림계를 조직하는데 우리 종손(宗孫)이 거금을 주어 조림과 애림(愛林)에 협조함으로써, 대감산소에 관한 대소사(大小事)에 크게 협조가 이루어진다고 한다.

수사공 시제는 다음날이어서 수호인 신만균(申萬均)씨 댁에서 하룻밤을 더 자야 했다. 신만균씨로 부터 수사공 묘사에 대하여 많은 이야기를 들을 수가 있었다. 광주 숲안에서 시사에 참여하시는 어른은 거의 없었고 다만 이천서 매년 오시는 봉규(鳳珪)씨 외엔 없었으며 이 어른이 못 오시면 신씨가 제물을 챙겨 산소에 차려놓고 잔을 부어 올렸다고 한다. 이 말을 듣고 너무도 부끄러워 고개를 못 들었다. 그리고 봉규씨가 매년 백미(白米) 5두(斗)값을 달래서 근 12년간 돈으로 드렸다는 말에 놀라웠다. 봉직대부도 이 말을 들으시고 너무도 기막히다며 허탈(虛脫)해 했다. 신씨는 이어 금년에도 준비하였으니 가지고 가라며 쌀 닷 말 값을 내놓아 가지고 돌아와 종회에 이모든 사실을 보고하고, 이 돈으로 종재를 삼아 각 묘소제향에 유용(有用)한 일에 사용하도록 하고 완전한 '전부공휘원파종회(典簿公諱垣派宗會)'를 결성(結成)하여 임원선정에 종회장(宗會長)은 순규(順珪)씨로 상구(庠求)가 총무(總務)직을 맡게 되었다. 종중규약(宗中規約)제정에 매년 3인을 시향 참사원으로 하여 여비(旅費)를 지급(支給)하도록 하고 각처에 앙장과 유기(鍮器)로 된 제기(祭器)를 마련하여 보급했다.

그리고 이천종산 독명의 등기는 곧바로 몇 분이 성구씨를 만나 잘 이해시키고 공동명의 변경으로 등기하도록 수습하여 종중결의대로 잘 진행되었다.그 래서 이천종중산 8정보가 종산(宗山)으로 복원(復元)하는데 상구가 크게 공헌(貢獻)하였다고들 하신다.

그리고 다음해에 또 봉직씨와 상구가 시향 참사원으로 이천을 갔는데 성구씨 형제들이 봉직씨와 나에게 거세게 항의(抗議)를 하면서 선고(先考)께서 오래전에 해놓으신 문건을 식자(識字)없는 형을 회유(懷柔) 기만하여 강제로 인감(印鑑)도장을 찍게 한 종중의 처사는 무효(無效)라는 것이다. 참으로 황당하고 어이없는 일이 야기(惹起)되어 되돌아왔다. 그런 후에 1966년 정월에 성구씨 아들이 종중엘 찾아와 아버지 성구씨가 별세(別世)하여 첨추공 묘소 옆에서 얼마 떨어지지 않은 곳에 장례모시겠다며 허락해달라는 것이다. 원칙으로 상대조묘(上代祖墓) 근처에는 본시(本是) 산소를 못 쓰게 하는 완의(完議)의 예(例)에 따라허용(許容)이 안 되는데 산등기(山登記) 문건(文件)과 그간 조상을 잘 받들어온 정성을 참작(參酌)하여 허용(許容)한 후로부터 나는 제사에 참여함과 종중결의로 유기로 재작된 제기와 앙장 등 일습(一襲)식 과 제수목록(祭需目錄)과 쌀 한가마를 부과하여 종재(宗財)마련의 시초(始初)가 되었다. 여주 수사공묘소와 위토(位土)를 수호하는 신만균(申萬均)씨에게도 같은 내용으로 제기일습과 제수목록을 제시하고 제의축문(祭儀祝文) 진설도(陳設圖)비치(備置)와 쌀 5두(斗: 말)를 종중에 납부 등으로 종중의 모든 절차 요건(節次 要件)을 갖추어 착실히 시행(施行)하였다.

경기도지정문화재
(京畿道指定文化財)

八부. 경기도지정문화재 (京畿道指定文化財)

1. 묘역답사(墓域踏査)

1989년 12월 29일 분당 영장산 한산이씨 선조묘역(盆唐 靈長山 韓山李氏 先祖墓域)을 경기도문화재기념물 제116호로 지정을 받고 연이어 그 후.

(1) 군포시 산본동에 호암공 휘 기조(浩菴公 諱 基祚)묘소를 비롯하여,

(2) 부천 소래면 방산운곡(富川 素萊面 芳山雲谷)에 정익공 휘 여발(貞翼公 諱 汝發), 정희공 휘 기하(貞僖公 諱 基夏)부자분 묘역과,

(3) 고양시 원당읍 도내리에 광목공(光牧公) 휘 숙야(諱 叔野) 및 좌의정 휘 유청(左議政 諱 惟淸)의 묘역 등의 답사와 문헌자료(文獻資料)를 금석문집(金石文集)에 등재 요청과, 그 자료 등을 발췌(拔萃)하여 명지대학교 박물관장 신천식 박사에게 주며 문화재지정 가능여부에 대한 문의를 한 바가 있었고, 답사를 실시하였다.

1990년 2월 신 교수(申 敎授)가 답사하러 가자는 연락을 받고 분당에 거주하는 형구(亨求)씨에게 통보하여 분당구 수내동에서 봉고차를 마련했으니 신 박사를 모시고 오라는 것이다. 여기에 석천 양복(石泉 陽馥)씨와 형구씨 그리고 명지대학교 학예연구사와 대학원 사학과생 등이 동승하고 있었다. 석천 양복씨의 안내(案內)로 군포에 수리산하로 호암공 묘소에 당도하였다. 숲이 우거지고 봉분(封墳)에는 직경 10cm의 잡목이 서 있고 석물(石物) 중 일부는 장마에 떠내려가 민가의 담장 등에 쓰여져 있었다. 참으로 타성보기 민망하고 부끄러운 현실은 이미 옛날에 버려진 고총(古冢)을 보러온 듯하였다. 신 박사는 신도비탁본을 지시하고는 아무

말 한 마디 없이 주변을 돌아보고 하산(下山)하여 다음 목적지로 떠나야 했다.

부천 소래의 정익공 묘소에 당도하니 직손(直孫)인 영원(永遠)씨 등 여러분이 대기하고 있어 안내를 받았다. 묘역 관리가 잘되어 있어 대조적이었다. 우선 신도비탁본을 하고 영원씨가 수호인집으로 안내하며 맛있게 점심을 하고 정희공 신도비가 밭 가운데 서있었다. 탁본이 끝나자마자 고양시원당으로 향하였다. 정익공 묘소의 전해지는 일화는 군인으로 출정(出征)하는 젊은이들이 정익공 묘소에 기원 참배(祈願 參拜)를 한 장정(壯丁)은 무사히 군무를 마치고 생환(生還)한다는 속설(俗說)이 전해 온다는 명망(名望) 높은 묘소라 한다. 정익공은 무과(武科)를 거쳐 훈련대장, 어영대장, 포도대장, 한성부좌윤 등을 거쳐 증 좌찬성에 올랐으며 시호는 정익공이다.

정익공 묘소에서 얼마 안 되는 거리에 인천시 신현면 북음촌(北陰村)에 정익공의 아드님 정희공 휘 기하(貞僖公 諱 基夏) 묘소로 이동하여 신도비문(神道碑文)의 탁본(拓本)을 모두 마치고 서둘러 고양시 원당 도내동에 인재공 종손(麟齋公 宗孫)인 세준(世濬)씨 댁에 도착하였다. 세준씨는 불가피한 사정으로 출타 중이었고, 일가분이 대신하여 안내를 받았다. 우선 성사동(星沙洞)에 광목공 휘 숙야(光牧公 諱 叔野)의 묘소로 안내를 받았다. 묘의 사성 가까이까지 군부대(軍部隊)경계 철조망이 처져있었다. 조사를 마치고 도내동(道乃洞)에 안소공 휘 훈(安昭公 諱 塤)의 불천지위사당(不遷之位祠堂)으로 갔다. 사당 담장 안에 보호보존(保護保存)된 안소공 묘비(墓碑)가 특수한 석질(石質)로서 도난방지책으로 보호되어 있다고 한다. 좌의정공 휘 유청(左議政公 諱 惟淸)의 묘비 등을 탁본완료하고 동행한 분들의 강행군한 노고를 치하하며 식사 후 아쉬운 작별을 하였다.

이상과 같이 기초 조사를 통하여 제일 부담스럽고 염려스러웠던 곳이 산본에 호암공 묘소였다. 전부터 전해들은 바 있는 사연(事緣)인 해방 후 직손이 산을 팔고 월북하여 지금껏 방치 상태로 있어서 봉제치산(奉祭治山)을 못하고 있다는 방예손(傍裔孫)인 석천 양복씨로부터 알게 되었다. 신박사도 이점을 유념(留念)하고 있으리라 짐작되나, 혹시 문화재지정을 한 후 관리소홀로 인한 문화재 훼손을 염려하여 지정(指定)이 될 수도 있고, 생각할 때 너무나 고민스러운 결정이 날수도 있을 수 있다.

얼마 후 신 교수를 만나 지난날 노고(勞苦)에 감사의 치하를 하였다.

산본지구 신도시건설은 대한주택공사 산본사업단이 주관(主管)하여 호암공 묘소를 발굴(發掘) 이전(移轉) 복원(復原)을 여러 기관에 의뢰하였으나 묘역 발굴에 대한 각 기관의 입장과 용역(用役), 발굴 문제에 비리(非理)가 있었다는 등의 지상 보도로 조사된 바 없었던 한산이씨묘역에 대한 내용이 사실과 다르게 보도됨으로서 공사가 1년이나 지연되었다. 이 무렵에 대전에 직손되는 명원(明遠)씨가 찾아왔다. 참으로 반가이 맞았다.

그간 직조(直祖)이신 호암공할아버지에 대한 불효를 절감(切感)하고 후회하는 눈시울을 적시며 하는 말이 빈곤과 무성의로 지은 죄 용서를 구한다고 나직한 떨리는 목소리에 나는 그의 손을 덥석 잡았다. “먼 길에 소식을 듣고 이처럼 찾아 와주니 고맙고 고혼(孤魂)이신 할아버지도 반가이 맞이하시리라 믿고 있소.”하였다.

1990년 4월 30일자로 염려와 초조했던 문화재 지정이 경기도문화재심의회의에서 경기도기념물 제121호로 통과했다는 소식을 듣고, 너무도 기뻤다. 아울러 부천시 소래면 방산운곡에 계신 정익공(貞翼公) 묘역과 정희공(貞僖公) 묘역 또한 문화재로 지정(指定), 고시가 되었다는 소식에 놀랍고 감사함은 이 모두가 나라에 공헌(貢獻)하시고 문중을 빛내주신 조상님의 공덕이요, 관계당국 위원님들의 노고에 감사드린다. 후손들은 앞으로 더욱 잘 가꾸고 보존해야 할 것이다. 그러나 원당에 계신 조상님의 도지정(道指定)이 아닌 지방향토문화재(地方鄕土文化財)인 고양시 고시(告示) 제99-5호로 지정되어 아쉬움이 있으나, 문화재 심의규정(文化財審義規程) 상의 차이(差異)일 뿐, 같은 지정된 문화재로서 잘 가꾸어 보존(保存)해야 할 것이다.

1992년 10월에 산본사업단은 우여곡절 끝에 발굴조사단을 고려대학교 박물관팀에 의하여 발굴이 전담하였으며 면봉(緬奉)된 묘는 왕릉(王陵)보다도 커서 후(後)에 줄여서 우람하고 양지가 발라 겨울이면 폭온(暴溫)하여 아이들의 놀이터로 모여들고 시민들이 많이 찾아 든다고 한다. 이로 인해 이곳이 산본공원(山本公園)으로 조성되어 시민들의 휴식 공간으로 한산이씨의 조상님으로 널리 선양(宣揚)되고 있다 하니, 이 모두가 선조님의 음덕(蔭德)으로 대대손손이 번영할 것이다. 매년 4월 둘째 일요일 문양공파 종중(文襄公派 宗中)에서 제수비(祭需費)를 담당(擔當)하고 후예손(後裔孫)들이 봉제향(奉祭享)을 계속하고 있다.

1993년 3월 일

2. 군포시 산본동, 안양시 평촌동, 고양시 원당동 문화재 발굴조사서 발간사(發刊辭)

산본지구는 이전 과천현(果川縣) 남면(南面) 일대지역으로 현재 군포시 산본동을 중심으로 하여 금정동(衿井洞) 당동(堂洞), 그리고 안양시 호계동 일부를 포함하고 있다. 이곳은 지형상으로 볼 때, 산본(山本)이란 지명유래에서도 나타나듯이 산(山)의 근본, 즉 수리산(修理山) 남쪽 구릉지역으로서 안양의 평촌(坪村)지구와는 대조를 이루고 있다. 본교 박물관이 이곳에 산재한 문화유적을 조사한 것은 이곳이 인근 안양 평촌을 비롯하여 성남 분당, 고양 일산지구와 함께 대규모 아파트 단지 조성지로 설정되어 개발로 인한 지형의 변경이 불가피하게 됨에 따라 문화제의 파괴를 최소화하기 위한 목적에서다.

군포시의 지형은 대부분 구릉으로 이루어져 있으나 중간 중간에 넓지는 않지만 분지와 같은 평탄지도 있어서 사람이 삶을 영위하기에 충분한 자연적 요건을 갖추고 있다. 하지만 약 126만평의 아파트단지 조성지구가 이미 개발이 이루어져 평탄한 도심지를 제외한 비교적 높은 구릉지대이고 조사 실시기간이 동절기인 까닭에 많은 어려움을 겪게 되었다. 더욱이 20여 년 만에 내린 전국적인 폭설은 조사실시에 가장 큰 장애가 되었다.

그러나 이제까지 이 지역의 문화유적에 대한 조사가 전무하였다는 점을 고려할 때 금번 조사는 안양 평촌지역의 조사와 함께 중요한 의미를 지니는 것으로 사료된다. 특히 10여기의 지석묘(支石墓)와 1곳의 고분군(古墳群,) 그리고 도요지(陶窯地) 발견은 금번 조사의 성과 가운데 매우 중요한 것이리라 짐작된다. 이에 이 조사를 토대로 보고된 유적 가운데 문화적 성격 규명이 필요한 유적과 파괴된 유적은 그에 따른 발굴조사가 실시되어야 할 것이며, 기념관이나 공원의 조성으로 그 원형을 이전 복원하는 계획이 병행되어야 할 것이다. 또 지석묘는 안양 평촌지역의 것과 그리고 도요지는 인근 석수동 일대의 도요지 유적과 비교 연구되어야 할 것이다.

끝으로 본 조사비의 부담은 대한주택공사 측에 의해서 이루어졌음을 밝혀두는 바이며, 어려운 여건에서도 모든 조사가 순조롭게 마무리 되도록 성의를 다한 본교 박물관 관계자들에게 감사를 표한다.

1990년 3월

명지대학교(明知大學校) 박물관장(博物館長) 신천식(申千湜) 머리말

군포 산본지구는 수도권 주택난 해소책의 일환으로 인접한 안양 평촌지구와 함께 1989년 8월30일 택지건설 사업지역으로 설정된 곳이다. 그러므로 이곳의 지형은 현상 변경이 불가피하게 되었고 따라서 이곳에 분포하고 있는 여러 문화유적들도 파괴될 위험에 직면하게 되었다. 이에 본 대학교 박물관은 경기도의 요청에 따라 산본지구에 산재하고 있는 문화유적에 대한 전반적인 지표조사를 실시하였다. 조사 계약은 1990년 1월 10일에 체결하였고 조사기간은 1990년 1월 11일부터 3월 10일까지 약 두 달이었다. 이로서 본 박물관은 1월 12일부터 1월 23일까지, 1월 29일부터 2월 17일까지 2차례에 걸쳐 현장조사를 실시하였다.

산본지구는 산본1동과 2동과 금정동 그리고 당동 일부를 포함하고 있다. 전체면적은 4,258Km²로 42,500세대 17만 명을 수용할 계획이라고 한다. 이에 따라 1992년 말까지를 사업의 준공단계로 설정하고 대한주택공사가 공사를 주관하고 있다.

산본지구는 수리산의 남쪽에 위치한 구릉지대로 경사가 완만하여 사람들이 생활하기에는 비교적 좋은 입지조건을 갖추고 있다. 또 역사적인 측면에서 볼 때도 주변의 지정학적인 위치가 말해주듯 삼국시대 이래 군

사적 요충지인 당항성(唐項城)이 멀지 않으며 목내리산성(木內里山城)이나 별망산성(別望山城) 또한 인근에 위치하고 있다. 이와 같은 주변 환경과 입지조건은 조사를 시작함에 있어서 많은 성과를 기대하게 하여 다음과 같이 조사영역을 설정하였다.

① 선사유적: 지석묘, 고분, 선돌, 주거지 등
② 선현묘역: 분묘, 신도비, 묘비를 비롯한 석물
③ 전통건축: 사당, 정자, 고가, 향교, 서원 등
④ 사적지: 사지, 도요지, 봉수지, 역원지, 주막지 등
⑤ 민속: 농경, 제례, 호례, 출생 등에 대한 민속자료
⑥ 전설: 고가, 고목, 자연물 등에 대한 전설
⑦ 지명유래: 동명, 자연부락명, 기타
⑧ 보호수: 100년 이상의 노거수, 천연기념물 등

위 조사를 위하여 다음과 같이 조사단을 구성하였다.
조사단장: 신천식(명지대학교 사학과 교수 겸 박물관장)
자문위원: 김기웅(문화재관리국 전문위원)
김위현(명지대학교 사학과 교수)
김동욱(경기대학교 건축과 교수)
맹인재(한국민속촌 대표이사)
유재은(명지대학교 생물과 교수)
조 사 원: 엄익성(명지대학교 박물관 학예사)
이용빈(명지대학교 박물관 학예사)
김성환(명지대학교 박물관 연구조교)
장덕호(명지대학교 박물관 연구조교)
이재규(명지대학교 박물관 연구조교)

조사보조원: 박건현(명지대학교 대학원 사학과)
박은숙(명지대학교 대학원 사학과)
박문태(명지대학교 대학원 사학과)
정종태(명지대학교 사학과 3년)
신학태(명지대학교 사학과 2년)
김종호(명지대학교 사학과 1년)

금번 조사결과 선사유적으로는 지석묘와 고분이 여러 곳 발견되었고, 백자도요지도 한 곳을 발견하였다. 조선시대 도읍과 인접한 지역이라는 지리적인 특성과 연계되었으며 민속으로는 수리산 산신제가, 보호수로는 향나무와 느티나무가 이번 조사에서 확인되었다. 이러한 것들은 이 지역이 평촌지역과 함께 문화재조사나 학술조사가 전무했던 상태라는 점을 감안할 때 커다란 성과라 하지 않을 수 없다.

특히 지석묘와 고분 도요지등은 반드시 발굴조사를 실시하여 이 지역의 전통적 문화 성격을 이해할 수 있도록 해야 하는 한편 평촌지역과도 비교 연구되어야 할 것이며 선현묘역 또한 조선시대 묘제 연구에 일조를 할 것으로 사료된다.

그러나 위 조사를 행함에 있어 조사기간이 2개월로 한정되어 있었고 그나마도 이 기간은 혹한과 폭설이 계속된 최악의 상태였기 때문에 조사활동에 여러 가지 어려움이 많았다. 따라서 본 조사단이 최선의 노력을 다하였다 하더라도 위의 특수성으로 혹 누락된 부분이 있을지도 모른다.

마지막으로 조사를 실시함에 있어서 추위를 무릅쓰고 조사에 임해준 박물관 관계자와 그동안 뜨거운 격려로서 본 조사에 협조해 주신 김기웅 박사님과 경기대학교 김동욱 박사님께 감사드리며 강대욱 학예관을 비롯한 경기도의 관계자 여러분들께도 고마움을 전한다.

3. 문화재 등록신청서

• 일　시: 1990년 2월

• 건　명: 호암 이기조 선생 묘역(浩庵 李基祚 先生 墓域) 문화재 신청

• 소재지: 경기도 군포시 산본동 산 16번지
　　　수리산 동록유좌 묘향(修理山 東麓酉坐 卯向)

• 시설(施設) 및 잔존석물(殘存石物): ① 신도비(神道碑), ② 동자석(童子石) ③ 문관석(文官石) ④ 망주석(望柱石) ⑤ 상석(床石) ⑥지대석(址臺石)
단(但) 장명등(長明燈)과 묘갈석(墓碣石)은 지난 1930년 폭우(暴雨)로 인하여 안양 일대의 대홍수 범람시 유실되었음.

(1) 위에 기록한 이기조(李基祚) 선생의 본은 한산(韓山)이요, 호(號)는 호암(浩庵), 시호(諡號)는 충간공(忠簡公)이다. 여계 문하시중 이색선생(麗季 門下侍中 李穡 先生) 호(號) 목은(牧隱) 시호(諡號) 문정공(文靖公)의 10대손이고, 증 영의정 이현영 호 창곡, 시호 충정공(贈 領議政 李顯英 號 蒼谷 諡號 忠貞公)의 장자(長子)이다. 1595년에 출생하여 1615年에 알성급제(謁聖及第)하고 아조(我朝), 광해(光海), 인조(仁祖), 효종(孝宗)까지 3대 왕조에 긍(亘)하여 38년 동안 예조(禮曹), 호조(戶曹), 공조판서(工曹判書)를 거치는 동안 현직에서 1653년 졸(卒)하였다. 역임 중 당시의 다단(多端)했던 국정에 참여하여 지대한 공헌을 하였으며 명망이 또한 높아 뒤에 영의정 벼슬을 받았다.

(2) 공(公)은 처음 장단(長端) 서곡(瑞谷)에 장사(葬事)하였다가 17년 뒤인 1670년에 과천 수리산 동록유좌(東麓酉坐) 현 군포시 산본동 16번지에 이장하고 300여 년 동안 장단(長端)에 거주한 대대 종손이 세사

(歲祀)를 모시며 수호하였으나 조국 광복 후 남북이 분단되므로 한때 수호에 소홀(疎忽)함을 면치 못했다. 이를 민망히 여긴 한산이씨대종회서는 1982년부터 연중행사로 주간(主幹)하여 세사를 모시고 수호하고 있다.

(3) 저간(這間)에 저명(著名)한 전문 학자들이 심방조사(探訪調査)한 의견에 따르면 이 묘역과 신도비 등 제 시설물(諸 施設物)이 문화재로서 충분한 가치가 있다는 것이고 근처 일반시민들 역시 대감산소(大監山所)라 일컬어 숭앙(崇仰)하고 있다.

• 有添: ① 신도비명 원문 및 번역문 사본
② 묘소 및 신도비 기타 석물 사진
③ 기타 사료고증 사본

문화재신청인(文化財申請人) 서울시 종로구(鐘路區) 수송동(壽松洞) 95

한산이씨대종회韓山李氏大宗會) 이사장 이인구(理事長 李仁求)
이 사 이복규(理 事 李復珪)
이 사 이양복(理 事 李陽馥)

4. 호암 이기조 선생 신도비 명(浩庵 李基祚 先生 神道碑 銘)

증 대광보국숭록대부 의정부영의정 겸 영경연홍문관예문관 춘추관관상감사 세자사 행 정헌대부 예조판서 겸 지경연의금부춘추관사 세자좌빈객동 지성균관사 오위도총부도총관 이충간공 신도비명 병서

시호 충간: 염방정직왈충 일덕불해왈간

贈 大匡輔國崇祿大夫 議政府領議政 兼 領經筵弘文館藝文館 春秋館觀象監事 世子師 行 正憲大夫 禮曹判書 兼 知經筵義禁府春秋館事 世子左賓客同 知成均館事 五衛都摠府都摠管 李忠簡公 神道碑銘 竝書

諡號 忠簡: 廉方正直曰忠 一德不懈曰簡

박세채 찬(朴世采 撰) 1632년(仁祖10)~1695년(肅宗21): 조선 숙종 때의 문신, 유학자, 자(字)는 화숙(和叔), 호(號)는 현석(玄石). 28세에 익위사 세마(翊衛司 洗馬)를 지내고, 숙종이 즉위하자 효종 때의 자이대비(慈懿大妃) 복상문제(服喪問題)로 남인들에 의해 숙청되었으나 다시 성균사업(成均事業)에 등용, 집의(執義), 동부승지(同副承旨)를 거쳐 1683년에 소론(小論)의 영수가 되었다. 당쟁에는 가담하였으나 황극탕평설(皇極蕩平說)을 주장 당쟁의 근절에 노력하였다. 예학(禮學)에 밝았으며 각 분야의 저술이 많아 후진들에게 귀중한 문헌(文獻)을 많이 남겼다. 저서로는 『거가요의(居家要儀)』, 『범학전편(範學全編)』, 『사우고증(師友考證)』이 있다.

- 문헌(文獻): 『남계년보부록(南溪年譜附錄)』

대광보국숭록대부 의정부좌의정 겸 영경연감춘추관사 세자부

大匡輔國崇祿大夫 議政府左議政 兼 領經筵監春秋館事 世子傅

신완전(申琓篆) 1646년(仁祖24)~1707년(肅宗33): 조선 숙종 때의 문신, 자(字)는 공헌(公獻), 호(號)는 경암(絅庵), 1672년(현종13) 문과에 급제하여 서인(西人)으로서 1680년(肅宗6) 경신대출척(庚申大黜陟) 때 남인(南人)인 권대운(權大運), 민희(閔熙) 등의 좌파를 논박했고 1684년 강양도(姜襄道)관찰사, 대사헌, 이조판서를 역임하고, 1700년(肅宗26) 우의정(右議政)에 올랐다. 1703년 영의정(領議政)에 올라 평천군(平川君)에 봉(封)해졌으며, 시호(諡號)는 문장공(文莊公)이다. 저서(著書)로는 『경암집(絅庵集)』이 있다.

- 문헌(文獻): 『약파만록(藥坡漫錄)』, 『서암집(恕菴集)』

외손 대광보국숭록대부 의정부영의정 겸 영경연홍문관예문관 춘추관관상감사 세자사 평천부원군

外孫 大匡輔國崇祿大夫 議政府領議政 兼 領經筵弘文館藝文館 春秋館觀象監事 世子師 平川府院君),

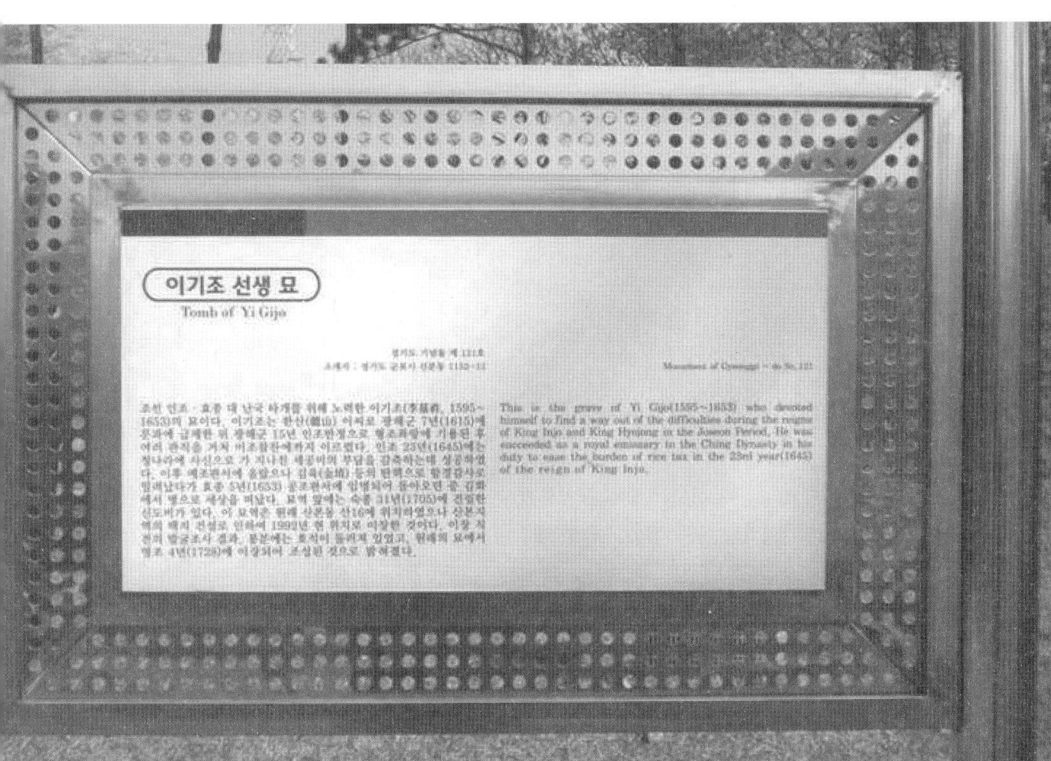

5. 충간공 이기조 경기도기념물 제121호 지정자료집

京畿道地方文化財記念物第一二一號

忠簡公李基祚先生 資料集

본 자료집은 목차(目次)의 순서도 없이, 작성한 자료집(資料集)으로서 호암공 묘소(浩菴公 墓所)를 문화재(文化財)로 지정(指定)받기 위해 활동(活動)하는 중 많은 애로(隘路)를 필설(筆舌)로 표현할 수 없는 고충(苦衷)을 겪고, 지정 받은 경기도(京畿道)기념물(記念物) 제121호인 호암공 휘 기조 묘에서 출토(出土)된 지석(誌石) 13매(十三枚)의 전후면(前後面)원문(原文)을 번역(飜譯)하였고, 경기금석대관(京畿金石大觀)에 등재 등 이모저모의 기록물(記錄物)또는 잡다(雜多)한 자료(資料)로서 200여 쪽을 모아 일책(一冊)으로 복사하여 10여권을 나누어준 바 있으니, 나로서는 논리적으로 정리할 집필(執筆)하는 일에 후일(後日)을 기약(期約)할 수 없어 불야불야 부분적 이나마 문화재(文化財)가 되기까지의 기록(記錄)으로 남기고 싶었을 뿐이다.

6. 음애공 이자(李耔) 묘역 문화재 신청서, 지정서

(1) 종 별: 묘원(廟園) 및 사당(祠堂), 보존가옥(保存家屋)

(2) 명 칭: 한산이씨음애공파종중(韓山李氏 陰崖公派宗中) 묘원(墓園) 및 보존가옥(保存家屋)

○ 묘역에 설치된 묘의 내역

① 예견(禮堅) 자(字) 불인(不磷) 1436년 계사(癸巳) 6월생 임오 사마(壬午 司馬) 양시(兩試) 문과관 사간원 대사간공(文科官 司諫院 大司諫公) 증 숭정대부 의정부 좌찬성(贈 崇政大夫 議政府 左贊成) 1510년경오(庚午) 11월 22일 졸(卒). 배 증 정경부인 선산김씨(配 贈 貞敬夫人 善山金氏) 묘 2기(基).

② 운(耘) 통정대부 공조참의 제주목사공 겸 병마수군절부사(通政大夫 工曹參議 濟州牧使公 兼 兵馬水軍節副使)와 배 숙부인 죽산안씨(配 淑夫人 竹山安氏) 1기(基) 묘도(墓道) 을미(乙未) 5월 13일 설치.

③ 누(耨) 선교랑의금부도사(宣敎郎 義禁府都事)와 배 해주최씨(配 海州崔氏) 묘 2기(基).

④ 자(耔) 자(字) 차야(次野) 호(號) 음애(號陰崖) 1480년 성종 경자(成宗 庚子)생. 증 대광보국숭록대부 의정부좌찬성 겸 판의금부사 오위도총부도총관 시 문의공(贈 大匡輔國崇錄大夫 議政府左贊成 兼 判義禁府事 五衛都摠府都摠管 諡 文懿公). 청백리(淸白吏)로 록선(錄選) 충주팔봉서원(忠州 八峰書院)에 배향(配享)되었고, 부조묘(不祧廟)에 특전(特典)을 받들어 제향(祭享)하고 있다. 1533년 계사(癸巳) 12월 15일 졸(卒), 배 증 정경부인 인천채씨(配 贈貞敬夫 人仁川蔡氏) 묘(墓) 2기(基) 용인군 지정 향토유적 제8호.

⑤ 추(秋) 문의공 이자(文懿公 李耔)의 자(子) 외 배 전의이씨(配 全義李氏)는 부모님에게 효도(孝道)로 여묘(廬墓) 3년에 발병되어 1556년 6월 1일 생(生)을 마감하셨다는 기록만 남아있다. 묘 2기(基).

⑥ 해창(海昌) 의정부사인(議政府舍人). 1기(基).

⑦ 해안(海安) 통훈대부 선능참봉(通訓大夫 宣陵參奉). 음애공 이자의 현손(陰崖公 李耔의 玄孫)

○ 사당과 보존가옥(祠堂과 保存家屋)

음애공 이자(陰崖公 李耔)의 고택(古宅) 목조(木造)기와 115m²

경기도민속자료 제10호 지정(1998, 1, 10.)

음애공이자사당(陰崖公李耔祠堂) 목조기와 45m²

(3) 소재지: ① 경기도 용인시 기흥읍 지곡리 산11-17번지

② 경기도용인시 기흥읍 지곡리 산32-20번지

③ 경기도용인시 기흥읍 지곡리 297-2번지(대지)

(4) 면 적: ① 묘역 산11-17번지 3,9471m²

② 묘역 산32-20번지 9,521m²

③ 대지 297-2번지 2,866m²

④ 건물 보존고택 115m²

⑤ 사당 45m²

(5) 소유자: 한산이씨음애공파종중

용인시 기흥읍 지곡리 297-2번지

(용인시 등록번호 112201-3145018)

대표 이양구(용인시 기흥읍 신갈리 437-2번지)

(6) 유 래: 경기도 용인시 기흥읍 지곡리 산11-17번지

상 동 산32-20번지

상 동 대지 297-2번지는 한산이씨 음애공 종중 소유로 약 490년 전 음애공 이자(李耔)의 선고(先考) 대사간공 예견(禮堅)의 묘를 상기 산11-17번지에 장례(葬禮)하고 그 후손들의 세거지(世居地)로 500여 년간의 집성촌(集成村)이 되었습니다. 같은 산32-20의 임야(林野)는 그 앞에 대지(垈地) 297-2번지를 병풍처럼 감싸고 있고 이 대지에는 음애공 이자께서 직접 기거(起居)하시던 고가(古家)가 지금까지 보존(保存)되어 있습니다. 그래서 인근에서는 기와집 마을로 통칭(通稱)되며 묘역 입구에는 용인시 유림들께서 건립한 신도비가 웅장하게 자리 잡아 내방객을 맞이하고 있습니다. 묘역 산11-17번지에는 음애공 이자의 중씨(仲氏)이운(李耘) 제주목사공 내외분이 그 옆에는 셋째형님 도사공 이누(李耨) 내외분, 음애공 이자와 배 증 정경부인 인천채씨(配 贈 貞敬夫人 仁川蔡氏)묘가 있으며 그 계하(階下)에 자(子) 휘 이추(諱 李秋)의 묘가 세장(世葬)되어 있고 인근 지방에는 후예(後裔)들의 묘역으로 형성되어 있습니다.

1950년 6·25전란과 1·4후퇴 시에도 문중이 묘소를 잘 수호 · 보존하였으며 묘역에는 150년 이상 된 한국소나무가 묘소와 어우러져 그 자태와 풍경이 조화되어 과객(過客)들의 탄성(歎聲)을 자아내는 모습이 아름답습니다.

기흥읍 인근 보라리까지 택지개발고시 중에 있어, 이 귀중한 문화유산의 보존이 어렵게 되어 도문화재로 지정을 청원(請願)합니다. 이 문화재를 잘 유지보존하여 후손들에게 산교육장으로 물려줄 수 있도록 도지정을 재삼 간곡히 청원드립니다.

* 첨부자료(添附資料)

문의공 이자 묘역사진 및 묘비, 신도비 외 17종 자료를 첨부하였습니다.

2000년 월 일

경기도 용인시 기흥읍 지곡리 297-2번지
한산이씨음애공파종중 회장
신청인 이 양 구 (李 亮 求)
(0331-283-2150)
용인시 기흥읍 신갈리 437-2번지

경기도지사님 귀하

경기도지정기념물 제172호
경기도 용인시 기흥읍 지곡리 산11-17번지
경기도 용인시 기흥읍 지곡리 산32-20번지
경기조 용인시 기흥읍 지곡리 297-2번지 대지(垈地)

음애공 묘역 일원(陰崖公 墓域 一圓)과 사당(祠堂)과 고택(古宅).

九부

세보(世譜) 간행 및 도서출판 참여

九부. 세보(世譜) 간행 및 도서출판 참여

1. 한평군 휘 지숙파 세보(韓平君 諱 之菽派 世譜)

1964년도 돌마면 수내리(突馬面 藪內里) 이장직(里長職)에 선발(選拔)되어 사양(辭讓)했으나 받아들여지질 않아 1년만 하겠다는 조건부수락(條件附受諾)했다. 왜냐하면 선고(先考)께서 이미 1937년부터 10여 년간 구장(區長)을 왜정압제(倭政壓制) 때에 공정무사(公正無事)하고 원만(圓滿)하게 역임(歷任)하셨던 고로 하여 누(累)를 끼칠까 염려(念慮)로 더욱 열심히 최선(最善)을 다하였다.

1964년에 이장직(里長職)을 사임(辭任)하고 나니까, 숲안 한편군파종회(韓平君派宗會)회의(會議)에서 한평군파 세보(韓平君派 世譜)를 창간(創刊)하기로 의결(議決)되어 상무(常務)에 임명(任命)되었다. 나의 집이 보소(譜所)로 정하여 수단유사(收單有司)가 수집한 단자(單子)를 수록(收錄)하는 일까지 겸(兼)하게 되어 막중(莫重)한 임무(任務)를 부여(附與)받았다. 수단유사(收單有司)들의 적극적인 활동으로 속속 단자(單子)가 제출되는 대로 잉크 펜으로 수록하였다.

소목별(昭穆別)로 정리(整理)중에 구보(舊譜)와 서로 다르거나 누자(漏字), 오자(誤字) 또는 배(配)의 관향(貫鄕)이 없는 경우 생졸(生卒) 연월일, 묘소(墓所), 주소지(住所地) 등이 누락되어 시정요구(是正要求) 등으로 하여 수단유사(收單有司)들은 통신(通信)이 원활(圓滑)하지 못하고 교통(交通)편이 좋지 않은 열악(劣惡)한 환경 속에서 산간벽촌(山間僻村)을 도보(徒步)로 누비며 다니는 애로(隘路)를 극복(克服)한 노력이 있었기에 가능하였다.

특히 파별(派別)로 인구수가 절대다수인 휘 경류 좌랑공(諱 慶流 佐郎公)댁 수단유사 상복(尙馥)씨의 활약(活躍)이 눈부시게 돋보였으며, 선대

(先代)의 문헌(文獻)을 도서관(圖書館), 또는 규장각(奎章閣) 등을 다니며 先祖의 행적사문(行蹟事文)을 수시로 찾아내어 수록(收錄)하게 한 천구(千求)씨의 공력(功力)을 잊을 수가 없다. 뿐만 아니라 도유사 장규(都有司章珪)씨께서는 매일 한두 번씩 보소(譜所)에 오시어 명하전 수납(名下錢 受納) 및 수보진도(修補進度) 등을 점검 독려(點檢 督勵)하셨다.

1965년(乙巳) 11월 겨울에 수단을 마감(磨勘)하여 도유사 장규씨가 서울 아현동에 사시는 족숙(族叔) 일몽 중규(一夢 仲珪)씨께 수보편차(修譜編次)와 교정(校訂)을 요청드리니 사양(辭讓)하시다가 칠순 고령(七旬高齡)임에도 불구 하시고 흔쾌히 수락(受諾)하시었다. 일몽(一夢)께서는 한학자(漢學者)인 동시에 시문학(詩文學)에 조예(造詣)가 깊으시어 독보적(獨步的)인 존재(存在)로 많은 시문학 동호인(詩文學 同好人)들이 추종(追從)하며 회장추대(會長推戴)로 오랫동안 역임(歷任)하셨다. 풍채(風采)는 마주보아 눈맞춤이 안 되며 머리가 숙여질 만큼 근엄(謹嚴)하시고 분명(分明)하고 쉽게 알아듣도록 말씀을 하시는 어른이셨다.

말씀은 차분(差分)하게 하시면서도 빈틈없이 조리(條理)가 있고 분명 서울 북아현동으로 보소(譜所)를 옮기어 정서(精書)를 하는데 세보(世譜)에 문헌편 정리(文獻編 整理)는 윤영달(尹榮達)씨로 담당(擔當)하게 하고 나는 손록(孫錄)을 맡기시었다. 윤영달 선생 역시 한학에 익숙하시어 서체(書體)가 달필(達筆)이시다.

일몽(一夢)께서 수보(修譜) 지침(指針) 말씀에 소목(昭穆), 명(名), 자호(字號), 생졸 연월일(生卒年月日), 직함(職銜), 묘소 좌향 다비 면봉(墓所坐向 茶毘 緬奉), 배(配)는 관향 성씨 부직함(貫鄕 姓氏 父職銜) 생졸연월일(生卒 年月日), 한자(漢字)의 자획(字畫)의 정확성(正確性)을 강조(强調)하셨다. 그래서 항상 옥편(玉篇), 또는 자전(字典) 등 참고자료(參考資料)에 의지(依支)하며 구보(舊譜)를 일일이 대조(對照)하면서 열심히 하느라 했으나, 일몽(一夢)께서 자획(字畫) 또는 기록 순차(記錄 順次) 등을 지적(指摘)하시었다.

“기록(記錄)이 명확(明確)해야 후세(後世)들이 올바른 이해와 진실(眞實)한 가계 역사(家系 歷史)를 계승(繼承)해간다는 책임의식(責任意識)으로 더욱 주의(注意)깊게 하라. 끼어 넣거나 덧붙이거나 하는 것은 절대 불용(不容)이다.” 참으로 곤혹(困惑)스러운 일이다. 그러나 도리 없이 처음부터 다시 할 수밖에.

손가락에 못이 박혀 펜만 잡으면 힘주어 쓸 수가 없이 아팠다. 방바닥은 차가워 연탄(煉炭)불이 옛날 두꺼운 구들장을 덥히기가 쉽질 않고, 윤선생은 가끔 비우신다. 시골 집안걱정이며 추위와 고독(孤獨)함을 참고 견디려고 깔 방석 위에 앉아있으나 쉽사리 펜을 잡을 수가 없었다. 이때 안에서 점심 먹으라는 아주머니 목소리가 들린다. 아주머니께서는 일몽(一夢)아저씨와 연갑(年甲)이 신대 기력(氣力)이 좋은 편이시다. 슬하에 따님 여섯 자매를 낳으시고 끝으로 아드님 특구(特求)를 낳으시어 애지중지(愛之重之)로 온 식구(食口)들의 사랑을 받으며 대학교(大學校)에 재학중이었다.

특구(特求)는 건축공학박사(建築工學博士) 출신임에도 위선심(爲先心)에 남다른 열정(熱情)과 숭조돈목(崇祖敦睦)의 선구자적(先驅者的) 역할(役割)로 사상초유의 발상(發想)으로 우리 한산이씨교수회(韓山李氏敎授會)를 구성창립(構成創立)하는데 주도적(主導的)인 역할로 창립하였으며 이어서 우리문중 언론인회(言論人會)도 창립하였다. 우선 숭조사업(崇祖事業)으로 목은선생(牧隱先生) 서세(逝世) 600주년기념회(週年記念會)를 1996년 6월 20일 오전 9시부터 오후 6시까지 학술발표(學術發表)를 세종문화회관(世宗文化會館)에서 많은 후손(後孫)들과 성균관 유생(成均館 儒生)들이 참여하여 성대(盛大)하게 거행했으며, 잇따라서 다음해인 1997년 8월 6일 목은 이색 학술사상 중한 연토회(牧隱 李穡 學術思想 中韓 硏討會)와 1998년 10월 16일 세종문화회관에서 ‘가정 이곡선생 탄신 700주년기념

학술대회(稼亭 李穀先生 誕辰 700週年記念 學術大會)' 등을 기획(企劃)하고 주선(周旋)하며 자금(資金)조달(調達) 등 그 외의 많은 업적(業績)을 잊을 수가 없다. 이 기사(記事)는 세보창간(世譜創刊)과의 직접적인 관계는 아니며 잊혀질까 생각되어 기록하였다.

세보작성(世譜作成)이 생각하듯 그리 쉬운 일이 아님을 깨닫고 사명감(使命感)과 보람된 긍지(矜持)를 가지고 정서(精書)를 하는데 수단유사이신 상복(尙馥)씨가 추가(追加)할 단자(單子)를 가지고 오면서 마감이 이미 된줄 알면서도 가지고 왔으니 미안해 말한다. 살펴보니 이미 정서(整書)가 끝난 부분이다. 나는 그분의 정성이 지극한 노력에 감동(感動)하여 수록(收錄)하는데 주저(躊躇)하지 않았다. 이러한 경우(境遇)가 인쇄소(印刷所)에 갈 때까지도 반복(反復)되어 난처(難處)한 일이 많았다. 그럼에도 누락(漏落)된 분이 적지 않을 것으로 알며 유감스럽게 여긴다.

윤 선생이 작성한 문헌(文獻)은 작성하는 대로 필경(筆耕) 손에서 직접 세필(細筆)로 쓰는 작업이 계속 진행 중이며 손록(孫錄)을 천신만고(千辛萬苦)로 끝이 나서 필경을 더 보강(補强)하여 작업에 들어갔다. 나는 필경으로 쓴 것과 원고(原稿)를 대조(對照)하여 교정(校訂)을 하면 일몽(一夢)께서 최종(最終)으로 또 교정을 보시면 끝난다. 금년 6월 12일 종회 임원회의 의결(議決)로 서대문구 중림동에 남산인쇄소(南山印刷所)로 선정(選定)되고, 단권양장(單券洋裝) 236질(秩)과 가액조정(價額調定) 등이 확정되어 계약을 맺고 작업(作業)이 시작되었다.

1966년 9월 30일 마침내 인쇄(印刷)가 완료되어 10월 1일 발행(發行)되었다.

임원록(任員錄)

번호	직 책	이 름	주 소
1	도 유 사(都有司)	장규(璋珪)	광주군 돌마면 수내리
2	상　무(常　務)	상구(庠求)	〃
3	수단유사(收單有司)	복규(復珪) 장복(章馥)	〃
4	〃	병규(丙珪) 덕규(德珪)	〃
5	〃	선구(善求)	광주군 초월면 상번천리
6	〃	현구(賢求)	용인군 포곡면 영문리
7	〃	상복(尙馥)	충남 부여군 옥산면 안서리
8	〃	봉구(鳳求)	서울시 성동구 옥수동산1
9	〃	정구(鼎求) 종원(鍾遠)	광주군 돌마면 수내리
10	〃	만규(萬珪) 찬구(贊求)	〃

▮ 한평군파세보 병오보 발문(韓平君派世譜 丙午譜 跋文)

본보(本譜)는 지난 갑진(甲辰)년 겨울에 발의(發議)된 이래(以來) 거의 만 2년 만에 발간을 보게 되었다.

대저 범백사(凡百事)가 모두 도연(徒然)히 이루어지는 것은 없나니, 더욱이 팔로(八路)에 산재(散在)한 제족(諸族)을 수합(收合)하여 일권(一卷)의 책자(冊子)에 일목요연(一目瞭然)하게 정리재록(整理載錄)하는 간보사업(刊譜事業)에 있어서이랴!

회고(回顧)하건대, 지난 갑진(甲辰)년 10월에 수내리(藪內里) 봉화공 재실(奉化公 齋室)에서 종회를 개최하고 족숙(族叔) 장규(璋珪)씨께서 오 한평군공파보(吾韓平君公派譜)를 간행(刊行)할 것을 발의(發議)한 바, 제족(諸族)의 의견(意見)이 만장일치(滿場一致)되어, 곧 장규(璋珪)씨를 도유사(都有司)로 추대(推戴)하고, 부서를 선정함과 아울러 수내리에 보소(譜所)를 설치(設置)하고 전국(全國)에 광통(廣通)함으로써 발족(發足)하게 되었으니, 이는 오종(吾宗)의 위선돈친정신(爲先敦親精神)이 투철한 위에 도유사(都有司)께서 평소 종사(宗事)에 물심양면으로 많은 봉사(奉仕)를 하여 오신 두터운 신망(信望)에서 이루어진 일이었다.

이에 각파(各派) 수단유사(收單有司)가 종횡(縱橫)으로 연락(連絡)수단(收單)하여 을사(乙巳)년 겨울에 대략 그 마감(磨勘)을 보게 되었으니, 그 노고(勞苦)야 밀로 형용(形容)할 수 없이 큰 것이었으며, 그 중에도 족질 상복(尙馥)씨께서는 이를 전담(全擔)하여 즐풍목우(櫛風沐雨)로 벽강궁촌(僻江窮村)을 탐색(探索)함으로써 많이 참보(參譜)하게 된 공(功)이 더욱 크다.

을사(乙巳)년 10월에 족숙(族叔) 중규(仲珪)씨에게 편차(編次)와 교정(校正)을 요청(要請)한 바 칠순고령(七旬高齡)임에도 불구하고 현연 수락하여 불철주야(不撤晝夜) 이에 침잠(沈潛)하여 편찬에서부터 교정 감인(監印)에 이르기까지 친(親)히 취급하시되, 신구(新舊)를 절충(折衝)하고 정확면밀(正確綿密)을 다하여 금년 五월에 총719頁의 원고(原稿)를 탈고(脫稿)하게 된 바, 서울시내 각 도서관을 순방(巡訪), 오종선대(吾宗先代)에 유관(有關)한 문헌(文獻)을 색출등재(索出謄載)함에는 족형(族兄) 천구(千求)씨의 노고(勞苦)의 공(功)이 많았음을 잊을 수 없다.

금년 6월 12일에 이를 옵셋 인쇄(印刷)에 회부(回附)하여 단권양장(單券洋裝)으로 제책(製冊), 이제 그 준성(竣成)을 보게 되었으니 실로 오종(吾宗)의 경행(慶幸)이라 하겠으나 그러나 유루(遺漏)된 종친(宗親)이 불소(不少)하였음을 유감(遺憾)으로 여기는 바이다.

이번에 목은선조(牧隱先祖) 초상화본(肖像畵本) 236매를 구득(求得)하여 선대(先代)의 유묵(遺墨)과 아울러 삽입(揷入)함으로써 람보자손(覽譜子孫)으로 하여금 추모지감(追慕之感)이 유연(油然)히 흥기(興起)케 하였음은 금상첨화(錦上添花)라 하겠으며 화본(畵本)의 만득(晩得)으로 인하여 당초 220질(帙) 인쇄(印刷)하려는 계획이 236질로 증가(增加)되었고, 8월 23일에 필력(畢役)하려든 예정이 9월 30일로 연장(延長)되었음을 첨기(添記)하면 문헌이혈 중규씨기참조(文獻二頁 仲珪氏記參照) 불초(不肖) 또한 외람(猥濫)되이 보역(譜役)에 종사(從事)하여 왔으므로 그 전말(顚末)을 기록(紀錄), 말미(末尾)에 첨부(添附)하여 일후(日後)의 참고(參考)에 공(拱)하는 바이다.

- 천구(千求)씨는 문경공 휘 태중의 칠대손이다(文敬公諱台重之七代孫也)

1966년 병오(丙午) 9월 30일

한평군공(韓平君公) 14대손(十四代孫) 상구(庠求) 근발(謹跋)

2. 한평군파 세보 중간 발문(韓平君派 世譜重刊 跋文)

한평군파 세보 초간(韓平君 派世譜 初刊)을 1966년 병오(丙午)년에 편찬(編纂)한지 34년 만에 중간보(重刊譜)를 간행(刊行)하게 되니 참으로 감회(感懷)가 깊다.

이제 백발(白髮)이 되어 발문(跋文)을 또 쓰게 되니, 인생(人生)의 무상(無常)함을 절감하지 않을 수 없으며 구간에 세월(歲月)이 흐르면서 세속(世俗)도 많이 변하였다.

특히 근래에 와서 세계화(世界化)란 미명하(美名下)에 무분별(無分別)한 외래문화(外來文化)가 노도(怒濤)와 같이 밀려들어 우리의 전통문화(傳統文化)와 미풍양속(美風良俗)을 헌신짝 같이 버리고 핵가족화(核家族化)로 인한 우리 사회(社會)는 이기주의(利己主義)와 배금사상(拜金思想)이 만연하고 있다. 이로써 사회질서는 혼탁(混濁)하여 병들어가고 인륜(人倫)과 도덕(道德)이 퇴색(退色)되어 강상(綱常)이 무너져가고 있다. 더욱 한심하고 놀라운 것은 극히 소수인 들의 무지(無知)와 단순욕구로 불륜(不倫)의 결과로 인한 행복추구권(幸福追求權)을 들고 나와 헌법소원(憲法訴願)에 의하여 헌재(憲裁)에서는 이유 있다고 불합치판결로 신성(神聖)한 불변(不變)의 법칙(法則)인 줄로만 알았던 동성동본(同姓同本)이 무너지고 말았다. 우리 조상(祖上)들이 600여 년 간 지켜온 우리나라의 유일한 전통문화(傳統文化)요, 미풍양속인 동성동본(同姓同本) 금혼법(禁婚法)을 이제 팔촌이내(八寸以內)에만 보호(保護)받는 법개정(法改正)을 획책(劃策)하려는 점이다.

현대의학(現代醫學)의 연구결과에서도 근친혼(近親婚)은 우생학적(優生學的)으로 기형아(畸形兒) 또는 저능아(低能兒)를 출산(出産)할 가능성(可能性)이 많다고 하는데 우리 가문(家門)에서는 절대로 반대(反對)해야 하며 우리 후손(後孫)들에게 교육을 잘 시켜서 우리 가정(稼亭)할아버지께서 자손에게 아지자손 백대지친(我之子孫 百代至親)이니 물호종(勿呼宗)

하라는 유훈(遺訓)을 좌우명(座右銘)으로 지켜가야 할 것이다.

이러한 일련의 상황 중(狀況 中) 시의(時宜)에 맞추어 금반(今般) 한평군파 세보편찬(韓平君派 世譜 編纂)은 참으로 그 의미(意味)가 크고 깊다 할 것이다. 1997年 정축(丁丑) 5월에 한평군파종회 이사장 학구(學求)씨는 한평군파 세보를 중간(重刊)할 것을 발의(發議)하고 종회(宗會)에서 만장일치(滿場一致)로 의결을 거쳐 편찬위원(編纂委員)으로 은규(殷珪)와 형구(亨求)씨 그리고 상구(庠求) 등을 선임(選任)하였으며 각 계파 별(各系派 別)로 수단위원(收單委員)을 위촉하였다. 그리고 소요경비(所要經費)는 수단비(收單費:명하전)로 하되, 부족분(不足分)에 대하여는 종재(宗財)로써 보조(補助)하기로 결의하였다. 이후 관계요원(關係要員) 연석회의를 수차례 거듭하여 수단작성(收單作成)에 대한 규정(規定)을 마련하였고, 집행부는 도하(都下)의 신문 공고(新聞 公告)를 하였으며, 이로써 세보편찬(世譜編纂)은 본격적으로 시작되었다. 수단원은 한평군 할아버지의 혈손(血孫)을 한사람이라도 빠질세라 산간벽지(山間僻地)를 탐방(探訪)하면서 자료 수집을 하였고, 지파 수단원들과 종중임원들의 적극적인 협조를 한 제요원(諸要員)들에 재삼 그 노고에 감사(感謝)와 경의(敬意)를 표해 마지않는다.

그런데 수보사업(修譜事業)이 진행 중 출판사(出版社)가 1년여 간(一年餘間) 작업부진(作業不振)으로 독촉(督促)을 계속하였으나 출판사(出版社)가 경영불실(經營不實)로 급기야 부도사태(不渡事態)를 맞게 되어 파산(破散)되었다.

종중은 이 황당무개지사(荒唐無稽之事)를 예의대처(銳意對處)한 바 족보담당 책임자가 학문사(學文社)라는 건전한 출판사에 전입(轉入)하여 계속해서 업무(業務)를 진행하여 완성납품(完成納品) 하겠으니 추가경비(追加經費)를 요청(要請)하는 고로 종회 이사회의 의결(議決)을 거쳐 재계약(再契約)을 해서 지체(遲滯)된 만큼 정열(情熱)로서 임(臨)하여 작업은 원활(圓滑)하게 진행되어 완벽을 기하였다.

3,4차에 걸쳐 을사보(乙巳譜), 양경보(良景譜), 한평군파 세보(韓平君派世譜) 등에 단자(單子)를 대조(對照)하고 교정(校正)을 하였으며, 수단위원들이 열람을 거쳐서 점검과 시정(是正)을 하였다. 입보단자(入譜單子) 중 난제(難題)가 있을 때에는 이사회의 의결로서 처리 등으로 1999년 내에 분질(分帙)하려던 계획이 천연(遷延)되어 해를 넘기게 되었음은 이상의 일들을 통하여 막중한 책임을 통감 했으며, 첨종제위(僉宗諸位)께 심심한 사과를 표해 마지않는다. 혹시 세보 중 탈누자(脫漏字) 또는 오기(誤記)가 불소(不少)하나 관용(寬容)있으시기 바랍니다.

서기 2000년 경진(庚辰) 정월(正月) 일

한평군공(韓平君公) 14대손(十四代孫) 상구(庠求) 근발(謹跋)

3. 한평군파 영상족보(韓平君派 映像族譜)

▮ 서문(序文)

우리는 지금 어떤 시간 속에서 살고 있는가?

한 자리에 앉아 온 지구촌에서 일어나는 일들을 볼 수 있는 시대, 사람이 달나라에 가고, 인공위성이 날고, 사람이 할 일을 로봇이 대신해 주는 시대, 운전자가 없어도 저절로 자동차가 굴러가는 시대, 이런 시대에 우리는 살고 있다.

지금 이 순간에도 세상은 무서운 속도로 변하고 있다. 그러나 우리는 지금 갑자기 나타나서 이 자리에 와 있는 것은 아니다. 우리는 모두 시간속의 여행자인 것이다.

족보, 그것은 지금 이 자리에 와 있는 우리들의 긴 시간여행의 기록이다. "나"라는 존재의 뿌리를 확인해 주는 증명서인 셈이다. 나의 어버지 없이 나는 태어날 수 없다. 할아버지가 없었더면 아버지도 없었을 것이다. 마찬가지로 내가 없이는 내 아들도 존재할 수 없다.

한 가문이 저손들의 족보를 보존하고 소중히 한다는 것은 과거와 현재와 미래를 잇는 고리를 튼튼히 하는 일이다. 우리 한산이씨의 족보는 조선 인조(仁祖)1643년 계미보(癸未譜)를 시작으로 대동보와 세보를 계속해서 발행했다. 그러나 이렇게 오래 대물림된 족보도 한문에 익숙지 않은 후손들에게는 알아보기 힘든 고문서처럼 되어버렸다.

한글세대이며, 활자보다 영상매체에 익숙한 후손들에게 족보를 좀 더 친근하고 알아보기 쉬운 것으로 만들어 줄 수는 없을까?

뜻 있는 곳에 길이 있게 마련이어서, 우리 한산이씨 문중은 우리나라에서 최초로 영상족보를 제작하게 되었다.

족형(族兄) 상구(庠求)씨의 구상에서 출발하여 많은 분들의 노력으로 이

어려운 사업을 마치게 되었다. 부족한 부분은 계속 가다듬어, 족보에 새겨진 선조들의 모습이 후손들의 맑은 거울이 될 수 있도록 힘쓸 것이다.

서기 1992년 4월 일

국사조사편찬조사위원 인종(寅鍾) 현구(賢求) 삼가 서문에 가름합니다.

▌추천의 말씀

우리 한산이문은 고려 조 중엽 시조 호장공으로부터 시작하여 800년간을 번창해 내려왔습니다.

고려 말 한산이문의 거봉이셨던 가정, 목은 두 분 선조님을 위시하여 우리역사에 뚜렷한 발자취를 남기신, 상신, 명장, 석학들과 충신, 열사, 효자 등 오늘날 사회의 각계각층에서 눈부신 활약을 하고 있는 종원들 또한 많이 계십니다.

그러므로 우리 한산이문은 명실상부한 명문거족이라 할 수 있습니다. 기록에 의하면 목은선조께서 처음으로 족보의 필요성을 절감하시고, 시조로부터 九대까지 항렬을 계보형식으로 정리하셨다고 하는데 유실되어 찾아볼 길이 없고 다만 대동보의 효시인 계미보를 시작으로 경신보와 병오보, 을사보 및 최근의 대동계도보와 각 지파별 종중에서 간행된 파보 등이 우리 문중의 역사를 밝혀주고 있는 실정입니다. 이에 족질 상구씨가 젊은 세대의 종인들을 위하여 2년의 노력 끝에 천연색 필름으로 촬영 편집한 영상족보를 완성하게 이르렀습니다.

참으로 시기적절한 쾌거라고 환영하는 바이며, 일찍이 타 문중에 없었던 미증유의 기획일 뿐 아니라 시간적, 생동감이 넘치는 것이니 이 어찌 뜻있고 보람스러운 일이 아니겠습니까? 간혹 뿌리를 찾고 선조의 발자취를 더듬어 보려할 때 이 한편의 영상족보를 통하여 가문의 계통과 선대의 유적을 알아볼 수 있다는 것은 다행스런 일입니다.

비록 제한된 축소판이기는 하나 애쓴 보람이 역력한 이 영상족보가 우리 문중에 널리 보급되어질 것을 믿으며 삼가 추천의 말씀을 드리는 바입니다.

서기 1992년 4월 일

종인(宗人) 율산(栗山) 은규(殷珪) 씀

▮ 우리나라 최초의 한산이씨 영상족보 제작

1991년 5월 일 분당신도시 건설로 인(因)하여 영장산(靈長山) 뒷뫼 한산이씨선조님들의 묘역(墓域)은 경기도지정 문화재기념물 제116호로 보존이 되었으나 산하의 집성촌(集成村)의 일가들이 400여년간 조상(祖上)님을 뫼시고 정(情)이 깊게 살아 왔는데, 갑자기 어디론가 제각기 떠나야 할 운명(運命)에 놓여 있어서 그리움과 아쉬움을 말로서야 표현할 길이 없고, 내가 살던 정든 집과 주위의 모든 환경을 사진에 담아 후손들에게 남겨주고 싶은 간절한 생각에 당시 서울에서 사진관 즉 중앙스튜디오를 경영하고, 신문사 기자(記者)로 활동하는 완구(玩求)에게 동의를 구하여 고맙게도 많은 작업(作業)울 해놓았다.

이러한 일들이 시발(始發)되어 "파나비전" 이석형(李石馨)씨와 우연히 교감(交感)되어 영상물(映像物)로 제작하면 생동감(生動感)나는 멋진 작품(作品)이 될 것이니, 종중(宗中)이 의논하고 이석형씨 자신이 종회에 초청(招請)받아 직접 설명하겠다고 하여 종회의 결의를 받아 시행(施行)

하게 된 것이다.

한산이씨 문중(韓山李氏 門中)의 소명(召命)과 시대조류(時代潮流)에 부응하여 2년여의 세월과 각고(刻苦)의 노력(努力)으로 마침내 영상족보(映像族譜)의 촬영(撮影)과 편집(編輯)을 끝내게 되었다.

당초에 본 사업을 봉화공파 종회(奉化公派 宗會) 차원에서 하려고 원고(原稿)를 작성하였으나, 이 당시 종중 간 분쟁(分爭)이 격화(激化)상태여서 어떠한 사업(事業)도 안중에도 없어 무엇하나도 손도 못 대던 시기였었다. 그러나 분당신도시 개발은 착착 진행 중이어서 봉화공묘 산하 집성촌의 원형(元型)의 변화로 마냥 가다릴 수 없어 한평군파 종회주관(宗會主管)으로 제작(製作)하게 되어 제한된 축소판(縮小版)으로 내놓을 수밖에 없었음을 못내 안타깝게 생각한다.

그러나 우리나라에서 처음으로 시도(試圖)되는 미증유(未曾有)의 것이라는 긍지(矜持)로써 자위(自慰)하는 동시에, 앞으로 기회가 주어진다면 더욱 수정보완 하고 확대시켜 나갈 것을 다짐하는 바이다.

돌이켜보건대 제한된 예산(豫算)의 압박과 편집마감 기일의 연장 등으로 고군분투하다시피 한 2년여 간의 세월은 더없이 지루하면서도 피가 마르는 듯한 수난기였다. 묘소(墓所)위치도 잘 모르는 낯선 곳에 촬영인을 안내 하느라 가시덤불 헤치며 헤매기도 다반사요, 어쩌다가 풍찬로숙(風餐路宿)으로 소기의 성과를 거둬보려고 몸부림친 적도 한두 번이 아니었다.

이제 비록 축소된 작품일망정 그지없는 애착심을 갖게 되는 것은 쓰라린 회상(回想)에서 오는 감개 어린 기쁨이라 할 것이다. 파나비전 제작진(製作陳)들도 계약한 예산(豫算)속에서 영상족보라는 작품을 처음으로 시도하느라, 이석형(李石馨) 사장의 고뇌에 찬 작업으로 병고(病故)도 있었으니, 앞으로 이 사업이 성공하면 여러 성씨들이 다투어 신청(申請)할 것으로 예견하고 시범작(示範作)에 온갖 정성을 기우려, 나의 기본원고(基

本原稿)의 틀을 벗어나지 않게 하느라 심혈을 기울여 하다 보니 계획된 시간을 100% 초과하여 테이프가 2개가 넘게 되었다.

축소를 몇 번이고 수정(修正)하였으나 시간과 양(量)을 줄이지는 못하였다. 그 후 신문사(新聞社), 방송사(放送社)에서 영상족보시대가 활짝 열렸다는 보도와 방송이 연일 인터뷰, 대담(對談)으로 갑자기 유명인(有名人)이라도 된 상 싶었다. 그 후 이석형 사장은 각 신문사 또는 방송국 선전(宣傳)에 우리의 영상족보가 표본(標本)이 되어 성씨(姓氏)의 고향(故鄕)이라는 영상족보를 20여 성씨(姓氏)로부터 제작요청을 받아 좋은 평(評)과 반응을 받았다고 한다.

지금까지 족보를 집집마다 책장에 장식(裝飾)하고 있으나 순 한문(漢文)으로 된 족보를 본다는 것은 그리 쉬운 일이 아니다. 이 영상족보를 초등학생에게 2~3번만 관람시키면 가정(稼亭) 선생 다음은 목은(牧隱)선생이, 그 다음은 그의 아드님의 역사가 펼쳐지는 순서를 자연스럽게 기억(記憶)하니 영상매체에 익숙한 세대(世代)에 적응(適應)하기 쉬운 장점이 있어 조상님들이 대대로 이어 자기에 이르는 것을 실감할 수 있는 교재(教材)가 된다. 이 한 세기(世紀)의 역사적인 영상족보제작에 물심양면(物心兩面)으로 협조를 아끼지 않고 도와주신 임원(任員)님들에게 마음으로부터 감사드립니다.

■ 영상족보 추진위원(映像族譜推進委員)

상구(李庠求) 추진위원장(推進委員長)
형구(亨求) 추진위원(推進委員) 봉구(鳳求) 추진위원(推進委員)
인구(麟求) 추진위원(推進委員) 선구(宣求) 추진위원(推進委員)
각규(玨珪) 추진위원(推進委員) 학구(學求) 추진위원(推進委員)
중규(重珪) 추진위원(推進委員) 은규(殷珪) 추진위원(推進委員)
현구(賢求) 추진위원(推進委員)

조상의 숨결을 영상으로 국내 첫 '비디오 족보' 제작

한산이씨 한평군파에서 8천여만 원을 들여 2년 걸려 130분짜리로 제작, 조상들의 얘기를 시대적 배경과 곁들여 드라마화했던 장면도 군데군대 삽입. 일가가 아니라도 지루하지 않게 감상할 수 있도록 만들어 한글세대 족보문화에 새 장을 열었다.

요즘 젊은이들은 조상이 누구였는지 그들이 무슨 일을 했으며 어디에서 살았는지, 남긴 것은 무엇인지를 제대로 모르고 있습니다. 알고 싶어도 족보가 어려운 한문으로 쓰여 있어 해득이 힘든 때문이지요. "국내 최초로 비디오 족보"를 만든 한산이씨 한평군파 종중(韓山李氏韓平君派宗中) 이사장 이상구(李庠求)씨의 설명이다.

이씨가 '비디오족보'라는 기발한 발상을 하게 된 것은 우연이었다. 분당 신시가지가 들어선 곳이 성남시 수내동에 집성촌을 이루고 대대로 텃밭을 이어오다 지난 90년 토지가 집단 수용되면서 이들 가문에 변화가 오기 시작, 수만 평에 달하던 종중토지에 대한 보상금액이 수십억 원에 달한 것이다. "집안어른들의 걱정이 이만 저만이 아니었어요, 무엇보다도 조상대대로 물려오던 터전이 사라진다는 아쉬움도 컸지만 사당이나 묘를 모두 이장해야 하는 불효 때문이었지요." 이(李) 이사장은 그러한 아쉬움을 달랜다는 뜻에서 묫자리 등을 촬영해 두려다 족보자체를 비디오로 만들 생각을 하게 된 것.

그러나 이때도 일부 문중의 반발이 거셌던 건 두말할 나위가 없다. '보상금을 나눠가지면 됐지 웬 비디오 족보냐'는 주장이 있는가하면, '족보는 성스러운 것인데 비디오라는 첨단방식으로 담는 것은 조상을 욕되게 하는 것이 아니냐?'는 집안도 있었다. "문중들에게 보상금을 뭔가 값있게 쓰자고 주장했지요. 선조들의 자랑스러운 족적을 후대들에게 쉽게 알리기 위해서는 비디오족보 이상 좋은 방법이 없다며 말입니다".

우여곡절도 많았지만 흔쾌히 따라준 집안 분들에게 고마움을 느낀다면서 李이사장은 막상 족보가 완성되자 반대의사를 표명했던 분들도 모두 찬사를 보냈다고 한다.

'비디오 족보' 제작 파나비전 대표 이석형(李石馨)

"무엇보다도 힘들었던 것은 집안마다 주문이 달라 툭하면 대본수정을 해야 했던 것입니다." '한산이씨(韓山李氏)의 비디오 족보'를 직접 제작한 비디오제작사 '파나비전'의 이석형(李石馨) 대표(39)는 2년여의 촬영기간 동안 '자주 대본을 수정해야 하는 일이 가장 큰 애로점'이었다고. '만약 수입성만 따져 이 일을 맡았다면 벌써 중간에 포기했을 것'이라는 것이 李씨의 솔직한 고백이다.

피플 1992. 7. 5. 인물뉴스 주간지

▲ 비디오 족보의 주요장면들 다큐멘터리수법을 가미, 어린이들도 쉽게 이해할 수 있도록 만들어졌다.

고려 말, 삼은 목은 이색 (牧隱 李穡)을 비롯, 조선조 사육신(死六臣) 이개(李塏), 월남 이상재(月南 李商在)를 배출한 충절의 가문. 조선조 472동안 정승반열 13명, 판서이상 113명, 문과이상 17명, 3품 이상 292명 등 전체씨족 중에서 16위에 달할 만큼의 명문가문이다.

조상들의 빛나는 전통이 있음에도 후손들은 일부를 제외하고는 이러한 사실을 모르고 있었다 해도 과언이 아니다. 족보가 어렵고 또 웃어른들에게 그런 얘기를 들어도 실감이 나지 않았기 때문. 비디오 족보를 만들게 된 근본 이유도 바로 후손들에게 알기 쉬우면서 정확하게 조상들의 숨결을 전달하려는 뜻이 담겨져 있다고 말하는 이사장은 그래서 대본도 객관적이고 공정하게 작성하려고 노력했다고 밝혔다.

전적으로 조상들의 치적을 미화하는데 그치지 않고 시대적 배경과 드라마화했던 장면들을 군데군데 삽입, 일가가 아니라도 지루하지 않게 감상이 가능하도록 했다는 것. 어쨌든 족보하면 고리타분하고 어렵다는 인식이 지배적인 상황에서 영상으로 가족의 내력을 알 수 있다는 것은 고무적인 현상이 아닐 수 없다. 집안구석에서 먼지만 쌓이던 족보가 영상을 통해 젊은이들에게 보여 진다면 그들의 인격형성에도 큰 도움을 줄 것으로 여겨지기 때문이다.

취재 홍성추(洪性秋) 기자.

MBC '인간시대' 연출자 출신 베테랑 "다큐멘터리 성격 살리며 사실에 충실"

8천여만 원의 제작비로 130분짜리 비디오테이프 두 개를 만들었는데, 이는 순수제작비에 불과하다는 것, 그러나 "영상족보"를 처음 시도한다는 자부심과 청소년들에게 이 족보가 유익하게 활용되지 않겠느냐는 사명감이 자신을 2년 동안 옭아매게 했다는 것.

그래서 내용도 다큐멘터리 성격을 살리면서 사실에 충실하려고 애썼다고 말한다. 방송국 PD경험을 십분 발휘해 모자란 자료는 컴퓨터그래픽과 삽화 등을 삽입, 감상을 하면서도 지루하지 않도록 세심한 배려를 했다고.

"문자로만 표현된 족보에 비해 보다 다각적인 시각으로 조상들을 이해할 수 있는 장점이 비디오 족보에 있는 것입니다.

영상족보의 장점을 이렇게 설명한 그는 한때 MBC의 명 프로듀서로 알려진 인물. 휴먼다큐멘터리 "인간시대"로 89년 ABU상(아시아태평양방송연합)을 수상할 만큼 인정을 받다가 1990년 2월 퇴사, 파나비전을 운영하고 있다.

4. 문열공파 세보 창간(文烈公派 世譜 創刊)

■ 서문(序文)

대저 족보라 하는 것은 시조(始祖)를 같이하는 한 종족(宗族)의 계통(系統)과 역사(歷史)를 밝힌 기록입니다. 그러므로씨족(氏族)이 있으면 반드시 족보가 있기 마련인데 그 족보의 내용과 종류에 따라 대동보(大同譜) 또는 세보(世譜), 파보(派譜), 가승(家乘), 보첩(譜牒) 등으로 나누어 지는 것입니다.

우리나라에서는 삼국시대(三國時代)이후 역대 왕실(王室)에만 족보가 있었으며, 사대부(士大夫)의 가문에는 겨우 가승이 마련되어 오다가 15세기 중엽(中葉)인 성종(成宗) 때에 이르러서야 비로소 족보가 만들어 지기 시작한 것으로 전해지고 있습니다. 이른바 양반(兩班)의 자손이라야 벼슬길에 올라 출세할 수 있다는 제도 상(制度 上)의 규제 때문에 명문가(名文家)에서는 다투어 족보를 만들어서 자기의 훌륭한 조상과 혈통을 자랑하기에 급급하였으며, 또 일정 기간마다 이를 속간(續刊)하느라고 열을 올렸던 것입니다.

우리 한산이문(韓山李門)에서는 그 동안 350여 년 간에 걸쳐 계미보(癸未譜)를 시작으로 경신보(庚申譜), 병오보(丙午譜), 을사보(乙巳譜) 등이 8~90년, 또는 100년 간격으로 속간되었는데 이것은 모두 전 문중(門中)을 총망라한 대동보(大同譜)였습니다. 다만 삼파(三派)중에서 양경공파(良景公派)는 20여년 전에 처음으로 파보를 간행하였고, 한 대를 더 내려와서 문열공파(文烈公派)에서는 이번에 처음으로 세보를 모시게 되었는데 우리 문열공파는 전 문중 내에서도 후손들이 가장 번연(蕃衍)하고 현달(顯達)한 지파(支派)임은 누구나 잘 아는 사실입니다.

원래 문열공파 세보의 간행은 8.15광복(光復) 직후부터 논의되었던 일로서 1950년대 초에 본격적으로 기획(企劃) 추진되다가 불행이도6.25동란으로 말미암아 중단된 채 오늘에 이르렀다고 합니다. 이제 반 세기(半世紀)전 선인(先人)들의 유지(遺志)를 받들어 문열공파 종회(文烈公派 宗會)의 긴밀한 협조로써 문보(文譜)를 간행함에 있어서 당초에 기획을 맡았던 춘포 두원(春圃 斗遠)씨는 갑작스런 병마(病魔)로 중도에 고인(故人)이 되었으며, 다만 봉화공파 종회의 끊임없는 지원(支援)과 각 지파별 수단위원(收單委員)들의 적극적인 노고에 힘입어 편집(編輯) 및 수단(收單)을 마감하고 상재(上梓)에 올리고 보니 새삼 유다른 감회와 안도의 심사가 교차되고 있습니다.

그윽히 상고하건대 문열공 휘 계전(諱 季甸)은 목은 선조(牧隱 先祖)의 손자(孫子)요, 양경공 휘 종선(諱 種善)의 삼남(三男)이신데, 약관(弱冠)의 나이로 친시문과(親試文科)에 올라 세종(世宗), 문종(文宗), 단종(端宗), 세조(世祖)의 4대에 걸쳐 병조판서(兵曹判書)와 경기감사(京畿監司) 영중추원사(領中樞院事) 등 요직(要職)을 역임하셨으며 특히 성균관대사성(成均館 大司成)과 집현전 대제학(集賢殿 大提學)으로 재임하는 동안 나라의 문병(文柄)을 잡고 문화적(文化的)으로 학문적(學問的)으로 눈부신 업적을 남기셨습니다.

그러므로 이러한 어른을 중시조(中始祖)로 하는 세보의 간행은 이번이 처음이면서도 그 취지와 의의가 자못 크다고 아니할 수 없습니다.

무릇 족보를 새로 닦고 속간하는 뜻은 자기의 계통을 밝히고 열선조(列先祖)를 현창(顯彰)하는 데에만 그 목적이 있는 것이 아니라 실로 명문가 후예로서의 부끄럽지 않은 처신(處身)으로 더욱 분발하여 숭조목족(崇祖睦族)의 고귀한 이념을 구현(具顯)하는데 더욱 큰 의미가 있습니다. 그러므로 이번 문보(文譜)의 간행을 계기로 우리 후손들은 하나같이 대오각성(大悟覺醒)하여 가문의 중흥(中興)과 문중 발전에 크게 이바지해야 할 것입니다. 이번에 발행하는 문열공파 세보(文烈公派 世譜)는 문헌편

(文獻編) 상하(上下) 2권과 자손록(子孫錄) 8권을 합하여 전 10권 한질(帙)로 편집하였습니다. 특히 문헌편(文獻編)에는 열선조들의 행장(行狀), 실기(實記), 유사(遺事) 등에 역점을 두고 자료를 모아 엮어보았는데 되도록 후손들에게 선인(先人)의 행적(行績)과 교훈(敎訓)을 알리고 일깨워 보려는 취지(趣旨)에서 였습니다.

끝으로 이 큰 서업을 추진함에 있어서 시종일관 협조해 주신 문열공파 후손 여러분과 봉화공파 종회의 적극적인 지원, 그리고 편찬위원 여러분에 게 심심한 감사와 위로의 말씀을 드리는 바입니다. 항상 다복하시고 발전하시기를 축원하면서…….

2001년 신사(辛巳) 납월(臘月) 하한(下澣) 12월 하순

편찬도유사(編纂都有司) 성원(聲遠) 근서(謹序)

▌문열공파 세보 창간(文烈公派 世譜 創刊)

임원제위(任員諸位)께

겨우내 움츠렸던 만물이 요동치며 소생하고 꽃향기 그윽한 때를 맞이하여 일가댁 대소 제절(諸節)이 안녕(安寧)하시고 원하시는 제반사가 여의형통 되시기 바랍니다.

근간에 국내외적으로 개혁의 바람이 급물살을 타고 소용돌이쳐 개인주의 배금주의사상(拜金主義思想)으로 인륜지 도덕이 땅에 떨어지고 여성우월적(女性優越的) 심리(心理) 양태(樣態)로 지식수준이 높을수록 독거(獨居) 현상이 팽배(彭排)해 혼인을 했다 해도 이혼이 아니면 생산(生産)

을 고의로 기피하는 풍조가 만연(蔓延)하고, 서로가 서로를 불신하는 풍조와 흉악범이 날로 기승을 부리게 하는 것은 설상가상(雪上加霜)으로 우리나라만의 미풍양속인 동성동본금혼법과 호주제마저 폐기된 데에 기인(基因)한다고 여겨집니다.

일가여러분! 이상과 같은 혼미(昏迷)한 난세(亂世)를 슬기롭게 극복해 갑시다. 우리나라 역사가 수 천 년을 거처 오면서 험난한 역경과 질곡 속에서도 사람이 사람답게 사는 윤리도덕의 법도와 미풍양속의 문화를 간직해온 민족입니다. 또한 세계적으로도 유일한 우리만의 족보문화가 있습니다. 족보(族譜)는 한씨족의 역사이며 이를 통해서 조상님들의 업적과 유적(遺蹟)을 살필 수 있고 국가와 민족을 위하여 어떠하게 공헌하셨는지를 대대(代代)로 기록하여 후세(後世)에게 전승(傳承)하는 한 뿌리의 역사책입니다.

열람(閱覽)시나 수보(修補)할 때에는 항상 경건(敬虔)한 마음으로 소중하게 다루며 수보는 분명(分明)하고 확증(確證) 근거에 의(依)한 사실대로 적바림하여 기록함이 원칙인데 곡필(曲筆)이나 없는 사실과 미화(美化)해서는 절대로 정사(正史)라 할 수가 없으며 족보(族譜)로서의 생명력(生命力)을 잃고 한낱 휴지화로 폐기(廢棄)되는 것이니 조상을 모독(冒瀆) 하는 행위이며 득죄(得罪)를 어찌 면(免)할 수가 있습니까?

혹시 수보시 오자(誤字), 누자(漏字), 탈자(脫字), 오기(誤記)가 발생시에는 면밀히 재검토하여 반드시 정오표(正誤表)를 작성배포 하는 것이 원칙입니다만 2002년도(年度)에 문열공파 세보(文烈公派 世譜)를 창간하였으나 4년여가 경과되어도 정오표(正誤表)를 안한다고 하니 답답할 뿐입니다.

일가여러분! 제가 이 정오표 작성배포에 대해 거론하는 것은 다름이 아니라 문열공파 세보 발간 임원진인 수단유사(收單有司)로서 선발되어 열심히 만전을 기하고 지침서에 의한 방침(方針)대로 한산이씨 대동보인 경신보(庚申譜), 병오보(丙午譜), 을사보(乙巳譜), 양경보(養景譜)등을 기본적(基本的)인 참고자료(參考資料)로 하고 국사편찬조사위원인 고 현구씨가 상대(上代)조상님 들의 누락된 행적을 수집한 자료를 입수하여 수록(收錄)하였고 후세(後世)들이 읽기 좋게 한글로 토를 달았으며 단자(單子)와 대동보를 세밀히 대조(對照)하여 1년 반여 동안 공들여서 작성(作成)하여 오는 도중에 저와 수단위원 및 임원들 간에 수단업무상의 의견차로 시시비비(是是非非)가 불소(不少)하였습니다. 참으로 죄송(罪悚)하고 유감스러운 일이라 아니할 수 없습니다. 그래서 저는 사표를 제출하고 말았습니다.

그 까닭은 저는 수보작성 원칙을 고수하려는데 간섭(干涉) 비방(誹謗) 폭력(暴力)이 난무(亂舞)하고 특히 저의 경력사항의 축소 삭제 등, 억압 등의 추태(醜態)속에서 조상의 함자(銜字)를 다루는 가장 엄숙한 보소(譜所)내에서 있을수 없는 행위가 발생하였기 때문이었습니다. 그 후 2002년도 세보가 완성되어 살펴보니 뜻밖에도 편집위원명단에 임의(任意)로 수단유사 이상구(李庠求)가 포함되어 있어서 명의삭제(名義削除) 요구의 강한 항의를 하였으나 이미 분질상태 중이여서 실효를 거두지 못하고, 수보내용(修譜內容)을 검색(檢索)해보니 이미 제가 작성한 원고(原稿)는 폐기(廢棄)라고 빨간 펜으로 기록되어 있었고 많은 오류(誤謬)가 있어서 제가 당초에 직자(稙字) 이상의 기록을 담당하였으므로 스스로 정오표 안(正誤表 案)을 작성 후 봉화 공파종회 임원들에게 배포 우송하고 정식으로 정오표 제작 배포를 건의함과 촉구를 하였으나 아무 이유도 없이 3년이 경과 되도록 직무를 유기 하고 있는 사실에 대해 또한 오류(誤謬)가 많은 족보(族譜)를 우리 후손에게 전승(傳承)되는 것을 여러 임원님 그리고 대의원님께서는 어떠한 판단을 하고 계십니까. 제가 부분적(部分的)으로 작성된 정오표 안을 받아서 문열공파 세보와 대조를 면밀히 해보시면 이상의 저의 호소드리는 심정을 헤아려 주시리라 믿습니다. 부디 중의(衆

議)를 모아 명확한 정오표를 속히 제작 배포하여 올바른 우리의 뿌리 역사가 정사(正史)로 후대(後代)에게 전승되기를 간망(懇望)드립니다. 드릴 말씀 많사오나 두서(頭序)없이 총총 하와 이만 줄이오니 내내 건승하시기 바랍니다.

2006. 4.

호정(湖亭) 상구(庠求) 배상(拜上)

■ 한산이씨문열공휘계전파 세보 (韓山李氏文烈公諱季甸派 世譜)

임원제위(任員諸位)께

국내외적으로 복잡 다난했던 병술년이 저물어가는 이때 일가 댁 대소제절이 균안하시며 정해(丁亥)년 새해에는 더욱 강령하시고 하시는 일마다 성취하시기 바랍니다.

족보라 함은 공동조상의 피를 이어받은 후손들이 조상의 덕망과 업적을 가감없이 기록하여 후손에게 전승(傳承)하는 가계(家系)의 역사책입니다.

1999년 2월에 문열공파 세보를 봉화공파 종회에서 창간하기로 결의하여 임원으로 종손 정석, 도유사 성원, 편찬유사 은규, 수단유사 상구, 수단대표 승지공댁 신원, 의정공댁 명복, 성암공댁 항복, 명곡공댁 준복, 토정공댁 계원, 부호군댁 진구, 명헌공댁 동직, 헌평공댁 선규, 제씨(諸氏) 등으로 구성되어 2002년 6월 발간 분질(分帙)하기까지 맡은바 수보사(修譜事)를 열성으로 하는 동안 다소의 우여곡절을 감수하며 해주신 임원님들 노고에 깊이 감사드립니다.

그간에 진행 중 저 상구는 피치 못할 사정으로 2001년 6월에 사표를 제출하여 끝까지 동참하지 못하여 송구하기 그지없습니다.

연이나 막중한 책임을 다하지 못한 죄책감으로 간행 후 살펴보니 오자, 누자, 탈자, 누락, 사유 없이 변개(變改)된 오류(誤謬)가 의외로 방대(尨大)하여 이대로는 후손에게 전승되어서는 안 된다는 강박관념(强拍觀念)으로 처음부터 다시 정오표를 작성하였으나 또 오류가 있을수 있어서 여러 임원님들에게 정오표 안을 배포해 드리오니 철저한 교정을 요청하며 이를 취합(聚合)하여 올바른 정오표가 후손에게 전승(傳承)되도록 협조 바랍니다.

관심이 계신 분을 위하여 극히 소량의 부수(部數)를 대종회 사무실에 비치(備置)하려고 합니다.

족보에 관한한 대종회 차원에서도 무관(無關)하다 생각하지 않으시리라 믿고 적극 협조해주시기를 간절히 바랍니다.

2007년 1월 5일

신림제 호정 상구 배(新林齋 湖亭 庠求 拜)

▌문열공파 세보 창간 임원록(文烈公派 世譜 創刊 任員錄)

職任	姓名	住所
顧問	李信遠	忠南 禮山郡 鳳山面 沙石里 282番地
都有司	聲遠	京畿道 光明市 光明二洞 99-10 삼익주택 202호
編纂有司	殷珪	서울시 松坡區 文井洞 15 동아 A 101-206호
收單有司	庠求	서울시 冠岳區 新林9洞 251-388호
有司	學求	京畿道 城南市 수정구 수진이동 4520 미도빌라 B동 2호
總務	甲珪	서울시 西大門區 弘濟3洞 261-15
編纂委員	敏馥	忠南 예산군 봉산면 고도리 162
"	明馥	江原道 原州市 地正面 艮峴里 861-1
"	漢珪	京畿道安養市東安區飛山洞미룡A 5동 808
"	興馥	忠南 牙山市 勸谷洞 563-44
"	俊馥	忠南 保寧市 青蘿面 內峴理 139
"	啓遠	忠南保寧市 舟橋面 松鶴里 206-2
"	珍求	大田廣域市 西區 槐亭洞 83-52
"	東稙	京畿道 南楊州市 和道邑 月山里 358
"	宣珪	仁川廣域市 부평구 삼산동 191 대보A 1동 206호
校正委員	胤馥	京畿道 廣州市 廣州邑 炭筏洞 現代A 107-1203
"	源珪	江原道 原州市 地正面 艮峴 3里
"	麟求	京畿道 城南市 籔內洞 푸른마을 벽산A 309-202
"	翰馥	忠南 禮山郡 大逑面 方山里
"	台洙	忠南 禮山郡 光時面 長信里 696
"	昌求	忠南 保寧市 舟橋面 高亭里 180-8
"	萬馥	서울시 銅雀區 上道3洞 302-54
"	東稙	大邱廣域市 南區 大明 9洞 717-4

5. 한산이씨보감(韓山李氏寶監)

▮ 서문(序文)

문정공(文靖公) 19대손

편집자(編著者) 이석규(李錫珪)

우리 한산 이문(韓山 李門)은 고려 중엽부터 오늘에 이르기까지 숭조목족(崇祖 睦族)을 바탕으로 한 전통(傳統)과 예의(禮儀)정신을 숭상하여 역사상 수많은 문장가와 충신(忠臣), 열사(烈士), 청백리(淸白吏)와 무신 그리고 효열 등을 많이 배출하였을 뿐 아니라, 현재에도 우리사회 각계각층에서 국리민복(國利民福)을 위하여 공헌하고 있는 후손들이 부지기수임으로 명실상부하게 자타가 공인하는 명문 대성(大姓)이라 일컬어짐도 과언은 아닙니다. 이는 오로지 고려말의 거유(巨儒) 석학이신 가정(稼亭) 휘 곡(穀) 선조와, 공의 아들이신 고려말 유종(儒宗)으로서 모든 사람으로부터 추앙받는 태산북두(泰山北斗)와 같은 당대의 정치가요 대석학이신 성리학자(性理學者) 목은(牧隱) 휘 색(穡) 양(兩) 선조의 유훈에서 비롯된 것이라 하겠습니다.

원래씨족은 곧 종족(宗族)이며 혈족(血族)입니다. 조상의 성업(聖業)을 표본으로 삼아야 할 우리들은 선조들의 행적을 통하여 숭조목족(崇祖睦族)하는 마음이 불타게 되며 선륜(先倫)의 정신적 지주가 된다고 생각합니다.

필자(筆者)는 후손된 긍지(矜持)를 배양(培養)하고 선조님들의 위업(偉業)과 행적(行績)을 후손들에게 널리 알리며 미래에 영구히 이어가기를 바라는 바입니다.

항간에 이르러 문중보학(門中譜學)에 관한 연구가 어느 때보다 활발하게 전개되고 있으며, 아울러 과거를 연구하는 것은 거울을 보면서 자기의 용모를 다듬는 것과 같은 차원에서이며, 미래를 살찌우고 발전을 도모하고자 함이 아니겠습니까.

예로부터 조상을 숭배 존경하고 종족을 아끼어 화합, 돈목케 함은 인간 윤리 도덕상 당연한 일이며 조상의 내력과 후예를 소상히 찾아 밝힘은 정당한 사리(事理)인 즉, 어찌 게을리 하며 방념(放念) 소홀히 할 수 있겠습니까.

앞으로 우리 종족(宗族)은 조상의 유덕(遺德)을 망각하지 말고 더욱더 조상을 숭배, 존경하여 선려(先廬)를 수호 보존함에 게을리 하지 말고 종족(宗族)간에 화목을 돈독케 하여 무궁한 발전이 있기를 바라는 마음에서 본서를 발간하였습니다.

끝으로 이 책을 발간하기까지 자료수집에 많은 도움을 주신 성균관(成均館) 부관장(副館長) 상구(庠求), 족질(族姪)과 교정(校正), 감수(監修)를 하여주신 목은연구회장 정복(貞馥) 교수님을 비롯한 상위종회(上位宗會) 이사장님들의 노고(勞苦)에 진심으로 감사를 드립니다.

그리고 그동안 여러 달 간행업무에 전심전력하여 주신 전통족보문화사 사장님을 비롯한 박찬규 편집이사 및 관계 임직원 여러분들에게 진심으로 감사를 드리는 바입니다.

▌축간사(祝刊辭)

이번에 문중(門中)의 석규(錫珪) 종원(宗員)이 큰일을 하여 『한산이씨보감(韓山李氏寶鑑)』이란 간행물(刊行物)을 출간(出刊)하기에 몇 마디 축하의 글을 쓰기 위하여 붓을 들었습니다.

우리 문중은 중시조(中始祖)라 일컫는 가정(稼亭), 목은(牧隱) 두 선조(先祖) 이래로 크게 번창(繁昌)하여 세인(世人)의 이목을 끌게 되고 소위 명문거족(名門巨族)의 반열(班列)에 오르게 되었음은 자타가 공인하는 바입니다.

위 보감은 여러 선조들의 행적을 기존 자료에 근거하여 정확한 기술을 한 것으로 짐작되니 참으로 귀중한 것으로 우리 민족의 보감이라고도 할 것입니다. 우리가 선인(先人)들의 행적을 살피는 것은 숭조정신(崇祖精神)을 앙양(昻揚)할뿐 아니라 그 발자취를 자신의 처세지침(處世指針)으로 삼아 참된 인간이 되기 위한 길잡이로, 국가와 사회에 이바지 하여 조상들을 빛나게 하기 때문이며 뿌리를 찾는 좋은 법(法)이기도 합니다.

그런 뜻에서 석규 종원의 출간에 양수(兩手)를 들어 찬사를 보내면서 축하해 마지아니합니다. 이 쾌거(快擧)는 우리 문중만의 경사가 아니라 우리 민족이 다 같이 경하(敬賀)해야 할 일이라고 생각합니다.

석규 종원이 노경(老境)에 들었으니 건강에 유의하시길 빌고 붓을 놓습니다.

2005년 9월 일

한산이씨대종회(韓山李氏大宗會)

전 이사장(前 理事長) 이일규(李一珪)

▌범례(凡例)

1) 본 보감 도록 편은 시조로부터 27세(世)까지 파를 구별치 않고 세대순으로 선조의 단소(壇所), 묘소(墓所), 묘(廟), 영당(影堂), 사(祠), 서원(書院), 재실(齋室), 영정(影幀), 정려(旌閭), 신도비(新道碑), 교지(敎旨), 세장비(世葬碑), 유묵(遺墨), 부조묘(不祧廟), 동상(銅像), 종회회관(宗會會館) 등을 집대성 천연색으로 수록하였다.
2) 본 한산이씨 보감의 본문은 시조로부터 현세에 이르기까지 세순에 따라 장차(長次)순으로 편집하였다.
3) 본 보감에 수록된 인물은 역사적 가치를 중시하여 문헌에 존재하는 것에 한정(限定) 고려 말엽으로부터 조선시대, 독립항일투사, 현대인까지 수록하였고 其1. 其2 국조방목선조술기(國朝榜目先祖述記), 其3

인물편(人物編) 근세인물, 현대인물로 구분하였으며
其1은 과거방목(科擧榜目)에 급제하신 문과(文科)
其2는 과거에 급제하지 않고 음사(蔭仕)로 관직을 역임하신 선조.
其3은 한산이씨 각3파 세보에 의거 관(官), 증직(贈職), 음사(蔭仕), 수직(壽職), 사마(司馬), 행직(行職)을 세대별(世代別)이 아닌 페이지 순서에 따라 발췌하였으므로 본 항목의 인명(其1~其3)은 책 말미에 색인부를, 근세는 연대순, 현대는 분야별 가나다순으로 실었다.

4) 내용은 한글을 위주로 하고, 평이한 문장으로 했으며 고유명사나 필요한 한자(漢子)는 괄호에 넣었다.
5) 문헌의 특성상 발췌에서 오는 다소간의 중복된 부분이 있으며, 읽는데 이해를 돕기 위하여 부록(附錄)에 용어해설(用語解說)을 가나다순으로 편집하였고 기타 참고될 자료를 실었다.

한산이씨보감(韓山李氏寶鑑)

2005년 9월 일 인쇄(印刷)
2005년 9월 일 발행(發行)
편저자(編著者): 이석규(李錫珪)
발행인(發行人): 이석규(李錫珪)
발행처(發行處): 한산이씨보감간행위원회(韓山李氏寶鑑刊行委員會)
서울시 성북구 삼선동1가 삼선빌딩 3층
전화: 02) 744-0706
제작처(製作處): 전통족보문화사(傳統族譜文化社)
종로구 행촌동(鐘路區 杏村洞) 37-18
전화: 738-2114 FAX: 738-2377. 가격: 70,000원

6. 한국성씨총감(韓國姓氏總監)에 한산이씨편(韓山李氏編)을 게재하게 됨은 이동규(李東珪)씨와 이석규(李錫珪)씨의 노력과 헌성금(獻誠金)으로 이루어지다

한국성씨총연합회에서 간행(刊行)하는 『한국성씨총감』이 3년 만에 3천여 쪽을 상하권(上下卷)을 1질(一帙)로 출간되었다. 당초(當初)에 우리 대종회이사회(大宗會理事會)에서는 총감간행에 재원(財源)이 없어 참여(參與)하지 않겠다는 결의(決議)가 있었으나, 이 사실을 전해 듣고 분당에 한평군 휘 지숙(韓平君 諱 之菽)의 8대손인 참의공휘지영파(參議公諱智永派) 종회이사장 이동규(李東珪)씨의 제청(提請)으로 신청금 일금(一金)200만원을 주시며 명문대성(名門大姓)인 한산이씨가 누락(漏落)되어서야 후대(後代)에도 자손으로서 면목(面目)을 어찌 세우겠나, 하시기에 이 사실을 대종회에 알리어 이사회의 승인을 받고, 세화P&C제약회사 회장 석규(錫珪)씨에게 편수업무(編修業務)를 위임(委任)하여 제반자료수집과 교정, 복사, 배포 등 이에 수반되는 비용(費用) 신청금 외 초과분등 근 200만원 상당을 써가며 탈고(脫稿)하여 성씨총연합회에 제출하신 노고에 위로와 두 어른에게 심심(深心)한 감사와 찬사(讚辭)를 드립니다. 이로 인하여 우리 대종회이사장 일규씨의 축간사(祝刊辭)를 전 국무총리 강영훈(姜英勳)씨 다음으로 한산이씨대종회 이사장이신 이일규(李一珪)전 대법원장이 쓰셨고, 한국 역사문화연구원장 이성무(李成茂)씨 순으로 세 분의 축간사와 사진이 곁들여지니 한결 돋보였다. 도하(都下) 300여 성본종중(姓本宗中)이 대거 참여로 근세(近世)에 유일한 한국성본성씨의 내력역사를 살펴볼 수 있는 성씨총감(姓氏總鑑)에 한자리를 한산이씨가 차지했다는 자부심(自負心)또한 남다르게 살펴볼 수 있어 다행으로 생각되며 동규(東珪)씨와 석규(錫珪)씨에게 감사함을 잊을 수가 없다.

세화P&C제약회사 회장이신 석규(錫珪)씨는 성씨총감을 편수(編修)한 여세로 한산이씨보감(韓山李氏寶鑑)을 편찬(編纂)하시겠으니 나에게 자료수집(資料蒐集)과 감수협조(監修協助)를 부탁하시기에 최선을 다하여 도아드렸다. 마침내 2005년 9월에 거금을 드려 창간(創刊)하니 노령(老齡)에 크나큰 업적(業績)을 쌓으셨다.

西紀 2005年 10月

호정(湖亭) 이상구(李庠求)

■ 한국성씨총감(韓國姓氏總鑑) 발간사(發刊辭)

이래 부계혈통(父系血統) 계승원칙과 동성동본 금혼(禁婚) 등의 가족제도를 연면(連綿)히 견지(堅持)해옴으로써 동방예의지국(東方禮儀之國)으로서 또한 인류사상 가장 이상적이고 인륜적인 가족문화를 가진 우수한 민족(民族)이라는 예찬(禮讚)과 더불어 긍지와 영예(榮譽)로움을 간직하면서 선진국 진입(進入)을 위하여 힘찬 도약(跳躍)을 계속하고 있습니다.

현대사회의 급격한 가치관(價値觀) 변화의 와중(渦中)에 1997년 7월 16일 헌법재판소는 동성동본 금혼을 규정한 민법규정이 헌법에 불합치(不合致)하다는 요지의 결정을 하게 되었고, 이로 인하여 정통 가족제도의 근간(根幹) 일부가 일시에 파괴되자, 일부 관변 급진(急進) 여성단체와 그들의 농간(弄奸)에 놀아난 어용학자(御用學者)들, 여성표에 눈이 먼 정치세력들은 이 결정에 편승(便乘)하여 국민합의도 없이 졸속(拙速)으로 호주제도(戶主制度)를 폐지(廢止)하여 가문과 가족을 해체(解體)시키고, 성본(姓本)을 혈통과 관계없이 날조(捏造)함으로써 천륜(天倫)을 끊고 선후대(先後代)를 단절하여 환부역조(換父易祖)하려고 획책(劃策)하는 등 정통가족제도의 패괴에 광분(狂奔)하면서 막대한 국력을 낭비하고 있습니다.

이와 같은 추세(趨勢)를 보고 250여 성본종중 대표들은 지난 1998년 9월 29일 부계혈통 계승제(繼承制) 등 정통 가족제도 수호차원에서 자발적으로 전국적 규모인 '한국성씨총연합회(韓國姓氏總聯合會)'를 창립하게 되었습니다. 이어 '정통가족제도수호범국민연합(正統家族制度守護汎國民聯合'을 결성하여 전국 성본종중 이외에도 뜻을 함께하는 성균관유도회(成均館儒道會) 등 여러 사회단체가 힘을 모아 대정부, 대국회 활동을 적극적으로 전개하여 수3년 간 가족법 개악(改惡)책동을 저지하는 성과를 올린 바 있습니다. 만일 앞으로 노무현정권(盧武鉉政權) 하에서 호주제를 폐지하고 부계혈통을 손상하는 등 가족법을 개악하는 불행한 사태가 야기될 시에는 우리는 거족적인 결사항쟁(決死抗爭)을 전개할 것임을 명백히 밝혀두는 바입니다.

전국 성본종중의 연합체인 본회(本會)에서 우리 민족의씨족사(氏族史) '한국성씨총감(韓國姓氏總鑑)"을 편찬함에 있어서는 몇 가지 연유와 당위성이 있으니, 이를 간단히 요약하면 다음과 같습니다.

첫째는, 지금까지 수많은 성씨에 관련된 책자가 발행되었으나 많은 결함(缺陷)으로 이를 바로잡기 위한 것이었고, 둘째는 회원 성본종중에서 직접 작성한 원고(原稿)를 토대로 편집하고, 다소 분쟁(分爭)이 있는 종중에 대해서는 조정(調停)을 거친 후에 편집을 함으로써, 가장 정확한 종중사의 집대성(集大成)을 실현(實現)하고자 함이며, 셋째 파괴하려는 반민족적 세력에 대항하여 전국의 성본종중이 하나로 뭉쳐 이들에게 대항하고 투쟁한 활약상(活躍相)을 후세(後世)에 전하여 온고지신(溫故知新)의 교훈으로 삼기 위한 것이고. 넷째는 가장 정확한 성본종중의 사적(事跡)을 일반 국민과 청소년들에게 널리 보급(普及) 홍보함으로써 숭조사상과 아울러 민족애와 나라사랑을 고취(鼓吹)하여 전통문화(傳統文化)에 대한 자부심을 키워주기 위함이며, 다섯째로 날로 위축 되어가는 종중과 종사에 관한 관심을 더욱 창달하여 후세에 조상의 미풍양속을 길이 전승(傳承)코자 함이라고 할 수 있습니다.

이에 따라, 2002년 7월 12일 개최된 "가족법 개악저지 및 종사법 추진전진대회"에서 300여 성본종중 대표들의 만장일치된 찬성으로 동년 7월 30일 제1차 한국성씨총감 편집위원회가 발족되고, 약관(約款)과 편집규정, 조종규정(調整規程) 등 세부규칙을 제정하여, 유사 이래 처음으로 3,500여 페이지에 달하는 『한국성씨총감(韓國姓氏總鑑)』 상·하권을 발행하게 됨으로써 우리 민족사에 불후(不朽)의 금자탑을 이룬 귀중한 성전(聖典)을 세상에 내어놓게 되었습니다.

그 동안 300여 종중의 희생적인 협조와 아낌없는 성원에 힘입어 진실에 가장 근접한 종중사료(宗中史料)를 바탕으로 가장 권위 있고, 품위 있는 한국성씨사를 탄생시키기 위해 2년 6개월여 전심전력 온갖 노력을 경주하였으나, 단기간의 1, 2, 3차 교정과 분쟁조정 등 방대하고 지난(至難)한 작업으로 다소 미비하고 미흡한 점이 있음을 사과드리며, 이 점은 앞으로 재판(再版), 삼판을 거치면서 시정할 것임을 약속드립니다.

끝으로 본 총감 발행에 적극 협조하신 여러 종중에 대하여 깊은 감사를 드리며, 2년 반 동안 수고하신 본회 임원님들과 편집 실무를 담당하신 편집위원님들, 그리고 제작 제반에 각별(恪別)한 성원을 보내주신 각계각층 제위에게 심심한 경의의 말씀을 드립니다.

서기 2005년 2월 일

한국성씨총연합회총재(韓國姓氏總聯合會 總裁)

한국성씨총감편찬위원회 위원장 백진우(韓國姓氏總鑑編纂委員會 委員長 白鎭禹)

■ 축간사(祝刊辭)

이번에 한국성씨총연합회(韓國姓氏總聯合會)에서 우리 사회(社會)에 현존(現存)하는 290여 성씨(姓氏)를 총망라(總網羅)한 『한국성씨총감(韓國姓氏總鑑』을 발간(發刊)하게 되었다. 그 내용(內容)을 살펴보니, 우리나라 각(各)씨족(氏族)의 발원(發源)에서 부터 현재(現在)에 이르기까지 대대(代代)로 전승(傳承)된 인적(人的) 구성(構成)과 각(各) 구성원(構成員)의 생졸(生卒)및 신분적(身分的) 변동(變動)과 경력(經歷)등 간략(簡略)하게나마 대부분 등재(登載) 기록(記錄)하고 있다. 참으로 뜻 깊은 일이라고 찬양(讚揚)하고 싶다.

왜 그런고 하니, 근자(近者)에 이르러 진보(進步)니 보수(保守)니 민족(民族)이니 민주(民主)니 하면서 편(便)을 갈라 세상(世上)을 시끄럽게 하는 이때에, 우리 민족(民族)의 뿌리를 찾으려는 숭조정신(崇祖情神)을 고취(鼓吹)하는 이 총감(總鑑)의 발행(發行)은씨족적(氏族的) 일대쾌거(一大快擧)라고 할 것이며, 이 총감(總鑑)은 가위(可謂) "민족의 보감(民族의寶鑑"이라고 여기기 때문이다.

이 총감(總鑑)의 발간(發刊)에는 한국성씨총연합회(韓國姓氏總聯合會)의 당무자(當務者)들의 노고(勞苦)도 있으려니와 백진우 총재(白鎭禹 總裁)님의 열성(熱誠)과 추진력(推進力)에 의(依)하여 그 빛을 보게 된 것이라 짐작(斟酌)되어 이를 더욱 치하(致賀)하는 바이다.

서기 2005年 2月 日

전 대법원장(前 大法院長)
한국성씨총연합회 고문(韓國姓氏總聯合會 顧問)
한산이씨대종회 이사장 이일규(韓山李氏大宗會 理事長 李一珪)

7. 경기금석대관(京畿金石大觀) 편찬자료 제공

1989년 4월 27일. 노태우 대통령 정부에서 분당, 일산신도시 건설 발표로 우리 한산이씨 선조(先祖)의 묘(墓)들이 면봉(緬奉)을 해야 될 긴박(緊迫)한 위기(危機)에 봉착(逢着)하여 보존방안(保存方案)을 모색(摸索) 중 낙생면 운중리(樂生面 雲中里)에 소재(所在)한 한국정신문화연구원(韓國精神文化研究院))에 일가되는 이형구 교수(李亨求 教授)를 심방(尋訪)하여 협조(協助)를 부탁하였다. 이(李) 교수는 이곳에 한산이씨(韓山李氏)의 집성촌(集成村)이나, 선대묘역(先代墓域)이 있는 줄 모르고 있는 상태에서 갑작스런 중요 사안(重要事案)이기에 당혹(當惑)스러운 표정이었다.

이형구 교수는 문양공파(文襄公派) 판중추공 휘 맹진(判中樞公 諱 孟畛)댁 손(孫)으로 너무도 친절하게 자료(資料)가 될 만한 기록 또는 문집(文集)등을 찾아왔다. 그중에서도 경기금석대관(京畿金石大觀)이라는 두꺼운 책 네 권을 살펴보았으나 경기도내에 한산이씨는 한분도 기록된 분이 없어 너무도 허탈(虛脫)한 마음을 가눌 길이 없었다. 우리문중은 대대로 벌열(閥閱)집안이면서도 현달(顯達)하신 많은 선조(先祖)님의 문화유적 또는 문장훈업 공적(功績)이 어디에도 비할 바 없이 크고 많음에도 이를 선양(宣揚)하는 대에 인색(吝嗇)함이 부끄러울 뿐이다.

나는 분당신도시 개발에 따른 체험에 절실하게 느낀 바가 있어 도내(道內)에 선조님들의 사적(事蹟) 문헌(文獻)을 살펴 묘비(墓碑), 신도비(神道碑), 비갈문(碑碣文) 등을 발췌(拔萃)하여 명지대학교 교수 신천식 박사(申千湜 博士)에게 건네주며 다음 금석대관 편찬시에 수록(收錄)해 줄 것과 문화재 지정까지 아울러 해줄 것을 요망(要望)하고 당부(當付)하였다. 이 작업을 하려면 별도의 기구(機構)에서 현장에 나아가 실측(實測), 탁본(拓本), 촬영(撮影)등의 조사(調査)를 하여 등재(登載)여부논의(與否論議)

를 거쳐야 하며, 이에 소요경비예산(所要經費豫算)이 확보(確保)되어야 한다는 것이다.

경기금석대관 제5집 1990년 이정기 신도비(李廷夔 神道碑)

한산인(韓山人) 유명 조선국 증자헌대부 이조판서 겸 지 경연의금부사 홍문관대제학예문관 대제학지춘추관성균관사 오위도총부도총관 세자좌빈객 행 가선대부 이조참판 겸 동지의금부성균관사 오위도총부부총관 세자우부빈객 이공 신도비명병서(有明 朝鮮國 贈 資憲大夫 吏曹判書 兼 知經筵義禁府事 弘文館大提學藝文館大提學 知春秋館成均館事 五衛都摠府都摠管 世子左賓客 行 嘉善大夫 吏曹參判 兼 同知義禁府成均館事 五衛都摠府副摠管 世子右副賓客 李公神道碑銘幷序)

1990년도 5집(集)에 우선 광주읍 번천리(廣州邑 樊川里)에 계신 예조참판(禮曹參判)을 역임하신 귀천 공 휘 정기(歸川公 諱 廷夔)의 신도비금석문(神道碑 金石文)이 등재(登載)하였다. 이 신도비는 우암 송시열(尤菴 松時烈)이 찬(撰)하고 동춘당 송준길(同春堂 宋浚吉)이 썼다. 귀천공은 임진왜란 때 상주전투에서 장열(壯熱)히 싸우다 순국(殉國)하신 좌랑공 휘 경류(佐郎公諱慶流)의 장손(長孫)이시다.

경기금석대관(京畿金石大觀) 제6집 1992년 12월 10일 범례(凡例)에

- 본서는 1990년 간행한 경기금석대관(京畿金石大觀) 제5집에 이은 제6집으로 사적비를 제외한 기념비(記念碑), 신도비(神道碑), 묘갈(墓碣)로 구분. 총 70점을 수록하였다.
- 수록 범위는 경기도에 소재한 금석문 중 성남분당(城南 盆唐), 고양 일산(高陽 一山), 군포 산본(軍浦 山本) 등 신도시와 택지개발지역에 소

재한 것으로 하였으며, 시기는 금석문의 찬(撰), 서(書), 전(篆)이 1910년 이전인 것에 한하였다.

- 편집은 금석문 건립 연대순으로 하였고 연대를 알 수 없는 것은 금석문(金石文), 주인공(主人公), 성명(姓名)의 가나다순으로 하였다.
- 본서(本書)에 수록(收錄)한 금석문(金石文)은 현지를 답사(踏査), 탁본(拓本)하여 비문(碑文)의 원문가록(原文記錄), 보존에 역점(力點)을 두었으며 이와 함께 원문(原文)을 충실히 번역하는데 주력(主力)하였다.
- 탁본의 영인(影印)은 일부분만을 촬영 수록하여 선현의 서체연구(書體研究)에 도움을 주도록 하였다.
- 번역문(飜譯文)은 한글 번역을 원칙(原則)으로 하였고 고사성어(故事成語), 용어(用語) 등은 괄호( )안에 콜론(:)를 찍어 설명하여 이해(理解)를 돕고자 하였다.

◎ 조사(調査), 탁본(拓本), 번역주관(飜譯主管): 명지대학교박물관(明知大學校博物館) 번역(飜譯) 및 교열(校閱)

신천식(申千湜) 명지대학교 사학과 교수 겸 박물관장(明知大學校 史學科 教授 兼 博物館長),

김위현(金渭顯) 명지대학교 사학과 교수(明知大學校 史學科 教授),

홍문표(洪文杓) 명지대학교 국어국문학과 교수(明知大學校 國語國文學科 教授),

진성규(秦星圭) 중앙대학교 사학과 교수(中央大學校 史學科 教授)

이명래(李明來) 국사편찬위원회 번역위원(國史編纂委員會 飜譯委員)

방동인(方東仁) 관동대학교 사학과 교수(關東大學校 史學科 教授)

최 호 (崔 虎) 명지대학교 사학과 강사(明知大學校 史學科 講師)

◎ 탁본(拓本) 및 이기(移記)

신천식(申千湜) 명지대학교 사학과 교수 겸 박물관장(明知大學校 史學科 敎授 兼 博物館長)

엄익성(嚴翼成) 명지대학교박물관 학예연구사(明知大學校博物館 學藝硏究士)

정종태(鄭宗泰) 명지대학교박물관 연구조교(明知大學校博物館 硏究助敎)

고성영(高晟永) 명지대학교박물관 연구조교(明知大學校博物館 硏究助敎)

권동신(權東信) 명지대학교박물관 연구조교(明知大學校博物館 硏究助敎)

김성환(金成煥) 경기도 학예연구사(京畿道 學藝硏究士)

장덕호(張德浩) 경기도 향토사료실(京畿道 鄕土史料室)

박건현(朴建鉉) 명지대학교 대학원 사학과(明知大學校 大學院 史學科)

이용빈(李鎔彬) 명지대학교 대학원 사학과(明知大學校 大學院 史學科)

박문태(朴文泰) 명지대학교 대학원 사학과(明知大學校 大學院 史學科)

변은숙(邊銀淑) 명지대학교 대학원 사학과(明知大學校 大學院 史學科)

이재규(李在圭) 명지대학교 대학원 사학과(明知大學校 大學院 史學科)

곽창호(郭昌鎬) 명지대학교 대학원 사학과(明知大學校 大學院 史學科)

곽미숙(郭嬍淑) 명지대학교 대학원 사학과(明知大學校 大學院 史學科)

신학태(申學泰) 명지대학교 대학원 사학과(明知大學校 大學院 史學科)

이교현(李敎鉉) 허원생(許元生), 박은영(朴恩榮) 명지대학교 사학과 졸업생(明知大學校 史學科 卒業生)

◎ 편집(編輯)

이정일(李政日) 경기도문화예술과장(京畿道文化藝術課長)

강경석(姜景錫) 경기도문화재계장(京畿道文化財係長)

자료정리(資料整理) 편집실무(編輯實務), 校正

강대욱(姜大旭) 경기도학예연구관(京畿道學藝硏究官)

최근성(崔根成) 경기도학예연구사(京畿道學藝硏究士)

김성환(金成煥) 경기도학예연구사(京畿道學藝硏究士)

장덕호(張德浩) 경기도향토사료실(京畿道鄕土史料室)

◎ **제자(題字)**: 소강 부달선(小岡 夫達善)

◎ **전, 후면지(前,後面紙)**: 경기도 고지도(京畿道古地圖)

■ 6집(六集) 목차(目次)

◎ 기념비(記念碑)

(1) 이경류 정여비(李慶流 旌閭碑)

(2) 봉화공 이하 삼세유사비(奉化公 以下 三世遺事碑)

(3) 홍수원 정여비(洪睟元 旌閭碑)

◎ 신도비(神道碑)

5집(五集) 19 이정기(李廷虁神道碑)

6집(六集) 7. 이 증(李增 神道碑)

8. 이여발 신도비(李汝發 神道碑)

9. 이기조 신도비(李基祚 神道碑)

11. 이정용 신도비(李廷龍 神道碑)

12. 이기하 신도비(李基夏 神道碑)

21. 이경류 묘갈(李慶流 墓碣)

칠집(七集) 3. 이언홍 묘갈(李彦洪 墓碣)
10. 이계묘갈(李洎 墓碣)
31. 이예견 묘갈(李禮堅 墓碣)

1992년 12월에 『경기금석대관제육집(京畿金石大觀)』 6집이 속간(續刊)되었다. 6집에는 한산이씨 문중 명현(名賢)이 대거 등재(大擧 登載)되었다. 첫 번째로, 기념비(記念碑)로는 좌랑공 휘 경류(佐郎公 諱 慶流)의 충신정여비(忠臣旌閭碑)가 써 있으며 좌랑공은 증 영의정 아천군 휘 증(贈 領議政 鵝川君 諱 增)의 넷째 아드님이시다. 두 번째는 봉화공 이하 삼세유사비(奉化公 以下 三世遺事碑)다. 삼세유사비는 봉화현감(奉化縣監)을 역임한 휘 장윤 한원군(諱 長潤 韓原君)과 부사(府使)를 역임한 한성군 휘 질(韓城君諱秩), 그리고 종묘서령을 역임한 한평군 휘 지숙(韓平君 諱 之菽) 3대 어른의 유사(遺事)를 후손(後孫)인 한성우윤(漢城右尹)을 역임한 사천공 휘 병연(槎川公 諱 秉淵)이 찬(撰)하고, 호조정랑(戶曹正郎)을 역임한 정랑공 휘 병건(正郎公 諱 秉健)이 쓰고, 담양군수(潭陽郡守)를 역임한 휘 기중(諱 箕重)가 전액(篆額)한 기념비(記念碑)다.

세 번째로 홍수원 정여비(洪晬元 旌閭碑) 삼학사(三學士)의 한 사람인 남양인 홍익한(南陽人 洪翼漢)의 자(子)로서 부인은 한산이씨 현풍공 휘 확(玄風公 諱 穫)의 女다. 출천효열부부로 정여비문(旌閭碑文)은 문정공 우암 송시열(文正公 尤菴 宋時烈)이 찬(撰)하고 성균관제주 송한기(成均館 祭酒 宋煥箕)이 썼다.

◎ 신도비(神道碑)로는 이증 신도비(李增 神道碑)

한산인(韓山人) 유명조선국 증 대광보국숭록대부 의정부영의정 겸 영경연 홍문관예문관춘추관 감상감사 세자사 아천부원군 시 의간공 행 추충분의평난공신 정헌대부 예조판서 겸 지의금부사 오위도총부도총관 아천군 이공 신도비명병서(有明朝鮮國 贈 大匡輔國崇祿大夫 議政府領議政

兼 領經筵 弘文館藝文館春秋館 觀象監事 世子師 鵝川府院君 謚 懿簡公 行 推忠奮義平難功臣 正憲大夫 禮曹判書 兼 知義禁府事 五衛都摠府都摠管 鵝川君 李公 神道碑銘 幷序) 비문(碑文)은 홍문관대제학(弘文館大提學)에 추증(追贈)된 동명 정두경(東溟 鄭斗卿)이 찬(撰)하고, 예조참판 성재 이진휴(禮曹參判 省齋 李震休)가 쓰고, 예조판서(禮曹判書)를 역임하고 해서(楷書), 초서(草墅), 전서(篆書), 예서(隸書)에 능(能)한 일암 윤덕준(逸庵 尹德駿)이 전(篆)하였다. 신도비는 분당 중앙공원 내(盆唐 中央公園 內)에 있다.

◎ 이여발 신도비(李汝發 神道碑)

한산인(韓山人) 유명조선국 자헌대부 지중추부사 겸 오위도총부도총관 한흥군 증 시 정익 이공 신도비명 병서(有明朝鮮國 資憲大夫 知中樞府事 兼 五衛都摠府都摠管 韓興君 贈 謚 貞翼 李公 神道碑銘 幷序) 비문(碑文)은 판중추부사(判中樞府事)를 역임한 서계 박세당(西溪 朴世堂)이 찬(撰)하고, 영의정(領議政)에 오른 누실 유상운(陋室 柳尙運)이 쓰고, 일암윤덕준(逸庵 尹德駿)이 전(篆)하였다. 신도비는 인천시 남동구(舊 始興郡 新川里)에 있다.

◎ 이기조 신도비(李基祚 神道碑)

한산인(韓山人) 유명조선국 증 대광보국숭록대부 의정부영의정 겸 영경연홍문관예문관 춘추관관상감사 세자사 행 정헌대부 예조판서 겸 지경연의금부사 춘추관사 세자좌빈객 동지성균관사 오위도총부도총관 이충간공신도비명병서(有明朝鮮國 贈 大匡輔國崇祿大夫 議政府領議政 兼 領經筵弘文館藝文館 春秋館觀象監事 世子師 行 正憲大夫 禮曹判書 兼 知經筵義禁府事 春秋館事 世子左賓客 同知成均館事 五衛都摠府都摠管 李忠簡公神道碑銘 幷序) 비문(碑文)은 영의정 박세채(領議政 朴世采)가 찬(撰)하고, 외손 영의정 평천군 신완(外孫 領議政 平川君 申琓)이 전액(篆額)하고, 손자 호조좌랑 명필(孫子 戶曹佐郎 明弼)이 썼다. 묘는 군포시산본동(軍浦市 山本洞)에 있다.

◎ 이정용 신도비(李廷龍 神道碑)

한산인(韓山人) 유명조선국 증 가선대부 이조참판 겸 동지의금부사 오위도총부도총관 행 통훈대부 행 김제군수 전주진관병마동첨절제사 이공 신도비명 병서(有明朝鮮國 贈 嘉善大夫 吏曹參判 兼 同知義禁府事 五衛都摠府都摠管 行 通訓大夫 行 金堤郡守 全州鎭管兵馬同僉節制使 李公 神道碑銘 幷序) 비문(碑文)은 영의정 도곡 이의현 문강공(領議政 陶谷 李宜顯 文簡公)이 찬(撰)하고, 부제학 좌참찬 김진상(副提學 左參贊 金鎭商)이 쓰고, 정헌공 예조판서 홍현보(貞獻公 禮曹判書 洪鉉輔)가 전(篆)하였다. 김제공은 좌랑공 휘 경류(佐郎 公 諱慶流)의 둘째 손자(孫子)다.

묘소는 성남시 분당구 수내동 중앙공원 내(城南市 盆唐區 藪內洞 中央公園 內)에 있다.

◎ 이기하 신도비(李基夏 神道碑)

한산인(韓山人) 유명조선국 자헌대부 공조판서 겸 지훈련원사 오위도총부도총관 한성군 증 시 정희 이공 신도비명 병서(有明朝鮮國 資憲大夫 工曹判書 兼 知訓練院事 五衛都摠府都摠管 韓城君 贈 諡 貞僖 李公 神道碑銘 竝書) 비문(碑文)은 공조판서(工曹判書), 홍문관 예문관 대제학 윤순(弘文館, 藝文館 大提學 尹淳)이 찬(撰)하고, 좌의정 달성인 서명균(左議政 達城人 徐命均)이 쓰고, 이조참의 조명교(吏曹參議 曹命敎)가 전액(篆額)하였다.

정희공 휘 기하(貞僖公 諱 基夏)는 정익공 휘 여발(貞翼公 諱 汝發)의 자(子)다. 묘는 인천시 남동구(舊 始興郡 新川里)에 있다.

▌ 묘갈편(墓碣編)

◎ 이경류 비갈(李慶流 碑碣)

한산인(韓山人) 유명조선국 증 통정대부 승정원도승지 겸 경연참찬관 춘추관수찬관예문관 직제학상서원정 행 선교랑수 병조좌랑 이공 묘갈명 병서(有明朝鮮國 贈 通政大夫 承政院都承旨 兼 經筵參贊官春秋館修撰官藝文館 直提學尙瑞院正 行 宣敎郎守 兵曹佐郞 李公 墓碣銘 幷序) 비문(碑文)은 이조참판(吏曹參判) 홍문관 대제학(弘文館 大提學) 예문관대제학(藝文館 大提學) 도암 이재(陶庵 李縡)가 찬(撰)하고, 이조참판 홍석보(吏曹參判 洪錫輔)가 쓰고, 부제학 좌참찬 김진상(副提學 左參贊 金鎭尙)이 전(篆)하였다.

비갈(碑碣)은 분당구 수내동 중앙공원 내 좌랑공묘 하(佐郞公墓 下)에 있다.

-『경기금석대관 제7집(京畿金石大觀第七集)』 1994년 12월 30일

◎ 이언홍 묘갈(李彦洪 墓碣)

한산인(韓山人) 유명조선국 통훈대부 행 충훈부경력 이공 묘갈명 병서(有明朝鮮國 通訓大夫 行 忠勳府經歷 李公 墓碣銘 幷序)의 찬문(撰文)은 통예원지제교 겸 춘추관편수관 박충원(通禮院知製敎 兼 春秋館編修官 朴忠元)이 찬(撰)하였다.

경력공 휘 언홍(經歷公 諱 彦洪)는 인제공댁 광목공 휘 숙야(麟齋公宅光牧公 諱 叔野)의 현손(玄孫)이며 좌의정 휘 유청(左議政 諱 惟淸)의 차자(次子)다.

묘소(墓所)는 고양시 원신동(高陽市元新洞)이다.

◎ 이계 묘갈(李洎 墓碣)

한산인(韓山人) 호군공 휘 계(護軍公 諱 洎)는 경력공 휘 언홍(經歷公 諱 彦洪)의 자(子)다. 묘갈비는 고양시 원신동 고위묘 하에 있다.

◎ 이예견 묘갈(李禮堅 墓碣)

한산인(韓山人) 유명조선국 가선대부 사간원대사간 이공 묘갈명 병서(有明朝鮮國 嘉善大夫 司諫院大司諫 李公 墓碣銘 幷序)의 비문(碑文)은 영의정 문성군 유순(領議政 文城君 柳洵)이 찬(撰)하였다. 공(公)은 인재공댁 양도공 휘 숙무(麟齋公宅 良度公 諱 叔畝)의 손자(孫子)다.

그 외의 선조님이 많이 누락(漏落)되어 있어 죄송(罪悚)하고, 앞으로 후손들이 열의(熱意)를 가지고 개발(開發)하고 선양(宣揚)하는데 주저(躊躇)말고 해야 할 것이다.

十부

묘비 건수와 비문 찬
墓碑 建竪와 碑文 撰

十부. 묘비 건수(墓碑 建竪)와 비문 찬(碑文 撰)

1. 고려 권지호장공 묘비문 원문(高麗 權知戶長公 墓碑文 原文)

아이자시조호장부군세장한산군보운호장공이하지판서공사세묘소실전고로전설호장공묘재한산고읍지우관부이건시입어관부장내상유견기지석이휘지자적수민언군지유로지점이자차자구의상미굴지추심자개이군아재야세병자아지내사비월명년제종견현감승우굴심사일득석곽어해좌지지즉아지청사지이과합어보재사방래관자막불책책어왈차한산이씨시조묘야신호전설지불무인이군아우기좌수십보개봉이축지시기역자동지회재급승대야근안부군휘윤경고려권지호장배위급생졸일불전남인간정조호장손충진호장효진비서랑비서생창세판도판서판서생자성감무증찬성찬성생삼남장배서승차축차곡문효공가정선생가정생색문정공목은선생세전공이호장장공곡누년이조적심평민수기혜소위간색낙정지곡예귀사용자역일절제지자시한산창곡독무색낙시공지유택군인추모공덕이목우상봉안어성황묘중춘추천향언절유부군누적지덕필다가기세원막징유견지엽지무기본근가험자려흘금육백여사익번이창수위망족기비여음유기여제종청기기사우석자촬기개여시운

숭정 오년 임오 사월 일

후손 가선대부 충청도관찰사승오 찬

我李自始祖戶長府君世葬韓山郡譜云戶長公以下至判書公四世墓所失傳古老傳說戶長公墓在韓山古邑之右官府移建時入於官府墻內嘗有見其誌石而諱之者跡遂泯焉郡之遺老指點而咨嗟者舊矣尙未掘之推尋者盖以郡衙在也歲丙子衙之內舍圮越明年諸宗遣縣監承祐掘尋四日得石槨於亥坐之地卽衙之廳舍址而果合於譜載四方來觀者莫不嘖嘖語曰此韓山李氏始祖墓也信乎傳說之不誣因移郡衙于其左數十步改封而築之尸其役者同知晦在及承大也謹按府君諱允卿高麗權知戶長配位及生卒佚不傳男仁幹正朝戶長孫忠進戶長孝進秘書郎秘書生昌世判圖判書判書生自成監務贈贊成贊成生三男長培署丞次畜次穀文孝公稼亭先生稼亭生穡文靖公牧隱先生世傳公以戶長掌公穀累年而糶糴甚平民受其惠所謂看色落庭之穀例歸私用者亦一切除之自是韓山倉穀獨無色落是公之遺澤郡人追慕公德以木偶像奉安於城隍廟中春秋薦香焉竊惟府君累積之德必多可記世遠莫徵惟見枝葉之茂其本根可驗自麗迄今六百餘祀益繁而昌遂爲望族豈非餘蔭攸曁歟諸宗請記其事于石玆撮其槩如是云

崇禎 五年 壬午 四月 日

後孫 嘉善大夫 忠淸道觀察使承五 撰

호장공묘비 번역문(戶長公墓碑 飜譯文)

우리 이씨는 시조 호장부군으로부터 대대로 한산고을에 잠시 지내왔다. 족보에는 호장공 이하 판서공에 이르기까지 4세(四世)의 묘소가 실전된 것으로 적혀있다. 옛 노인의 전하는 말에 호장공의 묘소가 한산고을에 오른쪽에 있었는데 관부를 옮겨 세울 때 그 담 안으로 들어갔노라고 하였다. 일찍이 거기에서 지석을 보았으나 이를 숨기는 자가 있어서 드디어 자취가 없어지고 말았다. 고을에 아직 살아있는 노인이 그 곳을 가리키며 슬퍼한지 오래었으나 이제껏 찾아내지 못한 것은 대개 관아의 청사가 있었기 때문일 것이다.

병자년에 관아의 안채가 무너졌는데 이듬해 여러 종족들이 현감 승우를 보내어 나흘 동안 파헤쳐 해좌지점에서 석곽을 찾아내니, 이곳은 바로 관아의 청사 터로서 과연 족보에 기재되어 있는 바와 같았다. 사방에서 찾아와 보는 이들이 모두 칭송하여 말하기를 이는 틀림없는 한산이씨 시조의 묘소라고 하니 전해오는 말이 거짓이 아니었음을 믿을 수 있다. 이리하여 그 왼쪽 수십 보 되는 곳으로 군 청사를 옮기고, 묘소를 고쳐 봉분을 쌓았는데. 이 역사를 주관한 이는 동지 회재와 승대였다.

삼가 상고하건데 부군의 휘는 윤경(允卿)이니 고려 권지호장으로 그 배위와 생졸연대는 실전되었다. 아드님 인간(仁幹)은 정조호장이며, 손자 충진(忠進)은 호장이요, 다음 효진(孝進)은 비서랑인데, 그 비서랑이 판도판서 창세(昌世)를 낳았다. 판도판서가 자성(自成)을 낳았으니 감무로서 증찬성이다. 찬성이 세 아드님을 낳았으니 맏은 배(培)이요, 서승(署丞)이다. 다음은 축(畜)이요, 셋째로 곡(穀)이니 문효공 가정 선생(文孝公 稼亭先生)이요. 가정은 색(穡)을 낳았으니 곧 문정공 목은선생(文靖公 牧隱先生)이시다.

세상에 전하기를 공은 효성으로서 관청 곡식을 맡은 지 여러 해에 출납하는 일이 심히 공평하여 백성들이 그 혜택을 입었다. 이른바 간색(看色)이라 하여 뜰에 떨어진 곡식을 의례히 사용으로 돌리던 것을 일체 없애버리니, 이로부터 한산창고의 곡식만은 유독 색락(色落)이란 것이 없게 되었다. 이는 오로지 공이 남긴 혜택으로서 군내 사람들이 공의 덕을 추모하여 목우상(木偶像)을 만들어 성황묘(城隍廟)안에 모셔놓고 봄가을로 제사를 지내었다. 그윽히 생각하건대 부군께서 오랫동안 쌓은 덕에 대하여는 반드시 기록한 것이 많을 터이나, 세대가 멀리 떨어져 증거할 길이 없으니 오직 가지와 잎새가 무성한 것으로 보면 그 근본 뿌리가 어떠하였던가를 알 수 있다. 고려로부터 지금까지 육백여년이 지났는데, 더욱 번창해져서 드디어 누구나 우러러보는 종족이 되었으니, 이 어찌 부군이 남기신 음덕의 소치가 아니겠는가? 여러 종족들이 그 일을 돌에 써 달라고 청하므로 여기에 그 대략을 간추려 이와 같이 적는다.

숭정(崇禎) 5년 임오(壬午) 4월(서기 1882년)

후손(後孫) 가선대부충청도관찰사 순찰사 승오
(嘉善大夫忠淸道觀察使 巡察使 承五) 지음

삼은공 휘 승오 찬 비원문(三隱公 諱 承五 撰 碑 原文)으로 복원(復原)한 기문(記文)

위 원문(原文)은 충청도 관찰사 순찰사(忠淸道 觀察使 巡察使) 삼은공 승오씨께서 장구한 세월 한산군 청사의 관장 내(官墻內)에 묻혀 실전되었던 우리 시조호장공의 묘소를 찾게 된 경위를 약술한 글이다. 현감승우(縣監 承祐)씨는 여러 종족들의 협조 하에 4일간 땅속을 파헤쳐 석곽(石槨)을 찾아냈으며 동지 회재(同知 晦在)와 승대(承大) 양씨(兩氏)는 봉

▲ 1992년도 대종회에서 현송공공적비 추진 중 상구씨가 삼은공추모비도 함께 할 것을 청원하여 1994년 10월 삼은공 휘 승오 찬문으로 복원 고쳐 세우다

분(封墳)을 수축(修築)하고 묘역을 정리하는 역사(役事)를 주관하였는데, 이 묘표(墓表)를 지어 세운 것은 그로부터 6년 후의 일이었다. 그 뒤로 세월이 흘러 백년이 경과하는 동안에 비문은 풍마우세(風磨雨洗)하여 판독하기 어렵던 중 전란(戰亂)의 병화(兵火)로 말미암아 비신(碑身)이 부러져서 지난 1975년에 땅에 묻어 지금은 표석(表石)만 있을 뿐이다. 이제 이를 안타깝게 여기던 몇 분들이 정성을 모아 돌을 다듬고 묘표원문과 번역문을 함께 새겨 삼가 이 복원비(復原碑)를 세우는 바이다.

1994년 감술(甲戌) 10월 日

후예손(後裔孫) 은규(殷珪) 근기(謹記)

후예손(後裔孫) 윤구(潤求) 근서(謹書)

후예손(後裔孫) 상구(庠求) 근수(謹竪)

2. 양경공 휘 종선 내외분 묘비문과 제축문 차이 -(良景公 諱 種善 內外分 墓碑文과 祭祝文 差異)

(비문 봉화공묘비 개수문)

維歲次○○十月○○朔十六日○○
○○代孫○○敢昭告于
顯
○○代祖妣贈貞敬夫人安東權氏之墓
歲遷一祭禮有中制履玆霜露彌增感慕
謹以淸酌庶羞祇薦歲事 尙
饗

維世次○○十月○○朔十五日○○
○○代孫○○敢昭告于
顯○○代祖考中樞院事良景公府君之位
歲遷一祭禮有中制履玆霜露彌增感慕
謹以淸酌庶羞祇薦歲事 尙
饗

상기 축문(上記 祝文) 또한 납득(納得)하기 어려운 점이 없지 않다. 영모리에 양경공 묘비(良景公 墓碑)에는 중추원사(中樞院使)로 기록되어 있는데 축문(祝文)에는 중추원사(中樞院事)로 쓰고 있는 현실과 표동(瓢洞)에 계신 양경공 배위 묘비(良景公 配位 墓碑)에 중추원사 양경공 이종선 계배 안동권씨지묘(中樞院使 良景公 李種善 繼配 安東權氏之墓)로 기록(記錄)되어 있는데 축문(祝文)은 증 정경부인 안동권씨(贈 貞敬夫人 安東權氏之墓)로 쓰고 있어 관작(官爵)의 표시(標示)와 외명부(外命婦) 호칭(呼稱)의 혼돈(沌)이 되어 혹시 타성(他姓)들이라도 이 사실을 알고 있을

는지도 모를 창피(猖披)한 일이 아닐 수 없어 오래전부터 이 문제를 제기(提起)해왔다. 그 후 절대다수 종인(絶大多數 宗人)이 공감(共感)하여 양경공 내외분(良景公 內外分)의 묘비(墓碑)를 고쳐 세워주기를 간망(懇望)하고 있으나 아직도 주저(躊躇)하고 미제상태(未濟狀態)다.

상기(上記) 예시(例示)한 봉화공 휘 장윤(奉化公 諱 長潤) 한원군(韓原君)의 묘비(墓碑) 또한 양경공 비문(良景公 碑文)과 비견(比肩)되는 사례(事例)로 기록했다. 봉화공 묘비 비문(碑文)과 같이 통훈대부 봉화현감 이장윤지묘. (通訓大夫 奉化縣監 李長潤之墓). 숙인 고령박씨지묘(淑人高靈朴氏之墓)로 기록된 비문(碑文)이 졸(卒)하실 때의 품계(品階)로 전면(前面)에만 써 있었고 배면(背面)에는 아무 내용(內容)이 없었다.

1997년 6월 11일 야반(夜半)에 괴한(怪漢)에 의한 봉화공묘비와 상석(床石)이 각기 3등분으로 파괴(破壞)되어 경기도 지방문화재(제116호)가 훼손(毁損)되어 당국(當局)에 보고(報告)하여 석물복원(石物復原)을 요청(要請)하였더니 원래의 모습대로 복원하라는 것이다. 지시(指示)대로 하다 보니 비석 전면(前面)에는 전과같이 썼으며 배면(背面)에는 개수연유(改竪緣由)와 증직 품계(贈職 品階)등을 기록하여 보는 이로 하여금 확실한 내용을 알도록 명시하였다.

축문(祝文)을 묘비문대로 쓴다면 통훈대부 봉화현감부군(通訓大夫 奉化縣監府君)과 숙인 고령박씨(淑人 高靈朴氏)라고 써야하는데 오래전부터 축문만은 상기(上記)한 바와 같이 증 정헌대부 이조판서 겸 지의금부사 오위도총부도총관 한원군 통훈대부 봉화현감 안동진관 병마절제도위(贈 正憲大夫 吏曹判書 兼 知義禁府事 五衛都摠府都摠管 韓原君 通訓大夫 奉化縣監 安東鎭管 兵馬節制都尉). 증정부인고령박씨(贈貞夫人高靈朴氏)로 써 왔다.

지금 와서 회상(回想)해보면 조상(祖上)님들이 증직(贈職)된 비문(碑文)으로 개립(改立) 하려고 중의(衆議)를 하였으나 재원능력(財源能力)이 없어 미루어 왔던 것으로 생각되는 것은 죽천공 휘 덕형(竹泉公 諱 德泂)가 쓰신 죽창한화(竹窓閒話)를 상고하건대 한성군 휘 질(韓城君 諱 秩)는 문음(門蔭)으로 부사(府使)에 이르렀다. 성품이 지극히 효성스러워서 매양 조상의 기제(忌祭)나 가묘(家廟)의 향사(享祀)때에 초헌(初獻)으로서 축문(祝文)에 쓰기를 "자손이 빈한(貧寒)하여 제사를 계속하지 못할까 두렵사오니 원컨대 묵우(默祐)를 주시어 자손들로 하여금 영귀(榮貴)하게 해주십시옵소서."하였다. 뒤에 손자 송와공 휘 희(松窩公 諱 塈)와 아천군 휘 증(鵝川君 諱 增)가 일시(一時)에 현달(顯達)해서 문호(門戶)가 열렸다 고하니 얼마나 가난으로 고통이 되셨는지를 미루어 짐작하게 하고, 1997년에 봉화공 비석(碑石)이 파괴로 인(因)하여 개립(改立)하였으니 조상님들의 한이 다소 풀리셨으리라 믿는 것도 우연(偶然)만도 아닌 것이 여러모로 생각하게 한다.

상기(上記)한 사안(事案)을 감안하여 더 이상 주저(躊躇)하거나 미루어야 될 일이 아님을 양경공파이사장님을 비롯한 임원님들께 다시 한 번 촉구 (促 求)하는 바입니다.

2009년 6월

호정(湖亭) 이상구(李庠求)

3. 봉화공 묘비 파손 복원비 (奉化公 墓碑 破損 復原碑)

1997년 정축(丁丑) 6월 11일 정신질환자 괴한(怪漢)에 의해 경기도 문화재기념물 제116호인 봉화공 묘비와 상석을 파괴(破壞)시켜 봉화공파 종회 상무이사 이철구씨로부터 긴급 전화를 받고 다음날 아침 일찍이 현장에 도착하였다. 상무이사 철구씨의 설명으로는 이미 경찰에 신고하여 수배 중에 있으며 경기도와 성남시 문화재 관계기관에도 신고하였다고 한다.

얼마 후 경찰에 잡힌 범인의 신병(身柄)을 확보하였으나 정신 질환자로 판명되고 관계기관(關係機關)의 지시로 파손된 세 토막씩된 묘비와 상석을 접합하여 안전하게 보존하도록 하는 지시에 의해 접합하여 아천군 휘 증(鵝川君諱增)의 부조묘(不祧廟) 경내(境內)에 잘 보존하였다.

봉화공파종회에서는 사후 대책회의를 거듭하여 석물을 복원 조성할 것을 의결하고 관계 당국과 협의하였으나 원형대로 복원하라는 것이어서 나로서는 장고(長考)의 고민 끝에 이사장인 정석(正柘)씨와 상무이사 철구(喆求)씨와 그 외 몇 분의 이사(理事)들과 의논하여 내손으로 설계도안을 작성하였다. 그리고 비(碑) 문안(文案)을 작성하여 회람(回覽)하여 수정(修正)을 하고 하여 시제(時祭日)이 1997년11월9일(음10월10일)내에 입석(立石)이 되도록 수차(數次)의 건립추진회의를 하며 비(碑)의 재질은 애석(艾石)으로 하며 상석은 화강석으로 결정하고 신속히 서둘렀다.

비 문안은 당국의 지시(指示)대로 전과 같이 쓰고, 후면에는 고쳐 세우게된 연유와 증직(贈職)된 관직(官職)을 썼다.

봉화공 묘비 개수문(奉化公 墓碑 改竪文)

전면 숙인고령박씨지묘

통훈대부봉화현감이장윤지묘

동강이실간좌곤향

淑 人 高 靈 朴 氏 之墓 通 訓 大 夫 奉 化 縣 監 李 長 潤 之墓 同 岡 異 室 艮 坐 坤 向

배면 증정헌대부이조판서겸지의금부사오위도총부도총관한원군

통훈대부봉화현감안동진관병마절제도위

증정부인고령박씨

서기 1997년 정축 6월 11일 손괴로 인하여 구 묘표석은 별도 접합 보존하였으며 개수비 전면은 문화재복원차원에서 괴운문 리수와 문안은 원문과 동일하게 각명하였으며 배면에는 문헌에 의한 증직사실과 연유를 기재하여서기 1997년 10월 일 근수하다

贈 正 憲 大 夫 吏 曹 判 書 兼 知 義 禁 府 事 五 衛 都 摠 府 都 摠 管 韓 原 君 通 訓 大 夫 奉 化 縣 監 安 東 鎭 管 兵 馬 節 制 都尉 贈 貞 夫 人 高 靈 朴 氏 西紀一九九七年丁丑六月十一日損壞로因하여舊墓表石은別途接合保 存하였으며改竪碑前面은文化財復原次元에서怪雲紋螭首와文案은原 文과同一하게刻銘하였으며背面에는文獻에依한贈職事實과緣由를記 載하여西記一九九七年 十月 日 謹竪하다

▌ 개수비 규모 도면(改竪碑 規模 圖面)

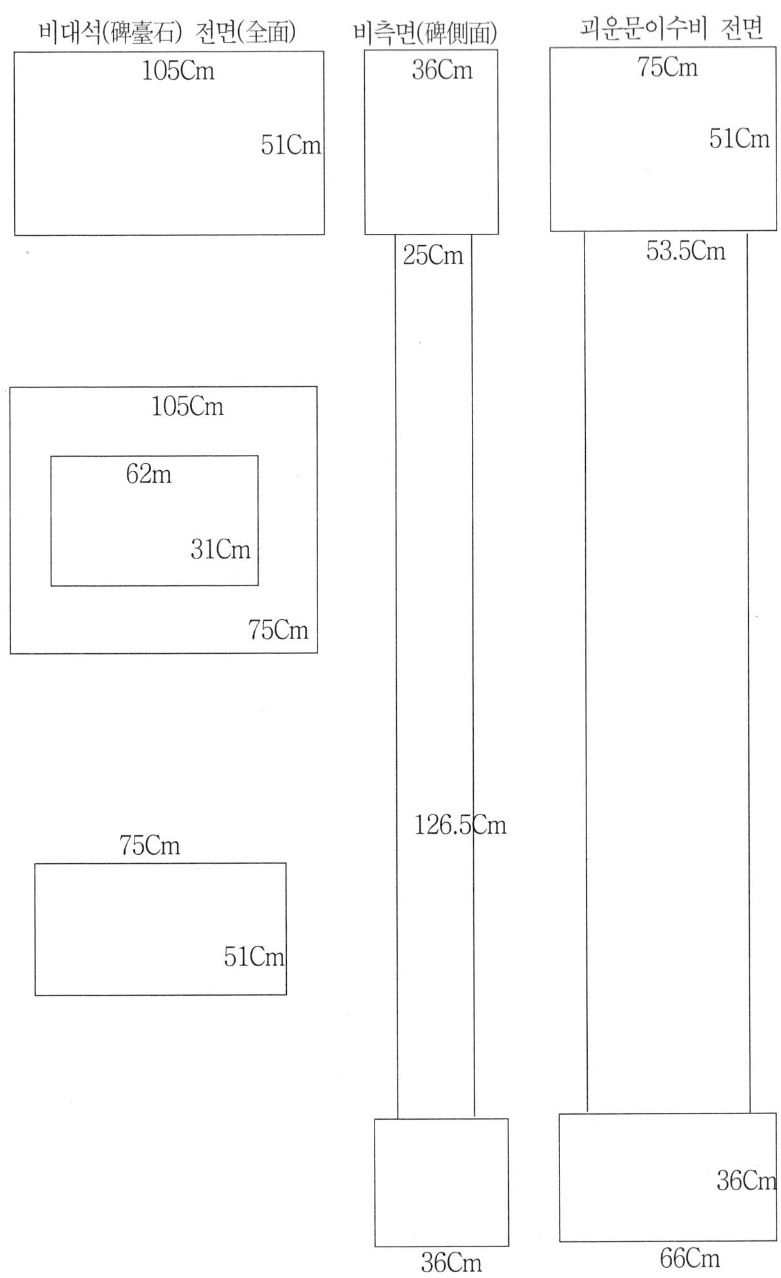

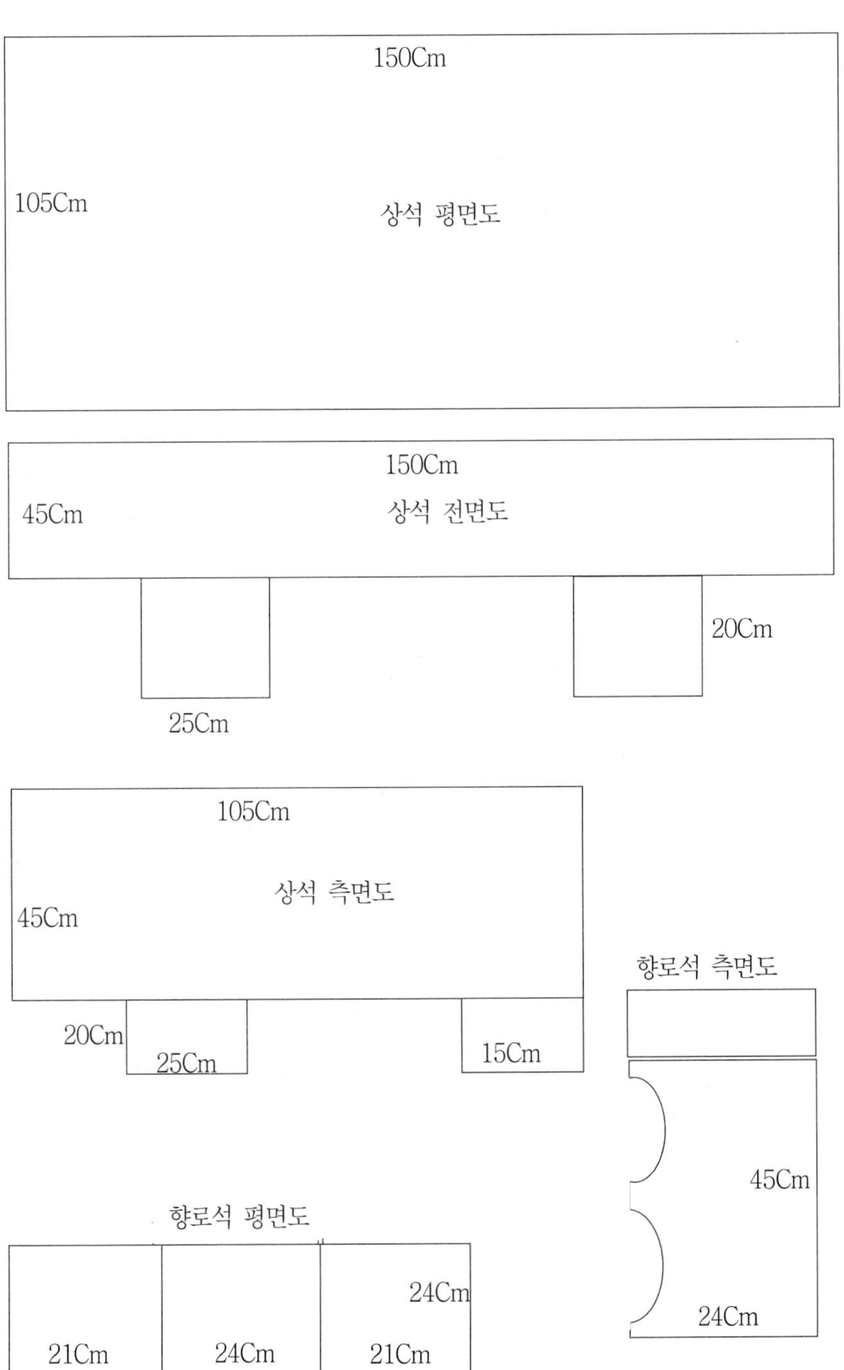
150Cm
105Cm
상석 평면도
150Cm
45Cm
상석 전면도
20Cm
25Cm
105Cm
상석 측면도
45Cm
20Cm
25Cm
15Cm
향로석 측면도
45Cm
24Cm
향로석 평면도
24Cm
21Cm
24Cm
21Cm

향로석 전면도

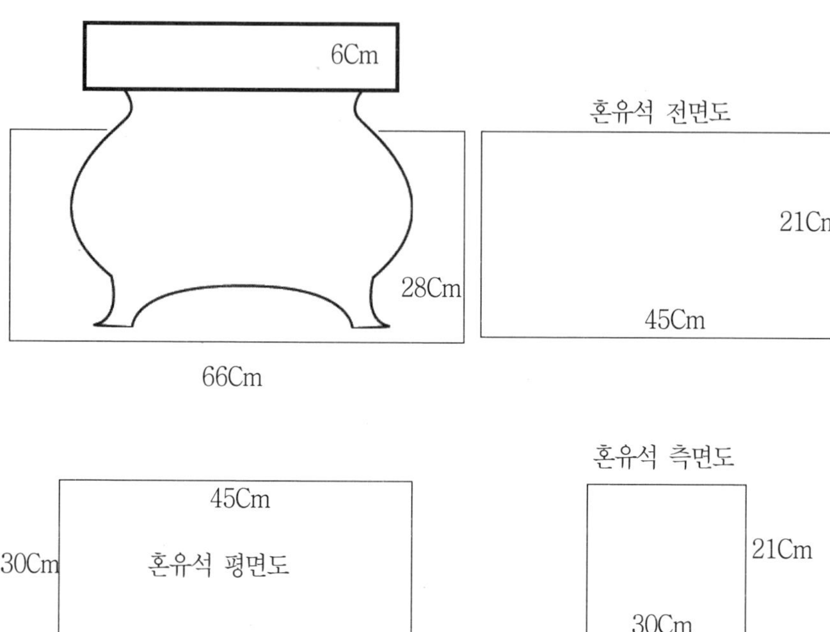
6Cm
28Cm
66Cm
혼유석 전면도
21Cm
45Cm
45Cm
30Cm
혼유석 평면도
혼유석 측면도
21Cm
30Cm

4.첨추공 휘 경부 묘표 음기 (僉樞公 諱 慶溥 墓表 陰記)

공(公)의 휘(諱)는 경부(慶溥)이니 한산인(韓山人)이다. 그 선계(先系)는 고려 말기(高麗 末期) 거유(巨儒)이신 휘 곡(諱 穀)이니 원(元)나라에 들어가서 제과(制科)에 올라 한림국사원 검열(翰林國史院 檢閱)을 거쳐 봉의대부정동 행 중서성좌우사원외랑(奉議大夫征東 行 中書省左右司員外郞)이 되어 원제(元帝)에게 건의(建議)하여 고려(高麗)에서 공녀제(貢女制)를 폐지(廢止)케 하였고, 본국(本國)으로 돌아와 광정대부도 첨의찬성사 우문관대제학(匡靖大夫 都僉議贊成事 右文館提學)에 이르고 경학(經學)으로 당세(當世)에 떨쳤다. 호(號)는 가정(稼亭)이요, 시호(諡號)는 문효(文孝)이니 한산이씨 중시조(韓山李氏 中始祖)다. 자(子)의 휘(諱)는 색(穡)이요, 호(號)는 목은(牧隱)이며, 시호(諡號)는 문정(文靖)이니, 원(元)나라에 들어가 국자감(國子監)에서 수학(修學)하여 제과(制科)에 올라 한림수찬관(翰林修撰官)이 되고 조열대부 행 중서성 좌우사랑중(朝列大夫 行 中書省 左右司郎中)을 선수(宣授)하고 환국(還國)하여 삼중(三重) 대광문하시중(大匡門下侍中)에 특승(特陞)하여 보국숭록대부 한산부원군(輔國崇祿大夫 韓山府院君)에 봉(封)해졌다. 성리학(性理學)의 태두(泰斗)로써 사상(思想)과 학문(學文)이 정치(政治)로써 많은 사림(士林)을 양성(養成)하였으니 권양촌 근(權陽村 近)과 변춘정 계량(卞春亭 季良) 길야 은재(吉冶 隱再) 하호정 윤(河浩亭 崙)등이고 그 고제(高弟)이다. 자(子)의 휘(諱)는 종선(種善)이니 삼형제(三兄弟) 중 계씨(季氏)다. 30세(十三歲)에 진사(進士)에 합격하고, 15세에 문과(文科)에 등과(登科)하여, 국조(國朝)에 들어와 자헌대부 지중추원사(資憲大夫 知中樞院事)가 되고, 순충적덕병의보조공신 대광보국숭록대부 의정부영의정 한산부원군(純忠積德秉

義輔祚功臣 大匡輔國崇祿大夫 議政府領議政 韓山府院君)에 증직(贈職)되었다. 시호(諡號)는 양경공(良景公)이시며 지극(至極)히 효성(孝誠)스러워서 옛터에 효자비(孝子碑)가 있다. 자(子)의 휘(諱)는 계전(季甸)이니 문과(文科)에 올라 정란공신(靖亂功臣)으로 참여(參與)하여 숭록대 부영중추원사 집현전대제학 증 의정부영의정(崇祿大夫 領中樞院事 集賢殿大提學 贈 議政府領議政)이요. 시호(諡號)는 문열공(文烈公)이다. 자(子)의 휘(諱)는 우(堣)이니 문과(文科)에 등과(登科)하여 벼슬이 성균관 대사성지제교(成均館 大司成知製敎)에 이르러서 일찍 졸(卒)하시니 이조참판(吏曹參判)에 증직(贈職)되고 한산군(韓山君)으로 습봉(襲封)되었다. 자(子)의 휘(諱)는 장윤(長潤)이니 문음(門蔭)으로 니산(尼山) 봉화(奉化) 두 고을의 현감(縣監)이되고 체임(遞任)하여 다시는 환로(宦路)에 나가지 않고 자택(自宅)에서 늙기를 마치니 이조판서(吏曹判書)에 증직(贈職)되고 한원군(韓原君)으로 습봉(襲封)되었다. 자(子)의 휘(諱)는 질(秩)이요. 진사(進士에 합격하고 문음(門蔭)으로 의금부 경력(義禁府 經歷)을 제수(除授)하고 호조좌랑(戶曹佐郞)으로 승진(陞進)하였다. 루천(累遷)하여 화직(華職)으로 천거(薦擧)되어 7개군(個郡)을 거쳤고 가정정미(嘉靖丁未)1547년에 공신회맹연(功臣會盟宴)때 적장(嫡長)으로 특별히 당상(堂上)에 오르고 첨지중추부사 겸 오위장(僉知中樞府使 兼 五衛將)에 제수(除授)되었으며 가선(嘉善)에 승진(陞進)하여 한성군(韓城君)으로 습봉(襲封)되었다. 자(子)의 휘(諱)는 지숙(之菽)이오 벼슬은 종묘서령(宗廟署令)이니 순충보조공신 정헌대부 이조판서 겸 지의금부사 오위도총부도총관(純忠輔祚功臣 正憲大夫 吏曹判書 兼 知義禁府事 五衛都摠府都摠管)에 증직(贈職)되고 한평군(韓平君)으로 습봉(襲封)되니 공(公)의 조고(祖考)이시다. 조비증정부인선산김씨(祖妣贈貞夫人善山金氏)는 진사필신(進士弼臣)의 따님인데 4남1녀(四男一女)를 낳으셨는 바 장자(長子)의 휘(諱)는 원(垣)이니 이분이 바로 공(公)의 고위(考位)시다. 관(官)은 종친부전부(宗親府典簿)

요. 1522年 임오(壬午) 9月 23日生이며 1550年 경술(庚戌)에 29수를 일기(一期)로 조졸(早卒)하시었다. 비위 숙부인 청풍김씨(妣位 淑夫人淸風金氏)는 생년기록(生年記錄)이 없고 1562년 임술(壬戌) 3월 16일 졸(卒)하여 성남시 분당구수내동 산1번지 영장산 선영하 한원군묘 서록계좌(城南市 盆唐區 藪內洞 山一番地 靈長山 先塋下 韓原君墓 西麓癸坐)에 합폄(合窆)으로 장례(葬禮)되었다. 1989년 己巳 12월 한산이씨 묘역(韓山李氏 墓域)이 경기도문화재 제116호로 지정(指定)되고 문화유적 중앙공원(文化遺蹟 中央公園)으로 조성(造成)되어 분당의 명소(名所)가 되었다. 차자(次子)의 휘(諱)는 증(增)이요 호(號)는 북애공(北崖公)이다. 벼슬은 대광보국숭록대부 의정부영의정 영경연홍문관 예문관춘추관 관상감사 행정헌대부 예조판서 겸 지의금부사 오위도총부도총관 추 충분의평란공신 아천부원군(大匡輔國崇祿大夫 議政府領議政 領經筵弘文館 藝文館春秋館 觀象監事 行 正憲大夫 禮曹判書 兼 知義禁府事 五衛都摠府都摠管 推忠奮義平難功臣 鵝川府院君)이오 효도(孝道)와 우애(友愛)가 천성(天性)에 나와 부모상사(父母喪事)를 당하여는 여묘(廬墓)했으며 새로운 음식을보면 반드시 백씨(伯氏)전부공(典簿公)을 기다려서 함께 하였다. 공(公)은 1543년 계묘(癸卯)12월 3일에 나시어 벼슬은 첨지중추부사(僉知中樞府事)를 역임(歷任)하고 1595년 을미(乙未) 4월13일에 졸(卒)하니 향년(享年) 53세(歲)이셨다. 배위 숙부인 이천서씨(配位 淑夫人 利川徐氏)는 생졸(生卒)의 기록(紀錄)이 없어 안타깝고 송구하기 그지없다. 장예후(葬禮後) 400년만에 후손들이 뜻을 모아 봉분석(封墳石)과 묘비(墓碑), 상석(床石), 망주석(望柱石) 등을 갖추어 치산(治山)하였으니 만시지탄(晩時之歎)이다. 자(子)의 휘(諱)는 찬(欑)이오 벼슬은 무과(武科)에 급제(及第)한 후(後)에 덕천군수(德川郡守)를 거쳐 함경도방어사(咸鏡道防禦使)를 역임(歷任)하고 이후 개성부방어사(開城府防禦使)를 거쳐 전라도우병마수군절도사(全羅道右兵馬水軍節度使) 등을 역임(歷任)하였다. 임진왜란(壬辰倭

亂)과 정유재란(丁酉再亂) 광해군(光海君)의 폭정(暴政)과 병자호란(丙子胡亂) 등을 겪었는 바 혁혁(赫赫)한 치적(治積)과 전공(戰功)을 세웠다. 연산군(燕山君) 갑자사화(甲子士禍)시 문열공 휘 계전(文烈公 諱 季甸)의 차자(次子) 명헌공 휘 파(明憲公 諱 坡)가 예조판서(禮曹判書)때 폐비윤씨(廢妃尹氏)사건에 연루(連累)되었다 하여 그 화(禍)가 선대(先代)까지 미침에 문열공 묘소(文烈公 墓所)도 평분(平墳)되었다. 그후 120여 년 만에 수사공(水使公)께서 이를 찾아서 성분(成墳)하였으니 충효지심(忠孝之心)이 지극(至極)하다하지 않겠는가 이로써 후손들은 문열공묘 계하(文烈公墓 階下)에 수사공묘(水使公墓)를 택지(擇地)하였다. 이러한 과정에서 자부(子婦)는 상주김씨(尙州金氏)이니 1남 1녀를 두었다. 장손(長孫)은 휘(諱)정시(廷蓍)이니 통덕랑공(通德郎公)이요 생부(生父)는 증 좌부승지행 충우위부사용(贈 左副承旨 行 忠佑衛副司勇)이며 휘는 순(淳)이니 입계(入系)되었다. 혈손(血孫)의 휘(諱)는 정규(廷葵)이니 통덕랑공(通德郎公)이다.당시(當時)국가적(國家的)으로 내우외환(內憂外患)의 혼란(混亂)한 세태(世態)라 화직(華職)으로 출사(出仕) 하지 못하였으니 망극지통(罔極之痛)이다. 증손(曾孫)이 十九종남매(從男妹)로 내외후손(內外後孫)이 번연(蕃衍)하여 능(能)히 다 기록(記錄)히지 못하고 4세기(社世紀)가 지난 오늘날 만시지탄(晩時之歎)을 무릅쓰고 후손들이 정성을 모아 그 대략(大略)을 돌에 새겨 삼가 세우다.

서기 2000년 경진(庚辰) 월 일

불초(不肖) 십이대손(十二代孫) 상구(庠求) 근찬(謹撰)
한산이씨전부공파종회 근수(韓山李氏典簿公派宗會 謹竪)

5. 종중묘산(宗中墓山)이 단독소유회복등기(單獨所有回復登記)를 공동명의(共同名義)로 변경등기(變更登記)와 한산이씨전부공파종중결성(韓山李氏典簿公派v宗中結成)

수내동 219번지가 나의 본적지(本籍地)다. 한마당 사이에 보통굴댁 문구(文求)할아버지 봉직(奉稙)씨 대부가 살고 있어서, 자연스럽게 대화가 이루어진다. 그래서 봉직대부가 나에게 '금년도 이천, 여주시향(時享)에 상구와 같이 가고시싶은데 어떠한가' 제안하시기에 '대부의 연세가 76세의 고령이신데 행보(行步)가 어떠하신지요?' 하니까, 대부께서는 해방(解放)된지도 언간 20년이나 되어도 지금까지 한 사람도 시제에 가려들지 않으니 매년 음력 10월 6일은 이천 장생이 나의 12대조 첨추공(僉樞公)시제일이고, 10월 7일은 18대조 문열공(文烈公) 제향이며 다음날은 11대조 수사공(水使公)제향에 다녀오자고 하신다.

1964년 갑진 10월 5일 이른 아침 대부를 뫼시고 떠났다. 나또한 34세가 되도 록 처음으로 시향봉제(時享奉祭)다. 험준한 나무꿀고게를 넘어 30리길을 걸어서 광주경안(廣州京安)서 버스를 타고 이천군신둔면수광리 정류소에 하차하여 또 걸어서 10리길인 마장면 장암리 장생이에 도착 수호인 구석씨를 대부의 소게로 인사를 나누었다. 재실은 초가(草家)로 너무 오래되어 퇴락한 고옥(古屋)이다. 사랑방에 여장을 풀고 소죽을 쑤은 방이라서 따뜻한 방에 메주덩이가 시렁에 매달려있었다. 대부는 피곤하신지 일찍 자리에 누우셨다.

저녁식사 후 구석씨는 옛날 족보 괴짝을 들고 들어와 보이면서, 옛 부터 가보(家寶)로 모셔온 이 족보상으로는 성구(成求)라 하는데 항렬자가 상하(上下)인지 몰라 구석이라 했다고 하면서 계통을 찾아달라고 한다.

나도 8권으로 된 구보(舊譜)는 1740년 영조(英祖)16년 상주목사 휘 수보(諱 秀輔) 형조좌랑 휘 산로(諱 山老), 사천공 휘 병연(諱 秉淵)등이 수보(修譜)한 경신보(庚申譜)를 처음으로 접(接)하는지라 반갑고도 호기심(好奇心)으로 석유 등잔불 밑에서 우선 나의 계통부터 살펴가기 시작했다. 족보는 한 번도 펴 본 일 없이 깨끗한 한지(漢紙)로 엮은 그대로였다.

몇 장을 넘기는 순간 노란 이팔봉투가 눈에 띄어 열어보니 해방 후 할아버지 묘산을 수호인 성구씨의 부친 이봉규(李鳳珪)씨 단독명의로 회복등기한 문서였다. 나는 못 본 체 덮어버렸다. 그렇지 않아도 대부께서 늘 걱정한 바 대로다. 봉직대부는 어려서부터 신둔면 소정리서 살면서 지근거리(至近距離)에서 시향에 늘 참여했다고 하는데, 오늘날 성구가 재실을 자기 소유라고 하니 숲안 대소가(大小家)에서 제향에 참여하지 않음으로 해서 생기는 폐단이라고 걱정하신다.

옛날에 첨추공 경부(僉樞公 慶溥)의 위답(位畓)이 5마지기요, 첨추공의 손 자(孫子) 통덕랑공 정시(通德郎公 廷蓍)의 위답은 여섯 마지기로 박씨(朴氏)와 김씨(金氏)가 각기 묘산(墓山)을 수호(守護)와 봉제(奉祭)를 했는데 봉규(鳳珪)씨가 억지로 권한을 빼앗아 지금에 이르렀다는 말씀은 들어 알고 있었다. 이 시점에서 회복등기도 봉규씨 단독명의(單獨名義)문서가 내 눈에 띈 것도 조상님의 묵우(默祐)의 계시(啓示)가 아니랄 수 없다. 아침일직 이 준비된 제수와 제의 기구를 지고 들고 산상(山上)에 가서 시제를 모시 고 음복(飮福)하고 여주로 향해 떠났다.

이천서 버스를 타고 여주에서 내려 또 30리 거리를 봉직대부를 뫼시고 찬찬히 마냥 걸어가면서, 이천 장생이 에서 있었던 일은 말씀 드리지 않을 수가 없었다. 대부는 종중산 회복등기 단독명의 산문서에 대해서 적이 놀라시며 분명히 보았느냐고 몇 번이고 무르시며, 이거 큰일이 아닌가? 하며 말씀을 잇지를 못하신다. 늦가을 노을이 서산(西山)에 물들어갈 무렵 점동면 청안리(占東面 淸安里) 고갯마루에 앉아 쉬며 또 산문서를 분명히 보았느냐고 무르신다. 어둡기 전에 부지런히 가시자고 서두르니까 거의 다 왔다고 하시며 참으로 내가 너와 같이 오기를 잘 했다며, 무엇인가 대부의 마음속 숙제가 풀린 듯 하게 보였다.

문열공 묘 재실(齋室) 사랑방에 들어가 보니 이미 원로(遠路)에서 오신 웃어른들께 인사하고. 어른들의 조상님에 대한 옛이야기로 주거니 받거니 이야기꽃이 피어오르는데 연만(年晩)하신 어른 대규(大珪)씨가 나에게 어디서 온 누구라고 했지? 다시 구체적으로 소개하라는 말씀에 경기도 광주 숲안에서 온 상구라고 정중히 인사드리고, 여기 문열공할아버지의 손자(孫子)되시는 봉화공 휘 장윤 한원군(奉化公 諱 長潤 韓原君) 후손입니다. 그리고 연산군(燕山君)의 갑자사화(甲子士禍)때 피화(被禍)로 양경공 이하 삼대묘소(三代墓所)가 평분(平墳)된지 근 200년 만에 문열공 묘소를 찾아주신 수사공 휘 찬(水使公 諱 穳)가 11대조가 된다고 하니까, 적이 놀라워하며, 문열공 배위 계하에 산소가 일가댁 산소로는 알고 있었으나 그 직손되시는 분을 만나기는 처음이라며 반갑게 맞아주었다.

이곳 사곡리마을 사람들은 음 10月 초7일과 8일 양일은 동민들의 잔칫날이라고 묘역을 정결히 하고 제수(祭需)를 장만하는데 협조를 아끼지 않았다. 그것은 한산이씨 터에 집을 짓고 살며 특히 땔나무를 이 종중산이 아니면 해결을 못하니 자동적으로 협조가 잘 이루어져 애림계(愛林契)에 종중에서 기금조성(基金造成)에 협조하는 등 유대가 깊게 이루어졌다.

수사공 제향은 다음날이어서 수호인 신만균(申萬均)씨 댁에서 하룻밤을 더 자야 했다. 신만균씨로부터 그간의 수사공 묘사(墓祀)에 대하여 많은 이야기를 들을 수 가 있었다. 광주 숲안에서 오시는 어른은 거의 없었고, 다 만 이천서 매년 오시는 봉규(鳳珪)씨 외엔 없었으며 이 어른이 못 오시면 신씨가 제물을 챙겨 산소에 차려놓고 잔을 부어 올렸다고 한다. 이 말을 듣고 너무도 부끄러워 고개를 못 들었다. 그리고 봉규씨는 매년 쌀 5말(五斗)값을 달래서 근 12년간 돈으로 드렸다는 말에 놀라웠다. 봉직대부도 이 말을 들으시고 너무도 기막히다며 허탈해했다.

신씨는 이어 금년에도 준비하였으니 가지고 가라며 쌀 닷말 값을 내어 놓아 가지고 돌아와 종회에 이 모든 사실을 보고하고, 이 돈으로 종재를 삼아 각 묘소제향에 유용(有用)한 일에 사용하도록 하고 완전한 전부공 휘 원 파종회(典簿公 諱 垣 派宗會)를 결성하여 임원선정과 회장에 순규(順珪)씨를 총무에 상구(庠求)로 선발하고 종중규약을 제정하였으며 매년 3인을 제사 참사원으로 지정하여 여비를 지급(支給)하도록 하고 각처에 앙장과 유기로 된 제기(祭器)를 마련하여 보급했다.

그리고 이천종산 독명의 등기는 곧바로 몇 분이 성구씨를 만나 잘 이해시키고 공동명의 변경으로 등기하도록 수습하여 종중결의대로 잘 진행되었다. 그래서 이천종중산 8정보가 종산으로 복원(復元)하는데 상구(庠求)가 크게 공헌(貢獻)하였다고 들 하신다.

그리고 다음해에 또 봉직씨와 상구가 시향 참사원으로 이천을 갔는데 성구(成求)씨 형제들이 봉직씨와 나에게 거세게 항의(抗議)하면서 선고(先考)께서 오래 전에 해놓으신 문건을 식자(識字)도 없는 형을 회유(懷柔) 기만하여 강제로 인감(印鑑)도장을 찍게 한 종중의 처사는 무효(無效)라는 것이다. 참으로 황당(荒唐)하고 어이없는 일이 야기(惹起)되어 되 돌아왔다. 그 후 1966년 정월에 성구씨 아들 춘복(春馥)이 숲안 종중에 찾아와 아버지 성구(成求)씨가 갑자기 별세(別世)하여 첨추공 묘소 측근(側近)에 장례(葬禮)를 모시겠다며 허락해 달라는 것이다. 원칙으로는 상대조묘(上代祖墓)근처에는 본시 산소를 못 쓰게 하는 완의(完議)의 예에 따라허용이 안 되는데 산 등기 건과 그간 조상을 잘 받들어온 정성을 참작(參酌)하여 종중결의로 허락(許諾)한 후로부터 제사에 참여함과 유기로 제작된 제기(祭器)와 앙장(仰帳) 그리고 제수목록(祭需目錄)과 백미한가마를 부과(賦課)하여 종재마련의 시초가 되었다. 여주 수사공묘소와 위토관리 하는 신만균씨에게도 같은 내용으로 제기일습과 제수목록을 제시하고 제축문 진설도 비치와 쌀 5두(斗)를 종중에 납부 등으로 종중의 모든 절차요건(節次要件)을 갖추어 착실하게 시행하였다.

1967년 10월

한산이씨전부공파종중 총무 상구(庠求)

6. 11대조 수사공(水使公) 휘(諱) 찬(欑) 묘비 세움

1966년 9월에 한평군파 세보 출간(韓平君派 世譜 出刊)후 편집인(編輯人) 일몽 중규(一夢 仲珪)씨께 나의 11대조 휘 찬(諱 欑) 수사공(水使公) 묘비문을 찬(撰)해주시기를 간청(懇請)하며 그 취지(趣旨)의 요점을 말씀드렸다.

1504년 갑자사화(甲子士禍)에 연산군의 모친 윤비 폐비사건에 연루된 명헌공 휘 파(明憲公 諱 坡)가 부관참시(副棺斬屍)를 당하였고, 연좌(連坐)로 그의 형님이신 대사성공 휘 우(大司成公 諱 堣), 부친인 문열공 휘 계전(文烈公 諱 季甸), 또 조부 양경공 휘 종선(良景公 諱 種善)등 3대묘소가 평분(平墳)되어 문열공 묘소는 7대손 수사공 휘 찬(水使公 諱 欑)께서 근 200년 만에 찾아 개봉축성(改封築成)하신 효손(孝孫)으로 문열공 묘 계하에 모신 후로 후손들이 불민(不敏)하여 표석(表石) 하나 없어 죄송하여 이 기회에 재가 묘도를 갖추어 드리려고 합니다 하니 일몽(一夢)께서 참으로 갸륵한 자네의 위선심에 감복하여 허락하셨다.

▮ 수사공 휘 찬 묘표 음기(水使公 諱 穳 墓表 陰記)

공 성 이관 한산 휘 찬 문정공 목은선생 휘 색 지 구대손야 팔대조 양경공 휘 종선 칠대조 문열공 휘 계전 육대조 대사성 한산군 우 오대조 봉화현감 한원군 휘 장윤 고조 한성군 휘 질 증조 한평군 휘 지숙 조종친 부전부 휘 원 고 중추부첨지사 휘 경부 비숙부인 이천서씨 배 상주김씨 관 덕천군수 함경도방어사 이 개성방어사 전라우도 병마수군절도사 유 삼남삼녀 내외후손 번연미능번록 공지 칠대조 문열공 묘 피기 차윤명헌공 휘 파좌연산 갑자 폐모비사 혹화삭평실 전지 백유여년 공 전심갈력 척심지석 개축봉분사 유 금일 공지 공적위차대의 연무문전기지유 구전 미능상지 기 전말 불승통탄 혹공년구 민멸근수 편석약기여우언

단기4301년 무신 서기1968년 무신 월 일

족예손 중규 근찬

십일대불초손 상구 근수

公 姓 李貫 韓山 諱 穳 文靖公 牧隱先生 諱 穡 之 九代孫也 八代祖 良景公 諱 種善 七代祖 文烈公 諱 季甸 六代祖 大司成 韓山君 堣 五代祖 奉化縣監 韓原君 諱 長潤 高祖 韓城君 諱 秩 曾祖 韓平君 諱 之菽 祖宗親 府典簿 諱 垣 考 中樞府僉知事 諱 慶溥 妣淑夫人 利川徐氏 配 尙州金氏 官 德川郡守 咸鏡道防禦使 移 開城防禦使 全羅右道 兵馬水軍節度使 有 三男三女 內外後孫 繁衍未能煩錄 公之 七代祖 文烈公 墓 被其 次胤明憲公 諱 坡坐燕山 甲子 廢母妃事 酷禍削平失 傳至 百有餘年 公 專心竭力 拓尋誌石 改築封墳使 有 今日 公之 功績偉且大矣 然無文傳記只有 口傳 未能詳知 其 顚末 不勝痛歎 或恐年久 泯滅謹竪 片石略記如右焉

檀紀4301年 戊申 西紀1968年 戊申 月 日

族裔孫 仲珪 謹撰

十一代不肖孫 庠求 謹竪

▮ 수사공 휘 찬 묘표 음기 번역문 (水使公 諱 穳 墓表 陰記 飜譯文)

공의 성은 이씨요 본관은 한산이며 휘는 찬(穳)이니 문정공(文靖公) 목은선생 휘 색(穡)의 9대손이다. 8대조는 양경공(良景公) 휘 종선(種善)이 며, 7대조는 문열공(文烈公) 휘 계전(季甸)이고, 6대조는 대사성 한산군 휘우(大司成 韓山君 諱 堣)요, 5대조는 봉화현감 항원군 휘 장윤(奉化縣監 韓原君 諱 長潤)이고, 고조는 한성군 휘 질(韓城君 諱 秩)이며, 증조는 한평군 휘 지숙(韓平君 諱 之菽)이요, 조부는 종친부전부 휘원(宗親府典簿 諱 垣)이고, 부친은 중추부 첨지사 휘 경부(中樞府僉知事 諱 慶溥)요, 모친은 숙부인 이천서씨(淑夫人 利川徐氏)이며, 배위는 정부인 상주김씨(貞夫人 尙州金氏)이다. 공의 벼슬은 덕천군수(德川郡守)와 함경도 방어사(咸鏡道防禦使)를 거쳐 개성(開城)방어사로 옮겼다가 전라우도 병마수군절도사(全羅右道 兵馬水軍節度使)를 지냈다. 공은 3남3녀를 두었는데 안팎으로 후손들이 번연(蕃衍)하여 능히 그 수효를 기록할 수 없을 정도이다. 공의 7대조 문열 공의 묘소 는 그 차남인 명헌공 휘파(明憲公 諱坡)가 연산조(燕山朝) 갑자년의 폐모비(廢母妣) 사건에 연루되어 혹독한 참화를 입었던 빌미로 평토실전(平土失傳)된지 100여 년에 이르렀었는데, 공이 성심과 전력을 다하여 지석을 찾아내서 봉분을 개축했다고 하니 오늘에 이르러 공의 공적은 참으로 위대하다고 할 것이다. 그러나 그러한 사실이 문자로 기록되어 전해오는 것이 없이 다만 구전으로만 전해져서 그 전말을 상세히 알지 못하겠으니 통탄스러움을 이길 나위가 없다. 혹 세월이 오래 지나면 민멸될까 두려워서 삼가 한 조각 돌을 세워 위와 같이 간략 하게 기록하노라.

檀紀四三○一년 무신 월 일

후예손(後裔孫) 仲珪 삼가 짓고

十一代 不肖孫 庠求 삼가 세움

우선 자금(資金) 조성계획(造成計劃)을 세워야겠는데 기본금으로 한평군파보소에서 받아 모아둔 보수금(報酬金)으로 일몽(一夢)아저씨의 권유로 서대문 석재상(石材商)에 가서 견적(見積)을 받아 계약(契約)까지 하고 서체(書體) 및 음각(陰刻)까지도 손수 도와주셨다. 나는 다만 재원(財源) 마련에 골몰(汨沒)하여 동분서주(東奔西走)로 일가 댁의 도움을 요청(要請)하였으나 워낙 생활형편이 좋지 않아 쌀 한두 말 아니면 성의로 몇 되 등으로 더 이상 기대난망(期待難望)이 아닐 수 없다. 초조(焦燥)한 마음에 대사(大事)를 벌려놓고 집안 어른들께서는 걱정만 하시지 적극적인 협조나 대안(代案) 제시(提示)가 없어 고민(苦悶)으로 지샜다. 비석작업(碑石作業)은 거의 끝나가고 지금 와서 포기(抛棄)할 수도 없는 난처한 입장이었다. 용인 원삼면(龍仁 遠三面)에 사시는 철규(喆珪)씨가 이천(利川), 안성(安城) 지방 일가들에게 수사공 비석을 세우는데 협조해 달라며 거두어 모은 성금(誠金)을 일금2,200원을 송금하여 주셨다. 너무나 고마워서 사례편지를 올리고 침체(沈滯)되고 좌절(挫折)했던 늪에서 벗어나 용기백배(勇氣百倍)로 기운을 차려 10대 방조 휘 정시(傍祖 諱 廷蓍) 통덕랑공(通德郎公)의 생가(生家)인 승지공 휘 지훈(承旨公 諱 之薰)댁 부자 종중(富者 宗中) 총회 날짜를 알아냈다. 왜냐하면 덕산 일가들을 매년 여주시제 때에 여러 어른들을 뵈온지라 찾아가서 지원호소(支援呼訴)라도 하고 싶은 심정이었다.

1968년 1월 중순경 승지공파 종회날 덕산(德山)을 찾아 나섰다. 눈이 몹시 날려 쌓여져 가는데 수원서 장항선 기차를 타고가 버스로 덕산까지 가서 걸어서 봉림까지 도보(徒步)로 쌓인 눈길을 뚫어가며 재실(齋室)에 도착하였다. 시복(時馥)씨, 신원(信遠)씨 등이 반갑게 맞아주셨다. 이미 종회는 끝나고 점심시간이어서 매우 번잡(煩雜)하였다. 종원이 하도 많아 그 수를 헤아릴 수는 없지만 큰 잔칫집이었다. 무슨 일로 어떻게 설상(雪上)에 왔느냐며 할 말이 있으면 하라는 것이다. 한참 망설이다가 나의 심회(心懷)의 일단을 심각하게 토로(吐露)하였다. “일가 여러 어른이 아시는 바와 같이 여주 문열공묘 계하에 수사공 휘 찬(水使公 諱 欑)의 묘소가 계신대 저의 11대조가 되시어 공의 묘비(墓碑)를 세우려고 진행 중인데 비용(費用)이 모자라서 큰댁에 원조를 바라고 염치없이 당돌하게 호소드립니다.”라고 하였다.

함자(銜字)는 모르나 연세가 높고 점잔 하신 어른이 말씀하시기를 나를 보시며 저렇듯 젊으신 분이 위선(爲先)하려고 정렬적인 하소연에 감동해 마지않는다며 동정적인 말씀에 시복(時馥)씨가 부연(敷衍) 설명으로 참판공 휘 흥남(參判公 諱 興男)의 큰아드님 휘 순(諱 淳) 부승지공의 막내 아드님 휘 명배(諱 命培)어른이 수사공 휘 찬(諱 欑)에게 출계(出系)되어 있으며 또한 평분(平墳)된 문열공 산소를 근 200년 만에 찾아 축성(築成)하신 그 공(功)에 명분(名分)이 있으니 지원(支援)하는데 찬성(贊成)발언이 이어져서 백미(白米) 두 가마 정도로 지원하는데 이의(異議)가 없었다. 참으로 놀랍고 감사한 말씀을 무엇이라고 표현 할 길이 없었다. 이로써 수사공이 서세(逝世)하신지 300여년 만에 묘비를 세움으로부터 문열공 시제에 참례한 일가들이 비문을 보고 수사공 제향에도 동참(同參) 하게 되니 어려운 역경(逆境)을 극복(克服)하고 이룩한 보람이 남다르게 빛나 보였다.

1968年 9月 日

호정(湖亭) 상구(庠求)

7. 통덕랑 한산이공 정시묘표 음기 (通德郞 韓山李公 廷蓍 墓表 陰記)

공(公)의 휘(諱)는 정시(廷蓍)요 한산 사람이다. 그 선계(先系)는 고려 말(高麗 末)에 도덕(道德)과 학문(學文)으로 거유(巨儒)이신 휘(諱)는 곡(穀)이시니 원(元)나라에 들어가서 제과(制科)에 올라 한림국사원검열(翰林國史院檢閱)을 거쳐 봉의대부정동 행 중서성좌우사원외랑(奉議大夫 征東 行 中書省左右司員外郞)이 되어 원제(元帝)에게 주청(奏請)하여 고려(高麗)에서 공녀제(貢女制)를 폐지(廢地)하게 하였고, 본국(本國)으로 돌아와 광정대부 도첨의찬성사 우문관대제학에 이르고, 경학(經學)으로 당세(當世)에 떨쳤다. 호(號)는 가정(稼亭)이요 諡號는 문효공(文孝公)이니 한산이씨 중시조(韓山李氏 中始祖)이시다. 아드님 휘(諱)는 색(穡)이요 호(號)는 목은(牧隱)이며 시호(諡號)는 문정(文靖)이니 원(元)나라에 들어가 국자감(國子監)에서 수학(修學)하여 제과(制科)에 올라 한림수찬관(翰林修撰官)이 되고 조열대부 행 중서성좌우사랑중(朝列大夫 行 中書省左右司郞中)을 선수(宣授)하고 환국(還國)하여 삼중대광문하시중(三重大匡門下侍中)에 특승(特陞)하여 보국숭록대부 한산부원군(輔國崇錄大夫 韓山府院君)에 봉(封)했다. 성리학(性理學)의 태두(泰斗)로서 학문(學文)과 정치사상(政治思想)으로 많은 사림(士林)을 양성(養成)하였으니 권양촌 근(權陽村 根)과 변춘정 계량(卞春亭 季良) 정삼봉 도전(鄭三峰 道傳) 하호정 륜(河浩亭 崙)등이 그 고제(高弟)이다. 가정 선생(稼亭 先生)과 목은선생(牧隱 先生) 부자분(父子分)의 명성(名聲)이 천하(天下)를 진동(震動)시킨 것은 국승(國乘)과 가집(家集)에서 고찰(考察)할 수 있다. 목은공의 계자(季子)의 휘(諱)는 종선(種善)이요 고려조(高麗朝) 문과(文科)에 급제(及第)하고 국조(國朝)에 들어가 자헌지중추원사(資憲知中樞院事)가 되고 순충적덕병의보조공신 대광보국숭록대부 의정부영의정 한산부원군(純忠積德秉義輔祚功臣 大匡輔國崇祿大夫 議政府領議政 韓山府院君)에 추증(追贈)되고 시호(諡號)는 양경공(良景公)이다. 지극(至極)히 효성(孝誠)스러워 구기(舊基)에 효자비(孝子碑)가 이를 말해주고 있다. 자(子)의 휘(諱)는 계전(季甸)이요 호(號)는 존양재(存養齋)이시니 문과(文科)에 올라 벼슬은 영중추원사(領中樞院事)에 이르고 수충위사좌익공신(輸忠衛社左翼功臣)에 책록(策錄)되어 한성부원군(韓城府院君)에 봉군(封君)되었다. 숭록대부 영중추원사 집현전대제학 증 의정부영의정(崇祿大夫 領中樞院事 集賢殿大提學 贈 議政府領議政)이요. 시호(諡號)는 문열공(文烈公)이다. 자(子)의 휘(諱)는 우(堣)요 문과중시(文科重試)에 급제(及第)하여 벼슬이 성균관 대사성(成均館 大司成)에 이르렀으며 이조참판(吏曹參判)으로 추증(追贈)되고 한산군(韓山君)으로 습봉(襲封)되었다. 자(子)의 휘(諱)는 장윤(長潤)이시니 음사(蔭仕)로 이산 봉화 두 읍(邑)의 현감(縣監)으로 역임(歷任)하고 이조판서(吏曹判書) 한원군(韓原君)이 추증(追贈)되었다. 자(子)의 휘(諱)는 질(秩)이요 진사(進士)에 올라 문음(門蔭)으로 의금부경력(義禁府經歷)을 제수(除授)하고 호조좌랑(戶曹佐郎)으로 승진(陞進)하였다. 루천(累遷)하여 화직(華職)으로 천거(薦擧)하고 칠개군(七個郡)을 거쳐 첨지중추부사 겸 오위장(僉知中樞府事 兼 五衛將)을 제수(除授)하고 가선(嘉善)에 승진(陞進)하여 한성군(韓城君)을 습봉(襲封)하였다. 자(子)의 휘(諱)는 지숙(之菽)이요 벼슬은 종묘서령(宗廟署令)이니 순충보조공신 정헌대부 이조판서 겸 지의금부사 오위도총부도총관(純忠輔祚功臣 正憲大夫 吏曹判書 兼 知義禁府事 五衛都摠府都摠管)에 증직(贈職)되고 한평군(韓平君)을 습봉(襲封)하였다. 자(子)의 휘(諱)는 원(垣)이요 벼슬은 종친부전부(宗親府典簿)를 역임(歷任)하였다. 29수(壽)를 일기(期)로 조졸(早卒)하였다. 자(子)의 휘(諱)는 경부(慶溥)요 벼슬은 첨지중추부사(僉知中樞府事)이니 공(公)의 조고(祖考)이다. 조비(祖妣)는 숙부인 이천서씨

(淑夫人 利川徐氏)이며 묘(墓)는 이천 마장면 장암리 갑좌(利川 麻長面 長岩里 甲坐)에 합폄(合窆)되었다 고위(考位)의 휘(諱)는 찬(欑)이요 무과(武科)후에 덕천군수(德川郡守)를 역임하고 함경도방어사 이 개성부방어사 전라도우병마수군절도사(咸鏡道防禦使 移 開城府防禦使 全羅道右兵馬水軍節度使) 등을 역임지간(歷任之間) 임진왜란(壬辰倭亂)과 정유재난(丁酉再亂)그리고 광해군(光海君)의 폭정(暴政)과 병자호란(丙子胡亂)등을 겪으며 임지(任地)나 시기(時期)에 대처(對處)하고 대적(對敵)하여 혁혁(赫赫)한 치적(治積)과 전공(戰功)을 세웠을 뿐 아니라 충효지심(忠孝之心) 또한 남다르게 지극(至極)하였다. 연산군(燕山君) 갑자사화(甲子士禍)시 문열공휘계전(文烈公諱季甸)의 계자 휘 파(季子 諱 坡) 명헌공(明憲公)이 예조판서(禮曹判書)시 윤씨폐비사(尹氏廢妃事)에 연루(連累)되어 명헌공은 부관참시형(副棺斬屍刑)을 당했고, 그 화(禍)가 선대(先代)까지 미쳐 그의 조고위 휘 종선 양경공 묘(祖考位 諱 種善 良景公 墓), 고위 문열공묘(考位 文烈公墓)와 형님인 대사성공 휘 우묘(大司成公 諱 堣墓) 등 삼대묘(三代墓)가 평분(平墳)되었다. 평분된지 120여 년 만에 수사공 휘 찬이 문열공묘소를 찾아 성분치산(成墳治山)하니 그 충효지심(忠孝之心)이 지극(至極)하다 하지 않겠는가? 이로써 후손들은 문열공묘 계하(文烈公墓 階下)에 수사공묘(水使公墓)를 택지(擇地)하였다. 이러한 과정에서 배위(配位)는 정부인 상주김씨(貞夫人 尙州金氏)이니 합폄(合窆)되었다. 파란만장(波瀾萬丈)한 세태(世態)에 휘(諱) 정시(廷蓍)의 자(字) 길보(吉甫) 통덕랑공(通德郎公)이 입계(入系)하였다. 초휘(初諱)는 명배(命培)요 생부(生父)는 증 좌부승지 행 충우위부사용(贈 左副承旨 行 忠佑衛副司勇)이며 휘순(諱淳)의 사자(四子)이다. 1602년 임인(壬寅) 10월 28일생이다. 배(配)는 공인 안동권씨(恭人 安東權氏)이며 부 증 이조판서 행전(父 贈 吏曹判書 行佺)의 따님이며 계배 공인 남양홍씨(繼配 恭人 南陽洪氏)의 부(父)는 통정대부선(通政大夫 瑄)이며 조(祖)는 증 직제학 익

준(贈直提學 翼俊)이다. 초계배(初繼配)의 생졸기록(生卒記錄)이 없어 상고(詳考)할 수 없으니 민망(憫惘)하기 그지 없다.

공(公)의 3남5녀를 두고 1661년 신축(辛丑) 4월 24일 60수(壽)를 일기(一期)로 졸(卒)하였다. 장자(長子)의 휘(諱) 억규(億珪) 장손 휘 재험(長孫 諱 載欽)은 보무단(譜无單)이다. 중자 휘(仲子 諱)는 번(藩)이요 남양홍씨 부 만중(南陽洪氏 父 萬重)의 따님을 취(娶)하여 손자 휘(孫子 諱)병온(秉溫), 병량(秉良), 병의(秉儀), 병검(秉儉) 등 사형제(四兄弟) 분이며 계자(季子)의 휘(諱)는 용(溶)이요 동래정씨 부 계선(東萊鄭氏 父 繼善)의 따님을 취(娶)하여 손자 휘(孫子 諱) 병형(秉亨), 병윤(秉倫), 병공(秉恭), 병순(秉順) 4형제(兄弟) 등 9종형제(從兄弟)의 내외 후손(內外後孫)이 번연(蕃衍)하여 능(能)히 다 기술(記述)하지 못하고 공(公)이 졸(卒)한지 3세기(三世紀) 여년(餘年)이 지난 지금(至今) 만시지탄(晩時之歎)을 무릅쓰고 후손들이 정성(精誠)을 모아 빗돌을 다듬었으니 10대손(十代孫)인 족제(族弟) 원구(元求)씨가 내게 비문(碑文)을 지으라 간청(懇請)하기에 보사(譜史)를 참고(參考)하여 쓰노니 좀 더 탐구(探求)하여 소상(昭詳)히 밝히지 못하는 점(点)에 송구(悚懼)할 따름이다.

서기 2000년 경진(庚辰) 월 일

방예손(傍裔孫) 성균관전의(成均館典儀) 상구(庠求) 근찬(謹撰)

한산이씨(韓山李氏) 통덕랑휘정시공파종회 근수(通德郞諱廷著公派宗會 謹竪)

8. 통덕랑 한산이공 정규 묘표 음기 (通德郞 韓山李公 廷葵 墓表 陰記)

공(公)의 휘(諱)는 정규(廷葵)이니 한산(韓山)사람이다. 기선계(其先系)는 여말(麗末)의 도덕(道德)과 학문(學問)의 거유(巨儒)이신 휘곡(諱穀)이 있으니 원(元)나라에 들어가서 제과(制科)에 올라 봉의대부 정동 행 중서성좌우사원외랑(奉議大夫 征東 行 中書省左右司員外郎)이 되고 본국(本國)으로 돌아와 광정대부 도첨의찬성사 우문관 대제학(匡靖大夫 都僉議贊成事 右文館 大提學)이 되고 시호(諡號)는 문효공(文孝公)이요 호(號)는 가정공(稼亭公)을 중시조(中始祖)로 아들의 휘(諱)는 색(穡)이요 호(號)는 목은(牧隱)인데 원(元)나라에 들어가 제과(制科)에 올라 한림수찬관(翰林修撰官)이 되고 조열대부 행 중서성좌우사랑중(朝列大夫 行 中書省左右司郎中)을 선수(宣授)했고 환국(還國)하여 문하시중(門下侍中)에 특진 보국숭록대부 한산 백(特進 輔國崇錄大夫 韓山 伯)이 되고 시호(諡號)는 문정공(文靖公)이다. 아들의 휘(諱)는 정선(種善)이요 13세(歲)에 생원진사(生員進士)에 합격(合格)하고 15세(歲)에 문과(文科)에 오르고 국조(國朝)에 들어와서 자헌지중추원사(資憲知中樞院事)가되고 증 순충적덕병의보조공신 대광보국숭록대부 의정부영의정 한산부원군(贈 純忠積德秉儀輔祚功臣 大匡輔國崇錄大夫 議政府領議政 韓山府院君)시호(諡號)는 양경공(良景公)이요 자(子)의 휘(諱)는 계전(季甸)이니 문과(文科)에 오르고 정난좌익공신(靖難佐翼功臣)에 참여하고 숭록대부 영중추원사 집현전 대제학 한성부원군 증 영의정(崇錄大夫 領中樞院事 集賢殿大提學 韓城府院君 贈 領議政)이 되고 시호(諡號)는 문열공(文烈公)이다. 아드님 휘(諱)는 우(堣)이니 문과(文科)에 등과(登科)하여 벼슬이 성균관 대사성(成均館 大司成)에 이르러서 일찍 졸(卒)하고 이조참판(吏曹參判)에 증직(贈職)되고 한산군(韓山君)으로 습봉(襲封)되였다. 자(子)의 휘(諱)는 장윤(長潤)이요 문음(門蔭)으로 니산(尼山) 봉화(奉化) 두 읍(邑)에 현감(縣監)이 되고 체임(遞任)하여 다시는 관로(官路)에 나가지 않고 자택(自宅)에서 늙기를 마치니 이조판서(吏曹判書)에 증직(贈職)되고 한원군(韓原君)으로 습봉(襲封)되었다. 자(子)의 휘(諱)는 질(秩)이니 진사(進士)에 합격(合格)하고 문음(門蔭)으로 의금부 경력(義禁府 經歷)을 제수(除授)하고 호조좌랑(戶曹佐郞)으로 승진(陞進)하고 누천(累遷)하여 화직(華職)으로 천거하고 七개군(個郡)을 거쳤고 가정정미(嘉靖丁未 1547)에 공신회맹연(功臣會盟宴)때 적장(嫡長)으로 특별히 당상(堂上)에 오르고 첨지중추부사겸오위장을 제수(除授)하고 가선(嘉善)에 승진(陞進)되어 한성군(韓城君)을 습봉(襲封)하였다. 자(子)의 휘(諱)는 지숙(之菽)이요 관(官)은 종묘서령(宗廟署令)이니 증 순충보조공신 정헌대부 이조판서 한평군(贈 純忠輔祚功臣 正憲大夫 吏曹判書 韓平君)에 습봉(襲封)되었다. 자(子)의 휘(諱)는 원(垣)이요. 벼슬은 종친부전부(宗親府典簿)이시다. 아드님의 휘(諱)는 경부(慶溥)요. 관(官)은 첨지중추부사(僉知中樞府事)이니 공(公)의 조고(祖考)이시다. 고(考)의 휘(諱)는 찬(欑)이니 관(官)은 무과(武科)후에 덕천군수(德川郡守)를 거쳐 함경도방어사 이 개성부방어사(咸鏡道防禦使 移 開城府防禦使)를 역임(歷任)하고 전라도우병마수군절도사(全羅道右兵馬水軍節度使)등을 역임지간(歷任之間) 임진왜란(壬辰倭亂)과 정유재난(丁酉再亂) 그리고 광해군(光海君)의 폭정(暴政)과 병자호란(丙子胡亂)등을 겪그면서 임지(任地)나 시기(時機)와 대적(對敵)해서 혁혁한 치적(治積)과 전공(戰功)을 세웠을 뿐 아니라 충효지심(忠孝之心) 또한 지극(至極)하였다. 연산군(燕山君) 갑자사화(甲子士禍)시 문열공 휘 계전(文烈公 諱 季甸)의 중자휘파(仲子諱坡) 명헌공(明憲公)이 윤비(尹妣)를 폐비(廢妃)할 때 예조판서(禮曹判書)로 있으면서 연루(連累)되었다 하여 그 화(禍)가 선대(先代)까지 미치니 문열공묘소(文烈公墓所)가 평분(平墳)되었다. 그 이후 120여 년 만에 찾아 성분(成墳)한 효심(孝心)과 공로(功勞)로 여주 문열공묘계하(驪州 文烈公墓 階下)에 수사공 묘소(水使公 墓所)로 택지(擇地)하게 되었다고 세세전래(世世傳來)되고 있다. 비위(妣位)는 정부인 상주김씨(貞夫人 尙州金氏)이니 합폄(合窆)되었다. 육일남일녀(育一男一女)로 여(女)는 문화인 유운(文化人 柳贇)에게 출가(出嫁)하여 부(父)는 참판양(參判亮)이요 자(子)는 의후(宜厚)다. 혼란한 세태(世態)에 공(公)이 혈통(血統)을 계승(繼承)하였으나 벼슬은 조선통덕랑(朝鮮通德郞)으로 화직(華職)에 출사(出仕)를 못하였으니 망극지통(罔極之痛)이다. 배위(配位)는 전주이씨(全州李氏)를 취(娶)하였다. 생년기록(生年記錄)이 없고 건위(乾位)의 기일(忌日)은 4월 16일과 곤위(坤位)의 기일(忌日)은 3월 20일이시다. 묘(墓)는 광주군 오포면 신현리 하 태령 임좌(廣州郡 五浦面 新峴里 下 太嶺 壬坐)에 합장(合葬)된지 거언(去焉) 300여 년(三百餘年)이 되었으나 정부시책(政府施策)에 의(依)한 도로신설(道路新設)로 인(因)하여 불가피 천묘(不可避 遷墓)를 하게 되어 현묘소(現墓所) 용미 상단 장등원 계좌(龍尾 上段 長燈原 癸坐)에 택지(擇地)하고 1998년 무인(戊寅) 3월 29일로 택일(擇日)하여 봉행(奉行)하였다. 자(子)의 휘(諱)는 한(漢)이니 처사공(處士公)이요 청해이씨(靑海李氏) 부사 해빈(府使 海賓)의 따님을 취(娶)하였고 묘(墓)는 성남시 분당구 수내동 산1번지(城南市 盆唐區 藪內洞 山一番地) 영장산 경기도문화재 제116호 한산이씨묘역 선영하 계좌(靈長山 京畿道文化財 第一一六號 韓山李氏墓域 先塋下 癸坐)다. 곤위묘(坤位 墓)는 수원 마장 흑동(水原 馬場 黑洞)이라고 하나 수대(數代)를 걸쳐 산소를 찾으려고 백방(百方)으로 노력(努力)을 하였다고 전(傳)하고 있으나 실전(失傳)되었다. 손(孫)의 휘(諱)는 병근(秉根), 병동(秉東) 형제(兄弟)이니 그 내외 후손(其內外 後孫)이 번연(蕃衍)하여 능(能)히 다 기술(記述)히지 못하고 삼세기(三世紀) 여년(餘年)이 지난 지금 만시지탄(晩時之歎)을 무릅쓰고 후손(後孫)들이 정성(精誠)을 모아 그 대략(大略)을 돌에 새겨 삼가 세우다.

1998년 무인(戊寅) 삼월 이십구일

십대불초손 상구 근찬(十代不肖孫 庠求 謹撰)

한산이씨통덕랑휘정규공파종회 근수(韓山李氏通德郞諱廷葵公派宗會 謹竪)

9. 거사공 휘 병동 묘비개수 비문

공의 성은 이씨요 휘병동이시니 관향은 한산이다. 고려 말에 호는 가정휘곡 시호문 효공과 호 목은 휘 색 시호 문정공 부자가 중국제과에 급제하여 성랑과 한림에 뽑혀 높은 벼슬을 지냈으며, 환국 후에는 문장과 절행으로 명성과 훈업이 역사를 빛나게 하고 성리학의 태두로서 우리 한산이씨가 동방에 저성이 되었다. 목은선생의 계자 휘 종선이 아버지의 여강유명을 받들어 조선에 벼슬하여 지중추원사로 시호가 양경이요. 의정부 영의정에 추증과 한산부원군에 봉해졌다. 자의 휘 계전 호 존양재 관에 영중추원사로 추증 협찬정난좌익공신 의정부영의정과 한성부원군에 봉군되었다. 자의 휘 우 성균관대사성이며 추증이조참판과 한산군에 습봉 자의 휘 장윤 봉화공은 한원군에 봉군 그의 자 휘 질는 한성군이요. 자 휘 지숙 종묘서령공은 한평군에 습봉되다. 그의 자 휘 원 종친부전부공과 차 휘 증 예조판서 증 영의정 시호 의간이며 아천군에 봉군되어 두 형제간의 우애가 극진하였다. 전부공이 학문이 해박하여 일찍이 조당에 발탁되었다. 자고로 총량한 지혜와 재학이 뛰어난 이는 요절한다지만 수를 누리지 못하고 29세를 일기로 졸하다. 이때 독자인 휘 경부 첨지중추부사가 팔세시무지몽매간에 당한 부의 몽상을 입었으니 통탄할 일이 아니랴. 이천서씨를 취하여 공의 증조 수사공 휘 찬을 낳으시니 관덕천군수 함경도및 개성부방어사 전라도우병마수군절도사로 무과급제하여 임난과 정유재란 그 후 병자호란 등 세운이 부색한 때 큰 공(功)을 세웠다. 상주김씨를 취하여 일남일녀를 생하니 조 휘 정규 조선통덕랑공이다. 조모는 전주이씨요. 묘는 오포면 신현리 하 태령 계좌에 합폄되었고 묘도를 갖추었다. 고위 휘 한처사공과 비위 청해이씨 부 부사해빈의 따님으로 두 아드님 휘병근, 병동를 낳으셨다. 고위 생년 기록 없이 다만 정월 초이일 졸 비위 십일월 이십오일 졸 고위 묘는 분당 중앙공원 내 한산이씨묘역인 도지정문화재 제116호 공의 5대조묘 계하 계좌에 뫼시었으나 비위 산소는 수원 마장리 흑동 실전된 기록으로 보아 큰댁의 택호가 수원댁이니 유추하면 무관하지 않다. 차 휘 병동거사공은 다만 10월 20일 졸 묘 양근 북면 실전되고 배위 광주이씨 9월 6일 졸로 묘는 광주면 회덕리 산 63번지였다. 1986年 10월에 이 지역을 국가징발로 아드님 곁으로 천묘시 공의 신위패로 합폄하여 묘도를 갖추었다. 자 휘 득중 처사공은 광주이씨를 취하여 광주 경안 인근에 주거하다 졸한 것으로 유추하는 이유는 후손들 택호가 모두 경안댁으로 지금도 호칭하고 있다. 공의 손자가 사형제 휘 도영, 의영, 인영, 화영로 경안댁 집안이 번족의 시원이다. 후손들이 비문을 쓰라는 요청에 천학비재함에도 거절 못하고 보책에 의한 사실대로 기록하였다.

서기 2004년 갑신 음 3월 일

불초 후손 성균관전의 상구 근찬

한산이씨통덕랑공파종회 근수

■ 居士公 諱 秉東 墓碑改竪 碑文

公의 姓은 李氏요 諱秉東이시니 貫鄕은 韓山이다. 高麗末에 號는 稼亭 諱 穀 諡號 文孝公과 號 牧隱 諱 穡 諡號 文靖公 父子가 中國制科에 及第하여 省郎과 翰林에 뽑혀 높은 벼슬을 지냈으며 還國 後에는 文章과 節行으로 名聲과 勳業이 歷史를 빛나게 하고 性理學의 泰斗로서 우리 韓山李氏가 東方에 著姓이 되었다. 牧隱 先生의 季子 諱 種善이 아버지의 驪江遺命을 받들어 朝鮮에 벼슬하여 知中樞院事로 諡號가 良景이요 議政府 領議政에 追贈과 韓山府院君에 封해졌다. 子의 諱季甸 號 存養齋 官에 領中樞院事로 追贈 協贊靖難佐翼功臣 議政府領議政과 韓城府院君에 封君되었다. 子의 諱 堣 成均館大司成이며 追贈吏曹參判과 韓山君에 襲封 子의 諱 長潤 奉化公은 韓原君에 封君 그의 子 諱 秩는 韓城君이요 子 諱 之菽 宗廟署令公은 韓平君에 襲封되다. 그의 子 諱 垣 宗親府典簿公과 次 諱 增 禮曹判書 贈 領議政 諡號 懿簡이며 鵝川君에 封君되어 두

兄弟間의 友愛가 극진하였다. 典簿公이 學文이 該博하여 일찍이 朝堂에 拔擢되었다. 自古로撼郞한 知慧와 才學이 뛰어난 이는 夭折한다지만 壽를 누리지 못하고 29歲를 一期로 卒하다. 이때 獨子인 諱 慶溥 僉知中樞府事가 八歲時無知蒙昧間에 당한 父의 蒙喪을 입었으니 痛嘆할 일이 아니랴. 利川徐氏를 娶하여 公의 曾祖 水使公 諱 樻을 낳으시니 官德川郡守 咸鏡道및 開城府防禦使 全羅道右兵馬水軍節度使로 武科及第하여 壬難과 丁酉再難 그 후 丙子胡亂 등 世運이 吓塞한 때 큰 功을 세웠다. 尙州金氏를 娶하여 一男一女를 生하니 祖 諱 廷葵 朝鮮通德郞公이다. 祖母全州李氏요. 墓는 五浦面 新峴里 下 太嶺 癸坐에 合窆되었고 墓道를 갖추었다. 考位 諱 漢處士公과 妣位 靑海李氏 父 府使海賓의 따님으로 두 아드님 諱秉根, 秉東를 낳으셨다. 考位 生年 記錄없이 다만 正月 初二日 卒 妣位 十一月 二十五日 卒 考位 墓는 盆唐 中央公園 內 韓山李氏墓域인 道指定文化財 第一一六號 公의 五代祖墓 階下 癸坐에 뫼시었으나 妣位 山所는 水原 馬場里 黑洞 失傳된 記錄으로 보아 큰댁의 宅號가 水原宅이니 類推하면 無關하지 않다. 次 諱 秉東居士公은 다만 十月 二十二日 卒 墓 楊根 北面 失傳되고 配位 廣州李氏 九月 六日 卒로 墓는 廣州面 回德里 山六三番地였다. 一九八六年 十月에 이 地域을 國家徵發로 아드님 곁으로 遷墓時 公의 神位牌로 合窆하여 墓道를 갖추었다. 子 諱 得重 處士公은 廣州李氏를 娶하여 廣州 京安 隣近에 住居하다 卒한 것으로 類推하는 理由는 後孫들 宅號가 모두 京安宅으로 지금도 呼稱하고 있다. 公의 孫子가 四兄弟 諱 道永, 義永, 仁永, 和永로 京安宅집안이 蕃族의 始原이다. 後孫들이 碑文을 쓰라는 要請에 淺學菲才함에도 拒絶못하고 譜冊애 依한 事實대로 記錄하였다.

西紀 二千四年 甲申 陰 三月 日

不肖後孫成均館典儀 庠求 謹撰

韓山李氏通德郞公派宗會 謹竪

10. 처사공 휘 득중 묘비문

공의 성은 이씨요 휘득중 관은 한산이다. 고려 말에 호가정휘곡시호문효공을 중시조로 아드님 휘 색 호 목은 시호 문정공 부자분현조가 계시어 동방저성이 된 후로 대를 이어 칠대봉군을 습봉된 집안으로 선계내력은 고위묘갈을 참조바라며 공의 증조 휘 정규 통덕랑공대후로 내우외환으로 혼미함과 집안 사정 또한 부색하여 선현의 유업을 계승하지 못하여 망극지통이나 혈손으로 계승하였다. 공은 광주이씨를 취하여 사형제를 낳으시니 장 휘도영, 차 휘의영는 그의 손자 휘 민재대에서 무후 삼자 휘 인영 계자 휘화영 등 삼형제소생이 계승하고 있다. 공은 11월 24일 졸 배 6月 6日 졸로만 기록되어 있을 뿐 더 이상 상고할 수 없는 후손들의 안타깝고 죄송한 심정 가눌 길이 없다. 후손들은 온고이지신의 계기로 삼아 열선조의 훈업과 고매한 공적을 계승발전하는 기풍을 세워 열성을 다해야 할 것이다. 공의 묘는 광주면 회덕리 산25번지에 상하폄을 이천사년 갑신 3월에 합폄으로 면봉하였다. 공의 장子 휘 도영 2월 25일 졸 배 제주고씨 부 수창 묘 신현리 고조고묘 서록 계좌 곤위 축좌부로 보록되어 있으나 어느 때부터 실전되었는지 궐사되어 후손들의 망극지죄로 망연자실중 1994年 갑술에 후손들 효심어린 열성으로 척심하여 이해 4월 3일 구묘 용미 상단 자좌부로 개축 봉분 면봉시 그의 자 휘 희지 7월 16일 졸과 배진주강씨묘를 고위묘소 같은 제절 동편에 천장하여 매년 시제 봉향하고 묘도 또한 갖추었다. 공의 3자 휘 인영 배 제주고씨 부 중필요 장자 휘 희수 배 청주한씨와 차남 휘 희담, 배 상주박씨 부 광한 10월 17일 졸 생졸 년대가 거의 없이 묘는 다비되었다. 공의 계자 휘 화영 4월 초파일 졸 배 경주정씨 부 상억 6월 12일 졸 묘는 오포면 신현리 고조고 묘 서록 임좌부 그의 자 휘 희진 3월 19일 졸 배 무안박씨 부 사광 12月 초 6일 졸 묘 고위묘하자좌부로 묘도를 갖추었다. 이후로 후손들이 번연하여 모두다 기록하지 못함을 매우 안타까우며 후손들이 정성으로 돌을 다듬어 그 大略을 새겨 삼가 음기로 삼는다.

서기 2004년 갑신 3월 일

불초손 성균관전의 상구 근찬
한산이씨통덕랑공휘정규파종회 근수

處士公諱得重墓碑文

公의 姓은 李氏요 諱得重 貫은 韓山이다. 高麗末에 號稼亭諱穀詩號文孝公을 中始祖로 아드님 諱 穡 號 牧隱 謚號 文靖公 父子分顯祖가 계시어 東方著姓이 된 後로 代를 이어 七代封君을 襲封된 집안으로 先系來歷은 考位墓碣을 參照바라며 공의 曾祖 諱 廷葵 通德郞公代後로 內憂外患으로 昏迷함과 집안 事情또한 否塞하여 先賢의 遺業을 繼承하지 못하여 罔極之痛이나 血孫으로 系承하였다. 公은 廣州李氏를 娶하여 四兄弟를 낳으시니 長諱道永, 次諱義永는 그의 孫子 諱 敏在代에서 无后 三子 諱仁永 季子諱和永 등 三兄弟所生이 系承하고 있다. 公은 十一月 二十四日 卒 配 六月 八日 卒로만 記錄되어 있을 뿐 더 以上 詳考할 수 없는 後孫들의 안타깝고 罪悚한 心情 가눌 길이 없다. 後孫들은 溫故而知新의 契機로 삼아 烈先祖의 勳業과 高邁한 功績을 繼承發展하는 氣風을 세워 熱誠을 다해야 할 것이다. 公의 墓는 廣州面 回德里 山二五番地에 上下窆을 二千四年 甲申 三月에 合窆으로 緬奉하였다. 公의 長子 諱 道永 二月 二十五日 卒 配 濟州高氏 父 壽昌墓 新峴里 高祖考墓 西麓 癸坐 坤位 丑坐附로 譜錄되어 있으나 어느 때부터 失傳되었는지 闕祀되어 후손들의

罔極之罪로 茫然自失中 一九九四年 甲戌에 後孫들 孝心어린 熱誠으 로 拓尋하여 이해 四月三日 舊墓 龍尾 上段 子坐附로 改築 封墳 緬奉時 그의 子諱 義之 七月十六日卒과 配晉州姜氏墓를 考位墓所 같은 제절 東便에 遷葬하여 每年 時祭 奉享하고 墓道 또한 갖추었다. 公의 三子 諱 仁永 配 濟州高氏 父 重弼요 長子 諱 義洙 配 淸州韓氏와 次男 諱 義聃, 配 尙州朴氏 父 廣漢 十月 十七日 卒 生卒 年代가 거의 없이 墓는 茶毘되었다. 公의 季子 諱 和永 四月 初八日 卒 配 慶州鄭氏 父 尙億 六月十二日 卒 墓는 五浦面 新峴里 高祖考 墓 西麓 壬坐附 그의 子 諱 義眞 三月十 九日 卒 配 務安朴氏 父 思光 十二月 初六日 卒 墓 考位墓下子坐附로 墓道를 갖추었다 以後로 後孫들이 蕃衍하여 모두다 記錄하지 못함을 매우 안타까우며 後孫들이 精誠으로 돌을 다듬어 그 大略을 새겨 삼가 陰記로 삼는다.

西紀二ＯＯ四年甲申三月 日

不肖孫 成均館典儀 庠求 謹撰

韓山李氏通德郎公諱廷葵派宗會 謹竪

11. 한산이공 휘 승길 묘비문

공의 휘는 승길요 자는 혜경이니 한산인이시다. 선계는 여말에 호가정 휘곡 시호 문효공과 자호 목은 휘 색 시호 문정공 부자분이 계시어 곧 그 뿌리가 되는 현조요 목은의 계자 휘 종선 시호 양경공의 후손이다. 상계조내력은 공의 오대 조고와 고조고묘비음기를 참조바라며 공의 조고 휘 희진 조비 무안박씨 부 사광이요. 고위 휘 전재 삼월 십구일 졸 배위 안동권씨 부 경철 팔월 이십삼일 졸 묘 분당구 수내동 마전곡 산58번지 갑좌부에 묘도를 갖추었다. 삼대독자인 공은 1852년 임자 10월 7일생 1916년 병진 12월 24일 졸 수 65 배위 연일정씨 1856년 병신 12월 7일생 1939년기사 12월 16일졸 74수를 하시면서 몸소 익히신 인륜지도덕과 효례의 가도를 실천하심으로 집안이나 일가간에서는 동막곡댁 호랑이 할머니로 별칭하였다고 한다. 묘는 분당구 수내동 마전곡에서 2004년 갑신 3월 이곳 고조고 묘하 간좌부로 택지하고 묘도를 갖추어 면봉하오니 안면하옵시고 묵우를 주시어 자손들이 영귀하게 하소서 이남일녀를 낳으시니 휘 창직, 선직과 여는 광산인 김영호에게 출가하여 자 증수를 두었다 장자 휘 창직 자 덕윤 1874년 갑술 4월29일생 1931년 신미 9월 28일 졸 배 전주이씨 부 승춘 1879년 기묘 2월 29일생 1913년 계축 9월 28일 졸 묘 분당구 수내동 마전곡 산61 을좌 부에 묘도를 갖추었다. 차자 휘 선직 자 덕현 1885년 을유 6월 6일생 1957년 정유 7월 9일 졸 배 양천허씨 묘 다비 후배 김해김씨 공의 손자 휘 범규 배 봉화금씨 차손 휘 성규 배 광산정씨 손 휘 진규 배 전주이씨 손 정규 배 안동김씨 증손이 십여종형제의 후손이 번연하여 다 기록하지 못함을 안타깝게 여기고 후손들이 정성을 다하여 公께서 가신지 89년만에 만시지탄을 무릅쓰고 그 대략을 돌에 새겨 삼가 세우다.

2004년 갑신 3월 일

불초증손 성균관전의 상구 삼가 지음
한산이씨통덕랑휘정규파종회 삼가 세움

韓山李公 諱 承吉 墓碑文

公의 諱는 承吉요 字는 惠景이니 韓山人이시다. 先系는 麗末에 號稼亭 諱穀 諡號文孝公과 子號牧隱諱穡諡號文靖公父子分이 계시어 곧 그 뿌리가 되는 顯祖요 牧隱의 季子諱種善諡號良景公의 後孫이다. 上系祖來歷은 公의 五代 祖考와 高祖考墓碑陰記를 參照바라며 公의 祖考 諱 義眞 祖妣 務安朴氏 父 思光이요. 考位 諱 田在 三月 十九日卒 妣位 安東權氏 父 敬喆 八月 二十三日 卒 墓 盆唐區 籔內洞 麻田谷 山五八番地 甲坐附에 墓道를 갖추었다. 三代獨子인 公은 一八五二年 壬子 十月 七日生 一九一六年 丙辰 十二月 二十四日 卒 壽 六十五 配位 延日鄭氏 一八五六年 丙申 十二月 七日生 一九二九年己巳 十二月 十六日卒 七十四壽를 하시면서 몸소 익히신 人倫之道德과 孝禮의 家道를 實踐하심으로 집안이나 一家間에서는 東幕谷宅 호랑이 할머니로 別稱하였다고 한다. 墓는 盆唐區 籔內洞 麻田谷에서 二千四年 甲申 三月 이곳 高祖考 墓下 艮坐附로 擇地하고 墓道를 갖추어 緬奉하오니 安眠하옵시고 黙祐를 주시어 子孫들이 榮貴하게 하소서 二男一女를 낳으시니 諱 昌稙, 善稙과 女는 光山人 金永鎬에게 出嫁하여 子 增洙를 두었다 長子 諱 昌稙 字 德允 一八七四年 甲戌 四月二十九日生 一九三一年 辛未 九月 二十八日 卒 配 全州李氏 父 承春 一八七九年 己卯 二月 二十九日生 一九一三年 癸丑 九月 二十八日 卒 墓 盆唐區 籔內洞 麻田谷 山六十一 乙坐 附에 墓道를 갖추었다. 次子 諱 善稙 字 德賢 一八八五年 乙酉 六月 六日生 一九五七年 丁酉 七月 九日 卒

配 陽川許氏 墓 茶毘 後配 金海金氏 公의孫子 諱 範珪 配 奉化琴氏 次孫 諱 成珪 配 光山鄭氏 孫 諱 辰珪 配 全州李氏 孫 正珪 配 安東金氏 曾孫이 十餘從兄弟의 後孫이 蕃衍 하여 다 記錄하지 못함을 안타깝게 여기고 後孫들이 精誠을 다하여 公께서 가신지 八十九年만에 晩時之歎을 무릅쓰고 그 大略을 돌에 새겨 삼가 세우다.

2004年 甲申 3月 日

不肖曾孫 成均館典儀 庠求 삼가 지음

韓山李氏通德郎諱廷葵派宗會 삼가 세움

12. 한산이공 휘 범규 비문(韓山李公 諱 範珪 碑文)

공(公)의 성(姓)은 이씨(李氏)요 휘(諱)는 범규(範珪)이니 관(貫)은 한산(韓山)이요 자(字)는 치홍(致鴻)이다. 고려 말(高麗末) 가정선생(稼亭先生) 휘 곡 문효공(諱 穀 文孝公)과 아드님 목은선생(牧隱先生) 휘 색 문정공(諱 穡 文靖公) 부자(父子)분이 중국 제과(制科)에 급제하여 성랑(省郞)과 한림(翰林)에 뽑혀 높은 벼슬을 지냈으며 귀국 후(歸國 後)에는 문장(文章)과 절행(節行)으로 명성(名聲)과 훈업(勳業)이 역사(歷史)를 빛나게 하고 성리학(性理學)의 태두(泰斗)로서 한산이씨(韓山李氏)가 저성(著姓)이 되었다. 한산부원군 목은선생(韓山府院君 牧隱先生)의 자(子) 양경공 휘 종선 한산부원군, 자 문열공 휘 계전 한성군, 자 대사성공 휘 우 한산군, 자 봉화공 휘 장윤 한원군, 자 휘 질 한성군, 자 휘 지숙 한평군, 자 휘 원 전부공, 자 휘 경부 첨추공, 자 휘 찬 수사공, 자 휘 정규 통덕랑공, 자 휘 한, 자 휘 병동, 자 휘 득중, 자 휘 화영, 자 휘 희진(良景公 諱 種善 韓山府院君, 子 文烈公 諱 季甸 韓城君, 子 大司成公 諱 堣 韓山君, 子 奉化公 諱 長潤 韓原君, 子 諱 秩 韓城君, 子 諱 之菽 韓平君, 子 諱 垣 典簿公, 子 諱 慶溥 僉樞公, 子 諱 穳 水使公, 子 諱 廷葵 通德郞公, 子 諱 漢, 子 諱 秉東, 子 諱 得重, 子 諱 和永, 子 諱 羲眞)가 公의 고조(高祖)이다. 증조 휘 전재(曾祖 諱 田在), 조 휘 승길(祖 諱 承吉), 휘 창직(諱 昌稙)가 공(公)의 선고(先考)이다. 공(公)은 십사세(十四歲)에 친모

(母親)을 여의고 유충(幼沖)하여 참(斬) 쇠복(衰服)을 입지 못한 것을 늘 한(恨)하였고 고령(高齡)의 조부모 슬하(祖父母 膝下)에서 독학(獨學)으로 학문(學問)을 수학(修學)하고 성장 후(成長 後) 봉화금씨(奉化琴氏) 휘 종진(諱 鍾振)의 여(女) 휘 인연(諱仁淵)와 혼인(婚姻)하여 슬하에 5남(五男)을 두었다. 공(公)은 항상 잠영 세족(簪纓 世族)의 전승(傳承)못한 한(恨)으로 자손(子孫)에게 세덕(世德)과 면학(勉學)을 계훈(戒訓)하였다. 공(公)이 49세(四十九歲)에 천도(天道)가 무심(無心)하게도 큰 포부(抱負)를 펴지 못하고 지우(知遇)를 못한 채 서세(逝世)하니 망극지통(罔極之痛)이다. 배위(配位) 또한 시조부모(媤祖父母)와 시부(媤父)를 효성(孝誠)으로 모시고 층층시하(層層侍下)에 나이 어린 시동생남매(媤同生男妹) 와 사촌 시동생남매(四寸媤同生男妹) 등을 가꾸고 키워 혼인분가(婚姻分家) 등 파란만장(波瀾萬丈)한 고초(苦楚)를 헌신감내(獻身堪耐)로 5대종부(五代宗婦)로서 애잔(衰殘)했던 동막굴택(東幕屈宅) 가풍(家風)을 세운 어진 효보(孝婦)로 칭송(稱頌)을 받았다. 향년 구십세(享年 九十壽)를 일기(一期)로 세상(世上)을 떠나니 애통(哀痛)하다. 장자 영구(長子 英求)는 한국대학 졸업 지방행정주사(韓國大學 卒業 地方行政主事), 차자 명구(次子 命求)는 성균관 유교연구원 수료후 전부공파종회이사장(成均館 儒敎敎育院 修了後 典簿公派宗會理事長)으로 종사(宗事)에 헌신(獻身)했고 삼남 상구(三男 庠求)는 성균관대학교 유학대학원[지] 수료 성균관부관장, (成均館大學校儒學大學院[指] 修了 成均館副館長), 사남 항구(四男 恒求)는 건국대학교 졸업 고시합격 정부이사관(建國大學校卒業 考試合格 政府理事官) 등을 역임(歷任)하였다 상구, 항구 형제(庠求, 恒求 兄弟)는1989년 정부(政府)의 분당신도시건설(盆唐新都市建設)로 흔적(痕迹)없이 사라질 뻔한 분당구 수내동 한산이씨묘역 문화유적(盆唐區 藪內洞 韓山李氏墓域 文化遺蹟)을 경기도지방문화제 제116호(京畿道地方文化財第 百十六號)로 지정보존(指定保存) 및 분당중앙공원조성(盆唐中央公園造成)에 주도적역할

(主導的役割), 경북 영해 괴시리(慶北 寧海 槐市里) 가정선생(稼亭先生) 및 목은선생(牧隱先生)의 생가유적지복원(生家遺蹟地復原)과 성역화조성(聖域化造成)의 국책사업(國策事業)을 정부(政府)에 건의조성 등(建議造成等)은 선조(先祖)들이 일군 토대(土臺) 위에 숭고(崇高)한 유지(有志)를 받들어 종중(宗中)이 고향산천(故鄕山川)을 지키며 번영(繁榮하고 있음은 음우(陰佑)의 유덕(遺德)이옵고 첨종(僉宗)과 자손(子孫)들이 정성(精誠)껏 영모(永慕)의 뜻을 담아 작은 빗돌에 새겨 기리고저 하오니 굽어살피소서.

- 공(公): 1900年 경자(庚子) 8월 17일생 1948년 무자(戊子) 7월 24일 졸(卒)
- 배(配): 1899年 기해(己亥) 9월 17일생 1988년 무진(戊辰) 10월 14일 졸(卒)
- 묘(墓): 분당구 수내동 산58번지 마전곡 묘좌(盆唐區 藪內洞 山五十八番地 麻田谷 卯坐)

- 자 영구 명구 상구 항구 형구(子 英求 命求 庠求 恒求 亨求) 손자 관복 양복 원복 두복 승복 태훈 태준 성복 성환(孫子 寬馥 養馥 源馥 斗馥 承馥 太勳 太準 誠馥 誠桓) 증손 일원 성원 준원 보경 재원 석원 승원 (曾孫一遠 誠遠 準遠 譜敬 載元 釋元 昇沅)

2008년 4월

불초자 상구 근찬(不肖子 庠求 謹撰)

한산이씨거사공휘병동파종회 근서수립

(韓山李氏居士公諱秉東派宗會 謹書竪立)

13. 한산이공 성규 비문

- 韓山李公 成珪 碑文

공(公)의 성(姓)은 이씨(李)氏요 휘(諱)는 성규(成珪)이니 관(貫)은 한산(韓山)이요 자(字)는 경집(景集)이다. 고려 말(高麗末)에 가정선생 휘 곡 시호 문효공(稼亭先生 諱 穀 諡號 文孝公)과 아드님 목은선생 시효 문정공 부자(牧隱先生 諱 穡 諡號 文靖公 父子)분이 중국제과(中國制科)에 급제(及第)하여 성랑(省郎)과 한림(翰林)에 뽑혀 높은 벼슬을 지냈으며 귀국 후(歸國後)에는 문장(文章)과 절행(節行), 문하시중(門下侍中)으로 명성(名聲)과 훈업(勳業)이 역사(歷史)를 빛나게 하고 성리학(性理學)의 태두(泰斗)로서 한산이씨(韓山李氏)가 동방(東邦)에 이름난 성(姓)이 되었다. 목은(牧隱)의 자(子) 양경공 휘 종선 지중추원사 한산부원군(良景公諱種善 知中樞院事 韓山府院君 등 대(代)를 이어 7대봉군(七代封君)을 습봉(襲封)된 집안으로 선계내력(先系來歷)은 윗자리에 계신 고위음기(考位陰記)를 참조(參照). 공(公)이 10세(十歲) 때 모친상(母親喪)을 당(當)하여 고령(高齡)의 조부모 슬하(祖父母 膝下)에서 14세 백형(十四歲 伯兄)과 7세누이(七歲)누이 등 어린 3남매(三男妹)가 힘겨운 유년기(幼年期)를 보냈다. 공(公)의 백형(伯兄)이 혼인(婚姻)함으로부터 형수(兄嫂) 등의 보살핌으로 장성(長成)하여 공(公)이 광산인 정공선씨(光山人 鄭恭宣氏)의 여휘언순(女 諱 彦順)와 혼인분가(婚姻分家)하였으며 근면(勤勉)과 성실(誠實)로 생활토대(生活土臺)가 정착(定着)되었다. 슬하에 3남1녀(三男一女)를 두고 공(公)은 불행(不幸)하게도 만성해수질환(慢性咳嗽疾患)으로 수54(壽五十四)를 일기(一期)

로 타개(他界)하니 망극지통(罔極之痛)이다. 배위(配位)는 숭조(崇祖)와 형제 동기간(兄弟 同氣間)의 우애(友愛)가 돈독(敦篤)하였다. 6.25동란(六,二五動亂)시 전사(戰死)한 장남 준구(長男 俊求)의 생환(生還을) 오매불망(寤寐不忘) 기대(期待)하였으나 끝내 이루지 못하여 애석(哀惜)한 심정(心情)을 가슴에 묻고 83수(八十三壽)에 졸(卒)하니 망극애통(罔極哀痛)이다. 차남 민구(次男 敏求)는 사업(事業)을 번창(繁昌)시켜 사회(社會)에 봉사(奉仕)하여 위상(位相)도 높였으며 경주인 최오식씨 녀 정열씨(慶州人 崔五植氏 女 貞烈氏)와 혼인(婚姻)하여 1남3녀(一男三女)를 두었다. 3남 경구(三男 慶求)는 진주인 강훈식씨 녀 선자씨(晉州人 姜勳植氏 女 善子氏)와 혼인(婚姻)하여 자형제 중 장자(子兄弟中 長子)는 조졸(早卒)하였고 공(公)의 여(女) 영자(英子)는 김해인 김훈(金海人金勳)에게 출가(出嫁)하였다. 한산이씨거사공휘병동파종회(韓山李氏居士公諱秉東派宗會)에서 협력(協力)해 주선(周旋)하여 비(碑)돌을 마련하고 나에게 비문(碑文)을 부탁(付託)하기에 글을 제대로 못하는 나로서 감(敢)히 사피(辭避)할 수 없어 가승(家乘)과 평소(平素)에 견문(見聞)을 추려 이에 첨종(僉宗)과 자손(子孫)들의 정성(精誠)을 담아 영모(永慕)의 뜻을 기리고저 빗돌에 새기오니 존영(尊靈)이시어 무궁(無窮)한 명복(冥福)을 누리소서.

• 자 민구 경구(子 敏求 慶求), 손자 주복 완복(孫子 珠馥 完馥), 증손 평원(曾孫 評遠)

2008년 4월 日

• 공(公): 1904년 갑진(甲辰) 6월 26일생, 1957년 정해(丁酉) 3월 5일 졸(卒)
• 배(配): 1909년 기유(己酉) 정월 26일생, 1991년 신미(辛未) 8월 2일졸(卒)

불초질 성균관원임부원장고문 상구(不肖姪 成均館原任副館長顧問 庠求) 삼가 씀

한산이씨거사공파휘병동종회(韓山李氏居士公諱秉東派宗會) 삼가 세움

14. 한산이씨 거사공 휘 병동파손 묘역비

대저 묘소는 돌아가신 이의 몸을 고이 보전하는 성스러운 곳이다. 사람은 죽으면 혼(魂:얼 정신)은 하늘로 올라가고 백(魄: 몸 육체)은 땅으로 돌아간다. 하늘로 오른 혼은 천추만대로 피를 나눈 자손에게 기로 감응하고 백은 땅속에서 기화되어 영원토록 자손을 지켜준다. 한산이씨는 휘 윤경을 시조로 삼아 가정선생 휘 곡, 목은선생 휘 색 선조에 이르러 나라 안의 으뜸가는 벌열(閥閱:나라에 공로가 많고 벼슬경력이 많음) 가문으로 우뚝 섰고 그 이후 대대로 정계, 학계를 아우르는 큰 인물이 대를이어 배출해서 이 나라를 이끌어왔다. 이곳에 잠들어 있는 先人들도 선조의 기를 이어받아 후예(後裔:핏줄을 이은 후손)들에게 전해주신 분들이시다. 앞으로 두고두고 길이 香氣로운 이름을 남겨주실 분을 위해 돌 하나 깎아 세워둔다.

성균관장 최근덕 삼가 짓고
한산이씨거사공파종회 삼가 세움

▌ 韓山李氏 居士公 諱 秉東派孫 墓域碑

대저 墓所는 돌아가신 이의 몸을 고이 보전하는 聖스러운 곳이다. 사람은 죽으면 魂(魂:얼 정신)은 하늘로 올라가고 魄(魄: 몸 육체)은 땅으로 돌아간다. 하늘로 오른 魂은 千秋萬代로 피를 나눈 子孫에게 氣로 感應하고 魄은 땅속 에서 氣化되어 영원토록 子孫을 지켜준다. 韓山李氏는 諱 允卿을 始祖로 삼아 稼亭先生 諱 穀 牧隱先生 諱 穡 先祖에 이르러

나라 안의 으뜸가는 閥閱(閥閱:나라에 공로가 많고 벼슬경력이 많음) 家門으로 우뚝섰고 그 이후 代代로 政界 學界를 아우르는 큰 人物이 代를 이어 輩出해서 이 나라를 이끌어왔다. 이곳에 잠들어 있는 先人들도 先祖의 氣를 이어받아 後裔(後裔:핏줄을 이은 後孫)들에게 傳해주신 분들이시다. 앞으로 두고두고 길이 香氣로운 이름을 남겨주실 분을 위해 돌 하나 깎아 세워둔다.

成均館長　崔根德 삼가 짓고

韓山李氏居士公派宗會 삼가 세움

자고로 동양의 장묘제도로 한국은 매장례(埋葬禮), 일본은 화장례(火葬禮)라 하였다. 근세에 인구의 증가로 우리나라는 국토관리상 묘제(墓制) 개선책에 일환으로 점차 화장, 또는 수목장(樹木葬), 그리고 납골묘제(納骨墓制)로 변화되어 가고 있다. 이러한 추세에 수반하여 본 거사공파종회이사장 광복(光馥)은 130기를 수용할 수 있는 묘역을 조성하고 년10월 13일 묘역비를 제막하였다. 이로 인하여 앞으로 더욱 숭조사상의 고양(高揚)과 집안 간에 돈목이 전승되리라 믿는 바이다.

15. 정규(丁珪)씨 묘표(墓表)-원구 부모(元求 父母)

공(公)의 성(姓)은 이씨(李氏)요 휘(諱)는 정규(丁珪)이니 한산인(韓山人)이시다. 선계(先系)는 여말(麗末)에 도첨의찬성사 우문관대제학 한산군시 문효공 휘 곡 가정선생(都僉議贊成事 右文館大提學 韓山君 諡 文孝公 諱 穀 稼亭先生)과 아드님은 삼중대광문하시중 한산부원군 시 문정공 휘 색 목은선생(三重大匡門下侍中 韓山府院君 諡 文靖公 諱 穡 牧隱先生)이 충의대절(忠義大節)과 도덕문장(道德文章)으로 만세유명(萬歲遺名)하시어 한산이씨(韓山李氏)가 동방(東邦)에 저성(著姓)이 되었다. 목은(牧隱)께서 계자 휘 종선(季子 諱 種善)을 낳으시니 세종조(世宗朝)에 지중추원사(知中樞院事)로 증 영의정 한산부원군 시 양경공(贈 領議政 韓山府院君 諡 良景公)이시고, 그(其) 아드님 휘 계전(諱 季甸)은 영중추원사(領中樞院事)로 증 영의정 한성부원군 시 문열공(贈 領議政 漢城府院君 諡 文烈公)이시며 자(子)의 휘 우(諱 堣)는 성균관 대사성 한성군(成均館 大司成 韓山君)이시며 자(子)의 휘 장윤 봉화공(諱 長潤 奉化公)은 한원군(韓原君)에 봉군(封君)되시고, 자(子)의 휘 질(諱 秩)은 한성군(韓城君)이오 자(子)의 휘 지숙(諱 之菽)은 한평군(韓平君)이시다. 장자 휘 원 종친부 전부공(長子 諱 垣 宗親府 典簿公)과 차자 휘 증(次子 諱 增) 증 영의정 아천부원군(贈 領議 政鵝川府院君) 형제분(兄弟分)의 후손(後孫)들이 분당구 수내동(盆唐區 藪內洞)에 세거지(世居地)로 분포(分布)하여 계승(繼承)하고 있다. 전부공(典簿公)의 자(子) 휘 경부 첨지중중추부사공(諱 慶溥 僉知中樞府事公)의 자(子) 휘 찬 수사공(諱 穳 水使公)이시니 공(公)의 10대조(十代祖)가 되시며 9대조(九代祖)의 휘 정시 통덕랑공(諱 廷蓍 通德郎公), 8대조(八代祖) 휘 용(諱 溶), 7대조(七代祖) 수직가의대부 휘 병륜(壽職嘉儀大夫 諱 秉倫), 6대조(六代祖_) 휘 국중(諱 國重), 5대조(五代祖) 휘 수영 고조고(諱 壽永 高祖考)의 휘 희도(諱 羲道)이시다.

증조(曾祖)의 휘 신재(諱 信在)요. 조고(祖考)의 휘 승훈(諱 承訓)이니 조비(祖妣)는 해주오씨 부 선희(海州吳氏 父 善喜)이고, 묘소(墓所)는 양평군 양서면 용담리 진좌(楊平郡 楊西面 龍潭里 辰坐)에 합폄(合窆)되었다. 선고(先考)의 휘 명직(諱 命稙)은 1886年 병술 정월(丙戌 正月)14일 생(生)하여 1945년 을유(乙酉) 12월 초(初) 2일 졸 60수(卒 六十壽)하고 선비(先妣)는 연일 정순삼 부 창기(延日 鄭順三 父 倉基)요, 1886년 병술 정월(丙戌 正月) 2일 생(生)으로 3남1녀(三男一女)를 두고 1944년 갑신 정월(甲申 正月)26일 졸(卒) 59수(五十九壽)하였다. 묘소(墓所)는 수내동 이목곡(藪內洞 梨木谷)에서 이천 회억리 종산 진좌(利川 恢億里 宗山 辰坐)에 면봉(緬奉)되었다. 장자 휘 현규(長子 諱 玄珪)는 무후(无后)이며 여(女)는 파평 윤기만(坡平 尹起萬)에게 출가(出嫁)되고, 차자(次子)는 휘 순규(諱 順珪), 계자(季子)인 공(公)은 1917년 정사(丁巳) 8월 22일생이며 배위(配位)는 광주인 이명래(廣州人 李明來)의 따님 용정(容貞) 1918 년 무오(戊午) 7월 초(初) 2일생과 혼인(婚姻)한 내외분(內外分)은 형제간(兄弟間) 구고 동서지간(舅姑 同壻之間)이 원만(圓滿)함은 인고(忍苦)로서 극복(克服)하는 품성(稟性)이어서 우애(友愛)가 돈독(敦篤)하여 순화가풍(淳和家風)을세움으로 가세(家勢)가 풍요(豊饒)로워 세인(世人)들의 부러움을 샀다. 특(特)히 공(公)은 매사(每事)에 논리정연(論理整然)하고 경위(涇渭)가 분명(分明)할 뿐아니라 온정(溫情)으로 베푸는 심사(心事) 또한 남달라 많은 사람들이 공(公)의 도움을 받았다. 공(公)은 3남2녀(三男二女)를 두고 1982년 임술(壬戌) 6월 20일 졸(卒)하니 66수(六十六壽)요. 배위(配位)는 2004년 갑신(甲申) 8월 25일 졸(卒)하여 87수(八十七壽)하었다. 장자 원구(長子 元求)는 삼성물산 주(三星物産 株) 대구지점장(大邱支店長)을 역임(歷任)하였고 위선심(爲先心)이 투철(透徹)하여 종사(宗事)에 많은 업적(業績)을 쌓았으며 수안이씨 봉성(遂安李氏 鳳星)의 따님 난옥(蘭玉)을 취(娶)하여 아들 종복(鍾馥)은 여양인진봉길(驪陽

人 陳鳳吉)의 따님 은희(恩姬)와 혼인(婚姻)하였고 딸 순복 정숙(順馥 貞淑)을 두었다. 차남 연구(次男 連求)는 진주강씨 덕관(晉州姜氏 德官)의 따님을 취(娶)하여 1남 준복(一男 濬馥) 3녀(三女)인 현정, 현복, 현숙(賢貞 玹福 賢淑)이며 계자 성구(季子 聖求)는 진주유씨 경호(晉州柳氏 庚浩)의 따님 향자(香子)를 취(娶)하여 진복, 진여(盡馥 眞如) 남매(男妹)를 두었으며 공(公)의 큰따님 명순(明順)은 칠원 윤정학(漆原 尹正學)의 자(子) 병기(炳冀)에게 출가(出嫁)되고 차녀 명옥(次女 明玉)은 경주 이태희 자(慶州 李太熙 子) 개권(在權)에게 출가(出嫁)하여 자녀손(子女孫)들이 순성(順成)하여 건실(健實)하게 공(公)의 유지(有志)를 받들어 신장(伸張)하고 있으니 묵우(黙祐)를 주시며 안면(安眠)하옵소서. 족제 원구(族弟 元求)의 간곡(懇曲)한 요청(要請)을 거절(拒絶)할 수 없어서 천학비재(淺學非才)한 나로서 공(公)이 생전(生前)에 측근(側近)에서 살며 지켜보았던 사실(事實)의 대략(大略)을 썼노라.

2006年 月 日

성균관 부관장 이상구(成均館 副館長 李庠求) 삼가 지음

자 여 손(子 與 孫) 삼가 세움

16. 교장 한산이씨 휘 한구 묘표 음기

- 校長 韓山李公 諱 漢珪 墓表 陰記

공(公)의 휘(諱)는 한규(漢珪)요 성(姓)은 이씨(李氏)니 관향(貫鄕)은 한산(韓山)이다. 시조(始祖)의 휘 윤경(諱 允卿)이요, 고려 조(高麗 朝)에 권지호장(權知戶長)이시니 공(公)의 26세조(二十六世祖)다. 고려말 가정선생 휘 곡 문효공(高麗末 稼亭先生 諱 穀 文孝公)과 아드님 목은선생 휘 색 문정공 부자(牧隱先生 諱 穡 文靖公 父子)분이 중국 제과(中國 制科)에 급제하여 성랑(省郞)과 한림(翰林)에 뽑혀 높은 벼슬을 지냈으며 목은 선조(牧隱 先祖)가 귀국 후에는 문하시중 한산부원군(門下侍中 韓山府院君)으로 습봉(襲封)되고 문장(文章)과 충의대절(忠義大節)로 명성과 훈업(勳業)이 역사를 빛나게 하고 성리학(性理學)의 태두(泰斗)로서 한산이씨(韓山李氏)가 저성(著姓)이 되었다. 공(公)의 19대조 목은(十九代祖 牧隱)께서 아드님 휘 종선(諱 種善)를 낳으시어 세종조(世宗朝)에 지중추원사(知中樞院事)로 증 영의정 시 양경공(贈 領議政 諡 良景公)이요, 자(子)의 휘 계전(諱 季町)은 경력 겸 사헌부 집의(經歷 兼 司憲府 執義)요, 자(子)의 휘 균(諱 均)은 홍문관 부제학 사헌부 집의(弘文館 副提學 司憲府 執義)시다. 자(子)의 휘 선복 증 성균진사(諱 善福 贈 成均進士)요, 자(子)의 휘 령(諱翎)은 공(公)의 14대조(十四代祖)가 되시며 관 사헌부 집의 증 직제학공(官 司憲府 執義 贈 直提學公)이요, 자(子)의 휘 정시(諱 挺時)의 호 은림(號 隱林)은 양시(兩試)에 등과(登科)하여 목천현감 증 좌승지(木川縣監 贈 左承旨)요, 자(子)의 휘 조성(諱 朝晟)은 무과관 선전관 증 병조참판(武科官 宣傳官 贈 兵曹參判)이시다. 11대조(十一代祖) 휘 유신(諱 庚信)은 관장사랑익위사세마(官將仕郞翊衛司洗馬)요, 자(子)의 휘 장 험관과의교위(諱 長 驗官果毅校尉)시며 9대조(九代祖) 휘 진(諱 溍)이요, 자(子)의 휘 순상(諱 舜相)이요, 자의 휘 병량(諱 秉良)이요, 6대조(六代祖) 휘 복중(諱 福重)의 자 휘 달영 고조 휘 희익(子 諱

達永 高祖 諱 羲翊)이시다. 증조 휘 심재(曾祖 諱 心在)요, 자(字)가 군명(君銘)이요, 조고 휘 승교(祖考諱承敎)요, 조비(祖妣)는 청주한씨(淸州韓氏)이시다. 고 휘 원직(考 諱 源稙)께서는 1901년 신축(辛丑) 2월 16일 생(生)하여, 비위(妣位)는 안동권씨 휘 종달(安東權氏 諱 宗達)의 여 휘 덕성(女 諱 德成) 1909년 기축(己丑) 5월 27일 생(生)을 취(娶)하여 진규, 덕규, 한규, 순덕 3남 1녀(振珪, 德珪, 漢珪, 順德 三男一女)를 낳아 기르셨고 선고(先考)는 1949년 기축(己丑) 9월 23일 49수(壽)를 일기(一期)로 기세(棄世)하셨다. 비위(妣位)는 1985년 을축(乙丑) 11월 9일 졸(卒)하시니 묘(墓)는 삼각리(三角里) 사당골 인좌(寅坐)에 합폄(合窆)으로 뫼셨다. 공(公)은 1940년 경진(庚辰) 10월 5일생으로 학업(學業)에 전념 중 부친상(父親喪)을 당함에 잠영세가(簪纓世家)의 전승(傳承)못한 한(恨) 을 한 장형(長兄)님의 각별(恪別)한 가사운용(家事運用)으로 학업을 마치고 사회에 발신(發身)할 수 있도록 도와주니 반부모(半父母)와도 같은 가장(家長)이셨다. 공(公)은 건국대학교(建國大學校法學科)를 졸업(卒業), 건국대학교 교육대학원(建國大學校 敎育大學院)을 수료(修了)하고 밀양 박 희섭씨 여(密陽 朴喜燮氏 女)인 순자 여사(順子 女史) 1950년 경인(庚寅) 2월 28일생을 취(娶)하여 1남3녀(一男三女)를 두시어 각고(刻苦)의 정성과 헌신으로 모두 최고학부를 마치도록 힘쓰셨고 고등학교 교장(高等學校 校長)으로 근면성실(勤勉誠實)로 봉직(奉職)하여 따르는 많은 제자(弟子)들의 추앙(推仰)을 받고 정년퇴임(停年退任)이 되도록 단란하고 화기(和氣)찬 가정(家庭)을 이루며 동기간(同氣間)에 우애(友愛)하던 공(公)께서 2003년 계미(癸未) 12월 12일 갑자기 63수(壽)를 일기(一期)로 이 세상(世上)을 떠나시니 망극지통(罔極之痛)이다. 독자(獨子)인 용훈(勇勳)은 서울대학교 공과대학원(工科大學院)을 졸업(卒業)하고 고시(考試) 48회로 합격(合格)하여 특허청사무관(特許廳事務官) 및 과천정부청사(政府果川廳舍 산업자원부 생업정책본부(産業資源部 産業政策本部)에 근무중(勤務中)이며 자부(子婦) 또한 고려대학교(高麗大學校) 경제학과(經

濟學科)를 졸업(卒業)하고 고시(考試) 48회 합격(合格)으로 국세청 국제협력부 사무관(國稅廳 國際協力部 事務官)으로 근무중(勤務中)이고 장녀 지은(長女 知垠)은 이화여자대학교 중어중문학과(梨花女子大學校中語中文學科)와 한국외국어대학교 교육대학원 중국어교육과(韓國外國語大學校敎育大學院 中國語敎育學科)를 졸업(卒業)하고 서랑(壻郞)인 파평윤씨 병용(坡平人尹 炳瑢)의 자 동환(子 棟煥)은 경희대학교 의과대학원 졸업(慶熙大學校 醫科大學院 卒業) 후 의학박사(醫學博士)로서 을지병원 재활의학과장(乙支病院再活醫學科課長)과 혼인(婚姻)하여 아들 승준을 낳았다. 차녀(次女)인 승은(昇垠)은 한국교원대학교 미술교육학과(韓國敎員大學校美術敎育學科)를 졸업(卒業)하고 중학교 미술교사(中學校 美術敎師)요, 계녀(季女) 정은(貞垠)도 충북대학교 미술학과(忠北大學校美術學科)를 졸업(卒業)하는 등 그간 침체되었던 사환가(仕宦家)의 회귀징후(回歸徵候)로 모두 (將來)가 촉망되는 국가의 동량지재(棟梁之材)들이니 이처럼 장(壯)하신 어른의 사적(事蹟)을 어찌 감(敢)히 나 같은 우매(愚昧)한 자(者)가 붓을 댈수 있으랴만은 공(公)의 장형(長兄)이신 성균관원임부관장 진규 족숙(成均館 原任副館長 振珪 族叔)께서 나에게 간곡(懇曲)히 비문(碑文)을 초(草)하라 하여 그 정성(精誠)에 감탄(感歎)하고 세보(世譜)를 참고(參考)하여 삼가 우(右)와 같이 쓰노니 공(公)의 인멸(湮滅)된 업적(業績)을 좀 더 탐구(探究)하여 소상히 밝히지 못하는 점이 송구(悚懼)할 따름이오. 존령(尊靈)이시어 무궁(無窮)한 명복(冥福)을 누리시옵고 후손들게 묵우(默祐)를 주소서.

2009년 기축(己丑) 5월 일

족질 성균관원임부관장 이상구 근찬 근수

(族姪 成均館原任副館長 李庠求 謹撰 謹竪)

校長韓山李公漢珪之墓 配淑人密陽朴順子祔左

17. 관구씨 비문

공의 성은 이씨요, 휘는 관구, 본관은 한산이다. 고려조말에 가정선생 휘 곡 문효공과 아드님 목은선생 휘 색 문정공 부자분은 문장과 절의로 빛내고 성리학의 태두로서 저성이 되어 누대혈손의 벌열가문의 계고는 공의 10대조 휘 정규 통덕랑공 비갈에 약기되어 있으니 참고 바라며 9대조 휘 한, 처사공의 자 휘 병근, 자의 휘 천중, 자는 공의 6대조인 휘 지영관 증 호참공이 4남1녀를 두셨으니 장남 휘 희룡 증 호참 차 휘 희봉 중 휘 희붕, 계 휘 희구 6대조의 장손인 휘 연재 관오위장 가선대부 行 동지중추부사가 공의 재종고조부이시다. 5대조 휘 희봉의 자 휘 락재의 자 휘 승갑께서도 4남1녀를 낳으셨으니 장 휘 선직, 차 휘 형직, 중 휘 영직, 계 휘 긍직, 공의 조고 휘 선직는 2남1녀를 장 휘 성규 차 휘 인규 여는 전주인 이원하에게 출가하였다. 선고 휘 성규께서는 한학을 수학하신 선비로서 제가의 법도가 엄격하면서도 인자한 품성이 인근간에 친화를 도모하는 어른으로 덕수이씨 명가댁 휘 영신의 따님을 취하여 장자 휘 석구 차남이 공 휘 관구요, 중子 휘 민구는 동족상잔의 비극인 6.25동란 시 오산지구에서 꽃봉오리가 채 피기도 전에 애석하게도 전몰하여 국립묘지에 안장되었다. 계씨 윤구등 아들만 4형제를 낳으시고 선고는 1980년 경신 5월 18일 69수를 일기로 졸하시고 선비는 1989년 기사 2월 17일 90수로 졸하시어 묘를 성남시 분당동 산 45번지 병좌에 합폄으로 장예하였다. 공은 1927년 정묘 정월 초2일생으로 지척에서 부모를 효성으로 시종하였으며 가솔의 돈목과 동기간 우애로 예의 염치의 습성이 가풍범절로 자손에게 전승되니 면학하고 그 자생력이 사회발신의 요체가 되었다. 숭조의 뜻이 깊어 한산이씨전부공휘원파종회이사장을 역임 중 명지대학교 교수 신천식 박사 저 『목은이색의 학문과 학맥』의 출판비를 우리 소종회에서 조상님께 반포지효로 출연하자며 임원들을 설득하여 동의를 받아 거금을 목은연구회에 납부해서 출판위임하니 대소문중으로부터 부러움과 무한한 찬사를 받고 있다. 배에 경주김씨 정간의 따님 김순희씨를 취하여 2남3녀를 낳으시니 장녀 순복은 영월 엄영석씨의아들 병준에게 출가해서 아들과 딸을 낳았고 차녀 충복은 여산송씨 희범에게 출가하여 아들과 딸을 낳았으며 3녀 은복은 평산신씨 성용씨에게 시집을 가서 남매를 낳았고 장자 규복은 비상한 두뇌와 노력으로 삼성전기(주) 수석연구원으로 있으며 경주인 이상록씨의 따님 종숙과 혼인하여 아들 효원과 딸 혜림 남매를 두었다. 차남 태복은 인하대학교 경영학과를 졸업하고 안동인 권정석씨의 따님 춘자와 혼인하여 아들 예원과 채원 형제를 낳아 공의 내외손이 번족하고 건실하니 공이 생전에 닦아놓은 바램이요 공덕이니 앞으로도 번연해 갈 것이다. 공은 2,000년 정월 26일 졸하시니 74수요, 배위는 26년 2월 28일 졸하시어 79수를 일기로 서세하셨다. 생전에 좀더 효성을 다하지 못한 망극지통의 한을 되새기며 사자가 돌 하나 깎아놓고 비문을 지으라하여 천학비재한 졸서이나 존령이시여 평안히 영면하소서.

서기 2010년 경인 월 일

성균관원임부관장 이상구 근찬

寬求氏 碑文

公의 姓은 李씨요 諱는 寬求 本貫은 韓山이다. 高麗朝末에 稼亭先生 諱 穀 文孝公과 아드님 牧隱先生 諱 穡 文靖公 父子분은 文章과 節義로 빛내고 性理學의 泰斗로서 著姓이 되어 屢代血孫의 閥閱家門의 稽考는 공의 十代祖 諱 廷葵 通德郎公 碑碣에 略記되어 있으니 參考바라며 九代祖 諱 漢 處士公의 子 諱 秉根 子의 諱 千重 子는 公의 六代祖인 諱 智永官 贈 戶參公이 四男一女를 두셨으니 長男 諱 羲龍 贈 戶參 次 諱 羲鳳 仲 諱 羲鵬 季 諱 羲龜 六代祖의 長孫인 諱 淵在 官五衛將 嘉善大夫 行 同知中樞府事가 公의 再從高祖父이시다. 五代祖 諱 羲鳳의 子 諱 洛在의 子 諱 承甲께서도 四男一女를 낳으셨으니 長 諱 璇稙 次 諱 衡稙 仲 諱 榮稙 季 諱 兢稙 公의祖考 諱 璇稙는 二男一女를 長 諱 聖珪 次 諱 麟珪 女는 全州人 李元夏에게 出嫁하였다. 先考 諱 聖珪께서는 漢學을 修學하신 선비로서齊家의 法道가 嚴格하면서도 仁慈한 稟性이 隣近間에 親和를 圖謀하는 어른으로 德水李氏 名家宅 諱 英信의 따님을 娶하여 長子 諱 錫求 次男이 公 諱 寬求요 仲子 諱 敏求는 同族相殘의 悲劇인 六二五動亂時 烏山地區에서 꽃봉오리가 채 피기도 전에 哀惜하게도 戰歿하여 國立墓地에 安葬되었다. 季氏 潤求등 아들만 四兄弟를 낳으시고 先考는 1980年 庚申 五月 18日 69壽를 一期로 卒하시고 先妣는 1989年 己巳 2月 17日 90壽로 卒하시어 墓를 城南市 盆唐洞 山45番地 丙坐에 合窆으로 葬禮하였다 公은 1927年 丁卯 正月 初二日生으로 咫尺에서 父母를 孝誠으로 侍從하였으며 家率의 敦睦과 同氣間 友愛로 禮義廉恥의 習性이 家風範節로 자손에게 傳承되니 勉學하고 그自生力이 社會發身의 要諦가 되었다. 崇祖의 뜻이 깊어 韓山李氏典簿公諱垣派宗會理事長을 歷任 中 明知大學校 教授 申千湜 博士 著 『牧隱李穡의 學問과 學脈』의

出版費를 우리 小宗會에서 조상님께 反哺之孝로 出捐하자며 任員들을 說得하여 同意를 받아 巨金을 牧隱研究會에 納付해서 出版委任하니 大小門中으로부터 부러움과 無限한 讚辭를 받고 있다. 配에 慶州金氏 正侃의 따님 金舜姬氏를 娶하여 二男三女를 낳으시니 長女 順馥은 寧越 嚴永錫氏의아들 炳俊에게出嫁해서아들과 딸을 낳았고 次女 忠馥은 礪山宋氏 熙範에게 出嫁하여 아들과 딸을 낳았으며 三女銀馥은 平山申氏性龍애게 시집을가서 男妹를 낳았고 長子 奎馥은 備嘗한 頭腦와 勞力으로 三星電機(株) 首席研究員으로 있으며 慶州人 李相錄氏의 따님 終淑과 婚姻하여 아들 孝遠과 딸 慧琳 男妹를 두었다. 次男 泰馥은 仁荷大學校 經營學科를 卒業하고 安東人 權正錫氏의 따님 春子와 婚姻하여 아들 睿遠과 蔡遠 형제를 낳아 공의 內外孫이 繁族하고 健實하니 公이 生前에 닦아놓은 바램이요 功德이니 앞으로도 蕃衍해갈 것이다. 公은 二千年正月二十六日卒하시니 七十四壽요 配位는 二千六年 二月 二十八日卒하시어 七十九壽를 一期로 逝世하셨다. 생전에 좀더 孝誠을 다하지 못한 罔極之痛의 한을 되새기며 嗣子가 돌 하나 깎아놓고 비문을 지으라하여 淺學菲才한 卒書이나 尊靈이시여 平安히 永眠하소서.

西紀 2010年 庚寅 月 日

成均館原任副館長 李庠求 謹撰

18. 한산이씨 통덕랑 휘 정규공파 후손 묘역비 (韓山李氏 通德郎 諱 廷葵公派 後孫 墓域碑)

한산이씨는 휘 윤경(諱 允卿)을 시조로 삼아 가정선생 휘 곡(稼亭先生 諱 穀)은 유훈(遺訓)으로 아지자손(我之子孫) 백대지친(百代至親)과 목은 선생 휘 색(牧隱先生 諱 穡)은 시례전가(詩禮傳家) 충효입신(忠孝立身)하라는 정훈(庭訓)을 주시니 이에 대(代)를 이어 정계학계(政界學界)를 아우르는 인물(人物)을 배출(輩出)해서 나라를 이끌어온 벌열가문(閥閱家門)으로 우뚝 섰다. 이곳에 잠들어 계신 선인(先人)들도 선조(先祖)의 기(氣)를 받아 하늘로 오른 혼(魂)은 천추만대(千秋萬代)로 피를 나눈 자손에게 기(氣)로 감응(感應)하고 백(魄)은 지하에서 기화(氣化)되어 영원토록 자손을 지켜준다. 이 묘역은 돌아가신 분의 몸을 고이 보전하는 성(聖)스러운 곳이니 명복(冥福)을 빌며 기리 전승(傳乘)하여 향기로운 이름을 남겨주실 분을 위해 입수(立竪)하는 바이다.

서기 2011년 월 일

성균관원임부관장 호정 이상구
(成均館原任副館長 湖亭 李庠求) 삼가 지음

19. 목은공 이색선생 해원비 건립발기 취지문 (牧隱公 李穡先生 解冤碑 建立發起 趣旨文)

봉황(鳳凰)새 날아오면 성인(聖人)이 나신다는 봉미산(鳳尾山) 여강(麗江) 신륵사(神勒寺)는 미륵(彌勒)과 용마(龍馬)의 조화(造化)로 많은 전설(傳說)과 이적(異蹟)을 간직한 채 한양(漢陽)을 향하여 억울한 호소(呼訴)라도 하는 양 원한(怨恨)의 강물은 흘러만 가고 있는데, 뒤늦게나마 구천(九天)에 사무친 해면문(解冤門)을 열고 억울하게 가신님의 원혼(冤魂)을 달래드릴 비(碑)를 세우고자 합니다.

그곳은, 약 1350년 전 선덕(善德) 진덕(眞德) 두 민주주의(民主主義) 여제(女帝)가 남녀동등권(男女同等權)을 상징(象徵)하려 왕권(王權)을 잡은 以前(이전)에 창건(創建)하였다는 곳, 일명(一名) 여주(驪州) 벽절이라고도 합니다.

원한사건(怨恨事件)은, 고려 말(高麗末) 왕권야욕(王權野慾)으로 나라를 망가뜨린 독살(毒殺) 무리들이 고려 충신(高麗忠臣) 72현중(賢中) 한 분인 목은공(牧隱公) 이색선생(李穡先生)님을 주중폭살(舟中暴殺)한 독살사건(毒殺事件)으로 천추(千秋)의 한(恨)을 남겨놓았습니다.

그런데 문인(門人) 문충공(文忠公) 양촌 권근선생(陽村 權近先生)이 목은공(牧隱公)의 행장(行狀)을 기술(記述)한 바가 있습니다. 송우암(宋尤菴先生)은 말하기를 “공(公)에 대한 여러 가지 글에 모두 뚜렷이 폭살(暴殺)을 나타내지 않은 것은 무슨 까닭인가?”라 하고, 이어 “선생(先生)을 죄(罪)주는 자(者)는 많고 선생을 아는 자는 적단 말인가?”하고 통분(痛憤)했다고 하였습니다.

또 목은선생(牧隱先生)의 14대손(代孫) 소산공 이광정(小山公 李光靖)에 이어 17대손(代孫) 이승오 창간(李承五 創刊)한 것을 근대(近代)에 와서 삼사 이충구 해역(三思 李忠求 解譯), 이진복(李晉馥) 발문, 이인구 발간(李仁求 發刊)한 목은선생 연보(牧隱先生 年譜)에 따르면, "명(明)나라 진학사 련(陳學士 璉)이 찬(撰)한 묘지(墓誌)가 전(傳)해지지 않았으니 이 얼마나 억울하고 가혹(苛酷)한 일이랴"는 구절(句節)이 있고, "고 려말(高麗末) 쇠망(衰亡)하는 때를 당하여 선생(先生)에 대한 역사(歷史)를 속이는 일이 유행(流行)하였으나 뒷사람은 금령(禁令)에 거리끼는 형세(形勢)였으므로 밝히고 드러낼 수 없어 쓸쓸하게 4,5백년(百年)이 지났으니 문헌(文獻)이 어찌 남아 있으랴? 구(求)하기 어려우니, 아아……, 슬픈 일이다."라고 그 사건비사(事件秘史)를 못 파헤친 것을 원망(怨望)했습니다.

그러기에 숙종대왕(肅宗大王)은 고려 개국(高麗 開國) 때 왕건 태조(王建 太祖)를 가장(假裝)하여 전사(戰死)하고 태조(太祖)를 살린 고려 개국공신(高麗開國功臣) 신숭겸 장군(申崇謙 將軍)과 같이 "국왕(國王)은 신(臣) 예조좌랑 이창(禮曹佐郞 李琩)을 보내어 고려 말(高麗末) 한산 백(韓山 伯) 이색(李穡)의 영전(靈前)에 논제(論祭)하노라."하고 사액제문(賜額祭文)을 올리고 대대(代代)로 서원(書院)에 향사(享祀)하여 원혼(冤魂)에 굽어 읍하고 있습니다.

그러나 여주(驪州)에 계실 때 입산곡시(入山哭詩)에 "장촌단안장고(腸寸斷眼長枯)"라는 구절과 같이 두 아드님을 비명(悲命)에 꺾이고, 그렇게도 일으키려 애쓰시던 고려국(高麗國)마저 망했으니 당시의 심정은, 문인(門人)이 선생을 찾아가니 선생은 산으로 이끌고 들어가 종일토록 소리내어 통곡했다고 한 아버지로서의 애절(哀絶)한 울음과 그 고통(苦痛)을 무엇에 비할 수 있으랴. 한바 선생님이 말씀하시기를 "비록 죽더라도 올바른 귀신(鬼神)이 될 것이다"라고 말씀하셨습니다.

고금(古今) 이조(李朝) 오백년(五百年)이 다 갔는데도 몇몇 후학(後學)들을 제외(除外)하고는 덮어놓고 영당(影堂), 서원(書院)이나 짓고 엎드려 절만 하는 것이 도리(道理)인줄 알고 행사(行事)를 하며, 병사(病死)니 꾸민 암살(暗殺)이니 하며 뇌까릴 뿐, 땅을 치고 하늘을 원망하며 올바른 귀신이된 선생님의 넋을 달래 진혼(鎭魂)시킬 주중(舟中) 폭살사건(爆殺事件)에 대한 해원사(解寃史)를 담은 구국성신비(救國聖神碑)는 하나 없이 약 600년 간(約 六百年 間) 전설 속에 흘러만 가고 있습니다.

다시 거슬러 부처님의 화신(化身)이라고 까지 일컬어지던 나옹대사(懶翁大師)때부터 일입니다. 대사(大師)는 고려말기 34대 공민왕(恭愍王)의 왕사(王師)로서, 당대제자(當代弟子) 무학대사(無學大師)가 훗날 이성계(李成桂)에 머물러 있다가 인도인(印度人) 지공대사(指空大師)에 의해 회암사(檜巖寺)를 중수(重修)하기 시작했다고 합니다.

그런데 선남선녀(善男善女)들이 생업(生業)을 폐지하고 밤과 낮을 가리지 아니하고 중수불사(重修佛事)에 인산인해(人山人海)와 같이 모여들어 시주(施主)를 다할 때, 관(官)에서는 문을 닫고 출입을 금지시키는데 사부대중(四部大衆)들은 생사를 초월하여 불사(佛事)에 동참(同參)했다고 했습니다.

이때 왕(王)은 시해(弑害)된 공민왕(恭愍王)이 아닌 우왕(禑王)인지라 전왕(前王)의 왕사(王師) 나옹대사(懶翁大師)를 미워한 나머지 밀양(密陽) 영원사(瑩源寺)로 이주(移住)하도록 왕명(王命)을 내렸다고 합니다.

명을 받고 떠나는 나옹왕사(懶翁王師) 삼문(三門)을 향하여 수레가 가는데 염라문(閻羅門)을 통과하라는 관명(官命)에 모든 사람들 소리 내어 울으니, 대사가 말씀하시기를 "힘을 내라 힘을 써라, 나 때문에 중단하지 말라, 내가 가는 길은 마땅히 여흥신륵사(驪興神勒寺)에서 그칠 것이다." 라고 한 것과 같이 경상도로 가던 중 신륵사에 머무르니, 57세를 마지막으로 영이(靈異)한 이적(異蹟)을 보이면서 세상을 떠나 사리(舍利)가 155과요 서기(瑞氣)서린 빛을 냈다고 합니다.

나옹(懶翁)가신 신륵사(神勒寺) 이천제자(二千弟子)들 중 목은공(牧隱公)보다 1년 연상인 무학대사(無學大師)도 있건만은 우왕(禑王)은 나옹

(懶翁)의 죽음에 대하여 애도(哀悼)하려 문신(文臣)이자 동방성리(東方性理學)학의 대가(大家)인 이색선생(李穡先生)님에게 대사(大師)의 비명(碑銘)을 짓도록 왕명(王命)하였으니 그 비문이 바로 檜巖寺(회암사) 나옹선사비(懶翁禪師碑)라고 합니다.

하여 목은선생님은 신륵사에 대사(大師)의 선각탑비문(禪閣塔碑文)을 짓고, 대사의 사리석종기(舍利石鐘記)와 대사진영시(大師眞影詩)를 쓰니, 그때 덩달아 대전(大殿), 조당(祖堂), 승당(僧堂), 선당(禪堂), 종루(鐘樓), 동익당(東翼堂), 서익당(西翼堂), 남행랑(南行廊), 향적당(香積堂) 등 많은 건물(建物)의 불사중수(佛事重修)를 하였다고 합니다.

목은선생(牧隱先生)님은 선친(先親) 가정공(稼亭公)의 소원(所願)이던 대장경(大藏經)을 발간 봉안(發刊 奉安)하여 효성을 영전(靈前)에 받치는데 양촌선생(陽村先生)의 부(父) 권희(權僖) 좌상(左相)도 原州(원주) 황산사(黃山寺) 경순대왕(敬順大王) 영각불사(影閣佛事) 때와 같이 하였다고 합니다.

그 비(碑)에 아로새겨진 명단(名單)의 경우 200명 중 이름 높은 각운(覺雲)스님 신조(神照)스님이 있었으나 고려(高麗)를 쓰러뜨린 이성계(李成桂)의 왕사(王師) 무학대사(無學大師)가 있었고 이성계가 죽인 구국충신(救國忠臣) 최영 장군(崔瑩 將軍)이 새겨져 있고, 조민수(曹敏修), 최무선(崔茂宣), 염흥방(廉興邦) 등 제현(諸賢)과 안동권씨(安東權氏) 권중화(權仲和) 영의정(領議政)도 있었는데,

1383년에는 삼은(三隱) 중의 한 분인 도은공(陶隱公) 이숭인(李崇仁)인이 기록한 대장각기(大藏閣記)에 목은선생의 유적(遺蹟)은 판삼사사(判三司事) 한산(韓山) 목은선생(牧隱先生)이 이숭인(李崇仁)에게 명(命)하여 말하기를……, 경술년(庚戌年) 7월 30일 나의 조부(祖父) 정읍부군(井邑府君)이 病병으로 돌아가셨다.

선군(先君) 가정(稼亭) 문효공(文孝公) 나이가 13세였으나 초상(初喪)

과 장사(葬事)를 유감됨이 없었다. 경인년(庚寅年) 10월 2월 조모(祖母)가 병으로 돌아가셨다. 선군(先君)이 예(禮)를 다하여 장사(葬事)하고 스님을 청하여 시골 절[寺] 영모사(永慕寺)에서 불경(佛經)을 읽었다. 신유년(辛酉年) 정월 초하룻날 선군(先君)이 불행(不幸)하게도 어머님의 상복(喪服)을 입은 가운데 돌아가셨다. 1374년 갑인(甲寅) 9월 23일 현릉(玄陵) 공민왕(恭愍王)이 문득 모든 신하들을 버리고 승하(昇遐)하셨다.

내가 가만히 엎드려 생각하니 우리 선군(先君)은 현릉 잠저(玄陵 潛邸)에 있을 때부터 옛 신하로서 오랜 세월을 섬겼으며, 나는 현릉 초년(玄陵 初年) 1351년에 과거(科擧)에 급제(及第)하여 드디어 재상(宰相)의 관부(官府)에 올랐으니, 우리 부자(父子)가 입은 혜택(惠澤)은 지극히 우아(優雅)하지만 일찍이 터럭만한 보답(報答)도 하지 못하였다.

이에 "위로 선왕(先王)의 명복(冥福)을 빌고 아래로 선고(先考)의 뜻을 계승(繼承)하는 일이 여기에 있지 않은가?"하며, "나의 병(病)이 나았을 때 왕명을 받들어 나옹(懶翁)의 탑명(塔銘)을 지은 것이 오래지 않았다."라 하였다. 후기(後記)에 불도(佛道)가 청정(淸淨)하고 높고 묘(妙)해서 한 점의 티끌도 묻지 않고 만물중(萬物中)에 뛰어났으니 현명하고 지혜知慧)있는 사람은 진실로 즐거워한다.

그 말에 또 복전이익(福田利益)이란 것이 있으니 충신효자(忠臣孝子)가 임금과 부모의 은혜에 보답하려는 마음을 지극(至極)하게 쓰는 사람으로는 불교(佛敎)에 귀의(歸依)하지 않을 수 없으니, 그 서적(書籍)이 세상에 많이 전하는 것이 마땅하다.

가정선생(稼亭先生)이 벌써 시작하였고 목은선생(牧隱先生)이 계승(繼承)하여 마침내 이 법보(法寶)를 이룩하여 임금과 부모에게 복과 이익을 드렸으니 이것이 곧 충신 효자가 마음을 지극하게 쓰지 않은 바가 없다는 것이다.

"아……. 누가 남의 신하(臣下)가 아니며 누가 남의 자식이 아니겠는

가. 지금부터 천만대(千萬代)에 이르기까지 임금님과 부모님께 감사하고, 발원(發源)하는 사람은 반드시 여기에서 얻을 것이 있음을 의심치 않는다."라고 분명(分明)히 신륵사(神勒寺) 대장각기(大藏閣記)에 있습니다.

문헌(文獻)으로는 이기영(李箕永) 박사(博士)가 감수(監修)하고 정병조(鄭柄朝), 장충식(張忠植), 김상현(金相鉉)의 필진(筆陣)으로 쓴 『신륵사(神勒寺)』와 『조선금석총람(朝鮮金石總覽)』과 『이색선각진당시(李穡禪覺眞堂詩)』, 『목은집(牧隱集)』, 『도은집(陶隱集)』, 『동문선(東文選)』, 안계현(安啓賢)의 『이색의 불교관(李穡의 佛敎觀)』, 조명기(趙明基) 박사(博士) 회갑기념(回甲記念) 『불교사학론총(佛敎史學論叢)』외에도 많은 고증문헌(考證文獻)은 현릉서거(玄陵逝去)와 아들 비명(非命)으로 신병(身病)을 더욱 핑계 삼아 8년간이나 신륵사 중건(神勒寺 重建) 때 권희좌상(權僖左相), 목은선생(牧隱先生)하고 얼을 같이한 문헌 등(文獻等)이 있습니다.

이와 같이 선생(先生) 40년대 말에서 50년대 늦게 8년 간에 걸치는 전사시기(前史時期)를 신륵사 중수불연사(神勒寺 重修佛緣史)라고 한다면 신륵사의 공덕비(功德碑)가 마땅히 서있어야 하는데, 그 후 13년後후 공교롭게도 고려가 망하고 이조개국(李朝開國) 5년째 되는 이태조(李太祖) 이대(二代) 정종(定宗)에게 넘어가기 2년 전 1396년 병자년(丙子年) 5월 7일 69세의 목은선생(牧隱先生)을 정도전(鄭道傳), 조준(趙浚) 등이 꾸민 술책에(術策) 의(依)해 신륵사(神勒寺) 청심루(淸心樓) 아래 연자탄(燕子灘: 일명 제비여울)에 이르러 조그마한 배 안에서 주중폭살(舟中爆殺)한 것이라고 합니다. 오호라, 천지신명(天地神明)에게 묻노니 주중폭살한 자(者) 누구였으며, 목은선생을 억울한 귀신(鬼神)되게 한 자(者) 누구였는가? 아아 분하다. 아아, 원통하다. 오호 역사(歷史)가 약 600년간 하늘에서 울고 땅에서 울었도다.

숙종대왕(肅宗大王) 말하기를 "아……, 두 분 어진 이는 세대(世代)는 달랐어도 이름은 함께 아름답고, 자취는 일에 연유(緣由)하여 달랐으되 마음은 도(道)로써 같았도다. 여광(餘光)이 혁혁(赫赫)하고 유풍(遺風)이 열렬(烈烈)하니 거룩하도다. 저 높은 산(山) 목은공, 저 큰길 목은공을 백세(百世)토록 본받으리라."하였다.

"선생님은 이와 같이 끊어졌던 학문을 일으키고 큰 기개를 세운 것이 하늘에 높이 솟았고 땅을 밝힌 것이 해나 달과 같다."라고 옛님 들이 말하였으나, 태반(太半)이 와어(訛語)로 목은공(牧隱公)의 사상(思想)과 주중폭살사건(舟中爆殺事件)을 덮어두고 후대(後代) 임금도 "先生선생님은 聖人성인'이시니 이름도 함부로 부르지말라."고 '검이상전(劍履上殿)'이란 넉 자(字)를 금석지문전(金石之文典)으로 내리셨습니다.

그러므로 전 충남대학교 총장(前 忠南大學校 總長) 이정호(李正浩) 박사(博士)가 해원비문(解寃碑文)을 짓고, 안동김씨대종원(安東金氏大宗院) 김륜회(金崙會) 부총재(副總裁)가 쓰고, 청오지(靑奧池) 창룡선생(昌龍先生)이 목은선생(牧隱先生) 영전(靈前)에 받칠 해원문(解寃文)을 지어 하늘나라에 올라 귀신(鬼神)을 면(免)하는 성신(聖神)이 되시라고 백세인(百世人)의 성지유택순예기(聖地幽宅巡禮記)를 써 받치면서 성균관(成均館) 정해규(鄭海圭) 부관장(副館長)이 해원비건립발기문(解寃碑建立發起文)을 선(宣)하나이다.

목은공(牧隱公) 이색선생(李穡先生) 해면비건립발기위원회(解寃碑建立發起委員會)에서 당시 그 숭고(崇高)한 뜻을 이루진 못했지만 그 뜻을 살려 추모비문(追慕碑文)을 成均館 최근덕(崔根德) 관장(館長) 찬(撰)을 받아 놓고 위치(位置)결정이 되는대로 비(碑)를 건립하려고 준비(準備)중이다.

2010년 5월

신림재 호정 이상구 제공 전재(新林齋 湖亭 李庠求 提供 轉載)

호정 이상구 선생 근영

▲ 1969년 9월 17일 어머니 생신날 독막골댁 식구들과 함께.

▲ 어머니

◀ 어머니 칠순잔칫날. 나와 아내 그리고 조카

▲ 1961. 10. 23 안동권씨 권길순과
서울 동대문예식장에서 결혼하다

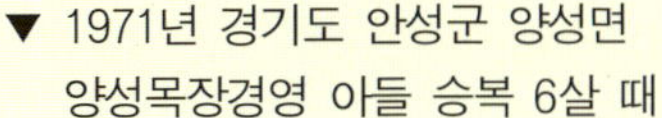

▼ 1971년 경기도 안성군 양성면
양성목장경영 아들 승복 6살 때

▲ 광주군 돌마면 수내리 역말, 결혼생활

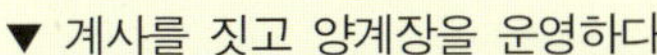

▼ 계사를 짓고 양계장을 운영하다

▲ 돌마공립국민학교 2학년 김승자 선생님과 학생들

▲ 선린상업중학교 3학년 B반 학우들과

▲ 설린상업중학교 2학년 학우들

▲ 피난시절 수원종합중고(선린학교) 학우들과

▲ 아들 승복의 선린중학교 졸업식

▲ 서예전시회를 열며

▲ 신림9동에서 문구점 경영

▲ 매일 아침 관악산을 산책하다

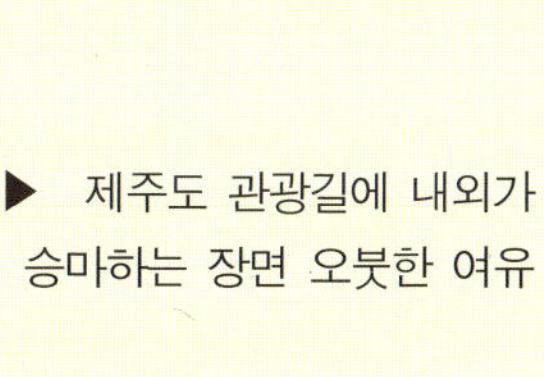

▶ 제주도 관광길에 내외가 승마하는 장면 오붓한 여유

▲ 회갑잔치에서 가족들과

▲ 성균관대학교 유학대학원 서예 · 사군자반 김재익 선생과 학우들

▲ 한국전례연구원 예절지도강사 양성연구과정 7기 수료식 후

◀ 성균관대학교 유학대학원 지도자과정을 한산이씨들이 연차적으로 수료하게 하다. 좌로부터 이용구, 이진규, 이상구, 대학원장, 이복규, 이훈규, 이을규

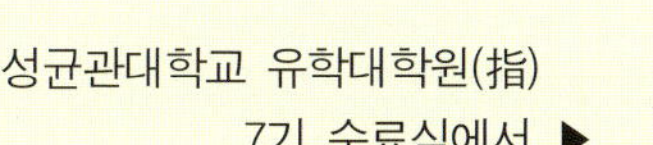
성균관대학교 유학대학원(指) 7기 수료식에서 ▶

▲ 성균관 임원들과 백두산 영산제를 지내고

▲ 1999년 서울대학교 박물관장 임효제 박사가 미국 교환교수로 갔을 때 동행하며

▲ 대성전 삭망분향례 강복위

▲ 분당중앙공원 아천군 묘 앞에서 좌로부터 서울대학교 박물관장 임효재 박사, 한산이씨대종회 이진복 회장, 서울대학교규장각 실장 이태진 박사, 호정 이상구 선생

◀ 좌랑공 묘소를 참배한
박삼중 스님과 대화를 나누며

▶ 정선아리랑 시원지 정선을 가다.
아리랑 연구가 김연갑씨,
기 여사 등과

◀ 한국성씨연합회 제1차처총재단 간담회 기념사진

◀ 성균관 추계석전대제시 제가상 수상식장에서 목은특별상 수상자와 함께

◀ 사단법인 고려역삭선양회 회원들과

◀ 아리랑 목은선생 시원설 연구자 김연갑 선생, 정선아리랑보고장 진규씨 등과

◀ 시제를 모시며

◀ 자택전경

오색온천
수
식촌

▲ 호정 이상구 선생의 글씨

十一부

나의 태(胎)가 묻힌 곳

十一부. 나의 태(胎)가 묻힌 곳

1. 경기도 광주군 돌마면 수내리 219번지에서 출생

경기도 광주군 돌마면 수내리는 한산이씨 후손들이 택호(宅號)와 집성촌(集成村)을 이루고 세장(世葬)된 조상님을 받들며 살아온지 480여 년이 되는 곳이다.

아버지 휘 범규(範珪)와 어머니 봉화인(奉化人) 금인연(琴仁淵)으로부터 서기 1931년 6월 19일, 음신미(陰辛未) 5월 초 4일 고고(呱呱)의 목소리로 태어났다. 여덟살 때 아버지로부터 천자문(千字文)을 배우는데 모진 매를 맞으며 하는 공부가 왜 그렇게 싫은지, 매가 무서워 억지로 3개월 만에 언재호야(焉哉乎也)를 끝내는 날 엄(嚴)하기만 하시던 아버님이 내손을 꼭 잡아주시며 따뜻한 칭찬의 말씀에 아버지 무릎에 엎드려 울음을 터트렸다. 그리고 어머님이 손수 지어주신 무명바지 저고리 새옷을 선물 받은 것이 지금도 잊혀지지 않는다. 항상 형님들의 헌옷만 물려 받아 입었던 탓이었다.

외가의 가계(家系)는 봉화금씨(奉化琴氏)의 시조(始祖)로 신라 말(新羅末)에 주농경형관어사(主農卿刑官御使) 금용식(琴容式)을 시조(始祖)로 득성역사(得姓歷史)가 오랜 성씨다.

중시조(中始祖)인 금의(琴儀. 1153~1230)의 자(字)는 절지(節之) 초휘(初諱)는 극의(克儀), 시호(諡號)는 영열공(英烈公)이다. 13세(世) 금휘(琴徽)1435-1494호 문곡(文谷) 소신에 태학유학 문무과(文武科)합격 군신간 증답시(贈答詩)가 있다. 경산(慶山) 영천(永川) 동래현령(東萊縣令) 사온서령(司醞署令). 충청도 양전도경차(忠淸道 量田都敬差)로 공주(公州)에 출장 중 졸(卒)하다.

문계서원(文溪書院)에 배향 공신(功臣)으로 불천위봉사(不奉遷位奉祀)된 동래공파(東萊公派)의 27세손 금종진(琴鍾振)씨는 장녀(長女)를 한산이씨와 연사간(連査間)을 맺고자하여 선(選)도 안보고 아버지와 혼인(婚姻)하셨다고 어머니가 말씀하셨다.

장자(長子) 영구(英求), 차자(次子)에 명구(命求) 다음으로 고명따님을 낳으셨으나 어려서 세상을 떠났고, 다음 삼자(三子)로 내가 태어났다. 넷째인 항구(恒求)와 막내로 형구(亨求) 등 오형제(五兄弟)를 출산하셨다. 인근에 일가들로부터 부러움과 축복(祝福)을 받으셨다. 그것은 당시 농경사회(農耕社會)일수록 노동력(勞動力)이 풍부해야하기 때문에 아들을 많이 두면 부자가 된다는 남아선호사상(男兒選好思想)이기에 축복을 받는다고 한다.

이때만 해도 우리나라 가족제도는 대가족제(大家族制)로서 3,4대의 층층시하(層層侍下)에 빈한한 생활 속에서도 유교적(儒敎的)인 관념(觀念)에 젖어 예의(禮儀)와 도덕성(道德性)을 강조하며 반명(班名)한 후손으로서 조상에게 부끄럼 없는 사람이 되라는 이곳 집성촌의 공통된 사상과 생활이다.

집성촌은 삼개리(三個 里)에 아홉 개 마을로 분포되어 있다. 이 지역의 동북간으로 광주 산맥(廣州山脈)의 낙맥(落脈)인 장산(長山)이 북(北)으로 남한산성(南漢山城)에 연(連)하였고, 우뚝 솟은 매지봉(梅枝峰)이 껴안은 율리(栗里: 썩은배미)와 서현리(書峴里)에 통로굴, 고개안, 된섬말로 이어져 매화낙지형(梅花落地枝形)인 영장산(靈長山)이 불쑥 솟아 한산이씨묘역이 명당(明堂)으로 형성(形成)하고 그 산하(山下)에 수내리 숲안, 역말, 넘엇말과 주변(周邊)인 서현리에 통노골, 고개안, 된섬말, 분당리에 안말, 장터, 당모루로 한산이씨 집성촌을 이루고 있다.

분당천(盆唐川)이 묘역을 감싸 흘러 숲밖에 당빠지 농경지(農耕地)를 적시며 한강지류(漢江支流)인 탄천(炭川)에 합류하여 북(北)으로 흘러 한강에 이른다. 산천이 수려(秀麗)하여 옥수(玉水)같은 계곡물은 어디서나 마셔도 청량음료수(淸涼飮料水)였다. 주민들의 품성(稟性)이 순수(純粹)하고 부지런하다. 생활은 농사(農事)밖에 없는데 영세(零細)하다. 가옥(家屋)들은 초가(草家)집이고, 기와집은 평난공신 휘 증 아천군(平亂功臣 諱 增 鵝川君)의 불천지위사당(不遷之位祠堂)과 거창댁(居昌宅)뿐이었다. 휘 익재(諱 翼在)공이 거창부사(居昌府使)를 지내셔서 택호(宅號)가 거창댁(居昌宅)이라 한다. 이곳 집성촌에는 집집마다 택호가 있어 이름을 호칭할 때 어느 댁 누구로 해야지 특히 동명(同名)일 때 혼돈되지 않는다.

이왕에 택호 말이 나왔으니 떠오르는 대로 살펴보면 다음과 같다.

* 거창댁(居昌宅) 선규(璿珪)씨는 참판공 휘 경함(參判公 諱 慶涵)댁인데 좌랑공 휘 경류(佐郞公 諱 慶流)댁으로 입계(入系)하여 식량배급소도하여 요부(饒富)했으며 아드님 정구(貞求)씨는 분당우체국을 사설(私設)하였으며, 자(子)에 수복(壽馥), 향복(香馥), 선복(善馥), 계복(癸馥)등 4남9녀를 두었다.
* 지례댁(知禮宅)은 우규(宇珪)씨 댁으로 원구(元求), 민구(旼求), 중구(重求) 등이 살았다.
* 금산댁(錦山宅)은 효직(孝稙)씨의 장자 세규(世珪)씨의 자(子)는 훈구(勳求)와 은구(殷求)형제이며, 훈구는 참의공파 종중이사장이며 성균관대학교 유학대학원을 수료하고 성균관전의(成均館典儀)의 품계(品階)를 받았다.
* 양주댁陽州宅) 경직(坰稙)씨는 아드님에 병규(丙珪)씨, 헌규(憲珪)씨, 창규(昌珪)씨 등 삼형제 중 헌규씨는 고등학교 교사로 봉직하고 한산이씨목양회회장을 역임하였다. 창규씨는 공무원을 역임하고 봉화공파상무직과 한평군파 부이사장을 역임하였다.

* 임실댁(任實宅)에 차자(次子) 병규(炳珪)씨와 아드님 문구(文求) 그리고 3子 면규(冕珪)씨, 계자(季子) 태규(台珪)씨 등이 살아왔다.
* 백천댁(白川宅)에 갑규(甲珪)씨는 돌마면장(突馬面長)을 역임. 종증조 휘 학재(從曾祖諱學在)공이 백천군수(白川郡守)를 역임으로 한 택호다. 장자(長子) 종구(鍾求)씨는 서울대학교를 졸업한 후 한양대학교 영문학 교수를 역임하고 차자(次子) 진구(鎭求)씨는 서울대학교를 졸업 후 이화여대불문학교수를 역임하였다.
* 산청댁(山淸宅) 현규(玄珪)씨는 아천군 휘 증(鵝川君 諱 增)의 오자(五子) 경황(慶滉) 괴산공(槐山公)의 11대 종손(宗孫)이다. 아드님 광구(廣求)는 나와 동창생이다. 그의 아들은 명복(明馥)이다. 광구의 삼촌은 만규(萬珪)씨이니 봉화공 이하 삼세의 묘관리와 제사를 받들었다. 자(子)는 갑구(甲求)와 수구(壽求)형제가 있다.
* 산청댁(山淸宅) 찬구(讚求)는 매사에 사리(事理)가 밝고, 침착(沈着)하여 수내동 이장을 나의 후임(後任)자로 선임되어, 착실하게 수행(遂行)하여 칭송(稱誦)이 자자하였으나 56수(壽)를 일기(一期)로 기세(棄世)하였다. 자(子)에 운복(雲馥), 형복(亨馥)형제가 있다.
* 허산리댁(許山里宅) 장규(璋珪)씨 한산이씨숲안종회 도유사(都有司)를 역임하심과 종중재실신축(宗中齋室新築), 한평군 휘 지숙파 세보창간(韓平君 諱 之菽派 世譜 創刊) 등 위선심(爲先心)이 투철하여 많은 업적을 남기셨다. 그리고 삼종숙(三從叔)에게 입계(入系)하여 자(子)는 영구(永求), 안구(安求), 흥구(興求) 등 3형제다.
* 허산리댁(許山里宅) 하규(夏珪)씨는 장규(璋珪)씨의 중형(仲兄)으로서 장자(長子) 창구(錶求)씨는 돌마면 부면장직에 있었으며 아들 광복(光馥), 영복(榮馥)과 차자(次子) 성구(星求)씨 형제분이다.
* 이천댁(利川宅) 장규(章珪)씨는 한평군 휘 지숙(韓平君 諱 之菽)의 차자(次子) 아천군 휘 증(鵝川君 諱 增)의 12대 종손(宗孫)으로 아천

군 부조묘(不祧廟)를 뫼시고 조상님을 받드는데 조금도 허술함이 없었다. 그러나 한때 뒷뫼종산을 임의매각사건으로 명예가 실추된 바 있었다. 아들은 3형제이나 6.25동란으로 모두 졸(卒)하다. 같은 울타리안에 종손(宗孫)의 아우 명규(名珪)씨가 살며 기골이 장대하고 동리 안팎 일에 두루 섭렵(涉獵)하여 화목을 도모하였으며 침구(鍼灸)의 인술(仁術)도 피셨다. 자(子)에 선구(宣求)씨와 철구(喆求) 형제로 선구씨는 백부(伯父)에게 출계(出系)하여 아천군 종손(鵝川君 宗孫)으로 낙생수리조합장(樂生水利組合長)을 역임하였다. 그의 아들은 원복(源馥), 윤복(潤馥)이다. 철구(喆求)는 낙생동장을 역임하여 선정(善政)을 폈다고 한다. 선구씨의 삼종형인 홍구(洪求)씨가 선구씨 집 아래채에서 살았으며 아들 준복(駿馥)과 건복(健馥)이가 있다. 신미(辛未)생 동갑(同甲)은 허산리댁 봉구(奉求), 이천댁 선구(宣求), 덕산댁 남구(南求), 공주댁 종원(鍾遠), 동막굴댁 상구(庠求)등으로 중학교 다닐 시절 방학(放學)이 되면 고향에 돌아와 반갑게 만나 의기투합(意氣投合)하여 각기의 애환(哀歡)을 토로하며 날이 새어가도 헤어질 줄 모르고 마실 줄도 모르는 술을 무작정 퍼마시고 천방지축(天方地軸)으로 고성방가(高聲放歌)로 어른들의 눈총과 걱정도 많이 듣기도 하였다.

* 임실댁(任實宅) 명규(明珪)씨는 중년 시에 백발(白髮)이셨는데 아드님 형구(亨求)씨 또한 부전자전으로 머리가 유난히 백발로 돌마면에 장기 근속하여 면행정상 무불통지로 면민이 모르는 이가 없을 정도로 활약과 능력을 소유한 분으로 기억할 것이다. 종사에도 열성으로 숲안 도유사(都有司)를 역임하셨다. 자(子)는 하복(夏馥), 왕복(旺馥), 경복(卿馥), 홍복(洪馥), 오복(五馥) 등 오형제다.

* 단성댁(丹城宅) 용직(龍稙)씨의 고조고 휘 휘영(輝永)께서 단성현감(丹城

縣監)을 역임하여 택호가 되었다. 자(子)는 호규(鎬珪)씨, 한규(漢珪)씨 형제분으로 호규씨는 돌마면장(突馬面長)을 역임하셨고, 분당단위농협조합장 등으로 지도력이 투철하여 면민들의 추앙(推仰)을 받으시고 종사(宗事)에도 기여가 많으셨다. 아드님은 관구(寬求), 완구(完求), 선구(善求) 등 5형제를 두셨다. 한규(漢珪)씨는 흥국생보 부사장을 역임 후 봉화공 쟁송(爭訟)에 많은 정력을 썼으나 종재를 아끼는 차원에서 화해종결로 분패(憤敗)하였다. 숭조돈목(崇祖敦睦)으로 한평군파 종회 이사장직을 역임하였다.

* 진주댁(晉州宅) 일규(一珪)씨의 고조고(高祖考)인 휘 희승(諱羲升) 진주목사(晉州牧使)공의 택호이다. 한학이 깊으시고 엄정강직(嚴正剛直)한 분으로 전형적인 양반(兩班)의 기품(氣稟)을 간직한 분으로 기억한다. 자(子)에 택구(宅求)는 종사에도 관심이 많아 협조가 많았다. 논구(論求)는 해양대학을 졸업 후 해운선(海運船)으로 세계를 누비고 있다.
* 경안댁(京安宅) 동구(同求)씨는 거사공(居士公) 휘병동(諱秉東)파의 종손(宗孫)인 흥구(興求)씨와 장구(章求)씨, 동구(同求)씨 등 삼형제로서 동구씨가 서규(庶珪)씨 후(后)로 출계(出系)되었다. 봉화공 이하 삼세 묘역관리와 제사를 받들었었다.자(子)는 영복(永馥), 종복(鍾馥), 한복(漢馥), 응복(應馥) 등이다.
* 경안댁(京安宅) 장구(章求)씨는 성품이 순후(淳厚)하셨고, 아드님은 정복(貞馥), 용복(龍馥) 형제분으로 정복씨는 6.25동란에 납치(拉致)되어 생사(生死)를 확인 못하는 안타까운 처지이다. 그의 자(子) 정원(正遠)이 장성하여 남다른 각오로 편모(偏母)를 극진한 효성(孝誠)으로 뫼시고 사업을 경영하고 있다.
* 산청댁(山淸宅) 윤규(胤珪)씨는 서울생활을 하시다 귀향(歸鄕)하여 철규

(哲珪)씨와는 형제간으로 작은 개천을 사이로 하고 정겹게 사셨다. 그의 아드님 복구(福求)씨는 호쾌(豪快)하고 미남(美男)으로 공사가 분명정대하여 뭇사람들의 신망과 호감을 받는 분으로 6.25동란 시 인민군에 의해 살해된 돌마면 양민 32명 중에 한분이시다. 그의 아들 항복(恒馥)이 편모슬하에서 효성으로 받들고 사니 효자(孝子)다. 관구(寬求)는 복구씨의 아우이다. 부지런하고 건실하여 종중사애도 극진하게 협조하여 산청댁 집안을 아우르는 큰 몫을 다 하고 있는 일꾼이다.

* 산청댁(山淸宅) 철규(哲珪)씨는 일가 간에 친화적이며 아드님을 늦게 서구(瑞求)와 성구(聖求) 형제를 두셨다.
* 숲안경안댁(京安宅) 복규(福珪)씨 댁 하면 딸부자 댁이라고 일컫는다. 따님이 5자매에 1男인 철구(哲求)씨 또한 한삼 줄에 11女 1男인 은복(殷馥)으로 이어져 삼대독자(三代獨子)로 계승하니 당시 남아선호(男兒選好)사상(思想)의 표본이라 할 수 있다. 가세가 빈한(貧寒)하여 다 가르치지 못하여 못내 아쉬워하던 집안이 건강하게 자라 출가도 잘 가고 하여 점차 형세(形勢)가 피어나가니 부자소리가 이 아니겠나! 많은 식구들의 사랑을 독차지한 은복이도 은행지점장 출신으로, 성균관대학교 유학대학원을 이수하고 성균관 제가상인 목은 특별상을 내외가 효자효부상으로 수상한 바 있다. 또한 성균관전의(成均館典儀) 품계(品階)도 받았다. 종사에도 열성으로 하여 전부공파종회 상무와 문열공파 이사로 열심히 하고있다.
* 보통굴댁(普通屈宅) 명직(命稙)씨는 자(子)에 순규(順珪), 정규(丁珪)씨 형제분으로 가옥도 나란히 하고 단란하고 풍요(豊饒)롭고 의리(義理)있게 지내셨다. 순규씨는 역말 한복판에 규모가 큰집으로 넓은 마당 앞에 정미소가 있어 동민이 자주 모이는 곳이어서 여

름밤이면 멍석 깔아놓고 모여앉아 모심기, 벼베기, 일날잡기, 일꾼얻기 등 농사상담이나 고단함을 풀기위해 막걸리잔치도 벌려 흥겹게 날새는줄도 모르고, 피로를 풀기도 하였다. 자(子) 완구(玩求)는 대학을 나와 신문사기자로 활동과 중앙스튜디오를 경영 후 성남시의원에 당선하여 시정(市政)에 활동한 바도 있고, 물려받은 재산도 많았으나 잘 지키지도 못하고 세상을 떠나 안타까웠다.

* 영등포댁(永登浦宅) 은규(殷珪)씨는 서울 영등포에서 사시다가 귀향하시었다. 내외분은 80수(壽) 해로하시고 누구에게나 대화가 정감(情感)있게 온화한 음색이 인상(印象)깊었다. 아드님은 홍구(弘求), 명구(命求),진구(振求)씨 등 3형제분으로, 진구씨는 건축사업에 많은 업적이 있어, 봉화공종회 건물신축에 책임을 지고 열심히 기여했고, 종중사에 많은 관심과 협조하였다.
* 보통굴댁(普通屈宅) 정규(丁珪)씨는 영등포댁 집을 사서 큰댁인 순규씨댁 앞으로 이사하여 큰댁과 나란히 의지(依支)하여 사시는 모습은 누가보아도 마음 든든해 보였다. 자(子) 는 원구(元求), 연구(連求), 성구(聖求) 3형제로서 원구(元求)는 대학을 졸업 후 우리나라 대기업인 삼성물산(주) 대구지점장을 역임하고 기량을 쌓아 종중사에도 헌신 봉사하여 전부공파 이사장 겸 한평군파종회 상무이사로서 원만한 품성으로 열중하고 있다.
* 동막굴댁(東幕屈宅) 범규(範珪) 공(公)은 나의 선고(先考)이시다. 자(子)는 영구(英求), 명구(命求), 상구(庠求), 항구(恒求), 형구(亨求)등 5형제를 두셨다. 장형인 영구씨는 농림부수산검사소에 근속 하며 한국대학을 다니실 때 나는 선린중학 2부에 합격하여 2학년때 아버지께서 갑자기 서세(逝世)하시니 경제적으로나 가정생활이 난관에 처한 적도 있었으며, 흑석동에서 자취(自炊)하며 공부

했다. 낮에는 고학생으로 호별방문 물품판매로 학비조달을 했다. 그 후 아우 항구도 서울배명중학에 입학하여 3형제가 자취하며 공부했다. 그 배경은 아버지를 대신하여 둘째형님 명구씨의 뒷바라지와 큰형님의 노고(勞苦)에 항상 고마움을 잊을 수 가 없다. 장형(長兄)님의 자(子)는 관복(寬馥), 양복(養馥), 승복(承馥)등 3형제 중 승복은 나에게 입양(入養)하였다.

* 동막굴댁(東幕屈宅) 명구(命求)씨는 나의 중형(仲兄)이시다. 매사에 적극적이고 형제간의 우애(友愛)가 돈독하여 어려운 생활에도 5남매를 가르치고 가꾸시었고, 종사에도 헌신(獻身)적으로 기여하여 종인들의 찬사를 받아 전부공파종회이사장을 오랫동안 역임하셨다. 자(子)는 원복(源馥)은 중견 경찰공무원으로 재직 중이며, 차자(次子) 두복(斗馥)은 대학을 졸업 후 비상한 두뇌와 만난각고(萬難刻苦)의 노력으로 '지오스무역회사'를 창업(創業)한 사장(社長)이다.

* 수원댁(水原宅) 복규(復珪)씨는 통덕랑 휘 정규(廷葵)공의 종손(宗孫)으로 종사에 많은 관심을 써서 선조묘역, 위토관리 봉제사 등 많은 공을 드려왔다. 자(子)는 필구(弼求), 철구(哲求), 빈구(斌求) 3형제 중 필구와 철구는 6.25동란에 전사(戰死)와 순직(殉職)으로 희생(犧牲)되었으며 빈구가 종손으로 승계되어 아들 흥복(興馥)을 낳아 47수(壽)로 기세(棄世)하여 흥복의 모자(母子)를 통덕랑공종회에서 보호하여 11代종손(宗孫)으로 대학까지라도 육성하기로 뜻을 모아 후원하기도 하였다.

* 허산리댁(許山里宅) 응규(應珪)씨는 소시에 만주지방에서 사시다가 해방후(解放後) 환고향(還故鄕)하셨다. 장자인 학구(學求)씨는 위선심이 투철하여 한평군파 이사장직을 연임하였고 '침구(鍼灸)에 관한 연구'와 시술(施術)도 하고 '지가술에 관한 체험' 등 연구에

취미를 소유한 분으로 활용에는 크게 미치지 못한 상 싶다. 차자(次子) 봉구(奉求)씨는 나와 동갑 중 맏이로 호주가(好酒家)로서 음주당 수석(首席)하며 호쾌한 성품으로 독학하여 사회에 발신하니 명성을 얻었으나, 2남 4녀를 두고 55수로 기세(棄世)하니 애석(哀惜)하다. 계자(季子)인 진구(眞求)가 있다.

* 허산리댁(許山里宅) 영규(英珪)씨는 응규(應珪)씨의 아우로서 정자동에서 거주하고 자(子)는 인구(麟求), 동구(東求) 형제이며 인구씨는 한평군파 종중에 상무로서 분당지구 신도시건설로 10여년 이상 역임하였으며, 또 이사장직을 맡아 많은 공적을 쌓았다.
* 진사댁(進士宅)은 효구(孝求)씨의 증조 휘 승순(諱承淳), 사마시(司馬試)에 합격으로 성균진사(成均進士)가 되어 택호가 되었다. 김제군수 휘정용(諱 廷龍)공의 10대 종손(宗孫)으로 숭조목족에 성심을 다하여 받들었다. 판단력이 빠르시고 친화적인 성품을 지니셨고 장신(長身)이시다. 자(子)는 현복(賢馥), 재복(載馥) 형제로서 현복은 서울대학교 사범대를 졸업하고 문학박사로 인천교대 교수로 정년퇴임하였고, 수필문학가(隨筆文學家)다. 재복 또한 부전자전(父傳子傳)으로 종사(宗事)에 밝으며 제반사에 큰집 몫을 다하고 고향을 지키고 있다.
* 진사댁(進士宅) 효구(孝求)씨의 아우인 성구(誠求)씨는 술, 담배를 않하셔서 인지 지금 94수(壽)를 사시면서도 근력이 좋으실 뿐만 아니라, 흥이 많으시고 소리도 명창이셨다. 아들 연복(延馥)은 경희대학 문학박사로 서울교대교수 및 대학원장(大學院長)을 역임하고 정년퇴임한 학자다.
* 진사댁(進士宅) 효구(孝求)씨의 셋째 아우 덕구(德求)씨는 자여질(子與姪)교육을 시키기 위해 열성이었으며 그런고로 박사(博士)를 종형제(從兄弟) 넷을 배출하여 당시 숲안에서는 고금을 통하여 큰

경사였다. 아들 진복(振馥)은 건국대 교수다.

* 진사댁(進士宅)에 세구(世求)씨는 인물이 잘났고 활달한 성격인 호남(好男)으로서 공무원 신분으로 6.25동란 시 인민군에 의해 이끌려 돌마면지역 애국지사 32인에 한 분으로 총살(銃殺)당하였다. 우리 일가 분이 복구(福求)씨, 세구(世求)씨, 그리고 나의 재종형님 경구(庚求)씨 등이 동족상쟁(同族相爭)으로 비참한 참사(慘死)를 당했다.

* 직장댁(直長宅) 정복(正馥)씨는 좌랑공 휘 경류(佐郎公 諱 慶流)의 13대 종손(代宗孫)으로 성심을 다해 종사(宗事)를 받들고 부지런하고 편모(偏母)를 잘 뫼시었다. 자(子)는 양원(良遠), 성원(聖遠), 길원(吉遠) 등 3형제다.

* 덕산댁(德山宅) 학무위원 휘 인규(學務委員 諱 寅珪)씨의 증조 휘 관재(觀在)덕산군수(德山郡守)의 직함이 택호가 되었다. 자(子)에 정구(鼎求), 범구(範求), 경구(景求), 진구(晉求)씨 등 4형제분이며, 정구씨는 늘 조상을 이어 사환계승(仕宦繼承)하지 못하였음을 민망해하셨다. 자(子)는 중복(重馥), 신복(伸馥) 등 3남6녀를 기르기에도 여념이 없었다고도 하셨다.

* 참위댁(參尉宅) 장직(章稙)씨가 구한말 육군 참위(陸軍參尉)를 역임하시어 택호로 부르게 되었다. 풍채(風采)가 근엄 강직(謹嚴 剛直)하시어 말수는 적으나 음정이 중후(重厚)하시어 뵙기가 조심스러웠다. 5남4녀를 두시어 자손들이 번족하며, 흔규(欣珪)는 나와 초등학교 동창이다. 말씨나 행동이 외탁(外託)한 듯하고, 그의 아우 갑규(甲珪)씨는 형과는 대조적(對照的)이다. 활달하고 적극적이며 종사(宗事)에 헌신적이다. 각개 종사에 무불통지로 섭렵(涉獵)하여 이사장(理事長),또는 상무직에 열중이며 많은 업적을 쌓고 있다.

* 덕산댁(德山宅) 택규(宅珪)씨는 인규씨의 아우이며 남한산성에서 환고향하시어 돌마면장(突馬面長), 충열서원 집사, 양영고등공민학교 교장을 역임하셨고 한학이 깊으시어 괘약(掛藥)으로 인근동에서 명의(名醫)로서 또한 풍수명사(風水名士)로도 명성(名聲)이 높았다. 나에게는 한때 한학스승이시기도 하다. 6.25동란 시 학교 공백기에 한문수학을 받았다. 자(子)에 남구(南求)와 일구(日求) 형제로서, 남구는 나와 동갑나기 일원이며 서울대학교를 졸업하고 동대문상고 교사로 정년퇴임하였다.

* 산청댁(山淸宅) 석규(奭珪)씨는 숲안 찬구(贊求)의 삼촌이다. 자(子)는 필구(弼求)와 민구(旻求) 등 형제다.

* 산청댁(山淸宅) 준규(濬珪)씨는 한학공부도 많이 하셨다고 한다. 아드님은 용구(龍求), 봉구(鳳求)씨 형제분으로, 용구씨의 자(子) 영복(英馥)은 동갑으로 자라며 고조(高祖)되시는 휘 승덕(諱 承德)어른을 뵈었다. 상투를 하신 체구가 작은 분으로, 마당을 헤매시는 모습을 영복이와 같이 바라보던 생각이 난다. 5대(五代)가 한 지붕 안에서 동거(同居)로 층층시하(層層時下)인 대가족(大家族)으로 예의법도와 위계질서가 정연(整然)하게 따르는 가족제도의 면모(面貌)를 이 댁에서 볼 수 가있었다. 용구씨가 가평(加平)으로 분가(分家)하여 떠나자 봉구(鳳求)씨가 이 큰 살림을 물려받아 남모를 시련을 겪으면서 초등학교 교장직을 장기간 역임 후 정년퇴임 하셨다. 나는 당시에 고등학교를 마치자 봉구 교장님이 돌마공민학교 교사로 채용(採用)해주시어 3년간 교편을 잡았었다.

* 공주댁(公州宅) 기복(箕馥)씨 오대조(五代祖) 휘 숙재(翻在) 공(公)이 공주판관(公州判官)을 역임하시어 택호로 호칭한다. 어른들 일설(一說)에 의하면 기복씨의 조(祖) 휘 동규(諱 東珪)씨가 한학(漢

學)을 열심히 공부하여 성균시(成均試)에 응시(應試)하였으나 '시적' 두자가 누락되어 아쉽게도 낙방(落榜)했다며, 앉으나 서나 '시적 시적'한다고 해서 '시적샛님'의 별호(別號)가 되었다고 전해지며 광주향교(廣州鄕校) 직원(直員)을 역임하셨다. 기복씨 또한 한학을 하시어 혹 행초서(行草書) 서간문(書簡文) 해독(解讀) 의뢰로 권위(權威)가 있다고 하였다. 자(子)에 종원(鍾遠), 광원(光遠), 형원(亨遠), 영원(英遠) 등 4남2녀이니 종원은 나와 동갑(同甲)나기의 일원이며 장교(將校)출신으로 돌마면 예비군 중대장을 역임하고, 분당새마을금고 이사장직을 역임하였다. 형원 역시 명석(明晳)하여 대학을 나와 우리나라 최대기업인 현대(現代)에서 익힌 경영 철학으로 우리 종중사(宗中事)중 실타래같이 뒤엉킨 난사(難事)를 해결 하는 등 제반 종사(宗事)에 크게 이바지하고 있다.

* 공주댁(公州宅) 육복(六馥)씨는 기복씨의 아우로서 형제지간의 우애(友愛)가 남달리 돈독(敦篤)하여, 형님 댁의 일이라면 대소사를 막론하고 우선으로 관심을 가지고, 협조(協助)를 아끼지 않는다. 자(子)는 장원(長遠)은 중앙대학교 출신으로 철도역장(鐵道驛長)을 역임한 서기관(書記官)에 올랐다. 차자(次子) 흥원(興遠)은 전문대를 나와 농협부장(農協部長)직을 역임하다.
* 경안댁(京安宅) 도구(道求)씨는 기골(氣骨)이 장대(長大)하시고 활달(豁達)하시어 집안일 건사에 소홀함이 없이 선구자적(先驅者的) 역할로 살다 가신 분으로 기억된다. 특히 당숙(堂叔)되시는 과천댁 성규(星珪)씨가 무남독녀(無男獨女), 후사(後嗣)가 없어 항상 걱정하며 그 뒷일을 감당하였었다. 자녀가 6남2녀로 항상 경제적으로 어려워 제대로 가르치지 못한 한(限)을 하기도 하셨다. 장자(長子) 장복(璋馥)은 부전자전의 표본이다. 건강하지도 못한

형(兄)으로서, 그 많은 아우들을 건사하며 인간도리(人間道理)를 다하였으며, 종사에도 창의성(創意性)과 근면성실로 통덕랑공파 종회 이사장으로 많은 발전과 업적(業績)을 쌓았다. 아들은 상원(庠遠), 창원(昌遠)이며, 아우들은 선복(璿馥), 준복(俊馥), 민복(珉馥), 명복(明馥), 경복(京馥) 등이 있다.

* 과천댁(果川宅) 명구(明求)는 희망에 의한 과천댁 성규(星珪)씨의 후계(後繼)로 입적(入籍)을 2000년 3월에 한평군파세보(韓平君派世譜) 중수(重修)시 그 집안 간에 공의(公議)로 이루어졌다. 자(子)는 경복(京馥), 찬복(贊馥) 형제다.
* 경안댁(京安宅) 현구(玄求)씨는 대화음색(對話音色)이 나직하고 듣기가 정감(情感)이 있어서 농한기(農閑期)나 겨울밤이면 옛날 명작소설(名作小說)인 옥루몽(玉淚夢), 춘향전(春香傳), 심청전(沈淸傳) 등을 성독(聲讀)을 들으려고 부녀자들이 방안을 꽉 메운다. 라디오 성우(聲優)같이 감성있게 읽어가면 웃기도 하고, 눈물도 지어 역사와 문화를 전도(傳導)하였다. 그런데 6.25동란 때 인민군에 의해 이끌려 간후 생사를 알지 못하니 비참하게도 32세의 생(生)을 마감 했으리라 생각된다. 자(子) 광복(光馥)은 부친을 닮아 꼼꼼하고 매사에 신중(愼重)을 기하고 전례(典禮)에 관해 문의도 많아 열성적으로 종사에 기여하고 있다. 아들은 준원(準遠)이다.
* 경안댁(京安宅) 의구(儀求)씨는 따님만 6자매로 아들을 소망(所望)하시드니 건복(健馥), 계복(癸馥), 세복(世馥) 등 3형제를 두시어 얼마나 기뻐하시는지, 더욱 부지런하시고 사는 재미를 만끽(滿喫)하셨다.
* 경안댁(京安宅) 용복(龍馥)은 장구(章求)씨의 차자(次子)로서 항상 과묵(寡默)하고 말수가 적으며 부지런하고 매사를 긍정적(肯定的)이

다. 자(子)는 서원(署遠)과 관원(寬遠)이니, 서원은 종사 일에 빠짐없이 열심히 참여 하며, 부모를 공경히 뫼시며 자식의 도리를 다하고 있다.

* 보통굴댁(普通屈宅) 봉직(奉稙)씨는 육대조(六代祖) 수직 가의대부 휘 병륜(壽職 嘉義大夫 諱 秉倫)의 종손(宗孫)이시다. 숲안으로 귀향 전에는 이천군 신둔면 소정리가 세거지(世居地)였다고 한다. 1963년도에 나의 12대조 첨지중추부사 휘 경부(僉知中樞府使 諱 慶傅)공의 시향(時享)에 같이 가자고 봉직대부가 말씀하시어, 처음으로 뫼시고 따라갔다. 수호인도 일가 분으로 성구(成求)씨를 호명 시에는 구석(求錫)씨로 호칭하고 있다. 성구씨는 봉직씨를 뵙고 반갑게 인사와 따뜻한 방으로 안내하면서 오랜만에 뵙는다며 나에게도 인사를 나누었다. 그간 숲안서 오랫동안 참예를 안하셨어도 제사는 빠짐없이 받들었다고 한다. 봉직씨는 나에게 이곳 내력을 일러주셔서 대략 알고 있었다. 옛부터 이 가옥은 재실(齋室)이었으며 위답(位畓)경작은 박씨(朴氏)와 김씨(金氏)가 했으며, 박씨가 이 집에서 산소수호와 제향(祭享)을 받들어왔는데 성구의 부친 봉규씨가 강압적으로 관리권을 빼앗았다고 하였다. 성구씨는 묵직한 궤짝을 가져다 주며 이것이 옛날 우리 족보(族譜)인데 글을 잘 몰라 나의 계통이 어느 책에 실려 있는지 알려 달라는 것이다. 뚜껑을 열려고 하니까 봉직씨가 우선 절부터 하자고 하신다. 1740년도 출간된 한산이씨대동보인 경신보(庚申譜)로써 한 번도 열어보지 않은 듯 책장을 넘길 때마다 뒷장이 달라붙는다. 몇 장을 넘기려는데 노란봉투가 있어 열어보니 6.25동란 이후 종산(宗山)회복등기 문서였다. 신청인은 봉규(鳳珪)씨 독명의(獨名義)로 되어 있었다. 이를 집에 돌아와 종회(宗會)에 보고들이니 어른들은 당황해하며 그 것을 잊고 있었다는

것이다. 서둘러서 명의변경(名義變更) 대책을 의결하여 불응(不應)하는 성구씨를 설득시켜 원만히 타결(妥結)지었다. 공동명의로 변경된 다음해에 또 봉직씨와 갔더니, 그의 형제들과 가솔들이 많이 모여 있었다. 봉직씨가 오기를 기다렸다는 듯이 최소한의 기본 예의도 없이, 등기문서 공동명의변경을 취소하라고 고성을 돋으며 격노(激怒)하여 위협적이고 살벌(殺伐)하니 진퇴가 어려웠다. 결국 그길로 되돌아왔다. 그 후 3년간 아무도 제항에 못 갔는데 성구씨의 자(子)원복(元馥)이가 내게 찾아왔다. 갑자기 부친 성구씨가 돌아가시어 묘소(墓所)를 첨추공(僉樞公)묘소 근처에 쓸려고 하니 허락해 달라고 애원하여, 긴급 이사회를 소집하였다. 상대위(上代位) 묘소 근처에는 어느 경우에도 묘를 못 쓰게 하는 규범 완의(完議) 때문이다. 그러나 오랫동안 조상의 묘소관리와 봉제(奉祭)한 공으로 허락하였다. 이후로 종사가 원만히 이루어져 갔다.

* 수원댁(水原宅) 범직(範稙)씨의 자(子)로 완규(完珪)씨, 창규(昌珪)씨는 6.25 동난 전투에서 전사(戰死)하였으며, 동규(東珪)씨는 서울대학교를 졸업하고 위선심이 정열적이어 한국성씨총연합회에서 성씨총감제작에 한산이씨 대종회에서는 재력이 없어 포기한다는 말을 듣고 동규씨가 우리분담금을 쾌척 (快擲)해 주시어 한산이문(韓山李門)의 면목(面目)을 세웠다. 뿐만 아니라 참의공파종중이사장(參議公派宗中理事長)직을 수행하면서 태재 종중대지 정지(垈地整地)사업 등과 나의 회고록 편찬에 거금을 종중에 건의 등 종중 발전에 기여(寄與)하시는 어른으로 자리매김 하신다. 또한 자녀들이 모두 석사, 박사(碩士, 博士)로 배출시키는 데는 부인인 안동인 권문자씨의 뒷받침 이 주효(奏效)하였다고 생각되며, 종회 때마다 부부(夫婦)가 참여한 분으로도 오로지 이 어른들이

처음이다.

* 수원댁(水原宅) 성규(聖珪)씨는 당우동(당모루)에서 정착해 살아오신지 오래다. 택호가 왜 수원댁이라고 했는지를 살피니 성규씨의 팔대 조비(八代祖妣) 청해이씨 부 부사 해빈(靑海李氏 父 府使 海賓)으로 묘소(墓所)가 수원 마장리 흑동(水原 馬場里 黑洞) 실전(失傳)으로 기록되어 있어, 아마도 이때에 수원에서 분당으로 출가(出嫁)하셨거나, 사셨던 것으로 추정되어 택호가 된 것으로 안다. 아드님은 석구(錫求), 관구(寬求), 민구(敏求), 윤구(潤求) 등 4형제중 민구는 6.25동란에 전사(戰死)하였다. 관구씨는 큰댁이웃에서 살면서 큰댁을 도와 부모님을 뫼시면서 종사에도 통덕랑공파종회이사장직을 역임하시며 목은이색의 학문과 학맥, 출판비(出版費) 부담을 도출(導出)한 큰 공적도 쌓았다. 자(子)는 규복(奎馥), 태복(泰馥) 형제 또한 출중(出衆)하여 앞으로 종사에도 큰 동량(棟梁)으로 기대가 크다.
* 수원댁(水原宅) 인규(麟珪)씨는 법원서기로 활동하셨다고 들었다. 자(子)는 홍구(鴻求), 한구(漢求), 부구(富求) 등 3형제분으로 부구는 종사에 많은 협조를 하고 있다.
* 수원댁(오리굴 水原宅) 상규(祥珪)씨는 서현동 된섬말에 거주하신다. 아드님 경구(京求), 선구(善求), 환구(桓求), 신구(信求) 등 4형제로 그중 환구는 성균관대학 유학대학원(成均館大學 儒學大學院)을 수료하였으며, 성균관품계(品階)는 전인(典仁)이다. 성남농협조합장(城南農協組合長)직을 선임(選任)을 연임(連任)하여 조합원의 신망(信望)을 얻어 성남지구 금융사업 발전에 기여와 한평군파종회 감사로도 많은 활약으로 도움을 주었다.
* 수원댁(水原宅) 문규(文珪)씨의 자(子)는 정구(正求), 재구(在求), 창구(昌求), 상구(相求) 등 4형제로서 재구는 조졸하였고, 상구(相求)는

한평군파세보 초간보에 나하고 동명인 상구(庠求)였었다. 상구는 명석(明晳)하여 축협조합장(畜産協同組合長)을 역임하였고, 통덕랑 휘 정규공(通德郞諱廷葵公)파종회 상무를 성실하게 수행하고 있다.

* 금산댁(錦山宅) 효직(孝稙)씨는 기골(氣骨)이 장대(壯大)하시고 위엄있는 음정이 인상적이다. 자(子) 세규(世珪)씨는 숲안에 사시고, 창규(昌珪), 영규(英珪), 성규(星珪), 필규(必珪) 등 5형제분이다. 창규씨는 종사에 열성적으로 참여하였으며, 억지력 또한 남다른 면모를 간직한 분이었다.

* 금산댁(錦山宅) 충규(忠珪)의 자(子) 서구(瑞求), 종구(鐘求)는 성균관대학교 유학대학원을 수료하였다. 종사에도 관심을 갖고 사리에 맞는 조언도 하고 협조적이다.

* 금산댁(錦山宅) 택직(澤稙)씨는 된섬말에 사시며, 성품이 온유(溫柔)하셨고 경제적으로 많은 고난을 겪으셨으나 아드님 연규(硯珪), 을규(乙珪), 형규(炯珪)씨 등으로 을규씨의 탁월한 수완(手腕)과 노력으로 성균관대학 유학대학원(成均館大學 儒學大學院)을 수료하고 성균관품계(成均館品階)는 전인(典仁)으로 역할하며, 건축업(建築業)이 번창(繁昌)일로로 진행중이며, 한산이씨대종회관을 비롯하여 한평군파종회관 외에 많은 종회회관 신축에 신망을 얻어 계속 이어져 가고 있다.

* 초관댁(또는 뒷골댁)으로 호칭하기도 한다. 준직(俊稙)씨는 건축 대목수로 장인(匠人)이시다. 자(子)는 헌규(憲珪), 방규(芳珪) 형제분으로 헌규씨는 봉화공파종토가 군용지로 묶여서 도시개발로 인한 보상금은 아무도 챙기지 못하고 찾지도 못할 처지에서 기지(奇智)가 발(發)하여 봉화공파종중에 거금 24억원을 찾아 놓는 공헌(貢獻)을 했다. 또한 한평군파 종회이사장직을 연임하였다.

* 옥천댁(沃川宅) 만규(晩珪)씨는 기골이 풍만(豊滿)하시며 돌마탁주양조장을 설립하여 서랑 이은우(李殷雨)씨가 운영 중 6.25동란에 징용(徵用)으로 복무 동안 나에게 맡겨져 근 3년간 서기(書記)로 대신(代身)한 일이 있었다. 당시 자(子) 명구(命求)씨는 서울대학음대출신이셨고, 차자 광구(光求)는 성균관대학을 졸업 후 대형건물을 세우고 관리를 직접 철저히 운용(運用)한다고 한다.
* 직원댁(直員宅) 명규(明珪)씨는 만규(晩珪)씨의 아우로서 향교(鄕校)의 직원(直員)을 역임하셨다. 자(子)로 입계한 학구(鶴求)씨는 경기도청과장(京畿道廳 課長)을 역임하고, 서울시립극장관장(市立劇場館長)으로 계실 때 나는 중학교시절인데 관장님 명의(名義)를 팔고 여러 차례 무료 관람한 바가 있어 너무나 감사했다. 아드님 종복(宗馥)씨는 서울대학치대출신으로 병원을 설립한 원장이며. 따님 영희(英姬)와 정복(貞馥)은 돌마초등학교 교사로 있을 때 나도 같이 교편을 잡고 봉구(鳳求) 교장님과 혜구(惠求) 누님 등 5명의 한산이씨일가가 근무한 예도 고금을 통하여 드문 일이다. 차자(次子)인복(寅馥)은 연세대학을 졸업 후 성남문화원에서 활약하였으며 종사에 열의를 갖고 아천군파종회이사장으로 생원공파 종중건물신축에 기여하고 있다.
* 옥천댁(작은沃川宅) 민규(旼珪)씨의 용모(容貌)가 월남 이상재(月南李商在)선생과 흡사(恰似)하다. 자(子)에 용구(鎔求)씨, 인구(仁求)씨, 영구(榮求)씨 여(女)에 혜구(惠求) 등 3남1여로 용구씨는 분당시장중앙에 점포를 경영하고, 인구씨는 양영중고등학교를 설립하여 벽촌인 분당사회 교육문화 창달에 헌신하였다. 교명은 국회의장 신익희(申翼熙) 선생이 양육영재(養育英才)라고 휘호(揮毫)한 글을 따서 지었다. 인구 교장선생이 집무 중 병환으로 순직(殉職)하였다. 그 후 고등학교 모집 학생수 미달로 모집중단과 급기

야 폐교(廢校)조치로 대부분의 빈곤학생은 망연자실(茫然自失)로 배움이 중단되는 실정이다. 그 후 내가 정당인이 되어 능력 있는 분에게 나의 숙원사항인 양영고교 복원을 간절히 요청하여 어렵게 상업학교로 복원에 협조하였다. 계자(季子) 영구씨는 재일(在日) 한국대사관에 재직하셨고 여(女) 혜구 누님은 돌마초등학교 교사로 나와같이 재직한 바 있다.

* 대방댁(大方宅) 표직(表稙)씨는 1915년 을묘(乙卯)생으로 숲안 일가중 가장 연고항고(年高行高)하신 어른으로 추앙(推仰)을 받고 계시다.

이상과 같이 집성촌에 한산이씨 한평군 휘 지숙(韓山李氏 韓平君 諱 之菽)할아버지의 뿌리를 하고 살아온지 400여 년 간을 어머니의 품안같이 포근하고 그리운 고향(故鄕)을 더듬어 그려보면서 잊혀져가는 일가들, 고향사람들 희노애락(喜怒哀樂)의 일상생활에 사연(事緣)들이 신도시 개발로 더욱 기억에서 멀어지고 사라져 가고 있다. 그간 조상님 대대로 닦은 터전과 음덕(陰德)으로 생(生)을 누리며, 빈손으로 왔다가 빈손으로 돌아가는 것이 하늘이 정한 섭리(攝理)인 것을 이상과 같은 기록(記錄)이 없이 어찌 한평군파 후손들의 집성촌 발자취를 후손들에게 전할 수 있겠나.

2. 8 · 15해방과 일본압제하(日本壓制下) 학교생활

1945년 8월 15일. 일본(日本)이 제2차 세계대전(世界大戰)에서 패배(敗北), 연합국(聯合國)의 포츠담 선언(宣言)을 무조건수락(無條件受諾)함으로써 우리나라가 일제(日帝)의 통치에서 해방(解放)되어 이승만(李承晩) 대통령(大統領)을 수반으로 대한민국임시정부(大韓民國臨時政府)가 수립(樹立)된 날이다.

1941년 12월 8일부터 1945년 8월 15일까지 일본(日本)과, 미국, 영국, 네덜란드 등 연합국(聯合國)사이에서 벌어진 전쟁(戰爭)으로 일본은 우리의 농산물공출(農産物供出)로 수탈(收奪)과 강제노력동원(强制努力動員), 징용(徵用) 징병(徵兵)등 헤아릴 수 없는 죽음으로 내몰리는 압제(壓制)에 시달리며 초등학생(初等學生)까지 군사훈련(軍事訓鍊)과 수시(隋時)로 방공훈련(防空訓練)뿐만 아니라, 항공(航空)용 피마자(아주까리)를 학교운동장에도 재배(栽培)하게 하고, 풀 베어 퇴비조성(堆肥造成), 관솔 기름(소나무 옹이) 채취, 칡넝쿨껍질 채취, 공출, 짚으로 쌔끼 꼬아 가마니 짜고, 경작지(耕作地)에 뽕나무 심어 누에고치 공출, 목화 심어 면화공출(棉花供出) 등 시달림과 처참(悽慘)한 학대(虐待) 속에서도 살아남아야 하겠다는 일념으로 밤중에는 남몰래 목화씨를 빼서 무명을 자아내고, 식량(食量)으로는 서숙(조)과 보리를 심어 식구들 굶기지 않으려고 의식(衣食)을 채웠으나 이 또한 수탈되어, 배급제도(配給制度)로 전환(轉換)되었다.

나라 잃은 백성들의 삶이란 고달픈 노예 신세(奴隷 身世)에서 벗어나지 못하고 인권보장(人權保障)도 못 받는 이 민족(民族)에게 천우신조(天佑神助)의 손길이 닿아, 연합국(聯合國)에 의해 1945년 8월 15일 일본(日本)이 패망(敗亡)하여 압박(壓迫)과 설움에서 36년만의 해방(解放)된 날이다. 이날도 노력동원(努力動員)으로 학교 마당에 심어놓은 아주까리 콩밭 가꾸기를 하고 있는데, 일본인(日本人) 이시가와 교장선생(石川 校長先生)이 갑자기 소집(召集)을 하여 교장실로 약 30명이 모여 섰다. 교장선생님의 표정(表情)이 평소와는 달리 수심(愁心)에 차있고 나직한 목소리로 오늘 날도 덥고 한데 수고가 많았다며 귀가(歸家)하라는 것이었다.

▌일제(日帝) 억압(抑壓)에서 해방(解放)되다

학교(學校) 바로 옆에 면사무소(面事務所)가 있었다. 말복(末伏)이 지났으나 더위가 극심(極甚)하여 미루나무 그늘 밑에서 놀다 보니, 동네 어른들이 면소(面所)로 모여들기 시작하더니, 생전에 보지도 못했던 국기(國旗)를 그려서 등사(謄寫)를 하고 한 쪽에서는 청홍색(靑紅色)으로 칠하며 분주(奔走)하게 작업이 한창이다. 우리들은 이것이 무엇이냐고 물으니, 우리나라 태극기(太極旗)란다. 일본 놈들이 전쟁(戰爭)에서 패망(敗亡)하여 우리나라가 해방(解放)이 되어 이 태극기를 들고 자유독립만세(自由獨立萬歲)를 부르기 위해 많이 제작 중이라는 것이다. 얼마 후 여러 마을에서 대형 농기(大形 農旗)를 앞세워 농악대(農樂隊)들이 재비를 갖추어 흥겹게 춤을 추며 면소(面所)로 집결(集結)하였다. 어느 한 노인이 연단(演壇)에 올라 큰소리로 일장 연설(演說) 중에 박수로 화답(和答)하고, 막걸리 배달원이 오자마자 한 사발씩 마시고 안주라고는 오이를 고추장에 쿡 찍어 먹는다. 대한독립만세를 외치는 함성(喊聲)이 농악(農樂)소리와 뒤범벅되어 춤을 추며 농악대를 따라 거리로 나섰다. 이 광경(光景)이 동리(洞里)마다 이어졌다. 사람들마다 환희(歡喜)에 차고 왜놈들을 증오(憎惡)하며 생기(生氣)가 돈다.

9월 2학기(學期)가 되어 멋도 모르고 배우던 책을 보자기에 싸서 어깨에 둘러매고 10리 길을 시간이 늦을까봐 뛰노라면 몽당연필 몇 개가 쇠필통을 시끄럽게 두드린다. 교실 친구들이 방학동안 가끔 만나기는 하였지만 얼굴 등 살빛이 검게 그을려 건강(健康)한 모습으로 반갑게 맞았다. 선생님이 반가워하며 우리 한국말로 안사하며 지난 8월15일 날이 무슨 날인지 아는 학생 손 들어봐 하는 것이었다. 모두들 의아(疑訝)해하며 "하이"하며 몇 아이들이 손을 들어 일본이 전쟁에서 패망했다는 것을 알고 있었다. 선생님이 이에 대하여 설명을 하며 이재부터는 우리말과 우리글로 공부한다며 한글의 자음, 모음의 글 등사물(謄寫物)을 나누어주며 교재(教材)도 없이 공부를 시작했다.

3. 선린상업중학교(善隣商業中學校) 입학(入學)

1946년 3월 말 안에 졸업을 하고 중학교 입학시험(入學試驗)을 봐야 되건만 6월 28일 졸업(卒業)하고 7월에 선린상업중학교 2부(善隣商業中學校 2部)에 입학(入學)하였다. 흑석동(黑石洞) 전세방(傳貰房)에서 장형(長兄)님과 자취(自炊)하며 열심히 공부하여 우등상(優等賞)을 받는 등 담임이신 장병림 선생의 총애(寵愛)를 받았다. 나의 키가 전교생(全校生) 중 가장 작아 선린꼬마라는 애칭(愛稱)도 받았다. 야간반이라서 밤 10시에 귀가(歸家)하면 형님이 저녁밥을 지어놓고 아침이면 내가 밥을 짓는다. 반찬이라야 간장 고추장일 뿐, 일주일마다 고향집에 가서 쌀, 보리쌀 등을 짊어지고 걸어서 다리내 고개를 넘고 터덜터덜 동작리(銅雀里)를 거쳐 집에 오면 땀으로 흠뻑 젖는다. 때로는 힘들고 고달퍼서 좌절감(挫折感)도 생겨 학업(學業)을 포기(抛棄)하고 싶은 마음도 생긴다. 제일로 학비(學費)를 제때에 못내고 독촉(督促)을 받았을 때 더욱 그러했다. 남모르게 눈물도 많이 훔쳤다.

아버지께서 내 꼴이 안쓰러워하며 고진감래(苦盡甘來)라 하신다. 젊어서 고생은 돈 주고도 못산다 하시며, 격려(激勵)와 따듯한 위로(慰勞)를 해주신다. 가세(家勢)가 넉넉하지 못한 촌살림에 4형제가 줄줄이 학교에 다니니 자식 된 도리로서도 죄송(罪悚)할 뿐이다. 그래서 내 손으로 학비(學費)마련하려고 낮에는 도붓장사 행상(行商)을 나섰다. 처음에는 부끄럽고 어색했지만 곳 익숙해졌다. 차차로 돈이 불어나서 재미도 나고 하여 돈이 될 만한 물건을 골라 초콜릿, 껌, 면장갑 등 큰 책가방에 담아 시내 점포마다 들어가 간곡하게 고학생(苦學生)이니 온정(溫情)을 호소(呼訴)하면 동정(同情)으로 물건을 갈아주는 사람, 또는 어린 학생이 고생(苦生)한다며 동정금을 주는 사람 등으로 학비를 충당(充當)하느라 학교성적(學校成績)이 떨어져 고민(苦悶)했던 옛 생각이 지금도 생생하다.

1946년 9월 19일 학교에 화재(火災)로 본관(本館)이 소실(燒失)되었다. 선생님들이나 학생들 모두가 망연자실(茫然自失)속에 노인동문(老人同門)들이 털썩 땅에 주저앉아 땅을 치며 통곡(痛哭)을 한다. 재학생들이 운동장에 도열(堵列)하여 교장선생님의 화재의 관한 원인규명 조사가 당국에서 조사 중이라며 우리 모두 재건(再建)에 힘을 모으자 당분간 수업(授業)은 대강당(大講堂)에서 한다는 것이다. 또한 노선배(老先輩)가 등단하여 참담(慘憺)한 이 현실(現實)에 억장이 무너져 할 말을 잃었다며, 구한말(舊韓末) 1899년에 관립상공학교(官立商工學校)를 창립 이래(創立以來) 많은 경제인(經濟人)배출과 업적(業績) 그리고 체육인선배들이 쌓아 올린 빛나는 우승기(優勝旗) 및 우승컵 등이 큰 교실을 가득하게 채워져 있었으며 빛나는 유물(遺物)들이 한 순간(瞬間) 잿더미로 변했다며 울먹이었다.

매일 등교일마다 한 시간씩 잔해 정리(殘骸 整理), 재활용 벽돌 다듬기하고 칸막이한 대강당에서 공부하였다. 공립학교로 재발족(再發足)하여 1949년 4월에 신축교사(新築校舍) 낙성식(落成式)이 있은 지 불과 7개월 만인 12월에 또 신축건물(新築建物)이 전소(全燒)되어 다음 해인 1950년 6월에 교사(校舍)가 신속하게 복구 준공(復舊 竣工)하였으나, 악몽(惡夢)에서도 못 잊을 민족(民族)의 비극(悲劇)인 6월 25일 북한공산군(北韓共産軍)의 남침(南侵)으로 교육이 중단될 뿐 아니라 피란(避亂)의 곡경(曲境)을 치루는 동안 많은 학우(學友)들이 학도병(學徒兵), 또는 의용군(義勇軍), 납치(拉致), 전쟁포화(戰爭砲火)로 죽어 갔다. 참으로 참화(慘禍)에 희생된 학우(學友)들의 명복(冥福)을 빌었다.

9월 28일 수도(首都) 서울이 수복(收復)되었으나 학교에 복귀(復歸)할 수 없는 처지(處地)에서 수원농림중학교(水原農林中學校)에 편입(編入)하여 5학년 과정을 이수하였다. 진학(進學)을 하려고 하였으나 가사형편이 여의치 못하여 우선 가족들의 생계(生計)가 곤란하니 학업을 계속한다는 것은 엄두도 못내어 포기(抛棄)했다. 형님 두 분이 계시지만 난시(亂時)의 생계대책이 전혀 없었다.

나는 생각하다 못해 장형님께 의논을 했다. 소자본금을 마련해 달라고 하여 양말기계를 사다가 집에서 짜서 판매도 하는 한편, 장수연 담배를 사다가 권련을 만드는 재료를 구입하여 제조 판매 등으로 활약에 식구들이 감동하고 협력했으나 이것 또한 판매부진 운용미숙 등으로 성과(成果)가 없었다.

4. 6·25동란시 1·4후퇴 피난
- 한산인 조상의 고향품안을 향해

1950년 6월 25일 북한 공산군(共産軍)이 38도선 전역에 걸쳐 불법남침(不法南侵) 함으로써 군비(軍備)가 열세(劣勢)인 국군(國軍)이 낙동강(洛東江)까지 후퇴(後退)하였다. 참전(參戰) 16개 나라의 지원(支援)을 받아 반격(反擊)하여 9월 28일 서울을 수복(收復)하고 계속 북진하여 백두산(白頭山)까지 진격(進擊)하였으며 이참에 남북통일(南北統一)이 되나보다 하였더니, 의외(意外)로 중공군(中共軍)이 인해전술(人海戰術)로 개입(介入)하여 파죽지세(破竹之勢)로 밀고 내려와 서울이 또 공산군 수중(手中)에 들어갔다. 1952년 1월 4일 후퇴명령(後退命令)으로 피난민(避難民)들의 남하행렬(南下行列)이 줄을 이었다.

서울에서 오는 피난민들의 소문에 의하면 중공군은 총알을 아끼려고 대나무창으로 마구자비 닥치는 대로 죽인다는 소문(所聞)이 파다(播多)하여 주민들이 서둘러서 짐을 꾸려 피난길을 재촉하였다. 큰 형님은 정부따라 남하(南下)하였고 둘째 형님은 군인으로 참전 중이고, 나는 어찌 할 바를 몰라하는데 어머니께서 너희들 삼형제만이라도 떠나라고 성화이시다. 그러나 그리할 수 없는 것이 노모와 두 형수 그리고 세 조카를 사지(死地)에 남겨놓고 갈 수는 없어 고민(苦悶) 끝에 용인(龍仁)에 외가댁(外家宅)까지 만이라도 뫼시고 같이 가려고 헌 리어카에 당장 필요한 짐을 챙겨 떠나니 식구들이 안도의 숨을 쉬며 생사(生死)를 같이 한다는 마음으로 고난의 길을 걸어서 기흥면 고매리 산간 벽촌인 공석골에 도착하였다.

외숙(外叔) 3형제분이 반갑게 맞아 주시지만 아홉 식구의 대가솔(大家

率)이 이곳에 오리라는 생각은 못하였으리라고 여겨지니 미안하고 죄송할 뿐이다. 피난민들은 계속 이곳을 거쳐 산길로 가며 전황(戰況)의 소식을 무르면 중공군들은 젊은 남자들을 무조건 죽인다는 소문을 전하고 간다며, 큰 외숙이 너의 형제만이라도 빨리 떠나라며 이곳 젊은이들도 떠나고 있으니 어머니와 식구들 걱정일랑 말고 몸조심하여 살아서 돌아오라는 말씀에 어쩔 수없이 무거운 발길을 뒤돌려 피난의 목적지도 모르고 피난행렬에 아우인 항구(恒求: 당시 배명중학교 2학년)를 데리고 피난동행 중에 맹오섭(孟五燮)씨와 용복(龍馥)조카를 만나 동행하게 되어 다행이었다.

20여리나 지날 무렵 장산고개를 넘으려는데 산마루에서 무어라고 소리치는 곳을 보니 이미 중공군이 앞질러 와서 진을 치고 있었다. 우리 일행에게 '쏴알라'대며 장총을 겨냥해가며 위협을 가하는데 하필이면 이때 내가 맨 선두에 있어서 겁에 질려 오도가도 못하고 서있으려니까, 또 다시 고함을 지르며 오라는 것이다. 일행들이 앞에 학생이 가보라는 성화에 어쩔 수 없이 일행 다가갔다. 중국말과 몸짓, 손짓으로 미군 폭격기의 폭격을 조심하라며 비행기 소리가 들리면 빨리 엎드려 숨으라는 표정을 지어, 일단은 안도감(安堵感)으로 통과하여 하산(下山)길을 따라가다 보니 양 길섶에 땅을 파서 그 속에 숨어 있어도 흰옷을 입고 앉아 있기 때문에 나무 밑에 눈으로 보이게 위장(僞裝)하고 있었다.

낮이 짧아 해는 벌써 저물어 가는데 다리도 아프고 배도 고파 추운 날씨에 오산을 지날 무렵 초가집에 불이 나서 전소가 되어가도 누구 하나 끄려는 사람 없이 난민들이 둘러서서 불을 쪼이고 있었다. 우선 날씨가 추우니 우리도 몸을 녹이고 있노라니 일행(一行) 중에 한사람이 우리를 데리러 왔다. 따라가 보니 비운지 얼마 안 되는 듯한 방에 걸린 시계추가 움직여 오후 7시가 갓 지남을 알리고 있는데, 주방에서는 일행인 아주머니가 밥을 짓고 있었다. 김치광에 김장이며 명절용 술독 등 보통 농가의 살림살이인 듯, 중공군이 내리 닥치자 황급히 피난을 떠난 상 싶다. 미안하고 고마운 마음으로 허기(虛飢)를 면하고 나니 긴장도 풀리는 듯 한데, 맹오섭씨는 이 밤 안에 평택(平澤)을 지나야 우리가 살아남을 수가 있다며 재촉을 받고 따라나섰다.

대로(大路)에는 오고 가는 차 한 대 없이 남하(南下)하는 피난민 인파(人波)와 달구지 리어카만이다. 밤이 되자 가장 춥다는 소한(小寒)에 동족상쟁(同族相爭)으로 내몰리는 난민들의 처참한 상황(狀況)속에서 살아남으려는 발악(發惡)이다. 눈발이 날리고 어둠을 헤치며 앞사람의 뒤를 쫓아가려는데 생전에 처음 보는 조명탄(照明彈)이 하늘 높이 솟아 대낮같이 밝았다. 빛이 꺼지자 마자 포탄이 귓가를 스쳐가기 무섭게 폭음소리에 자지러지게 놀라 나도 모르게 주저앉아 귀를 막았다. 얼마 후 또다시 조명탄이 터져올랐다. 이것이 반복되는 전쟁진중(戰爭陣中)에서 겪는 난민들은 공포(恐怖)에 질려 더 이상 가지를 못하고, 길가 언덕 초가집에 쉬어가려고 했으나 이미 방에는 발디딜 틈이 없어 부엌으로 들어섰다. 멍석을 깔고 또 주변을 둘러 찬 바람을 막으려고 머리 위에도 멍석을 펴서 이고 하여 일행(一行)의 온기로 의지하며 밤을 지샜다.

날이 밝자마자 떠나려고 밖에 나섰다. 밤새도록 폭설이 내려 발 허벅지까지 빠져 앞서간 몇 사람의 발자국을 따라나섰다. 대로변에는 달구지, 리어카들이 버려져있고 평택이 시야에 들어왔다. 경비행기가 저공에서 피난민대열에 중공군이 피난민을 가장(假裝)하여 남하하고 있으니, 아군(我軍)작전에 협조를 부탁한다는 말과 피난민들께서는 되돌아가라는 방송으로 선회(旋回)하나, 난민들은 되돌아가지 않았다. 미군이 대로를 차단하여 달구지 등을 길가에 버리고 사방으로 흩어져 논길 밭길로 남하를 계속하느라 철로 길도 흑인병사가 차단하고 공포를 쏴 위협을 무릅쓰고 우리 일행은 둔포 쪽을 향해 갯벌까지 갔으나 물이 만수위(滿水位)로 건너갈 수 없기에 되돌아서 어느 촌락(村落)을 찾아들었다. 베고픔은 무엇보다 참고 견딜 수가 없다. 외숙댁에서 떠날 때 가방에 담아주신 찐 고구마를 펼쳐놓고 먹으니 '꿀맛이 따로 없다'고들 하며 친가족 분위기로 상호 간에 격려와 협조로 살아남기를 다짐했다. 온종일 긴장과 피로가 겹쳐 간밤에도 눈붙임을 못한 탓으로 차가운 냉방이었건만 곤하게 잠들었다.

날이 아직도 밝기 전인데 누군가가 소리쳐 잠을 깨운다. 새벽 4시인 지금 떠나야 갯벌을 건널 수 있다며 보따리짐을 챙겨 서둘러서 갯가에 도착하여, 미리 들판에 있던 짚단 한 개식을 들고 양말을 벗고 바짓가랑를 치켜 올리고 갯물에 들어섰다. 물은 무릎 위까지 차며 추위가 살을 점이는 듯 아픔과 고통을 참고 건넜다. 갯벌 언덕이 가파르고 높아 키가 큰 장정이 아니곤 올라갈 수 없을 정도로 높았다. 일행 중 먼저 오른 사람에 의해 손잡아주어 무사히 도강(渡江)하여 준비해간 집단에 불을 지펴 언 발을 녹였다. 둔포 동네 앞에는 경찰들의 경계가 삼엄하여 피난민을 가장한 중공군 색출(索出)에 철저하였다. 간신히 민가에 방 하나를 미리 정하여 짐을 풀고 맹오섭씨가 나에게 짐을 잘 지키고 있으라며 일행 몇 사람이 포대, 칼 등을 준비하러 간지 한 시간여 만에 소머리와 소고기 한 포대를 가지고 돌아와 소머리는 불에 끄슬려 큰 가마솥에 넣어 밤새도록 끓이니 그 냄새에 허기지고 추위의 떨던 난민들이 몰려들어 한사발식 사먹으며 추위를 녹인다. 우리도 덕분에 고깃국을 과식하여 설사(泄瀉)로 고생하였다. 이는 우리가 이곳까지 오는 동안 어느 피난민이 짐을 싣고 오다가 소먹이를 못 먹여 논바닥에 이불을 깔고 주저앉아 죽어가든 소를 잡은 것이다.

또다시 길을 떠나야했다. 맹씨(孟氏)는 많이 남은 고기를 짊어지고 정처(定處) 없는 길을 마냥 걸어서 온양(溫陽)을 지나서 쉬어갈 집을 물색하였으나 모두 거절당했다. 그 까닭은 7,8명의 인원을 받아들일 공간이 없기 때문에 2개 팀으로 나뉘어 방을 어렵게 정하였다.

맹씨와 우리 형제, 그리고 용복 조카와 같이 팀을 이루고 지금까지 모진 고생을 극복해왔지만 남겨두고 온 식구들의 걱정과 염려가 되어 내일 고향으로 다시 갈려고 하니 같이 가겠느냐고 하기에, 선뜻 대답을 못하고 있는데 아우 항구는 따라간다는 것이다. 그간 전쟁 상태가 호전된 것도 없고 여기에 오기까지 겪었던 수난(受難)을 생각하면 아직 이르다는 생각이어서 나는 좀 더 남하하여 기회를 보아 돌아가겠다며 아쉬운 작별(作別)을 하고 용기를 내어 어머니와 식구들의 안위를 걱정하는 항구를 달래어 내심(內心)으로 한산이씨의 발상지(發祥地)인 한산 고향(韓山 故鄉)으로 가야하겠다고 목표(目標)를 정하였다. 그래서 예산(禮山)방향 길로 접어들으니 이곳만 해도 가끔 자동차가 다니고 우마차가 다니며 피난민이라고는 볼 수 없는 평화지대로 착각(錯覺)할 정도이며 마음이 놓인다. 오후 4,5시 경이면 하룻밤 신세질 방을 구(求)해야 한다.

마침내 비교적 규모가 큰집이었다. 노인 한 분이 문밖으로 나오시기에 피난 온 학생인데 하룻밤 유숙(留宿)하기를 청하였다. 노인은 우리를 한참 살피더니 당신이 거처하는 방으로 안내했다. 어디 사는 누구이며 성씨본관이 어디인지 나의 신상(身上)의 모든 것을 캐어묻기에 공손히 대답하였다. 노인은 '어린 학생들이 너무 고생을 하는구나'하며 쉴 곳을 허락받았다. 나는 얼마나 고마웠는지 모른다. 모처럼 따뜻한 잠자리와 식사 등이 내 친척집에 온 기분이었다. 노인께서는 잠시 이웃 모임에 다녀올 터이니 이부자리를 내려놓으며 피곤할 터인데 먼저 쉬라는 말씀에 감복하였고 참다운 인간의 따뜻한 정을 처음 느꼈고 인간대접을 하는 교육을 처음 받았다. 그러나 걱정이 된다. 고이 간직되어온 귀한 손님용 침구(寢具)를 더럽힐까 염려되어 내복을 벗어 이를 잡으려고 화로 불에 쪼였다. 톡톡 터니까 얼마나 많은 이가 쏟아지는지 타는 연기와 냄새가 방안에 차서 문을 열어 환기(換氣)를 하였을 정도다. 목욕(沐浴)과 세탁을 못하여 생긴 웃지 못할 현실이었다.

아침 일찍 일어나 세수하려고 밖에 나왔다. 안에서 데운 물통을 내다 주는 젊은 아낙이 양치질 소금과 수건을 갖다 놓아주며 '피난에 얼마나 고생이 되느냐'고 위로의 그 한 마디가 또 나를 감동(感動)시켰다. 아침 식사까지 대접받고 또 떠나려는데 노인께서 말씀하시기를 한산이씨 댁이 대술면 함각골에 집성촌(集成村)이 있다며 몸성히 피난하라 하시며 작별할 때 나는 이 댁의 주소 성명을 문패를 보고 기록하여 차후 보은(報恩)의 서한이라도 전하려 했으나 기록된 수첩을 분실하여 뜻을 이루지 못하여 매우 안타까웠다. 오늘 따라 매서운 바람이 세차게 분다.

항구는 맹씨를 따라가지 못한 원망스런 말을 또 뱉는다. 나는 의기소침(意氣銷沈)되어 아우를 부둥켜안고 말하였다. "나도 어머니와 막내아우 형구(亨求) 등 가족들을 보고 싶은 마음이 왜 없겠니! 그러나 지금까지 겪은 미군과 중공군이 격전(激戰)하는 진중(陣中)을 벗어나온 악몽(惡夢) 같은 고통을 생각하고 좀 더 상황을 지켜보고 돌아가자."며 달래었다.

부지런히 걸어가니까 청양(靑陽)을 지나 부여(扶餘)에 당도하여 한산(韓山)땅이 얼마나 가야 하는지를 물어보았다. 얼마 남지 않았다고 한다. 어느 누가 빨리 오라는 것도 아니었건만, 목적지를 향해 무리하게 걸었던 탓에 한산면소재지에 밤늦게 도착하였다. 발이 아프고 배도 고파 또 신세질 집을 물색하던 중 창밖으로 불빛이 보였다. 현관문 앞에 라의원(羅醫院)간판이 보였다. 주저하고 있는데 손님이 약을 사들고 나와 의사님께 인사를 하고 나와 눈이 마주치자 들어오라고 하여 따라들어갔다. "의사님은 약을 사러온 손님으로 아시는데 실은 서울 에서온 피난민입니다. 날은 저물고 날씨가 매우 추워 들어와 하룻밤 신세를 질까 합니다."라며 정중히 인사를 하니까, 난색을 하며 일단 들어와 몸이나 녹이라며 난로 앞에 앉혔다. 의사님은 나의 신상을 캐어묻기에 한산이 나의 본관(本貫)이라 하였더니 잘 왔다며 음식을 주문해왔다. 맛있게 저녁식사를 마치고 고맙다고 인사를 하였다. 식사 후 긴장도 풀리고 누적된 피로가 쌓여 눈이 감기어 묻는 말에 대답도 못하였다. 아침에 항구가 감기로 기침을 몹시 하니까 의사가 약을 지어주어 간신히 기동하였다.

약방에 온 손님 중에 일가 되는 분을 만나 나의 딱한 사정을 알고 대충 이곳에 선조의 묘소 등을 일러주며, 서천(舒川) 관내에 한산이씨가 천여 명 이상 살고 있으니 집에 돌아갈 때까지 안심하고 몸성히 지내라고 하며 환자가 급하다며 훌쩍 떠났다. 나는 이 격려의 말이 눈물겹도록 고마웠다. 시조할아버지 산소에 성묘(省墓)하고, 마명리 삼한국대부인묘소를 참배하고 수호인이 일가분인데 국민병으로 출정하고 3세 된 여아와 할머니가 재실을 지키고 있었다. 피골이 상접된 아이가 쥐를 잡아달라며 울부짖는 것을 보며 발길을 뒤로하고, 광현(光峴)에 가정공의 묘소를 찾아갔다. 재실에 들어가 피난으로 온 학생인데 조상님께 참배하려고 왔다며 인사하니까, 수호인 박흥서(朴興緖)씨가 배석(拜席)을 들고 앞장서서 우리를 인도하였다. 수호인은 조부때부터 수호관리를 하고 있다고 하며, 아들이 5형제인데 모두 서울과 각 지방에서 살며 늙은 부부만이 이곳을 지키고 있는데, 이제 막상 떠나야 한다고 생각하니 마음이 착잡하다는 것이다.

"그간에 한산이씨댁 명현의 조상을 내 조상 뫼시듯 3대를 이어 잘 받들어서인지 자식들을 잘 가르쳐 길러 보람 있게 발신(發伸)하니, 이 모두 성심을 다해 명현(名賢)을 받들은 음덕(蔭德)이다."라고 대화가 이어졌다. 백발(白髮)이 성성한 노인이지만 아직도 근력이 좋아보였다. 박 노인은 우리들의 피난 사연을 듣고 그간의 고초만상(苦楚萬狀)의 길을 겪고 옛 고향을 찾은 학생들은 조상님들의 계시(啓示)가 있어 잘 왔다며, 조상님들의 역사적인 전설(傳說), 야화(夜話) 등을 밤이 깊어가도록 재미있게 전해주며 이곳에서 체재비(滯在費)는 문중에서 처리되도록 할 것이니 전세(戰勢)가 호전되어 돌아갈 때까지 피난하라며, 항상 조상님의 은덕(恩德)을 잊지 말라는 말을 몇 번이고 되뇌었다. 참으로 감사한 마음을 이루 다 표현(表現)할 길이 없어, 장차 조상(祖上)님의 위업선양(偉業宣揚)에 헌신할 마음을 먹었다.

박 노인이 알려준 대로 영모암(永慕菴)을 찾아갔다. 고색이 창연한 유적지다. 산직인(山直人)의 안내를 받아 찬성공 휘 자성(贊成公 諱 自成) 22대조를 비롯하여 20대조 문정공 목은(文靖公 牧隱) 할아버지와 배위 정신 택주 안동권씨(貞愼 宅主 安東權氏) 묘소참배, 19대조 양경공 휘 종선(良景公 諱 種善) 묘는 목은선생의 묘 계하에 모셔져 있어 참배하며, 험한 전란 중에 어머니를 비롯하여 가족들의 무사안녕(無事安寧)과 하루속히 재회(再會)하게 되도록 묵우(默祐)를 빌었다. 양지 바르고 오늘 따라 따뜻하여 영당과 문헌서원 신도비 등이 잘 보존되어 후손들에게 시청각 교육장으로 시사(示唆)하는 바가 크다고 여겼다. 나는 강당 누각 밑에 연필로 이름을 낙서했다.

서천군 화양면 추동리 표동(舒川君 華陽面 楸洞里 瓢洞)에는 양경공 휘 종선 배위 안동권씨(良景公 諱 種善 配位 安東權氏)의 묘소다. 광현재실에 박(朴)씨가 설명해준 전설(傳說)이 생각났다. 국사(國師)인 무학대사(無學大師)가 목은선생과의 교분이 두터워서 양경공의 배위묘소(配位墓所)로 택지(擇地)하는데 산내령(山來嶺)이 마치 박넝쿨 뻗어 내려가듯 따라 가다 명당(明堂)이 있어 택지(擇地)한 자리라는 것이다. 그 후 연산조(燕山朝)때 양경공의 손자이신 명헌공 휘 파(明憲公 諱 坡)가 폐비(廢妃 尹氏)사건에 당시 예조판서(禮曹判書)로 연루되었다 하여 부관참시(副棺斬屍)형을 당하여 명헌공의 형님이신 대사성공 휘 우(大司成公 諱 堣), 부친 문열공 휘 계전(文烈公 諱 季甸), 조부 양경공 휘 종선(良景公 諱 種善) 등의 내외분 묘(墓)를 연좌(連坐)로 평분(平墳)되었다.

그 후 양경공의 형님이신 인재공 휘 종학(麟齋公 諱 種學)의 현손(玄孫)인 좌의정 휘 유청(左議政 諱 惟淸)의 몽사(夢事)로 인하여 양경공의 증손(曾孫) 봉화공 휘 장윤(奉化公 諱 長潤)과 같이 양경공묘소만 개봉축성(改封築成)하고 배위 묘소는 고령신씨(高靈申氏)댁에서 찾아 주었다는 박흥서씨의 전설이 떠올랐다. 고령신씨 댁에서 장례(葬禮)를 치루기 위해 산역(山役)을 하는데 양경공배위의 지석(誌石)이 출토되어, 역사를 중지하고 알려야하느냐 마느냐로 논란(論難)이 되어 지석의 주인이 한산이씨 목은선생 댁 셋째 자부(子婦)의 묘소로 판명되어 이 사실을 한산이씨댁에 알리어 찾게 된 것이라 한다.

그 훗날 고령신씨와 한산이씨 간에 소유권분쟁이 끊이질 않아 결국 조정(朝廷)에서 판결을 내리는데 신동이서(申東李西)하라고 명 판결을 받아서 신씨는 동쪽 산을 한산이씨는 서쪽 산으로 나뉘어졌다고 한다. 산은 비산비야(非山非野)로 양지바른 묘소에서 바라보니 소나무 한그루의 자태(姿態)가 유표하게 시선을 끈다. 가까이 가보니 장정 2인이 손잡고도 남을 만큼 굵은 나무로서 일산송(日傘松)이라고 하는 보호수(保護樹)였다.

서천군내에 한산면(韓山面), 마산면(馬山面), 화양면(華陽面) 등 3개면에 걸쳐 사산(四山)이 우리 선조님들의 묘소(墓所)와 유적(遺跡) 그리고 문화와 역사가 고이 간직되어 팔백여년(八百餘年) 간 전승(傳承)되어온 한산이씨의 본거지(本據地)이며 내가 27세손(世孫)의 뿌리다. 나는 이곳에 오기를 잘했다고 생각하며 피난이 아니더라도 꼭 찾아와야 할 자손된 도리(道理)라고 확신한다. 또한 일가들에게 권(捲)하고 싶은 심정이다. 왜냐하면 성현군자(聖賢君子)로 현달(顯達)하신 목은 할아버지의 계자손시(戒子孫詩)에 이르시기를 "내지하홀제(柰之河忽諸): 어찌 모든 것을 조금이라도 소홀히 할까보냐, 오신소유생(吾身所由生): 내 몸은 부모로부터 태어났거늘" 부모가 아니면 나의 존재(存在)가 없으며 부모 또한 부모가 있으니, 한없이 거슬러 올라가면 태초(太初)의 부모가 바로 나를 존재하게한 시조(始祖)이며 하느님이 시다. 이 평범한 윤리(倫理)와 강상(綱常)을 우리가 피할 수 없으며 천지(天地)가 개벽(開闢)하여도 변할 수 없는 진리(眞理)다. 나는 광현재실(光峴齋室)로 돌아와 사(四)산에 조상님묘소를 성묘(省墓)하고 느낀 소감을 박씨에게 말하며 구감(龜鑑)이 되는 좋은 대화(對話)에 시간가는 줄도 잊고, 나날을 지내면서 매일같이 가정할아버지 묘소에 성묘하며 두고 온 식구들의 무고(無故)를 기원(祈願)하였다.

위의 사실들을 알고 찾아온 일가어른 상직(象稙)대부를 박씨의 소개로 이 어른의 위선심(爲先心)또한 대단한 어른이시라고 하여, 나는 엎드려 절을 하였다. 대부께서는 '어린 학생으로 어찌 이곳으로 두 형제만이 왔느냐'며 측은히 하시고 '오느라고 고생이 많았겠지' 위로하시며 고향과 나의 신상(身上)애 대한 질문을 하시기에, 경기도 광주군 돌마면 수내리가 한산이씨 집성촌에서 왔다고 하니까 깜짝 놀라시는 듯 반기셨다. '광주 숲안에서 왔느냐'고 되물으시기에 '숲안을 아십니까?'하니, '가본 적은 없어도 들어 알고 있었다'고 하면서 내게 다가와 우리 형제의 손을 잡으시며 '양경공이 같은 파'라 하신다. 나는 아직 보학계통에 대해서는 아는 바가 없어, 다만 목은할아버지만 알 뿐이었다.

상직대부가 우리 형제를 데리고 대부댁으로 가자며 앞장서셨다. 어머니와 헤어져 피난생활이 얼마나 되었는지도 모르게 구정명절(舊正名節)을 맞았다. 나는 불행 중 다행으로 한산일가 어른들이 의외(意外)로 보살펴주신 덕택으로 몸 성하게 지내고 있으나, 이러한 소식을 전하고 들을 수 없으니 기(氣)가 막히고 환장(換腸)할 노릇이다. 아침일직 선조님 산소에 성묘하고 돌아와 여러 일가댁 어른에게 세배(歲拜)를 다녔다. 세배돈도 주시어 너무 감사하였다. 기산면 신산과 원동 막동에 우리파댁이 많이 거주하고 있다며 친절하게 안내를 받아 여러 일가 어른을 소개받았다. 또한 연봉리 판관댁(判官宅) 항규(恒珪)씨 댁에도 찾아가서 고령으로 와병중(臥病中)에 계신데 아드님 효자 석구(錫求)씨가 간병에 잠시도 눈을 떼지 못하는 효자(孝子)의 참모습을 잠시나마 체득(體得)했다. 세배를 하려고하니까 만류하므로 예(禮)에 따랐다. 오늘이 길산 장날이라 하여 산소에 다녀서 장에 가면 전황(戰況) 소식을 들을 수가 있을 것 같아, 한참을 걸어서 장엘 갔다. 규모는 작지만 보통 시골장인데 특산물이 흥행이다. 한산모시 시장에 많이 모여 웅성대고 한편에는 지방신문을 보며 전황보도를 보느라 눈을 떼지 못한다. 수도 서울 재탈환이 거의 되었다는 말에 너무도 기쁘고, 낙동강전투가 치열(熾烈)하다는 등의 소식을 듣고 돌아오며 곰곰이 귀향(歸鄕)생각에 골몰(汨沒)하였다.

상직대부에게 귀향의 뜻을 말씀드렸더니 대모님이 좀 더 기다려서 안전할 때 가라며 말리신다. 항구는 너무 기뻐하며 어서 떠나자고 재촉하여 그간에 베풀어주신 은혜 감사하며 아쉬운 작별인사를 올리고 떠나는데 일가 몇 분이 가다가 먹으라며 쌀까지 가방에 담아주셨다. 나는 정겨운 이 고마움에 눈물로 대신할 수밖에 없었다. 마음속으로 후일 무엇으로든 보답하리라 다짐하며 귀향의 발걸음이 가벼웠다. 항구도 지금까지의 시련을 뼈에 사무치도록 느꼈을 것이다. 좀 더 쉬어 가자고하면, 그간에는 별로 말없더니 이런 저런 이야기로 말문이 열린 것을 보면 무척이나 반가운 기색이다.

3일 만에 용인 땅에 달려왔다. 피난 떠날 때보다 무거운 쌀 가방이 온몸을 짓눌러 피로가 쉽게 오고 발걸음을 더디게 한다. 대소로(大小路)로 또는 산길로 가는 동안 중공군(中共軍)시체(屍體)가 산골짜기마다 서넛씩 퉁퉁 부어 얼어 죽은 채 누어있었다. 시체를 처음 보았을 때는 놀라와 돌아서 가기도 하였으나 일일이 피해갈 수는 없었다. 중공군 놈들 때문에 우리 민족이 통일을 못 이루고 살상과 고난을 겪고 있음을 상기할 때, 놈들의 머리통이라도 걷어차고 싶은 충동을 느꼈다. 드디어 외가댁에 당도하여 항구는 '어머니!'하고 먼저 들어서니 외가댁 식구들만이 우리를 반겨주셨다. 어머니와 식구들은 피난 닷세 만에 집으로 귀향(歸鄕)하셨다고 하시며 오히려 너희들 안부가 걱정들을 많이 하셨다고 하신다. 오늘은 늦었으니 자고 내일 가라고 하시어, 그동안 어머니와 식구들을 잘 보호해주시어 감사의 인사를 드리고, 고향집을 향해 떠났다. 탄천(炭川)변에는 미군부대 천막이 진을 치고 대로에는 군용차만이 분주하게 먼지를 날리며 왕래가 빈번(頻繁)하고, 난민들은 소로(小路) 길로만 다니고 전쟁 중임을 실감했다.

정자리 고갯마루에 올라서서 우리 집 동네가 펼쳐져 보기만 하여도 정겨워 보여 그리던 식구들의 모습이 떠올라 항구는 잰발로 달려갔다. 식구들이 마중을 나와, 참으로 너무 반가움에 말이 막혀 눈물이 나며 어머니 안부부터 입이 열렸다. 사랑채 대문간 기둥 한 개가 뽑혀 있었고 지붕이 한 쪽으로 쏠려 있었다. 어머니께 '피난을 잘하고 왔습니다'하고 절을 하니 눈물을 글썽이시며, 손을 잡아 주시며 '얼마나 고생들을 했겠니!' 하시어 나 또한 눈물이 확 쏟아졌다. 형수님들이 이 가방에 무엇이 들어 있기에 무거우냐고 하시어 일가 댁에서 가다가 굶지 말라며 쌀을 많이 주셨다고 하니 피난가기 전에 묻고 간 쌀을 다 파가서 식량난에 이웃에서 동정을 받고 살았다며 반색을 하신다. 그간 온가족이 생존하여 이렇게 살아남은 것도 다 조상님의 가호가 계셨기에 무사함을 감사하고, 부지몽매간(不知夢寐間)에도 잊을 수 없는 피난역경에 종지부를 찍었다.

十二부

생업(生業)

十二부. 생업(生業)

1. 난중 수원 비행장 미군부대 통신대 취업

-亂中 水原 飛行場 美軍部隊 通信隊 就業

나는 취업(就業)을 해야겠다고 결심하고 수원 비행장에 일용 노무자모집 소식을 듣고 숲안에서 수원 비행장까지의 거리가 40여리나 되어 새벽 일찍 일어나 공복(空腹)에 비행장에 도착하였다. 수백 명의 노무자들이 열을 지어 대기하고 있었다. 나도 번호표를 받고 그 대열에 끼어 마침내 노무관이 통역관을 대동(帶同)하고 직종분야별로 선별(選別)되여 갔다. 내 앞에 약 20여명을 앞두고 선발이 끝났다. 참으로 허망하고 아쉬움을 안고 뒤돌아섰다. 내일아침에는 좀 더 일찍이 나와야겠다며 터덜터덜 발걸음이 무거웠다. 이런 일이 3,4일 반복되어 이제는 절망(切望)과 실망으로 잔디에 주저앉아 세상을 원망하며 소용없는 망상(妄想)에 저져 있을 무렵 부대정문에서 다른 노무관이 통역인을 데리고 두리번거리며 누군가를 찾는 상 싶어 했는데 내게로 다가오는 것이었다. 통역인이 나에게 부대에서 일하려고 왔느냐고 묻기에 그렇다고 대답하니 나를 데리고 가면서 영어를 아느냐고 묻기에 학교에서 배우기는 했지만 잘은 못한다고 하였다. 그러면 이곳이 미군우체국인데 청소부로 일하겠느냐 하기에 고맙다고 인사하며 내 숙소가 먼데 있어서 곤란하니 부대 안에 기숙할 수 있게 도와달라고 하였다. 미군 막사에 하우스보이들이 합숙막사가 있다 하며 알선까지 해준 통역사의 따뜻하고 고마운 동포애에 감명깊었다.

합숙하는 일행이 나까지 6명이었다. 동료들이 나의 침대도 마련해주고 서로간의 처지가 비슷하여 친선과 우의(友誼)가 돈독하다. 우체국 청소라야 비교적 단순하여 미군 다섯 사람이 업무를 담당하고 항공우편 분류가 하루에 2회로 한적한 곳이었다. 친구들의 말로는 부지런하고 친절하게 병사들에게 봉사하면 봉급보다 부수입이 더 많다는 이야기 등이다. 일을 한지 2개월여가 되어 봉급 받은 김에 나를 취업하게 도와준 김 통역관을 찾아가 금일봉을 사례하였더니 사양하기에 진심으로 고마워서 마음의 표시로 받아주길 바란다며 억지로 건네었다. 그후 동료한 사람이 사정에 의해 서울로 떠난다하니 날더러 옮기라하기에 김 통역관에게 부탁하여 즉시 수속(手續)을 취해 옮기었다. 이 사병막사에는 병사가 17명이나 있어서 매우 바쁘고 할 일이 많아 신욕이 고되었다. 하지만 더욱 열심히 하면 할수록 병사들로부터 신망이 돈독해지며 봉사한 만큼 수입이 늘었다.

일을 하면서도 늘 학교 공부를 마치려는 생각에 고민하던 중 광주중학에 등록하여 다니는 아우 항구를 불러 의논을 했다. 지금 수원에 서울피난종합중고등학교에 등록하여 2학기만 수업을 받으면 졸업장을 받게 된다하니 공부란 때를 놓치면 평생 후회될 것으로 생각되어 우리들의 학자금조달이 선결과제인 만큼 어렵게 개척한 이곳 직장을 쉽게 포기할 수는 없는 수입원(收入源)이니 자신의 헌신노력과 신망을 얻으면 그만한 대가가 있어 고민한 끝에 너를 부른 것이다.

'내가 졸업할 동안만 나하고 교대하면 어떻겠느냐?'하고 제의했다. 항구가 동의(同意)하여, 나는 수원농림중학교 5학년 이수증으로 학교등록 수속(手續)을 마쳤다 부대에는 항구 문제를 김 통역관에게 우리들의 절박한 사연을 말하여 뜻을 이루었다.

2. 돌마공민학교 교사(突馬公民學校 敎師)

졸업인증서를 받아들고 항구와 교대하려고 할 때 돌마초등학교 교사로 있는 이봉구 선생님이 나를 부르시어 이번에 문맹자 퇴치의기구로 돌마공민학교를 개설하여 담당교사를 채용하려고 하는데 나에게 의향을 물으시기에 "고맙습니다. 저를 추천해 주셔서요."하며 기뻐서 어쩔 줄 몰랐다. 항구는 즉시 복학(復學) 수속을 하였고 나는 학교에 부임하였다. 학교선생님으로 이봉구 선생님, 한준택 선생님, 이혜구 선생님, 이영희 선생님, 이정복 선생님 등 낯설지 않은 선생님들의 환영의 축하를 받으며 취임하였다. 내가 담당할 학생들은 학령기(學齡期)를 넘겨 문맹으로 입학된 남녀 학생들이어서 연령이 9세서부터 16세에 달하는 계층이다. 나도 초임교사로서 열심히 가리키려고 노력하였지만 수업 받는 학생들의 자세나 열의가 진지(眞摯)하여 수업시간이 더욱 즐거운 시간이 되도록 이끌어서 첫째 출석률이 양호하였다. 정부시책으로 문맹퇴치의 지표를 이행하려는 노력과 학생들이 배움의 즐거움과 자부심을 갖도록 이해와 격려를 사랑으로 몰입(沒入)하였다. 당시 교사(敎師)들의 보수(報酬)는 형편없이 빈약했다. 현금이 아닌 밀가루, 옥수수가루, 설탕 등이었다. 교사직이 당초에는 의욕적이었으나 적성(適性)에 부합되지 않음을 깨닫고 3년 만에 사직(辭職)하였다.

3. 돌마탁주양조장 서기(突馬濁酒釀造場 書記)

1954년 8월 돌마면 서현동에는 이만규(李晩珪)씨가 경영하는 유일한 돌마탁주양조장(突馬濁酒釀造場)이 있었다. 운영(運營)은 맏사위인 이은우(李殷雨)씨가 하는데 징용(徵用)으로 인(因)해 사업이 중단(中斷)될 시기에 숙항(叔行)이신 만규씨가 나를 부르시어 가서 뵈오니 은우가 징용갔다 돌아올 때까지만 일을 맡아달라 하시기에 "저는 사업경영에 경험도 없고 해서……."라며 고사(固辭)하였으나 한사코 말씀하시기를 판매업자(販賣業者)에 술 배달(配達)과 사입은 전원준(田源俊)이가 전문이니 장부기장(帳簿記帳)만 똑똑히 하고 매일 업무 종료 시에 재고조사(在庫調査) 금전수납(金錢受納) 일계표(日計表) 등을 작성하여 보고하는 일도 못하느냐고 걱정을 듣고 도와 드리기로 승낙을 하였다. 5일만큼 장이 서는 날이면 배달하기 매우 바쁘다. 도처(到處)에 애경사(哀慶事)가 겹치면 별도로 배달인 또는 우마차를 동원하랴 정신없이 시달리는데 시장주점에 배달 갔다 돌아온 배달부는 술이 거나하게 취해 느긋하다. 술을 거를 때마다 퍼먹고 매일같이 밥은 안 먹고 술로 배를 채우니 누가 건강을 염려하여 만류해도 듣질 않는다. 결국 주독(酒毒)으로 고생하는 것을 보기조차 안타깝고 참담하였다. 징용 갔던 이은우씨가 3년 만에 무사히 돌아와 본 업무(本 業務)에 복귀하였다.

4. 혼인과 생활여건(婚姻과 生活與件)

1962년 11월 19일 안성의 이종누님의 소개로 안동인(安東人) 권도성(權都成)씨의 따님 길순(吉順)씨와 서울 동대문예식장(東大門禮式場)에서 많은 하례객(賀禮客)들의 축복(祝福) 속에 예식(禮式)을 거행하였다. 당시(當時)의 가계형편(家計形便)은 장형(長兄)이 서울시 공무원으로 성동구 행당동에 보통굴댁 정규(丁珪)씨 댁에 기숙(寄宿)을 하고 계시었다. 형님은 나에게 말씀하시기를 아무래도 서울에 방을 얻어 살림을 해야 되겠으니 네가 어머니 뫼시고 이 큰집 살림을 맡아 주었으면 좋겠다. 제사(祭祀)와 농사 비용은 내가 준비하여 올 터이니 현재 형편이 어쩔 수없이 이와 같이 결정하였다고 하시어, 나의 생각도 예견(豫見)된 사안(事案)이었다. 농사는 경험(經驗)이 없어 이웃에 분가(分家)한 둘째 형님의 보살핌을 많이 받았다. 나는 단순 농업에서 탈피(脫皮)하여 농촌경제개발의 일환으로 부업(副業)을 해야겠다고 생각하여 돼지새끼 세 마리를 사들였다. 사료는 쌀겨 농산(農産) 부산물을 효율적으로 사육(飼育)하기 위하여 가축사육법이란 책을 공부하여 3개월이면 출하(出荷)해야 타산이 맞는다고 되어 있어서 열심히 거두었다. 그 외에 분당리 장날 재래종 병아리를 100마리 사다가 15마리가 죽고 70여 마리가 잘 자라 그 중에서 20여 마리가 수놈이었다. 수놈은 영계가 되었을 때 팔고 나머지 가 잘 커서 별도로 작은 계사(鷄舍)를 지어 계란을 생산하게 되었다 장날마다 계란 수집상(蒐集商)이 와서 30여 꾸러미씩 수거해가 장날마다 현금이 손에 쥐어지니 마음부터 부자 부러울 것이 없었다. 돼지를 번식(繁殖)하려고 해도 돈사(豚舍) 등 여건이 여의 하질 못해 품질 좋은 놈 한 마리를 종돈(種豚)으로 두고 두 마리는 값이 좋아 처분하였다.

2년여 가축을 사육해본 짧은 경험으로 규모를 확대하여 전업(專業)을 계획하여 우선 계사(鷄舍)를 계획하려는데 학구(學求)씨가 같이 해보자고 제의(提議)가 있어서 같이 의논(議論)하고 구상(構想)하여 계사건축자재는 지붕과 창, 그리고 문짝용 목재를 공동으로 구매하고 흙벽돌은 소요되는 만큼 각자 만들어서 200평 터에 건축공 없이 손수 지었다. 병아리 구입은 감별된 서울 부화장에서 300여 마리씩 구입하여 닭 사육법 책을 보며 정성을 다해 성계(成鷄)가 280마리로 성장했다. 당초에는 계사운동장에 철망을 치고 방사를 하였더니 낯선 사람이나 고양이 또는 개 등이 다가오면 닭이 놀라서 날고 부딪치고 하여 상처를 입거나 계란 출산율이 떨어져서 빠다리식으로 전환 사입함으로써 사료, 물 공급이 편리하고 청소하기도 편하고 계란도 깨끗하게 수거하면서 건강 체크도 용의하였다. 생산량도 점차 늘어, 판교금융조합(板橋金融組合)에 목돈마련 3년 만기 저축에 가입하여 꾸준히 불입하였다. 계사의 청결과 방역 등 계란증산에 세심한 신경을 썼으나 한계점이 있음을 알게 되었다. 뉴캐슬병이 만연하여 3분의1이 폐사(廢死)로 급히 값싸게 처분하였다. 앞이 캄캄 하였다.

농사비용도 인건비, 비료대 등도 만만치 않아 당초에 가계운영(家計運營) 방침과는 전혀 생각하지 못한 사태로 전락(轉落)되어 시설비부채(施設費負債) 잔금 상환(殘金償還), 사료비(飼料費), 농사인건비 등으로 사채(私債)를 이용한 부담(負擔)이 날로 커져 금융조합 불입금(拂入金)을 만기로 찾으면 모든 부채청산은 해결되겠는데 이 또한 앞으로 6개월간 더 불입해야한다. 채권자들의 성화에 참으로 안타깝고 마음고생이 이만저만이 아니었다. 그간 아내의 신혼생활중 보람 없이 고생만 시켜 미안하고 당장에 대책(對策)이 서질 않았다.

5. 돌마 유선방송 수신사업(突馬 有線放送 受信事業)

이때만 해도 나라 안팎의 소식(消息)이나 통신(通信)수단 없이 몇 사람의 신문 구독(購讀)뿐이며, 현대문화혜택(現代文化惠澤)을 받지 못하고 사는 사각지대(死角地帶)에서 벗어나지 못하는 안타까운 실정(實情)이었다. 그래도 나는 다행하게도 일제(日製) 라디오를 듣고 있어서 이웃 사람들이 모여들어 시사(時事)뉴스 또는 재미있는 연속극 흥겨운 민요(民謠) 등을 들으려고 그 시간대에 모여들곤 한다. 뿐만 아니라 1961년 5월 16일 박정희 중장(朴正熙 中將)이 군사혁명으로 인하여 국내외적으로 정세(政勢)가 급속도로 변화해가도 자유롭게 소식을 들을 수 없는 주민들이 안타까울 뿐이다.

내가 결혼(結婚)후 내가 평소(平素)에 꿈에서도 그리던 문화문명(文化文明)으로 주민들의 인식(認識)의 전환(轉換)과 자각(自覺)으로 사회발신(社會發身)의 토대(土臺)가 되는 일을 해보고 싶었던 마음뿐이었다. 그런데 어느 날 갑자기 인천에 사사는 이모부(姨母夫)께서 예고(豫告)도 없이 유선방송(有線放送)의 자재(資材)를 대형(大型) 트럭에 싣고 기사(技士)를 데리고 오셨다. 꿈인지 생시인지 이 기쁨을 어찌 표현(表現)할 길이 없었다. 나보다도 동민들이 고마움과 환영해 마지않았다. 대형 앰프와 배터리가 2개 발전용(發電用) 콤프레셔, 조립된 스피커 등 생전 처음 만져 보는 기구(器具)들이다. 이모부께서 인천에서도 유선방송수신 사업을 하고 있는데 반응이 좋아서 너의 처지(處地)를 생각하여 이곳은 벽촌(僻村)이니 장래성(將來性)이 있기에 잘 운영(運營)해보라는 말씀에 나는 놀랍고 갑작스러운 이 일에 당혹감(當惑感)을 감출 수가 없었다.

나는 이모부께서 수속절차(手續節次)를 일러주시는 대로 광주군청(廣州郡廳)에 수속을 끝내었다. 얼마 후 돌마지서(突馬支署)에서 경찰관(警察官)이 신원조회(身元照會)로 왔다. 간지 3일 만에 돌마면장(突馬面長)

으로부터 면사무소에 오라는 공문(公文)을 받았다. 1961년 11월 1일부로 허가된 허가장(許可狀)을 받아들고 설레는 마음을 억누르며 운영상(運營上))에 경험(經驗)도 없이 걱정과 두려움이 앞선다. 이모부께서는 자세(仔細)하게 설명(說明)을 거듭하시며 용기(勇氣)와 자신감(自信感)을 가지고 운영하라시며 북돋우어주셨다.

우선(于先) 신청을 받아가며 몇 사람을 데리고 가설(架設)을 하는데 중형님이 주도적(主導的)으로 고생을 하시며 5일간에 100여 호에 가설이 되었다. 드디어 11월 20일 방송수신을 시험하기 위해 발전기를 돌려 배터리 충전을 하고, 채널은 주(主)로 케이비에스(KBS)에 맞추어 놓았다. 배선(配線) 코드를 접선하니 소리가 너무 커서 온 동네가 쩌렁쩌렁 울려 퍼지니 환호성(歡呼聲)을 올린다. 나는 고단하고 피로(疲勞)가 쌓였으나 가설된 가정에 두 가닥 삐삐선을 타고 방송의 소리가 전달(傳達)되어 청취인(聽取人)들의 기쁨을 보고 적이 만족(滿足)스러웠다. 뉴스가 끝나면 면사무소에서 면민에게 알리는 공문(公文) 또는 동네 이장(里長)의 공지사항(公知事項)을 방송(放送)하는 등이 자칫 유명인사(有名人士)나 된 양 착각(錯覺)에 빠지기도 하여 항상 자중(自重)하며 친숙(親熟)하게 대(對)하려고 애를 썼다.

운영(運營)한지 3,4개월 만에 가설희망자가 배가(倍加)되었다. 인근동리(隣近洞里)에서도 계속 희망자(希望者)가 늘어 1962년 말까지 수내리(藪內里), 정자리(亭子里), 서현리(書峴里), 분당리(盆唐里) 등 4개리에 230여개 가설(架設)하였다. 목표(目標)는 돌마면내(突馬面內)로 의욕적(意慾的)으로 확장(擴張)하려 했으나 가설비(架設費)로만 확장한다는 것이 무리(無理)가 있지만 많은 대수(臺數)를 확보(確保)해야겠다는 욕심이 들어 이매리(二梅里)까지 가설대수(架設臺數)가 총 256개가 되었다.

청취료(聽取料)는 여름에 겉보리 한 말(斗) 연말에는 벼 한 말로 정(定)하였으나, 생활이 어려워 못내는 가정이 허다(許多)하며 도청자(盜聽

者)들을 단속(團束)하다 보면 시비(是非)가 일어나며, 전선(電線)을 합선 절단(合線切斷) 등으로 방송이 두절(杜絶)되면 선량한 청취자들은 아우성이다. 가끔 면공보담당(面公報擔當) 또는 경찰관(警察官) 등이 와서 청취자들에게 협조방송을 하거나 이장(里長)들에게 협조공문 등으로 달래고 해도 별무소득(別無所得)이다. 참으로 곤혹(困惑)스럽고 난감(難堪)하여 이모부께 찾아가 전반적인 상황(狀況)을 보고(報告)를 드리니 알아서 처리(處理)하라는 말씀에 3년간 투자(投資)한 금액(金額)의 3분의1도 못받고 원매자(願買者)에게 넘겨주고 말았다. 돌아보면 운용(運用)상의 결함(缺陷)과 능력부족(能力不足)이었다. 그러나 3년간이 짧지만 사회(社會)의 인식변화(認識變化)에 공헌(貢獻)하였으며 5.16군사혁명(軍事革命)의 개혁(改革)과 맞물려 "'하면 된다'라는 자신감(自信感)을 갖게 한 원동력(原動力)이었다"라고 자위(自慰)한다.

한양대학교 이완재 교수는 "성남지역의 문화발전 생활향상에 기여한 것중 유선방송 또한 빼놓을 수가 없다. 성남지역 내에서 유선방송을 처음 시작한 것은 1961년초, 이상구(李庠求 藪內里)에 의해 소위 '윗돌마을 5개 부락(수내, 분당, 정자, 서현, 이매)내 250여 호를 대상으로 앰프를 시설, 방송된 것이었다. 라디오조차 거의 보급되지 못한 실정에서, 유선방송수신관리법(1961. 8. 24공포, 법률 제692호)에 의거 광주군수의 허가를 얻어 실행된 이 유선방송은 이 지역 주민들의 귀가 되었고, 주민들에게 알려야할 공지사항도 이를 통하여 전달되었다. 당국의 지원이라곤 전혀 없고, 청취료는 여름에 겉보리 1두와 가을에 벼1 두로는 운영이 곤란하여 3년 만에 중단하고 말았다."고 썼다.

6. 돌마면 수내리 이장 역임
- 突馬面 藪內里 里長 歷任

1963년 12월 30일 돌마면 수내리 동민들이 이장(里長)으로 나를 선임(選任)하여 고사(固辭)하였으나 임기 3년이지만 1년만 하기로 조건부(條件附) 수락(受諾)하였다. 그 까닭은 일본제국주의시대 선고(先考)께서 수내리 구장(藪內里 區長)을 임기 만료가 되어 사의(辭意)를 표(表)했으나 번번이 개선이 안 되어 유임으로 13여 년을 근속하시는 동안 제2차 세계대전(世界大戰)이 발발(勃發)하여 징용(徵用), 징병(徵兵), 차출(差出)로 인한 원성으로 근심하셨던 모습이 너무도 측은하고 안쓰럽던 차에, 마침내 1945년 8월 15일 연합군에 의한 승리로 일본이 패망했다. 그러나 우리나라가 남북으로 분단된 상태에서 해방(解放)되어 징용, 징병 등으로 출타했던 사람들이 해외에서 속속 귀향(歸鄕)했는데, 윤용선(尹用先)씨 만이 수개월이 지나도록 돌아오지 않아 그 부인이 조석(朝夕)으로 하루가 멀다 하고 찾아와 하소연과 푸념을 하여, 선고(先考)께서는 득병(得病)하시어 집안이 난가(難家)일 때, 윤용선씨가 무사히 귀향하여 전 동민의 환성과 기쁨에 대동잔치를 베풀어 환영했던 일과, 그 후 선고께서 환우가 깊어 끝내 서거(逝去)하신 일이 떠올라, 이장직을 사양했으나 1년만이라도 하라는 동민들의 간곡한 권유에 따라 수락하게 되었다.

우선 반장(班長)에는 박창근(朴昌根), 이필영(李弼永), 이철구(李哲求)씨 등과 같이 부하(負荷)된 업무와 면사무소에서 시달(示達)된 업무와 협조, 배급비료 배분, 동민들의 민원(民願)사항 또는 이장회의 참여 등으로 잡다(雜多)하다. 당시 일반적으로 동민들의 의혹을 사게 한 비료배분에 비리척결(非理剔抉)이다. 비료(肥料)가 농사(農事)에는 절대 필요하고 적기(適期)에 풍부(豊富)하게 공급받아야 하기 때문이다. 요소, 유안, 복합비료 등을 여러 차례 공급되는 고로 때를 놓칠까봐 염려되어 아우성이다.

우리에게 공급된 비료의 양을 당해면적에 비례하여 공평무사(公平無私)하게 분배하고 소량의 자투리는 다음 분배 시에 합산하여 배분하니 이의가 없고 신뢰(信賴)를 받아 동민들의 협조가 잘 이루어졌다. 그 외에도 나는 면사무소에 자주 들려 수내리 리적부(里籍簿)와 토지대장(土地臺帳)등을 베껴 비치(備置)하여 동민들의 편의(便宜)를 도모하였다. 혼인(婚姻) 출생(出生), 사망(死亡)신고(申告) 등을 우선 리적부(里籍簿)에 기록하고 면사무소에 신고(申告)하는 등 동민들의 손발이 되어 헌신봉공(獻身捧供)하였다.

뿐만 아니라 농번기에는 항상 일손이 모자라 적기에 모심기, 벼베기 등 많은 고역을 치루는 난제(難題)를 풀기 위해 나는 단독으로 중내면장자리에 육군교도소(陸軍矯導所)를 심방하고 책임장교를 만나 자매결연(姉妹結緣) 의사를 제의하였다. 2주일 후에 들어오라는 통보를 받고 반장님들을 대동하여 소장님을 상견하였다. 전번에 구두제안건(口頭提案件)에 대하여 상세한 조건과 협조로 문안이 작성된 문건에 서명날인하여 자매결연이 순조롭게 이루어져 동민들과 환희(歡喜)에 차기도 했다.

우리 동네는 천수답(天水畓)이 많아 가뭄이 계속되었다가 갑자기 소나기가 내리면 일손이 너무 모자랐으나, 부대에서 지원한 일력자원으로 부족했던 일손이 크게 해소(解消)되었다. 뿐만 아니라 교도소 내에서 생산하는 적벽돌을 싣고 와서 마을회관(會館)을 2층으로 건립하여 영원한 자매결연 기념물로 승화(昇華)시켰다. 동민들도 매번 추석(秋夕)과 구정(舊正) 때에는 송편과 가래떡을 만들어 부대에 보내며 우의(友誼)를 돈독(敦篤)히 하기도 했다.

그 후 이장직(里長織)을 이찬구(李讚求)에게 인계하였다.

7. 분당농업협동조합(盆唐農業協同組合)

돌마면에는 금융(金融) 또는 전신(電信), 우편 등 업무 기관(機關)이 없어서 낙생면 판교에나 가야 금융조합과 우체국을 이용하는 불편을 겪고 살아왔다. 1961년 5.16혁명 후 1967년도 우리 면에도 분당농업협동조합이 창설되어 영농인(營農人)은 누구나 농협(農協)에 가입하여 금융저축, 농자금대출, 비료구입, 농약구매 등의 혜택을 받게 되었다. 초대조합장에 돌마면장을 역임한 이호규(李鎬珪)씨와 감사(監事)에는 정자동 윤재수(尹在壽)씨와 내가 선발되어 열심히 협력하였다. 1969년 6월 5일 분당농협 서기(書記)로 기용(起用)되어 기쁜 마음으로 3개월여 근무 중인데 처삼촌께서 갑자기 안성(安城)으로 급히 왔다 가라는 기별이 왔다.

나는 무슨 영문(令聞)을 몰라 토요일 오전 근무를 마치고 안성으로 달려갔다. 처삼촌께서 하시는 말씀은 매우 다급한 어조(語調)로 나에게 동의(動議)를 구하려고 나의 현 생활상태 및 장래 생활계획 등을 세심하게 묻기에 무슨 일이기에 저의 관한 관심을 두시느냐고 하니까, 다름 아니라 요즈음 이곳에는 정부의 국민 식생활 개선책의 일환인 낙농사업(酪農事業)을 시범적(示範的)으로 한독낙농(韓獨酪農)센터건설이 한창이며, 일반농업인들도 희망자들이 등록 신청하여 우사(牛舍), 초지(草地) 건설 이 진행 중이라는 것이다. 그래서 처숙(妻叔)도 뉴질랜드산 젖소 10두를 신청하였는데 낙농교육은 반드시 받아야 한다는 것이다. 그래서 사전에 질서(姪壻)와 상의하였어야 했는데 이곳 경영 신청자들의 권유와 급한 마음으로 신청을 하고 보니 당초의 생각보다 경영상의 지식과 대처 능력의 한계를 느껴 포기(抛棄)하려고도 하였으나 지금까지 젖소 매입대금과 부대비용 등의 손실(損失)이 적질 않아 고민하다가 자네 빙모(聘母)님과 상의하여 질서와 상의하려고 오라고 하였으니 잘 생각하여 협조해준다면 수일 내에 교육부터 받아야 하니 곧 준비를 서둘러야 하고 자네의 모든 생활비는 내가 책임지고 목장사업의 흥망(興亡)의 운명은 공동책임이니 열심히 한다면 얼마든지 발전할 수 있다는 것이다.

나는 집에 돌아와 형님들에게 이 사실을 의논하였다. 형님들께서는 내 자신이 결정할 시안이니 의향(意向)대로 하라는 것이었다. 나의 과중(過重)한 부채(負債)로 고민하는 실정을 형님들이 잘 알고 있어서 문득 금융공제조합에 생활안정공제계약서를 형님께 드리며 앞으로 6개월 간 불입하면 만기 불입으로 공제금 이십만 원을 받게 되니 부채내역서를 함께 드리면서 부채정리(負債整理)를 부탁드렸다. 일주일 후 장형님이 나에게 우리의 가정 전반의 형편이 여의치 못하여 조상으로부터 물려받은 유산(遺産)인 유일한 가옥(家屋)을 매각(賣却)하여 부채청산을 한다는 것이 가슴 아프고 조상님께는 죄송(罪悚)한 일이나 처하고 있는 사안 해결방안은 이 방법 외에는 별 도리가 없으니 현명한 판단이라 하시며 눈물을 글썽이신다. 그래서 이매리에 사시는 당숙이신 휘 진규(諱 辰珪)씨에게 부탁을 드려 매각하게 되었다. 솔직히 나의 구상은 7개월 후 생활안정공제금을 받아 부채청산하려고 마음먹었었다.

1969년 9월 24일 원매자인 이안구(李安求)가 일금일십팔만오천원(185,000원)에 매매계약을 체결하여 채권자들이 모여들어 이 사실을 지켜보며 5부 변을 3부로 계산하여 부채상환(負債償還)으로 청산하였다. 지금 와서 되돌아보면 가슴 아프고 쓰라린 고초를 겪은 내 생애(生涯)의 잊을 수 없는 일로서 기억되어 앞으로는 이를 교훈으로 삼아 성심성의로 새 삶을 영위(營爲)하고저 몇 번이고 다짐하였다.

8. 안성 양성목장 경영(安城 陽城牧場 經營)

1970년 3월 12일 안성군 양성면 방신리 377번지로 이사(移徙)하여 전입(轉入)하여 낙농경영에 관한 서적과 지식을 얻기 위해 사례담 또는 현지견학으로 관내에 소재한 한독낙농센터를 방문하였다. 비산비야(非山非野)에 광활(廣闊)한 지역이 낙농의 적지(適地)로 선정되었음을 직감하였다. 수십 대의 불도저가 초지조성 작업에 굉음(轟音)으로 설명을 듣기 힘들었고 기계로 밀을 파종하며 모든 작업이 기계화되어 있으며 우사도 현대화되어 사료공급 급수 및 청소 등의 시설이 완벽하게 자동화되어 있으며 젖소 귀에 번호가 부착되어 소들이 자기번호 자리를 찾아드는 훈련이 잘되어 있었다. 임신(姙娠)한 소의 별도관리 분만 소, 송아지사육, 우유도 착유기로 짜고 수시로 수의사(獸醫士)가 검진하는 등 소독과 청결은 기본으로 철저하였다.

우선 우사 건축설계도면을 찾아왔다. 건축에 관한 제반사는 처숙이 전담하여 양성천변(陽城川邊)에 사유지 2000여평 내에 터를 닦아 건축공들이 자재(資材)와 같이 도착하여 건축공사가 시작되었다. 목장의 명칭은 양성목장(陽城牧場)으로 신청되어 있었다. 앞으로 농사(農事)를 짓거나 목장 또는 과수원 등을 경영하려면 팔방미인(八方美人)인 경운기(耕耘機)가 필수기구이다. 논밭갈이, 농약살포, 비좁은 농로에서 운반 등 기능이 다양하여 농민들은 누구나 선호(選好)하는 경운기를 구입하게 되었다. 나는 경운기 운전교습을 받기 위하여 경남 마산에 대동 공업사제 경운기 공장으로 가서 운전실기 교육을 1박2일간 실습을 받았다.

겨울동절기 사료용 옥수수파종을 하려고 고용된 인부들에게 점파(點播)요령 등을 지시하고 경운기로 밭을 갈아 흙이 보드랍게 로터리를 쳐서 1,500여 평에 파종하였다. 그리고 이미 양성천 변에 자연생 초지를 하천부지 사용료를 지불하고 있어서 소를 방목하는데 큰 도움이 될 것으로 예상하면서 희망에 찬 작업이 순조로워 젖소가 무사히 오기만을 기다리고 있었다. 우사는 여유 있게 지어졌고 내부시설도 완료되어 부대건물은 기왕 지어져 누에치던 대형잠실이 있어 다행이었다. 목부(牧夫)로는 재종처남 두 사람이 대기하고 있어 만반의 준비가 되었다.

젖소를 운반하는 배가 예정일보다 5일이 연착되어 부산항에 도착하여 검역 등 건강상태를 점검 후 수송차량으로 3일 후면 각 목장에 도착할 예정이라는 통보를 받았다. 도착 후 피로해진 젖소들의 안정적인 조치로 수의사의 지시에 따라 사료공급, 정숙한 분위기 유지 등을 주문하고 있다.

드디어 고대하던 젖소가 트럭 두 대에 실려 무사히 입실(入室)하여 지시에 의한 관리지침대로 안정조치를 취했다. 다음날 수의사가 왕진하여 모두 건강하다며 피로가 풀릴 때까지 안정을 취하도록 창문을 가리어 약간 어둡게 하라는 것이다. 그리고 젖소 귀에 부착된 고유넘버를 현재 들어선 칸에 기록하여 젖소들이 제자리를 인식되도록 하라는 것이다. 10마리 중 세 마리가 임신 중이니 출산예정일을 고유번호 옆에 기록하였다. 축산업(畜産業)에 원대한 꿈을 안고 열심히 노력한 보람이 있어 만 2년 만에 송아지까지 29마리로 성장하여 안성군내 목장경영 심사에서 우수목장으로 지정되었다. 평소에 위생청결 영양공급 정기적으로 건강진단 매일 하천부지 개천에 방목한 탓으로 질 좋은 우유생산이 증가하였다.

처숙(妻叔)이 양성목장이 우수하게 성장하여 군내에 목장주들로부터 찬사를 받는다하며 흐뭇해하시면서 질서(姪壻)의 부단한 노력과 합리적인 운영의 공이라며 치하(致賀)를 하시기에 나는 처숙에게 건의(建議)를 했다. "저 혼자가 아닌 이 목장에 종업원들의 합심(合心)된 협동과 노력의 소산(所産)이라 하고, 앞으로 저에게 임금(賃金)을 정해주시거나 아니면 나의 몫으로 1년에 송아지 한 마리만 정해주신다면 이에 정(情)을 부치고 장래를 설계(設計)하는데 도움이 될 것으로 생각됩니다."하였더니 처숙이 '내가 밥을 먹으면 자네 또한 밥을 먹게 되고 내가 죽을 먹게 되면 같이 죽을 먹게 된다는 마음으로 하라'는 것이다. 엄밀히 생각하면 나는 아내와 같이 고용된 사람으로 확정된 임금(賃金)도 없이 용돈정도로만 때때로 받아쓰는 것이 애매하여 2년 만에 이만큼 발전한 실적을 감안하더라도 이제는 나의 장래문제를 생각하지 않을 수 없었다. 확정된 생활보장책도 없고 장래 희망도 없이 단순노동도 아닌 매일같이 힘겨운 노동에 지쳐도 쉬거나 미룰 수 없는 지적(知的)인 특수한 직업이거늘 처숙이 무슨 특별한 계획이나 대책을 세우고 계신지 도무지 알 길이 없다.

너무도 초조(焦燥)하고 답답하여 의욕(意慾)이 나질 않았다. 그렇다고 내가 별다른 계책도 없었다. 아들 승복(承馥)이가 학교에 갈 적령이 되어 학교에 입학을 해놓고 걸어서 십리나 되는 거리에 애처롭고 더욱 고민이 되었다. 학교에서 집에 오면 목부들과 젖소 몰이나 하고 외딴 목장이라서 놀아줄 친구도 없어 날이 갈수록 내 마음 짓눌리는 듯 아팠다. 옛 말에 '겉보리 서 말만 있어도 처가살이 안간다'는 말이 떠오른다. 망아지를 낳으면 제주도로 보내고 자식을 낳으면 서울로 보낸다는데 나는 어찌 역행(逆行)을 하여 식구들 고생만 시켜 미안한 마음과 초라한 내 모습이 안타깝기만 하다.

1972년 5월경 처숙에게 나의 장래에 대한 보장책을 문의하였다. 그러나 답은 여전히 변함없었다. 그래서 서울로 떠나기로 결심하여 서울 노량진본동에 셋방을 얻어 조그마한 점포가 붙어있어 소규모 문구점을 시작하였다. 이웃에는 아우인 항구가 살고 있어서 마음으로는 의지가 되었었다. 당시 항구는 원호처 서기관(書記官)으로 고위관료로서 자랑스러웠다. 그런데 갑자기 집을 팔고 수원으로 이사를 간다는 말을 이틀 전에야 알게 되어 한편으로는 섭섭하였지만 직장이 수원이라 어쩔 수 없이 떠나야할 처지였다.

9. 서울 노량진본동에서 문구점(文具店)을 시작하다

경험도 없이 시작한 장사가 잘되어 소자본이라 매일같이 시내 도매상엘 다녔다. 그러던 중 유류 파동으로 물건 사재기여파로 판매할 상품이 없어 하루에 도매상엘 대여섯 번식이나 다닐 정도로 장사가 잘되어 3년간 재미를 보아 장소가 좋은 곳으로 이전한 곳이 관악구 신림동 삼성국민학교 정문 앞 신축된 점포였다.

1975년 8월 7일 신림동으로 전입하여 신장개업을 하였다. 등하교 시간에는 학생들이 한꺼번에 몰려와서 정신없이 아우성이다. 이런 틈을 타서 돈도 안내고 거스름돈 달라며 떼를 쓰는 놈, 몰래 갖고 가는 놈 등하여 팔기보다는 망을 보기도 바빴다. 이렇게 3년간 결산해보니 취급상품이 저가품(低價品)으로 몸만 고달프고 소득은 별로 신통하지 못하여 대형 슈퍼 안에 문구점을 둔다하여 이사를 했다.

장사는 역시 학부형, 어른들 상대하는 고가품(高價品)을 취급해야 한다는 사실을 알게 되었다. 친절과 신의가 장사의 기본으로 고객을 확보함으로서 이득을 취할 수 있었다. 항상 내 집 마련이 꿈이어서 마침 근처빌라가 매물로 나와 계약하려고 갔더니 주인이 없어서 다음날 계약하리라 하였는데 이날 밤 슈퍼 숙직날이었다. 평소에 숙직날 아침8시면 안사람과 교대(交代)하였는데 9시가 지나도 오지를 않아 집으로 달려갔다 문은 잠겨 있어 아무리 불러 봐도 반응이 없어 문을 부수고 들어가 보니 승복이 모자(母子)가 연탄가스 중독으로 아들은 숨이 멎고 안사람 은 입에 거품을 물고 사경을 헤매고 있었다. 집주인에게 식초를 가지고 빨리 오라고 고함을 쳤다. 승복이 코에 식초를 발라도 반응이 없고 안사람은 반응이 있어 그간에 이웃 아주머니가 택시손님에게 양보를 받아 빨리 노량진 현대병원 응급실로 후송 조치하였다. 나는 의사에게 아들도 살려달라고 애원하며, 조상님께도 구원(救援)을 외치는 등 하여 소란하다고 복도로 쫓겨났다. 나는 병원을 나와 인근의 약방 세 곳에 가서 수면제를 사 가지고 병원복도에 앉아 시름없이 있노라니 주인집 부인이 황급히 내게 다가와 승복이가 살아 숨을 쉬고 있다며 산소통으로 인도하기에 들여다보니 모자(母子)가 살아 숨을 크게 쉬고 있음을 확인하였다.

이 기쁨이 생시인지 혼미하여 의자에 앉아있었다. 얼마 후 슈퍼정육점 주(周)씨가 오더니 3층 입원실에 수속을 하여 입원하였으니 올라가 보라는 것이다. 후에 주씨가 소를 사러가다가 입원비 수속을 했다는 말에 주변 사람들의 온정에 감사하였다. 승복이는 워낙 중증으로 회복이 일반사람들보다 3,4배 더 걸렸다. 이와 같이 사지에서 모자가 회생했다는 것은 조상님들의 음우(陰佑)로 여기며 앞으로도 위선(爲先)하는데 주저하지 않고 최선을 다할 것임을 몇 번이고 다짐하였다. 이곳 신림동에는 고시촌(考試村)으로 시내 각 대학교 교수도 많이 거주하고 있으며 문화적 환경 등이 수준 높은 동네로서 관악산과 삼성산 아래 공기 맑고 조용하고, 쾌적한 교육마을이다. 서울대학교를 비롯하여 전문대학, 남녀고등학교 만 6개교, 중학교 5개교 등이 밀집되어있다. 내가 문구점을 한지 30여년 간하는 동안 많은 학생들 또는 학부형 등의 지면(知面)을 익혀 고향 같은 분위기로 살고 있다. 서울대학교 고고학박사 임효재(任孝宰) 교수님, 서울대학교 교수 이태진(李泰鎭)박사, 서울대학교 교수 최병헌(崔炳憲) 박사, 명지대학교 교수 박물관장 신천식(申千湜) 박사, 연세대학 이광호(李光虎) 교수 등과 교우(交友)하며 자주 자연스러운 교분(交分)을 쌓아오면서 자별(自別)하게 지낸다.

10. 관악구 신림동 전입, 평생 처음 내 집 마련

임효재 박사가 나에게 자기 집을 사라고 하기에 아직 집을 살만한 여건이 않된다고 하니까 집을 팔려고 두 달 전에 복덕방에 내놓았으나 요즘 부동산 경기가 없어 원매자가 없다며 다급하게 말하는 것이다. 그 사연인즉 현재 집보다 곱절 되는 면적의 경매(競賣)집을 낙찰되어 잔금 날자가 임박하여 오천만원 호가하였으나 이상구씨가 산다면 일천만 원을 깎아 주겠다며 간청을 한다. 집사람과 의논하니 이 기회에 무슨 수를 써서라도 사야 한다는 것이다. 임 박사가 이 집에서 살면서 박사학위를 취득하여 서울대학교 교수로 진출하였고, 사모님도 여자고등학교 교감의 영예를 받고, 자녀 남매가 일류대학에 합격하는 등 집터가 좋아서 다른 사람에게 팔리는 것보다 이상구씨에게 매도(賣渡)하고 싶어 권한다는 것이다.

그래서 1987년 9월 28일 일금사천만 원에 매매계약서를 체결하고 1987년 10월 5일 등기 필하였다. 평생에 처음으로 내 집 마련의 기쁨이야 말과 글로써 표현할 수가 없이 지금까지도 마음속으로 임 교수의 고마움을 잊을 수가 없다. 입주(住)하여 살고 보니 이웃에 신천식 교수와 연세대학 이광호 교수는 담장을 같이하여 살고 있으니 수시로 만나 자별하게 지낼 수가 있다. 우선 공기가 맑고 소음(騷音)이 없어서 조용하여 주변건물에는 고시원들이 있어 자연과 주거환경이 최적지라고 생각하였다.

신천식 교수가 수시로 왕조실록을 복사해 가는데 우리 선조이신 휘 계전 문열공의 사적만 복사해 가기에 사학(史學)을 연구하느냐며 물었다. 궁금한 게 좀 있으니 시간이 허락되시면 다방으로 좀 뫼시고 가도 되겠느냐고 하였다. 신 교수는 쾌히 응낙하여 지면은 익혔었어도 정식 인사는 처음이다. 명함을 보니 명지대학교 교수 문학박사 신천식으로 써있었

다. 항상 왜 문열공 사적만 복사하느냐 까닭을 물으니 한산이씨시냐고 묻는다. 존양제 어른이 나의 18대조가 되신다고 하니까 짐짓 놀라는 듯 하며 대화가 주로 역사 이야기가 이어져 시간이 많이 흘렀다. 저녁식사나 같이 하자고 하였더니 사양하며 다음 기회에 만나자며 헤어졌다. 그 후로도 신 박사는 출퇴근 때마다 나의 점포에 들러가곤 하여 저녁을 같이 하면서 분당 나의 선조들의 묘역이 있는데 존양재 선조의 손자 되시고 토정 선생의 할아버지 되시는 한원군 휘 장윤(諱 長潤) 할아버지가 나의 16대조를 비롯하여 공신 충신 청백리 등 세장지산으로 한산이씨 후손들이 집성촌을 이루고 살기를 근 4백년의 세거지라는 말을 듣고 서울 근교에 그러한 유적지가 있었느냐고 묻기도 했다. 임효재(任孝宰) 박사도 수시로 일본인 사학자 교환 교수를 데리고 호프집에 가자며 자주 말동무로 같이 했다.

이곳 신림동에 와서 살면서 많은 석학들과 교우(交友)하면서 지내게 된 것이 결코 우연(偶然)만은 아닌 것 같다. 마음속에는 항상 현달(顯達)하신 조상님의 은총(恩寵)으로 경영하는 일이 날로 번영(繁榮)하고 안정되어가는 것 같다. 항상 감사한 마음가짐으로 지내면서 동민 유지(有志)들이 동네를 위하여 협조하는 정화위원회(淨化委員會)에도 가입하여 활약하였고, 별도의 친목단체인 신구회(新九會)를 조직하여 동회(洞會) 또는 치안(治安), 예비군의 애로사항 등에 협조와 지원 사업을 하는 등 활약하여 개인적으로 서울시경찰국장의 감사장 및 서울시장의 표창장을 받기도 하였다.

十三부

활동(活動)

十三부. 활동(活動)

- 교육문명으로 잘살기 복지활동

1. 산간 벽촌에 중고등학교를 족형 인구(仁求)씨가 設立하다

1949년 6월 양영고등공민학교(養英高等公民學校)를 족형 인구(仁求)씨가 인수하여 산간벽촌(山間僻村) 문명(文明)의 오지(奧地)인 광주군 돌마면 분당(突馬面 盆唐)에 1953년 12월에 중학교를 설립(設立)하여 초대(初代) 교장(校長)으로 취임과 교사(校舍) 낙성식(落成式)에 국회의장(國會議長) 신익희(申翼熙) 선생이 참석하여 양육영재(養育英才)라고 휘호(揮毫)를 써서 교명(校名)으로 명명(命名)하고, 많은 인사들이 참여하여 값진 축사(祝辭)에 갈채와 환호(歡呼)가 있었다.

1955년 7월 7일. 또다시 양영고등학교(養英高等學校)인가를 받아 이 지역뿐만 아니라 인근 면민(隣近 面民)들의 환영을 받았다. 유사 이래 중고등교육 기반시설이 없어 이 지역이 교육문화(教育文化)가 낙후(落後)되어 이 지역 주민들의 소망(所望)을 열어주신 이인구 교장선생님의 칭송(稱頌)이 자자(藉藉)하였다. 이제 문명사회진출(文明社會進出)의 발판으로 기대하였으나 이 지역 경제사정이 열악하여 학생 수가 법정수에 미달로 학생 모집을 중지시켜 결국 출범한지 십 년 만인 1963년 3월 1일부로 고등학교를 안타깝게도 폐교조치(廢校措置)되었다.

이후 형편이 좋은 학생은 서울, 인근학교 등으로 전학(轉學)하지만 그 외 다수는 좌절(挫折)하여 학부형이나 꿈에 부풀은 학생(사진, P154) 가슴에 멍들게 되는 현실에서 어떠한 부활(復活)조치나 타개책(打開策)이

막연(漠然)하였다.

한양대학교 사학과 교수 이완재 박사(李完宰 博士) 저서인 『한국사에 비친 성남지역의 역사(城南地域의 歷史)』를 참고하면 너무도 옛일의 기록들이 생생하여 감회가 남달리 느껴져 고증(考證)하였다.

해방 이후의 시기에 있어서 성남지역의 교육(教育), 문화(文化)적 발전은 어떠하였는가. 해방 당시까지만 해도 성남지역의 교육기관은 초등 정도인 낙생공립국민학교(樂生公立國民學校), 돌마공립국만학교(突馬公立國民學校), 대왕공립국민학교(大旺公立國民學校), 수진간이학교(壽進簡易學校)가 전부였고, 아직 중등교육기관(中等教育機關)은 전무한 실정이었다. 이러한 상항에서 1940년대 말에서 50년대 초에 걸쳐 중등교육 기관으로서 사립 양영학원(養英學園)에 의한 공립 양영중고등학교(養英中高等學校)로 1954년 4월 6일에 역사적인 개교식을 거행하고 초대 교장(校長)에 이인구(李仁求)씨가 정식 취임하였다. 1955년 초에 첫 신입생을 선발모집 하고, 동년 11월 13일 돌연히 타계하였다. 그토록 고향땅 후배들의 교육발판을 만들고저 몸부림쳤는데……. 하늘도 무심 하시지.

2. 뜻이 있어 정당 가입, 민주공화당 중앙연수원 장기반 이수

1968년도 국내외적으로 다사다난한 일들이 어지럽게 민생은 도탄에 빠져들고 노동자 농민들의 부지(扶持)할 길이 막연하고, 고등학교교육은 받았으나 경제난으로 대학진학이 어려웠지만, 고교출신에 맞는 일자리가 없어 사회발전 진출의 길이 보이지 않는데, 이제 고등학교 학생수(學生數) 미달(未達)로 폐교(廢校)까지 되어 이 지역주민들의 좌절심사(挫折心事)를 필설(筆舌)로 어찌 표현할 길이 없다. 이와 같은 상황 속에 우연히도 공화당광주군선전부장 박용재(朴容才)씨의 권유로 공화당중앙훈련원에 연수등록제의(練修登錄提議)를 받아 사양(辭讓)하였으나, 명단에 상신하였다고 권함에 입지(立志)하고 4개월간 무상교육을 착실하게 이수(履修)하였다. 대학교 교수진의 강의로 한국적민주주의(韓國的民主主義)로 조국근대화(祖國近代化)라는 정치학으로도 매우 유익(有益)하였다.

마침 국회의원 선거가 시작되어 광주(廣州), 이천(利川)은 공화당제5지구당으로 속해서 차지철씨가 입후보하여 그를 위한 선거에 교육문화분과위원장이라는 직함으로 선거에 종사하였다. 갑자기 방문한 박정희대통령(朴正熙大統領)의 심방(尋訪)으로 악수까지 하였던 일이 생각난다. 그리하여 워낙 조직적인 선거운동으로 차지철씨가 당선하였다. 차의원의 당시 개인사무실은 시청 앞에 있어서 가끔 들리곤 하였다.

다름 아닌 분당에 폐교된 양영고등학교를 복원(復原)해줄 것을 부탁과 숙원사업(宿願事業)을 풀어달라는 말을 하기위하여 자주 들렀다. 급기야 소원이 이루어져 상업고등학교로 재인가(再認可)되어 지역 주민들의 환호를 받고 나 또한 성취감(成就感)을 맛보았다.

돌마면민(突馬面民)의 경제문화(經濟文化)가 발전(發展)없는 생활상(生

活相)으로 우선 전기문명(電氣文明)의 혜택을 받지 못하여 경제적낙후(經濟的落後)를 떨쳐버릴 수 없는 첫째 요건(要件)으로 나는 생각되어 인구(麟求), 선구(宣求), 종원(鍾遠)씨 등과 진지(眞摯)한 협의와 내 고향을 살기 좋은 마을 만들기 복지운동(福祉運動)에 뜻을 모아 투에치(2H)그룹을 조직하여 가가호호에게서 쌀1 두(斗)식으로 47두를 수합(收合)하여 이를 장리사업(長利事業)을 시작한지 몇 해 안 가서 큰 자산(資産)이 되었다. 우선 이자 돈으로 중고등학교 진학하는 학생에게 장학금을 지급(支給)하여 회원들의 호응(呼應)을 입어, 매년 관광(觀光)으로 더욱 협동정신(協同精神)으로 함양(涵養)하여 자산이 늘고 우리의 숙원사업(宿願事業)인 전기(電氣), 수도사업(水道事業) 등을 착실히 시행하여 복지마을로 인근 동리사람들의 부러움도 샀다.

3. 임난 순국공신 휘 경류와 일본 이총영혼 환국행사 참여(任亂 殉國功臣 諱 慶流와 日本 耳塚靈魂還國行事 參與)

이경류(李慶流. 1564~1592) 공(公), 자(字)는 장원(長源)이요, 한산인(韓山人)으로 성리학(性理學)의 태두(泰斗) 목은 이색(牧隱 李穡)의 11대손(代孫)이며 아천군 이증(鵝川君 李增)의 넷째아들로 1591년(宣祖24) 사마시(司馬試)에 합격하여 동년 9월 별시(別試)에 7인으로 뽑혀 병절교위(秉節校尉)가 되고 이듬해 병조좌랑(兵曹佐郎)에 보임(補任)되었다. 1592년 4월 임진왜란(壬辰倭亂)이 발발(勃發)하여 조정(朝廷)에서는 조방장변기(助防將邊璣)의 종사관(從事官)에 공(公)의 중형(仲兄)이경함(李慶涵)으로 정(定)했는데 급작스러운 발표에 이경류(李慶流)로 바뀌어서 호명(呼名)되어 공(公)이 전장(戰場)에 관복(冠服) 입은 채로 애마(愛馬)에 올라타고 현지로 달려가 조령(鳥嶺: 새재)을 거쳐, 상주전투(尙州戰鬪)에서 조총(鳥銃)으로 무장된 왜군(倭軍)과 싸우다 꽃다운 29수(壽)로 장렬(壯烈)하게 순국(殉國)하여 의관장(衣冠葬)된 묘소(墓所)가, 영장산 선영묘역에 계시다.

또한 도지정문화재(道指定文化財) "라"지역 이경류(李慶流) 묘하에 이경류 비갈(碑碣)이 있으며, 그 비갈에는 공(公)의 사적(事蹟)과 임란전투(壬亂戰鬪)에서 전사경위(戰死經緯) 등을 기록한 비(碑)로써 홍문관 예문관대제학 도암이재(陶庵李縡)선생이 글을 짓고, 이조참판 오위도총부 부총관 홍석보(洪錫輔)가 글을 쓰고, 사헌부집의겸교리 김현상(金顯尙)이 전액(篆額)하였다. 유명조선국 증 통정대부 승정원도승지 겸 경연참찬관 춘추관수찬관 예문관직제학 상서원정행선교랑수 병조좌랑 이공 묘갈명병서(有明 朝鮮國贈 通政大夫 承政院都承旨 兼 經筵參贊官 春秋館修撰官

藝文館直提學 尙書院正行宣敎郞守 兵曹佐郞 李公 墓碣銘 竝書)라 하였다.

묘갈은 1728년(영조4 무신) 10월에 세웠고, 1792년(正祖16)에 사림(士林)들의 소청(疏請)에 정조대왕의 특명으로 정여(旌閭)와 어제제문(御製祭文)이 사액(賜額)되었다.

▮ 이총영가환국위령대재 모연문(耳塚靈駕還國慰靈大齋 募緣文)

임진왜란(壬辰倭亂) 7년, 저 사나운 왜병(倭兵)들의 발길에 짓밟히고 병화(兵火)에 불타, 부산포(釜山浦)로부터 평양성에 이르는 이천리(二千里) 산야(山野)와 강하(江河)는 쑥밭이 되고 순량(醇良)한 우리 조상(祖上)들은 저들의 잔인한 조총(鳥銃)과 칼날에 살해되어 시산혈하(屍山血河)를 이루었습니다. 아수라(阿修羅)와 같은 저들은 군병(軍兵)과 사민(士民)을 가리지 않고 살해하여 귀를 자르고 코를 베어 그것을 통(桶)에 담아 소금에 절여 수길(秀吉)에게로 가져가 전공(戰功)을 자랑했으니, 무술(戊戌)년 11월 노량바다에서 그들의 수군대군단(水軍大軍團)이 우리의 성웅(聖雄) 이순신(李舜臣) 장군(將軍)에 의해 응징 몰살되어 그들의 본국(本國)으로 패퇴(敗退)하기까지, 이 땅의 우리 조상(祖上)들은 실(實)로 초개(草芥)와 같이 유린되어 원한(怨恨)과 분노(忿怒)는 하늘에 닿고 지심(地心)에 사무쳤습니다.

그로부터 사백 년(四百 年)이 지난 오늘, 아직도 우리 민족(民族)의 가슴에는 그 때의 아픔이 아릿아릿 피에 실려 맥맥(脈脈)히 뛰고 있거니와, 마치 우리의 이 아픔과 원한을 비웃기라도 하는 것처럼 일본(日本)땅 경도(京都)에는 그때 그들이 잘라간 우리 조상(祖上) 십이만 육천(十二萬六千)의 귀와 코를 묻어놓은 귀무덤이 있어 지금 세계각국인의 관광거리가 되고 있습니다.

임란(壬亂)은 우리 조상의 치욕(恥辱)이거니와, 귀무덤은 우리 민족의 수치요. 십이만육천(十二萬六千) 원혼(怨魂)의 감옥입니다.

적국(敵國)땅, 원부의 바로 앞에 묻혀 400년 기나긴 세월(歲月)을 원한으로 보내며 후손들의 무심하고 무력함에 소리 없이 눈물짓고 있을 애혼(愛魂)들을, 저 이총(耳塚)의 지옥으로부터 구출하여 위안하고, 고국(故國)으로 봉환(奉還)하는 것은 후손(後孫)된 오늘 우리의 조그마한 도리(道理)이며 우리에게 위촉된 지장보살의 본원(本願)입니다.

임란(壬亂)의 호국영가들은 고국으로 환국 봉안하는 위령대제는 일본불교 전 종파(全 宗派)의 동참을 얻어 1990년 4월 22일 현지 이총(現地耳塚)에서 한일합동(韓日合同)으로 봉행(奉行)되고 영가들은 곧 고국 땅 제주도의 자비사에 봉안될 것입니다. 자비사는 한라산을 등에 업고, 동쪽으로 바다건너 멀리 일본(日本)쪽을 조망(眺望)하는 곳, 천하(天下)의 승지(勝地)에 천이백 평(千二百坪) 부지로 자리 잡고 있습니다.

자비사(慈悲寺)에는 임란(壬亂)의 영혼들을 봉환위안하기 위한 위령탑과 삼천불지장보살을 함께 봉안(奉安)하여 길이길이 영혼(靈魂)들을 위안(慰安)하고, 원한(怨恨)으로부터 해탈케 하여 극락정토(極樂淨土)에 왕생(往生)케 할 것입니다.

아울러 마침내는 일본(日本)의 이총(耳塚)을 자비사로 옮겨와, 민족의 수치스런 흔적을 일본(日本)땅에서 말소하도록 노력(努力)할 것입니다. 선조(宣祖) 25년 임진년(壬辰年) 4월로부터 4백 년만에 민족의 한을 달래는 이 역사적(歷史的) 대재(大齋)에 우리 국민(國民) 모두의 충정어린 동참있으시기 간망하며, 널리 모연(募緣)을 구(求)하는 바입니다.

1989年 12月 日

이총영가환국위령대재봉행위원회(耳塚靈駕還國慰靈大齋奉行委員會)

위원장 자비사 주지 박삼중(委員長 慈悲寺 住持 朴三中)

주관 해동불교신문사(主管 海東佛教新聞社)

4. 박삼중 스님의 염원으로 경남 사천에 이총조형물 제막(朴三中 스님의 念願으로 慶南 泗川에 耳塚造形物 除幕)

1990년 4월 22일 일본 교도(京都)에서 이총(耳塚)의 원혼을 모셔다 부산에 동명불원(東明佛院)에 안치(安置)하였다가 1992년 4월 22일 경남 사천군 용현면 서진리에 소재한 조명군총(朝明軍塚:머리무덤)에 합장을 모실 때 우리 한산이씨 후손들이 버스로 대거 참여하여 좌랑공선조의 위패를 모셔놓고 합장고유제를 성대하게 올렸다. 그 후로 여러 가지 사정으로 참여하지 못하여 죄송한 마음을 이기지 못하던 중 지난 2007년 7월 13일 박삼중 스님으로부터 나에게 전화가 걸려왔다. 참으로 오래간만의 소식(消息)이었다. 7월 25일 인사동 휴(休)다방에서 만나자는 것이다. 그리고 좌랑공의 사적이 꼭 필요하니 준비해 달라는 것이었다.

나는 이 사실을 좌랑공파 종중에 알려서 매사에 협조해주기를 당부하고 우선 좌랑공 사적으로 자료가 될 만한 모든 것을 찾아 모아서 '임란순국 충신 이경류공 사적(壬亂 殉國忠臣 李慶流公 史蹟'이라는 표제(表題)로 총 130여 쪽의 사적을 작성하여 종중에 제출하여 이사장님께 우선 알려드리고 나와 함께 박삼중 스님을 소개하려고 같이 동행을 하려했으나, 여의치 못하여 독행(獨行)하게 되었다.

약속시간에 휴다방에 들어가니 벌써 박삼중 스님이 기다리고 있었다. 참으로 너무 오랜만에 상봉이었다. 그간에 전화나 서신 한 번 못하여 미안하고 면구(面灸)스러웠으나 너무도 반가웠다. 스님이 말하기를 1990년도에 이총 원혼을 사천(泗川)에 조명군총에 합장 한 후에 사천시장이 조명군총을 성역화하기 위하여 정부 예산을 확보하였으니 이총을 별도로 조형물(造形物)을 축조하고 2007년 10월 1일(국군의 날) 준공식과 제막식에 참여해 달라는 것이다. 이총(耳塚)의 후손으로는 유일하게 한산이씨

댁으로서 좌랑공 제사를 별도로 준비 한다는 것이다. 따라서 좌랑공의 사적을 언론계와 이곳 시민들에게 널리 알리어 나라와 민족을 위하여 참혹(慘酷)하게 순국하신 영령들의 넋을 기리고 역사의 현장교육장으로 활용 한다는 것이다. 나는 이 말을 듣고 머리가 숙연해 마지않았다.

그 후에도 박삼중 스님의 전화가 또 왔다. 자세한 문의사항이 있으면 사천문화원 전화번호를 알려주면서 스님께서 언론인들과 같이 분당을 방문하여 좌랑공 묘소와 말무덤을 살펴보기 위하여 방문하겠으니 안내와 설명을 듣겠다는 것이다. 그리고 조명군총 낙성식과 이총 제막식날 조명군총에 연루된 중국 후손들도 대다수가 동참하고, 일본에서도 불교계의 최고 로(老)스님인 가끼루마센싱[柿沼洗心], 학자(學者) 등 10여명이 진사(陳謝) 사절(使節)로 온다는 것이다. 이상과 같은 세세한 일까지도 좌랑공 종중에 통보하여 진행에 차질이 없도록 최선을 다하였다.

마침내 종중 상무로부터 행사 당일 사천행사에 참여하기에는 시간적 무리가 되니 하루 전인 9월 30일 12시경에 출발하기로 했다 한다. 그래서 행장을 꾸리고 김제공파종회 이사장 갑규씨와 좌랑공파종회 부이사장 용구씨와 셋이서 갑규씨 승용차로 출발하여 일모시(日暮時)에 현장에 도착하여 보니 전에 없던 사당 및 부속 건물 등 그 규모와 조경 등이 크고 넓게 조화를 이루었으며 이총의 조형물(위령비)은 조명군총 담장 밖에 거리를 두고 귀를 상징하는 석조 조형물이 축조 되어있음을 살펴보고 숙소에 여장을 풀었다.

10월 1일 행사장에 동참하여 박삼중 스님을 비롯하여 사천시장 김수영씨와 사천문화원장 박동선씨 그리고 최도경 성균관 사천향교 전교님, 사천향교 충효교육원강사 김갑성씨 노인회사천시지회장 이봉록씨 등과 인사를 하였으며 일본에서 온 가끼루마 노(老)스님과 여성(귀신을본다는) 분 아세아 뉴스센터 노치환 기자 서경방송 박상호 기자 등과 인사를 하였다.

먼저 조명군총 위령제례는 사천향교 임원들의 주도로 수백 명의 참례자와 같이 제례악이 울리는 가운데 집례자의 창홀에 맞추어 경건하고 엄숙하게 지냈다. 이어서 자리를 옮기어 이총 이전 안치식(耳塚 移轉 安置式) 불교식 본 행사 직전에 병조좌랑 이경류공의 고유제례를 전통 유교식으로 집례자의 창홀에 따라 초헌관에 이용구후손 아헌관은 사천향교 전교님 삼헌관과 축관 집사 등은 사천향교 임원님 등이 담당하였고 집례 이상구의 창홀에 따라 수많은 참예자 들과 같이 엄숙하게 치렀다. 다음은 유족대표 이상구씨의 조사(弔辭)를 하라는데 미처 준비를 못한 상태에서 후예(後裔)로서의 생각을 두서없이 마이크를 잡았다.

"이총 이전 안치식에 사천시장님을 비롯하여 문화원장님 박삼중 스님 그리고 만장을 이루어주신 사천시민 여러분께 심심한 감사와 경의를 드립니다. 저의 유족으로서 조상을 받드는데 소홀함이 있어 송구하고 죄송한 말씀을 무어라 드릴말씀이 없습니다. 지난 임진란의 역사를 보면 나라 조정은 파 당쟁에 몰두하여 국방은 무방비상태로 호시탐탐 패권의 야욕에 찬 왜구(倭寇)의 침입을 자초하여 헤아릴 수없이 많은 국민들이 희생을 당하는 치욕의 역사다. 다행이도 성웅 이순신장군의 기지(奇智)와 병조좌랑 이경류공 같은 용맹한 장병들이 계셨기에 7년간의 전쟁을 승리로 끝을 냈다. 천인이 공노할 왜구들의 잔인(殘忍)한 만행(蠻行)으로 우리 조상들의 귀를 잘라 전리품이라며 풍신수길에게 바쳐 이총이라는 무덤을 만들어 놓고 세인(世人)들에게 자랑하며 볼거리로 되어온지 400여년간 원혼(冤魂)이 되어 철천지원수의 나라에 묶여 분통해 절규(絶叫)하며 지새온 우리의 조상님들의 넋이나마 고국 땅에 모셔 오게 한 불자 박삼중 스님의 자비원력(慈悲願力)으로 귀환(歸還)하여 조명군총에 합장해 모신후 로 또 다시 사천시장님과 문화원장님 그리고 박삼중 스님의 협동으로 별도의 이총의 위령비를 세워 성역화사업을 성공리에 성취하여 주신 이사업에 관계하신 제현께 심심안 감사의 말씀과 치하를 드립니다.

사천시민들의 열의와 온정으로 매년 10월 1일 위령제를 지내오고 있으며 금번 성역화 되어 오늘의 제막식과 위령제를 지내게 되니 감개무량하며 영령(英靈)들이 이곳에 정착된 안식처로 영원한 명복을 비옵니다."

17년 전 교토에서 이총원혼환국봉안 고유 제례 때 보았던 여성 한 분이 다가서며 반갑게 인사를 하는 것이다. 일본 측 사죄단(謝罪團)의 일원으로 참여하여 피해자 유족을 상대로 일본인의 만행에 사죄하는 참회문을 낭독하는 등 머리를 조아렸다. 나는 이들에게 손을 잡으며 당신들의 조상의 잔인무도함을 꾸짖고 과거 역사를 상기하며 가장 가까운 이웃나라로서 앞으로 선린우호로 더욱 우의가 돈독해져 가기를 바란다는 요지로 화답했다.

유세차정해팔월무신삭이십일일무진
십이대손용구감소고우
현십이대조고증통정대부승정원도승지겸경연참찬관춘추
관수찬예문관직제학상서원정 행선교랑수병조좌랑부군
룡사지간 왕사시급 도이침구 생민어육 오호부군
조기지탁 석게재년 유우사직 명대중씨 불사검극
치마상진 서사부적 백면서생 집의시확 사생취의
강상부식 왕왕소견 경경정혼 유엽신신 명다혁혁
사백여재 방봉환국 권부군총 금부별식 방가현창
다사흠덕 도찬갈명 수서궐석 불초무장 래천형작
영령불매 서사흠격

維歲次丁亥八月戊申朔二十一日戊辰
十二代孫用求敢昭告于

顯十二代祖考贈通政大夫承政院都承旨兼經筵參贊官春秋
館修撰藝文館直提學尙瑞院正 行宣敎郎守兵曹佐郎府君
龍巳之間 王事是急 島夷浸寇 生民魚肉 嗚呼府君
早已志卓 釋揭纔年 惟憂社稷 名代仲氏 不辭劍戟
馳馬商陳 誓死赴敵 白面書生 執義是確 捨生取義
綱常扶植 往往昭見 炅炅精魂 遺葉酰酰 名多赫赫
四百餘載 方奉還國 權祔軍塚 今復別餙 邦家顯彰
多士欽德 陶撰碣銘 睡書厥石 不肖無狀 來薦泂酌
英靈不昧 庶賜歆格

임진 계사년 사이에 나라 일이 시급하였도다
왜놈들이 침략을 해와서 생민들이 도탄에 빠졌도다
아-, 부군이시여 일찍부터 높은 뜻이 특출하였도다
벼슬에 나아간지 겨우 일 년 오직 사직을 근심하였도다
이름이 중씨를 대신하여도 창과 칼을 사양하지 않았도다
말을 달려 상주 진에 가서 죽음을 맹서하고 적에게 달려갔도다
비록 백면서생 이 긴하나 의리를 잡음이 확고하였도다
삶을 버리고 의리를 택하였으니 강상이 그 힘으로 세워졌도다
더러더러 밝게 나타나시니 말똥말똥한 그 정백이로다
자손들이 성하고 많음이여 이름이 혁혁한 자 많도다
사백여 년 만에 영혼을 뫼시고 돌아와서
권도로 군총에 부장했다가 이제 다시 별도로 모셨도다
나라에서 현창하고 많은 학자들이 덕을 흠모하였도다
도암께서 비문을 지으시고 수헌께서 글씨를 쓰셨도다
불초 무장한 후손들이 지금 와서 술을 올립니다
혼미하지 않은 영령이시어 아무쪼록 흠향 하시옵소서

5. 이경류(李慶流)의 정혼(精魂)이 내왕(來往)하다

이경류(李慶流)의 자(字)는 장원(長源)이니 경함(慶涵)의 아우이다.

선조(宣祖) 신묘(辛卯)에 진사(進士)가 되고 문과(文科)에 급제(及第)했으며 임진(壬辰)에 병조좌랑(兵曹佐郎)으로서 조방장(助防將) 변기(邊璣)의 종사관(從事官)이 되었다.

이때 순변사(巡邊使) 이일(李鎰)이 상주(尙州)에서 왜(倭)를 만나 무너져서 달아나고, 기(璣)도 경류(慶流)와 같이 달아나자고 요구하자 경류(慶流)는 말하기를, "나는 죽음이 있다는 것을 알 뿐이다."하고 옷과 신을 종에게 주면서 이를 거두어 가지고 돌아가서 부모(父母)에게 고하라 하고 세 번 활을 쏘아 죽으니 이날 공중으로부터 와서 부모에게 보(報)하기를, "자식은 24일에 상주(尙州)에서 죽었습니다."했다.

부모(父母)가 놀라고 괴상히 여겨 믿지 않더니 수일 후에 종이 와서 옷과 신을 전하고, 그 후로도 항상 왕래하면서 공중에서 말을 전했다. 또 혹 주식(酒食)을 마련해 놓으면 비록 그 음식이 없어지는 것은 보지 못하나 그릇에 탁탁하고 소리가 있었다.

어느 날 청컨데 면모(面貌)를 나타내 보이겠다고 하자, 부모가 말하기를, "우리가 어떻게 차마 보겠느냐?"하니 대답하기를, "그렇습니다."하고 보이지 않았다.

그 후에 갑자기 와서 보(報)하기를, "내가 비명(非命)으로 죽었기 때문에 정혼(精魂)이 왕래했었는데 이제는 수(數)가 다해서 올라간다."했다 하니 이 말이 몹시 황당하지만 그 자손들의 말이 또한 그러했다.

일설(一說)에는 말하기를, 그의 형 경준(慶濬)이 순안군수(順安郡守)로 있을 때 마침 제삿날을 당하여 집을 깨끗이 하고 홀로 앉았는데 갑자기 들으니 장막과 벽 사이에서 우는 소리가 있더니 이윽고 휘파람 같은 소리로 말하기를, "형님, 제가 왔습니다."했다. 경준(慶濬)은 그 아우의 혼(魂)이라는 것을 알고 울면서 묻기를, "네가 경류(慶流)냐? 어디에서 오느냐?"하자 대답하기를, "내가죽은 뒤에 매양 형님에게 오면 군사의 호위가 삼엄해서 두려워서 감히 가까이 앞으로 오지 못했더니 이제 형님이 고요한 곳에 계시기를 기다려 온 것입니다."했다. 이에 경준(慶濬)이 묻기를, "네가 죽었는데 해골을 찾지 못했으니 과연 어디에 있느냐?"하자 혼은 드디어 울면서 말하기를, "군사가 패해서 풀 사이에 엎드려 있다가, 이튿날 절에 올라가서 왜를 만나 죽었는데 그 칼날을 맞을 때 혼정(魂精)이 떠나 흩어져서 시체가 있는 곳을 알지 못합니다."했다. 이로부터 그 형의 집에 왕래하여 집안일을 말하지 않는 것이 없더니, 2년 후부터는 오지 않았다 한다.

– 자료 출처: 『조야집요(朝野輯要)』

6. 임난 순국 충신 병조좌랑 이경류공(壬亂 殉國 忠臣 兵曹佐郎 李慶流公)

▲ 좌랑공 휘 경류 묘

임진왜란(壬辰倭亂)은 1592년부터 1598년까지 일본(日本)의 침공으로 일어난 7년 전쟁이다. 배경과 원인은 풍신수길(豊臣秀吉: 도요도미히데요시)이 일본통일의 실현으로 해외진출의 야망(野望)을 품고 그는 대마도 도주를 통해서 조선(朝鮮)에 수교요청(修交要請)과 명(明)나라를 정벌(征伐)하기 위해 조선을 통과 요청(要請)을 하였으나 조선이 응할리가 없었다.

풍신수길은 먼저 조선을 침공할 뜻을 품고 병력(兵力)과 선박(船舶) 등 포르투갈 사람의 의해 전래(傳來)된 조총(鳥銃)의 국내생산 등 전쟁준비가 완료되는 동안, 우리 조정(朝廷)의 지배 계급들은 당파싸움에 여념이 없어, 명종(明宗)때 율곡 이이(栗谷 李珥) 등의 강병책(强兵策)으로 10만 양병론(養兵論)을 외면하고 있을 때 '풍신수길'의 저의(底意)를 살피기 위해 1590년(宣祖23) 서인(西人)인 황윤길(黃允吉) 통신사와 동인(東人)인 김성일(金誠一)을 부사(副使)로 허성(許筬)을 서장관(書狀官)으로 하여 일본(日本)에 보냈다. 이듬해 황윤길 통신사 편에 보내온 풍신수길의 답서에는 정명가도(征明假道)의 문자가 있어 침략의 의도가 분명했음에도 사신(使臣)의 보고가 일치하지 않았다. 동인(東人) 김성일 부사는 반대 주장한 것이다. 동인세력과 오랫동안 문약(文弱)하여 안일무사주의

(安逸無事主義)를 일삼던 조정에서는 김성일의 보고를 따르게 되었다.

조정에서는 비변사(備邊司)의 보고와 빈번한 일본사신의 왕래도 사태가 점차 급박해지자 뒤늦게나마 대책을 강구 신립(申砬), 이일(李鎰) 등에게 변비(邊備)를 순시케 하고 이순신(李舜臣)을 전라좌수사(全羅左水使)로 기용하는 등 수습하였으나 때는 이미 늦었다.

일본은 군 병력 20만 2천명을 이끌고 부산진을 함락(陷落)하여 정발(鄭撥), 동래부사 송준현(宋俊賢)이 전사케 하고 파죽지세(破竹之勢)로 처올라왔다. 이에 당황한 조정에서는 순변사 이일(李鎰) 도순변사(都巡邊使) 신립(申砬) 등을 보내어 왜군의 진로(進路)를 막게 하였으나 이일은 상주(尙州)에서 패주(敗走)하고 신립은 조령(鳥嶺)을 버리고 충주(忠州)에서 배수진을 치다가 전사하고 말았다.

조정에서는 장차 장수(將帥)를 보내어 조령을 지키려고 하는데 변기(邊璣)를 조방장으로 그의 종사관(從事官)에는 이경류(李慶流)를 병조좌랑(兵曹佐郞)에 임명되었다.

종사관 이경류는 예조판서 휘 증(禮曹判書諱增) 북애공(北崖公)의 아드님 5형제 중 넷째아들이다. 참조(參照) 한산이씨 한평군파 세보(韓山李氏 韓平君派 世譜). 차자(次子)는 참판공 휘 경함(參判公 諱 慶涵)은 당시 대성(臺省:사헌부, 사간원)에 나아가 있어서 종사관으로 지목되었는바 이름자 함(涵)자가 류(流)자로 바뀌었다. 휘 경류는 1591년(宣祖24)에 대과급제(大科及第)하여 입조(入朝)한지 1년 만에 임진왜란이 발발(勃發)하였다.

형인 경함이 아우에게 "내가 갈 것이다."하니 "형님 나라의 위급함이 백척간두(百尺竿頭)에 처한 이때 복명(復命)하겠습니다."하고 관복(官服) 입은 채로 애마(愛馬)에 올라 급거 조령(鳥嶺)에 다달았으나, 조방장 변기(邊璣)는 상주로 패주(敗走)하였다고 하니, 말머리를 상주로 돌려 채찍을 가하여 당도하였다.

수비(守備)하던 이일(李鎰) 장군 또한 군졸(軍卒)들과 도망갔으며, 종사관 교리 윤섬(校理 尹暹)과 종사관 수찬박지(修撰 朴篪)는 이미 전사당하였다.

종사관 이경류는 남은 군졸들에게 이르기를 "나라일이 이에 이르렀으니 아픈 마음 그지 없을 뿐 내 비록 아무런 힘도 없으나, 마땅히 너희들과 함께 싸우다가 죽으리라."하며 전복(戰服)으로 갈아입고 관복과 서찰(書札)을 애마 등에 꽁꽁 묶어놓고 선록(先祿:심부름꾼)에게 빨리 이 말을 타고 서울로 떠나라고 명(命)하고는 적군에 돌진(突進)하여 장렬히 싸우다 전사(戰死)하였다. 1592년(宣祖25) 임진 4월 25일이었다.

– 『순절우상주(殉節 于尙州)』 참조(參照)

『동국삼강행실충신도(東國三綱行實忠臣圖)』: 광해군 6년에 왕이 유근(柳根) 등에게 명하여 편찬(編纂)하게 하였다. 충신(忠臣) 1권, 효자 8권, 열녀(烈女) 8권으로 되었고 한글로 된 주해(註解)와 인명(人名)및 그 행적(行績)이 수록되어 있다. 17권 9책 인본(印本)이다.

선록(先祿)은 산골 속 깊이 숨어들어, 밤낮으로 500여리를 달려서 고향에 당도하여 선록과 말은 기진맥진하여 대문(大門)을 들이박고 죽었다.

선록은 정신을 차려 당시 상황을 고하니 부모형제 가족들이 경악(驚愕)하였다. 그 후 공의부친 북애공과 형님인 참판공 휘 경함(諱慶涵) 부자분이 상주에 가서 시신을 수습(收拾)하려 찾아보았으나 찾지 못하여, 광주 낙생지 선영하(廣州 樂生之 先塋下) 현 광주군 돌마면 수내리(現廣州郡 突馬面 藪內里)에 의관장(衣冠葬)으로 치루었고 충마(忠馬)는 공(公)의 묘하에 묻어 충마의총(忠馬義塚)이라 하며 매년 제향(祭享)후 말 무덤에도 술 한 잔을 부어놓는다. 말 못하는 짐승일지라도 주인을 위해 값진 희생한 넋을 기리기 위함이다.

당시 조정은 다사다난(多事多難)한 중이어서 충의(忠義)에 죽은 선비들을 일일이 포상(褒賞)하거나 녹봉(祿奉)하지 못했기 때문에 좌랑공(佐郎公) 또한 순국한 즉시 정표(旌表)의 은전(恩典)을 입을 수가 없었다. 공(公)의 외아들인 부사공 휘 제(府使公 諱 穧)가 4세 때였는데 급기야 장성(長成)하여 비로소 상소(上訴)하여 부친의 목숨을 받쳐 순절(殉節)하신 행적을 진정(陳情)함에 조정에서는 특별히 도승지(都承旨)로 증직(贈職)과 묘하에 충신정려비(忠臣旌閭板刻碑)와 상주전적지에 충신의사단비(忠臣義士壇碑)가 있어 어제문(御祭文)으로 제향(祭享)하고 있다.

순절(殉節)하신지 40여 년 간 정령(精靈)과 혼백(魂魄)이 흩어지지 않고, 혹은 집안사람들의 꿈에 나타나거나 혹은 새벽과 밤중에 공중으로부터 말하는 음성이 역력하여, 세상 사람들이 이 소문을 전해 듣고 슬퍼하지 않는 이가 없었다고 하는데 다만 공(公)의 충직(忠直)한 기상(氣象)과 분하고 원통한 혼령이 오르락내리락 공중에 떠돌았기 때문이리라.

옛적에 충신열사(忠臣烈士)가 죽으면 생기(生氣)가 다하지 않은 채 오랫동안 떠돌았다는 고사(古事)가 있다. 구 때의 실적이 이미 이백헌(李白軒)과 정동명(鄭東溟)이 지은 북애공 휘 증(北崖公諱增: 좌랑공의부친)의 시장(諡狀)과 비문에 나타나 있고 우암 송시열 선생(尤庵 宋時烈 先生)이 지은 공의 손자 참판공 휘 정기(諱廷夔) 비문과 야사(野史) 가록(家祿) 『조야집요(朝野輯要)』 등에 자세히 기록되어 있다.

7. 충신 이경류공과 돌마역, 돌마리의 연원 (忠臣 李慶流公과 突馬驛, 突馬里의 淵源)

▲ 1592년 선조(宣祖) 25년 임진왜란에 병조좌랑 이경류(**李慶流**) 공(公)이 말(**馬**)을 갈아타고 적진(敵陣)으로 돌진(**突**進)하여 혁혁하게 싸우다 전사(戰死)하였고, 애마(愛馬)는 공의 의관(衣冠)과 서찰(書札)을 지니고 500여리를 굶어서 달려와 기진맥진하여 고향집의 대문을 들이박고 죽었다. 광주낙생역(廣州樂生驛)이라 부르던 지명이 1597년 선조 30년 정유년(丁酉年) 『여지도서(與地圖書)』에 돌마역(突馬驛)은 재주남삼십리(在州南三十里)라 하였으니, 순국하신 좌랑공과 충마의 넋을 기리기 위해 돌마(突馬)라는 어원이 전승되고 있다.

▌상주 충신의사단 제문(尙州忠臣義士壇 祭文)

-정조대왕 찬(正祖大王 撰)

임진(壬辰) 싸움에 영남(嶺南) 머리에 적의 무리 밀려왔네. 부산을 함락시키고 동래(東萊)를 무찔러서 군사와 말이 모두 쓰러졌네. 이에 원수(元帥)에게 명하여 이를 막으라 했네. 이때 시정(市井)의 무뢰배(無賴輩)가 겨우 몇 백 밖에 되지 않았네. 사벌(沙伐: 상주의 옛 이름)의 들판과 증수(甑水: 상주 부근에 있는 강의 이름) 물가에 묻은 구름 사면으로 막히고, 풀과 나무가 해를 가리웠네. 정기룡(鄭起龍)의 총도 쏘아지지 않고, 송상현(宋象賢)의 갑옷은 자취를 감추었네. 이때 오지기 삼종사(三從事)가 화살에 맞아 목숨 바쳤네. 장하도다 문열공이여! 그 공적 혁혁(赫赫)하네. 은(殷)나라의 설(契)과 주(周)나라 직(稷)과 같이 우리 종계(宗系)를 바로 잡았네. 나라를 빛내고 경사를 기록했으니 그대에게 공신(功臣)의 이름을 주노라. 대려(帶礪) 기조랑(騎曹郎)에 이르러서는 나아가 형을 대신하여 죽었네. 이미 직학사(直學士)가 되어 젊은 나이에 장한 이름 드날렸네. 세 사람은 탄식하고 칼을 짚고 일어섰네. 죽지 않으면 장부(丈夫)가 아니어서 누가 개, 돼지 노릇을 하랴. 마음 헤치고 일어나서 푸른 피가 되어 사라졌네. 먼저 창의(倡義)한 절개에 팔방(八方)에서 다투어 계속했네. 이 분개(奮愾)하는 마음 생각하니 세상에 드물지 말았으면. 단(壇)에 아름다운 이름 써 붙이고 정성들여 제사지내네. 그 기운(氣運)산하(山河)가 되어 남쪽 지방을 길이 호위하라.

좌랑이경류경도인임진왜란위방어사변기종사기사경류유근경불청문적봉기박상주기의전진경류책이대의수독군유오영행백여리견적세심성작결서부가정자구갑주구신돌입적진이사금 상조정문

佐郞李慶流京都人壬辰倭亂爲防禦使邊璣從事璣使慶流留近境不聽聞賊鋒己迫尙州璣意前進慶流責以大義遂督軍逾鳥嶺行百餘里見賊勢甚盛作訣書付家庭自具甲冑奮身突入賊陳而死今 上朝旌門

좌랑 이경류는 서울 사람이라. 임진왜란의 방어사 변기종사관이 되어 기 경류로 하여금 가까운데 경계에 머무시라 하니 듣지 아니하다. 도적이 이미 상주를 핍박하는데 그 앞에 나아갈 뜻이 없거늘 경류 대의로 배척하고 드디어 군을 독촉하여 새재를 넘어 행하기를 백여리를 하야, 적세가 심히 성한 줄을 보고 이별하는 글을 지어 집에 부쳐 보내고, 스스로 갑옷과 투구를 갖추어 몸을 적진에 돌입(突入)하여 죽다. 이제. 상조(上朝)에 정문(旌門)하시니라.

▮ 연원(淵源)

서기(西紀) 1349년 고려 충정왕 원년 지정 9년(高麗 忠定王 元年 至正 9년) 기축년(己丑年)에 가정 휘곡(稼亭 諱穀) 선생은 문정공 목은 휘색(文靖公 牧隱 諱 穡)선생의 부친(父親)이신데 고향 근친(故鄕 覲親)길에 낙생역(樂生驛)에 머물렀을 때 광주목사(廣州牧使)가 찾아와 청풍정(淸風亭)을 지어놓고, 기문요청(記文要請)을 하여 청풍정기문(淸風亭記文)을 쓰실 때도 수내동(藪內洞)역말을 낙생역(樂生驛)이라하였다.

- 참조 『가정집(稼亭集)』 6권 (記, 碑)

기록에는 임진왜란 이전까지는 면(面)의 명칭이나 동리(洞里)명칭에 대해 전혀 찾아볼 수 없다. 지방의 행정구획인 면리(面里)제가 정비된 것은 대체로 조선중기(朝鮮中期)부터이며 여기에서 면(面), 방(坊), 이(里),

동(洞)을 상세히 기술하는 새로운 형태에의 읍지(邑誌)도 요청되게 되었다.

- 참조: 이완재 교수 저 『한국사에 비춘 성남지역의 역사』 P82. 하단부터

한편 임진왜란을 계기로 하여 통신기능에도 새로운 변화를 가져왔다.

즉 교통기능을 담당했던 역원제도(驛院制度)가 중간에 공용물자를 수송하는 임무를 겸하게 되었다. 통신기능을 맡았던 봉수제(烽燧制: 수내동 산1번지) 영장산(靈長山)정상에 봉수대(烽燧臺)가 있었다 한다. 그러나 흔적을 찾아볼 수가 없었다.

- 참조: 성남분당지구문화유적 지표조사보고서』 P54.

봉수대는 임란을 당하여 거의 허구화되었다. 그리하여 1597년(宣祖30) 정유재란(丁酉再亂) 때에는 봉수제를 폐지하고 파발(擺撥)로써 변경해 변고(變故)를 알리게 하였다. 파발에는 말을 달려 사절을 알리는 기발(騎撥)과 속보(速步)로 전하는 보발(步撥)의 두 가지가 있다. 이를 가리켜 파발제도(擺撥制度)라 한다. 등거리로 설치되어 있는 참(站)마다에서 교대로 릴레이식으로 달려서 신속한 통신기능을 한다.

분당지구의 유일한 역(驛)인 돌마역(突馬驛)을 1597(선조30)년 후에 낙생역(樂生驛)이라 불리어 왔다. 지금의 숲안역말(藪內洞驛村)부락이다.

돌마역(突馬驛)에 대해서는 『여지도서(輿地圖書)』에 "돌마역재주남삼십리(突馬驛 在州南 三十里)"라고 기록되어 있고, 또 1899년 광주 부읍지(廣州 府邑誌)에는 재주남 사십리 돌마면(在州南 四十里 突馬面)이라고 보이는데 『여지도서(輿地圖書)』에 의하면 이 돌마역에는 말(馬) 오필(五匹)과 노비(奴婢) 4명이 배속 되어있다.

또한 한산이씨 한평군파 세보 권일(韓山李氏 韓平君派 世譜 卷1) 문집 P303에 1728년(영조. 英祖4) 무신(戊申)년에 봉화공 이하 삼세유사 비

서(奉化公 以下 三世遺事 碑序)에는 서울남쪽 광주(廣州)서쪽 삼십리 쯤 되는 곳이 돌마리(突馬里)요, 여기에 산이 있는데 영장산(靈長山)이라 한다.

– 문집P321. 아천군신도비명(鵝川君神道碑銘)에
이조판서이증(吏曹判書李增).

대광보국 숭록대부 의정부영의정 아천부원군 영경연홍문관예문관 춘추관 관상감사(大匡輔國 崇祿大夫 議政府領議政 鵝川府院君 領經筵弘文館 藝文館 春秋館館觀象監事)를 증직(贈職)했다. 1601년(宣祖34辛丑) 2월에 광주 돌마리(廣州 突馬里)에 장사(葬事)지내니 이는 선영(先塋)을 좇은 것이라고 하였다

1592년(선조25년, 임진)이전까지는 광주 낙생(廣州 樂生)이라 하였고, 1601년(선조34년, 신축)부터 광주 돌마리(廣州突馬里)라고 지어진 명칭(名稱)은 임란순국충신(壬亂殉國忠臣) 병조좌랑 이경류(兵曹佐郎李慶流) 공의 애마(愛馬)가 의관(衣冠)과 서찰을 싣고, 그의 임무를 수행(遂行)하느라 상주(尙州)로부터 500리길을 달려와 기진맥진한 충마(忠馬)가 대문을 들이박고 죽은 충심(忠心)을 기리기 위해 공(公)의 묘는 의관장(衣冠葬)으로 하였고, 묘하에 말무덤(忠馬義塚)이 있어, 돌마리(突馬里)라고 1899년(광무 3, 기해) 이전까지 호칭(呼稱)한 것으로 짐작된다.

1899년 이후에 돌마면(突馬面) 또는 돌마역(突馬驛)이라고 하였고, 근세(近世)에는 광주군 돌마면 수내리(숲안, 역말, 너멋말)로 3개 부락이 있었다. 1993년 이후 신도시개발로, 경기도 성남시 분당구수 내동(숲안)으로 개칭(改稱)하였다.

1995년 월

호정(湖亭) 이상구(李庠求)

8. 호주제(戶主制) 우리가 지켜야한다

민법 제809조 제1항의 "동성동본(同性同本)인 혈족(血族) 사이에서는 혼인(婚姻)하지 못한다."는 조항에 관하여 1997년 7월 16일 헌법재판소가 "행복추구권으로 인한 헌법에 합치(合致)하지 아니한다."라고 결정하고 규정의 효력을 정지시켰으며 1999년 1월 1일부터는 그 효력을 소멸시킨다고 결정하였다.

이때에 성균관에서는 전국 234개 향교(鄕校)와 유림(儒林) 등이 총궐기(總蹶起)하여 항의집회를 통하여 대항(對抗)하였으나 뜻을 이루지 못하였으며, 전국 각 지방에 성씨(姓氏)들이 통분하여 한국성씨총연합회(韓國姓氏總聯合會)를 결성하고 이에 대항하는 세력으로 거듭나 이후 계속하여 궐기집회와 언론보도를 통하여 동성동본금혼법을 사수하자는 홍보전단 살포 등으로 열심히 노력한 보람도 없이 설상가상(雪上可霜)으로 호주제 폐지(戶主制 廢止)바람이 거세게 불기 시작하더니 급기야 헌법재판소(憲法裁判所)에서 또다시 호주제가 헌법불합치(憲法不合致)로 결정되어, 여성계가 중심이 되고 과반수를 확보한 여당 국회의원들과 앞으로 국민들의 표를 의식한 국회의원들이 지난 2005년 2월 3일 호주제폐지를 내용으로 한 민법개정안 통과를 3분의 2. 찬성 161, 반대 58, 기권 16표로 호주제가 폐지되고 말았다.

통과시킨 개정안은 단순히 '호주제'의 폐지가 아니라 부계혈통 승계의 파괴와 가문의 폐지이고, 조상의 부정과 가족의 분열, 또한 해체를 의미한다. 앞으로 시행예정으로 있는 일인일적제(一人一籍制)는 막대한 국가예산 낭비는 물론, 신분 등록부에 조부모가 기재되질 않아, 선후세대 간의 연결은 끊어지고 개인주위가 팽배하는 결과를 가져올 뿐만 아니라, 이혼과 미혼모 증가를 부추겨 가족제도가 근본적으로 파괴될 처지에 놓여있다.

또, 부부 합의만으로 모성승계(母姓承繼)를 허용하면 “아버지는 李씨, 나는 박(朴)씨, 자식은 김(金)씨, 손자는 정(鄭)씨등으로 직계혈손(直系血孫)들의 성씨가 각각 달라지게될 수밖에 없으므로 몇 대(代)만 지나도 누구의 후손인지 가리기가 어렵게 될 것이다. 또한 동성동본 간 금혼법이 8촌 이내로 개정되어 9촌 이상 간에 혼인이 되면 오대조후손끼리 사돈 간이 되어 제사를 받들 수가 있을 것인지, 재당숙질 간에도 혼인할 수가 있으니 종중이 존재할 수가 있을 것이며, 아무리 생각을 해보아도 이 사회질서가 문란하고 혼란스러워져 금수만도 못한 삶을 어떻게 극복해야 할 것인지 암담할 뿐이다.

반만년 역사의 부계혈통이 무너지고 있다. 세계가 부러워하는 “한국의 성씨제도”를 우리스스로 쓰레기통에 버려야 되겠나?

고려(高麗) 때 호구(戶口 · 戶主制)제도 이래 부계혈통(父系血統)과 성씨(姓氏)를 계승하여온 불변의 원칙으로 우리나라만의 전통미풍양속이며 세계적으로 유일한 족보문화(族譜文化)가 이 시대에 와서 종말(終末)을 고(告)한다고 하니 천인공노(天人共怒)할 사안(事案)이 아니겠나!

성균관을 대표한 정환담(鄭煥淡) 법학박사의 “한국가족제도에 살아있는 삼원칙”을 전재(轉載)하건대 한국의 전통가족제도 속에 내재(內在)하는 고유한 특성인

(1) 가족공동체의 원칙.(家族共同體의 原則)
(2) 가족계승체의 원칙.(家族繼承體의 原則)
(3) 타성혼의 원칙(他姓婚의 原則)
(4) 동성혼 금지의 원칙(同姓婚 禁止의 原則)

위 원칙을 잘 보존하여 왔던 한국가족제도의 전통을 꾸준히 그 생명역을 가지고 살아남아서 민족의 시대적 전환기(轉換期)에 당하여서도 그 위기(危機)를 극복(克復)하고 민족의 대 단합(團合)을 불러일으키는 힘을 발휘하는 민족정신의 원천으로서 큰 역할을 하여왔다.

(1) 가족공동체의 원칙

한국 사람은 가족과 가정이 생사(生死)를 같이하는 가장 존귀한 공동운명체로 받아들여 왔다는 점이다. 사람들은 가정의 울타리 안에서 태어나고 함께 살아가면서 서로사랑하고 신뢰(信賴)하고 협조(協助)하며 이 공동체를 위하여 신명(身命)을 던지는 공동생활을 체험(體驗)한다. 이러한 의식을 체험하지 못하면 그는 공동체가 가진 큰 의미를 이해하지 못하므로 공동체가 위기(危機)에 처하게 되면 자신의 이익(利益)을 위하여 흩어지게 마련이다.

그러나 우리의 가족이나 민족이 위기에 당하여서 왜 개인의 이익을 위하여 도망가려 하지 않고 공동체를 지키면서 죽어 갔던가? 거기에는 바로 {나}는 나 개인이 아니라 가정의 한 구성원(構成員)이며 조상(祖上)을 이어받은 한 조각 몸이라는 의식(意識)이 있기 때문이다.

(2) 계승공동체의 원칙

자손(子孫)과 가족(家族)은 핏줄을 통하여 조상(祖上)을 이어받은 계승공동체(繼承共同體)라는 의식(意識)이다. 가(家)의 계승의 원칙은 가(家)와 그 자손은 조상으로부터 생명(生命)과 정신(精神)을 이어 받으므로 그 성씨(姓氏)와 이름도 이어받는다는 원리(原理)이다. 조상(祖上)의 명망(名望)과 더불어 이어받은 정신적 유산(遺産)은 조상으로부터 사손 의 가족공동체에 공동적으로 계승(繼承)되므로 그의 상징적인 명칭인 부성(父姓)은 영구불변(永久不變)토록 자손에게 이어가게 하는 것이다.

이러한 생명과 정신의 연속감(連續感)이 모든 자손에게 자기가 한 개인만이 아닌 공동체의 구성원으로서 역사와 시간을 초월하고 극복하여야 한다는 신념과 사명감을 불러 이르키게 하는 것이다. 공동체를 지켜야 할 소임을 받은 자가 어찌 소임을 배반(背反)할 수 있겠는가?

(3) 타성혼의 원칙

혼인(婚姻)은 반드시 타 성씨 간(他 姓氏 間)에 하여야 한다는 원칙이다. 혈통(血統)은 조상으로부터 이어받은 가(家)의 결속(結束)으로 계승되어 오면서 혼인은 반드시 다른 성씨와 부족(部族)간의 자녀(子女)들끼리 결합시키므로써 성씨가 다른씨족공동체(氏族共同體)들 간에 협력(協力)과 평화적(平和的) 공존(共存)을 유지하여 왔던 지혜로운 고대법제(古代法制)의 유제(遺制)가 바로 타성혼(他姓婚)의 원칙(原則)이며, 다른 말로 동성동본혈족간(同性同本 血族間)의 금혼(禁婚)이다. 이러한 타성간의 통혼(通婚)의 원칙은 혼인을 통하여씨족집단 간(氏族集團 間)의 횡적(橫的) 결합을 강화(强化)하게 하였고 통혼권(通婚圈)의 확대를 통한 사회의 횡적 결합과 조상으로부터 성씨(姓氏)를 계승한 혈통(血統)의 종적(縱的) 결속이 바로 한민족(韓民族)을 형성하고 지켜오게 한 이른바 민족(民族)의 양대 축(兩大 軸)인 종축(縱軸)-혈통축(血統軸)과 횡적(橫的)-혼인축(婚姻軸)을 이루는 민족의 구성 원리(構成原理)였다.

우리나라는 지정학적(地政學的)으로 세계열강(世界列强)들의 침략(侵略)을 무수히 받아 왔으나 이상(以上)과 같은 한국민(韓國民)의 내재(內在)된 윤리(倫理)와 도덕적(道德的) 정신력(精神力)으로 수천 년(數千年)을 지켜온 깊은 뿌리의 금수강산 한국(錦繡江山 韓國)이다.

이제 온고이지신(溫故而知新)으로 시대적(時代的)변천에 의한 사안(事案)에 따라 개혁(改革)하고 변(變)해야 한다. 그러나 우리의 기본원칙(基本原則)과 미풍양속(美風良俗)마저 송두리째 국민들의 납득할 수 있는 대안(代案) 없이 폐지(廢止)한다는 것은 위험천만(危險千萬)한 처사(處事)가 아닐 수 없다.

이제 호주제가 폐지됨으로써 발생되는 가(家)가 무너지고 사회의 가장 기본적인 가족이 해체되고 이기적인 개인주의가 팽배하여 사회공동체가 무너지는 사태와 성본(姓本)이 혼란(混難)하여짐에 따라 숭조사상(崇祖思

想)과 종중(宗中)이 파괴(破壞)되는 금수(禽獸)만도 못한 인간(人間)으로 전락(顚落)하는 사태(事態)가 벌어지고 있다.

앞으로 2008년까지 호주제폐지(戶主制廢止)에 따른 대안(代案)에 있어서 우리의 기본원칙(基本原則)을 복원(復原)하는데 최선(最善)을 다해야 할 것이며 호주제(戶主制)는 우리가 지켜야 한다. 우리가 수호(守護)하기 위하여 유학(儒學)을 배워 익혀서 선현(先賢)들의 유덕(遺德)을 기리고 인륜지도덕을 후손(後孫)들에게 전승(傳乘)하는 촉매역할(觸媒役割)을 각기 종중사(各其 宗中事)에 참여해서 계도(啓導)하는 연결고리가 되어야한다.

한국성씨총연합회(韓國姓氏總聯合會)에서 간행(刊行)하는 한국성씨총감(韓國姓氏總鑑)이 3년 만에 3천여 쪽의 상하권(上下卷)을 일질(一帙)로 출간(出刊)하였다. 당초(當初)에 우리 대종회이사회(大宗會理事會)에서는 참여(參與)하지 않겠다는 결의(決議)가 있었으나 최하위종파(最下位宗派)인 참의공파(參議公派)이사장인 동규(東珪)씨께서 이 사실을 전해 듣고 가입신청금(加入申請金)으로 일금이백만원(一金二百萬원)을 기탁(寄託)하므로써 대종회 이사회의 승인을 받고 석규(錫珪: 세화피엔씨회장)씨에게 편수업무(編修業務)를 위임(委任)하여 제반자료수집과 교정 복사배포(複寫配布) 등 이에 수반되는 비용 신청금 외 초과분 등 근 이백만원 상당을 써가며 탈고(脫稿)하여 성씨총연합회에 제출하신 노고(勞苦)에 위로(慰勞)와 두 어른께 심심(深心)한 감사(感謝)와 찬사(讚辭)를 드립니다.

참의공파이사장 동규(東珪)씨의 위선심은 타(他)의 추종을 불허(不許)할 만큼 적극적(積極的)이시며 창조적(創造的)인 고찰(考察)로 종중발전(宗中發展)과 또한 내외분(內外分)이 종원돈목(敦睦)에 남다른 협력의 선구자적(先驅者的)인 역할을 하셨다. 호주제 문제로 시국(時局)이 변화무쌍(變化無雙)한 속도로 변(變)해가는 이때에 일우(一隅)의 기회로 삼고 귀(貴)한 한국성씨총감(韓國姓氏總鑑)을 많이 신청(申請) 바랍니다. 아울러 석규(錫珪)씨는 성씨총감 편수하는 동안 그 여세(餘勢)로 한산이씨보감(韓山李氏寶鑑)을 편찬(編纂)하여 무려1100여 쪽의 보감(寶鑑)이 완간되어 정가 70,000원을 50,000원에 판매하고 있으니 호주제는 우리가 지킨다의 일환으로 구입해서 후손들에게 현달하신 열선조의 유훈 정훈(遺訓庭訓)을 명심하도록 전승(傳承)하시기 바랍니다.

주문처: 서울시 성북구 삼선1동 삼성빌딩 3층세화피앤씨

직통 (02)744-0706

계좌번호: 하나은행 이석규 286-910062-43807

2005년 10월 일

서울 신림동 호정 상구

9. 한국성씨총감 축간사(韓國姓氏總鑑 祝刊辭)

이번에 한국성씨총연합회(韓國姓氏總聯合會)에서 우리 사회(社會)에 현존(現存)하는 290여(餘) 성씨(姓氏)를 총망라(總網羅)한 한국성씨총람(韓國姓氏總鑑)』을 발간(發刊)하게 되었다. 그 내용(內容)을 살펴보니, 우리나라 각(各)씨족(氏族)의 발원(發源)에서부터 현재(現在)에 이르기까지 대대(代代)로 전승(傳承)된 인적구성(人的構成)과 각(各) 구성원(構成員)의 생졸(生卒) 및 신분적(身分的) 변동(變動)과 경력(經歷) 등(等) 간략(簡略)하게나마 대부분 등재(登載) 기록(記錄)하고 있다. 참으로 뜻 깊은 일이라고 찬양(讚揚)하고 싶다.

왜 그런고 하니, 근자(近者)에 이르러 진보(進步)니 보수(保守)니 민족(民族)이니 민주(民主)니 하면서 편(便)을 갈라 세상(世上)을 시끄럽게 하는 이때에, 우리 민족(民族)의 뿌리를 찾으려는 숭조정신(崇祖精神)을 고취(鼓吹)하는 이 총람(總鑑)의 발간(發行)은씨족적(氏族的) 일대쾌거(一大快擧)라고 할 것이며, 이 총람(總鑑)은 가위(可謂) "민족(民族)의 보감(寶鑑)"이라고 여기기 때문이다.

이 총람(總鑑)의 발간(發刊)에는 한국성씨총연합회(韓國姓氏總聯合會)의 당무자(當務者)들의 노고(勞苦)도 있으려니와 백진우(白鎭禹) 총재(總裁)님의 열성(熱誠)과 추진력(推進力)에 의(依)하여 그 빛을 보게 된 것이라 짐작(斟酌)되어 이를 더욱 치하(致賀)하는 바이다.

2005년 2월 일

전 대법원장(前 大法院長)

한국성씨총연합회 고문(韓國姓氏總聯合會 顧問)

한산이씨 대종회 이사장 이일규(韓山李氏大宗會 理事長 李 一 珪)

十四부

기타(其他)

十四부. 기타(其他)

1. 신도비군 비각건립 상량문(神道碑群 碑閣建立 上樑文)

유종대진 숭선지지광심 가관일문지흥(儒宗大振 崇先之志廣深 可觀一門之興)
유학으로 크게 떨친 가문, 선조를 숭모하는 행사 이같 이 넓고도 깊으니, 가히 일문의 흥왕함을 예감할 수 있다.

비지필복산천지승 호거룡반 장의 영장지세(碑址必卜山川之勝 虎踞龍蟠 壯矣 靈長之勢)
비각의 자리! 산천의 기운이 모인 곳을 택하였으니, 호랑이 걸터앉고 용이 서린 듯 장하도다. 영장산 형세

일목가견삼방 백대시식고가목 한산심근(一目可見三方 百代是式古稼牧 韓山深根)
한 눈으로 능히 三방(터, 청용, 백호)의 아담한 풍경을 볼 수 있으니 옛 어른 가정 목은 부자분을 백세토록 모실만한 곳이다.

금계성남 성무청송 선세수반 계계승승 성대업야(今啓城南 盛茂靑松 先世修盤 繼繼承承 盛大業也)
한산의 깊은 뿌리는 이제 성남지방에 싹을 틔워 푸른 솔같이 무성하고, 선세의 닦은 기반을 대대로 연마하여 이토록 큰 문벌을 이룩하였네

금연곡단 장거수량 대창육방지송(今涓穀旦 將擧修梁 大唱六方之頌)
이제 곡단(좋은 날)을 가려 장차 들보를 올리며 六방(동, 서, 남, 북, 상, 하)의 칭송하는 글귀를 크게 부르노라.

아랑위포양동 일광승욱처처명(兒郞偉拋梁東 日光乘旭處處明)
에이어차 들보 동에 던지니, 따뜻한 햇빛이 곳곳에 밝다.

공지음덕여일광 자손만대현세명(公之蔭德如日光 子孫萬代顯世名)
가신님 큰 음덕 햇빛과 같아 자손이 만대토록 혁혁하리라.

아랑위포량서 관악남맥기류서(兒郞偉拋梁西 冠岳南脈氣流栖)
에이어차 들보 서에 던지니 관악산 남쪽 맥이 기운 보내내.

주야익창첨성무 상현귀덕화군여(晝夜益蒼添盛茂 尙賢貴德化群黎)
주야로 울창한 숲 더욱 성하니 선현귀덕 존숭하여 모든 사람 교화하다.

아랑위포량남 고대여주만감참(兒郞偉拋梁南 高臺如柱萬感叅)
에이어차 들보 남에 던지니 높이 솟은 산봉우리 이곳을 감싸네.

난양초목일구장 산호만세정문삼(暖陽草木日具長 山呼萬歲定聞三)
초목도 잘 자라는 따뜻한 날에 큰소리 만세삼창 부를만하네.

兒郞偉拋梁北 三角山仰靈長岳(兒郞偉拋梁北 三角山仰靈長岳)
에이어차 들보 북에 던지니 삼각산이 은근히 보호해 주네.

한도시민집비전 공지숭덕향찬극(韓都市民集碑前 公之崇德香讚極)
서울에 시민들이 비 앞에 모여 우리님 높으신덕 찬양하노라.

아랑위포량상 천상삼태조산봉(兒郞偉抛梁上 天上三台照山峰)
에이어차 들보위에 던지니 천상의 三태성이 내려비춘다.

만민동호진한면 무상태평환유상(萬民東戶盡閑眠 無像太平還有像)
만백성 좋아하고 편히 잠든 듯 태평세월 기상이 완연하구나.

아랑위포량하 천세보국수종사(兒郞偉抛梁下 千歲保國守宗社)
에이어차 들보 아래 던지니 천년의 오랜 사직 고이 지켰네.

선세미덕후대음 유세유월가주아(先世美德後代蔭 愈歲愈月歌周雅)
선세의 미덕으로 후손에 내린 음덕 세월의 흐름 속에 노래 부르자.

복원거량지후 반천년전생시불진지의 교지손손수행추의(伏願擧梁之後.半千年前生時不盡之意.敎指孫孫遂行追矣)
삼가 원하옵건데 상량 한 뒤로 반천 년 전 살아 계실 때 다 펴지 못하신 뜻이 있다면, 자손들 기필코 이를 이어받아 끝까지 발전하고 더욱 선조의 음덕을 깊이 추모하오리다.

1999년 기묘(己卯) 6월 일

국사편찬조사위원(國史編纂調査委員) 인종(寅鍾) 이현구(李賢求) 찬(撰)

2. 찻물 끓는 소리가 멋스런 목은(牧隱) 선생의 시어(詩語)

목은 이색(1328-1396)은 고려시대의 대표적 '선비차인'이다. 몸가짐과 집안을 바르게 하고, 나라와 천하를 평안하게 하는 군자의 길이 차(茶) 한 잔을 다루는데서 시작한다는 차풍(茶風)이었다. 그의 수많은 차시(茶詩)는 의(義)를 지키고 뜻(意)을 굽히지 않고, 바른길을 가고(正道), 참됨을 지키는 것(守眞)이 무엇인지를 가르친다.

차 마신 뒤의 작은 읊조림에서 그는 이렇게 읊었다.

작은 병에 샘물을 길어다가
깨진 솥에 노아차를 달이는데
문득 귀가 밝아지더니
코가 열려서 신령스런 향기를 맡네
어느 덧 눈에 가리운 편견도 사라지고
몸 밖의 티끌도 하나 보이지 않네
차를 혀로 맛 본뒤 목으로 내리니
살과 뼈도 절로 바르게 된다네.
가슴속 작은 마음자리는
밝고 맑아 생각에 사특함이 없어라
그 어느 때고 천하를 다스릴
군자는 집안부터 바르게 하는 법 아니던가.
- 이색 「차후소영(茶後小詠)」 전문

이처럼 선비정신을 담아 차의 향기와 품격을 높인 데서 차인(茶人) 으로서의 목은의 가치는 빛이 바래지 않는다. 이뿐만이 아니다. 그는 차(茶) 특히 찻물 끓는 소리를 맛깔스럽게 나타내는 다양한 표현을 만들어 썼다.

이슬 먹은 차싹(노아露芽) 등 숱한 차어(茶語) 만들어
불사이군(不事二君) 은둔 때도 다기(茶器)만은 꼭 챙겨

우리 옛 차인들은 차와 물에 대해서는 물론이고 찻물 끓이는 불과 찻물 끓는 소리에 이르기까지 온갖 멋스런 말을 만들어 썼다. 한 예로 불을 나타낼 때도 그저 강한 불, 약한 불로 쓰지 않았다. 물이 차의 몸이라면 차는 물의 정신이다. 좋은 차와 좋은 물이 만나야 제대로 된 차맛을 낸다. 그러나 물도 불의 강약(强弱)에 따라 그 맛이 살기도 하고 죽기도 한다. 그런 불의 강약을 나타내기 위해 가장 흔히 사용할 표현(表現)이 "활화(活火), 문무화(文武火)" 등이다.

"활화"는 불꽃이 있는 생기(生氣)있는 불을 뜻한다. "문무화"는 뭉근하게 타는 문화(文火)와 세게 타는 무화(武火)가 알맞게 어울린 불이다. 조선 초의 대표적 차인의 한 사람인 서거정(徐居正:1420-1488)은 문무활화(文武活火)에 차를 달였고, 조선 중종 때 영의정을 지냈던 김수동(金壽童1457 -1512)은 "저울눈 보듯 불길을 다독여 가며" - 투다신시쇄추화(鬪茶新試鎖錐火)- 차를 끓였다.

한국차문화연구소 정영선(鄭英善)씨는 목은(牧隱)이 찻물 끓는 소리를 가장 다양하게 표현했다고 지적한다. 목은은,

소나무 가지 끝에 드날리는 비를 보듯 찻물 끓는 소리를 보고 - 송초간비우(松梢看飛雨), 물소리(水聲)와 시보다 맑은소리(淸詩律), 돌솥에서 차 우는(茶鳴石鼎)소리를 들었다. 어느 때는 솔바람(松風)소리, 어느 때는

비 날리는 소리(小鼎卷飛雨), 지렁이 우는 소리-다성구인규(茶聲蚯蚓竅)가 된다.

'지렁이 우는소리'는 '쌔애-'하는 물 끓는 소리를 비오는 날 지렁이 우는 소리에 비유한 것이지만 단순히 소리만을 나타낸 것은 아니다. 지렁이는 흙과 물만을 먹으면서도 굳이 다른데서 구차하게 먹이를 얻지 않는다는 맹자(孟子)의 글을 연상시켜 은근히 선비정신을 강조 했다.

목은은 또 다종(茶鐘), 화자(花瓷: 꽃무늬 오지찻잔), 노아(露芽:이슬을 먹고 자란 차싹), 영아(靈芽신령스런 차싹), 다탑(茶榻: 차 마시는 평상) 등 새로운 말을 많이 만들어 썼다. 그는 아버지 이곡(李穀.1298~1351)과 많이 닮았다. 아버지도 유명한 차인(茶人)이었고 원나라의 과거시험에 합격할 만큼 학식이 높았다. 어려서부터 수재 소리를 들었던 목은도 14세의 나이로 성균시(成均試)에 합격했고 26세 때 원나라의 과거에 붙어 아버지 못지않은 출세가도를 달렸다. 성균관 대사성으로 새로운 학풍인 성리학(性理學) 의 도입과 보급에 힘썼다. 1392년 7월 이성계(李成桂)는 마침내 공양왕을 원주(原州)로 몰아내고 수창궁(壽昌宮)에서 조선(朝鮮)의 건국을 선언한다. 목은은 65세의 노구(老軀)로 장단(長湍) 땅에서 귀양살 이를 하고 있던 때였다. 두 아들은 죽음을 무릅쓰고 조선 건국에 대항하다가 피살됐다.

새 왕조는 구(舊) 정객(政客)을 관대하게 용서하고 벼슬도 내렸다. 그러나 목은은 "망국의 사대부는 해골을 옛 산에 묻을 뿐"이 라고 이를 거절하고 더욱 깊은 산골로 들어가 은둔생활을 보내다 여강(驪江)가에서 세상을 떠났다. 그러나 그의 이름은 포은(圃隱) 정몽주(鄭夢周), 야은(冶隱) 길재(吉再)와 함께 불사이군(不事二君)의 삼은(三隱)으로 지금까지도 남아있다.

……쉬면서 흐르는 물소리 들음이여
마치 옥통소 부는 소리,
곧장 불 피워 차를 달이려니
육우가 탐하던 그맛 시들하구나

산으로 숨어들던 늙은 목은의 괴나리봇짐에는 손때 묻은 다기가 챙겨져 있었다. 또 칡넝쿨을 꼬아 만든 망태기에는 숯이 담긴 풍로가 들어있어서 좋은 물을 만나면 바로 불을 지펴 차를 달여 마셨다.

찬 우물 길어다가
밝은 창가에서 차를 달이네
온 정성 다해 물을 끓이니
뼈 속까지 스민 사악한 생각이 지워진다네
시냇가에 달 떨어지고
푸른 구름은 바람에 비끼는데
그 가운데 참다운 맛을 알고서
다시 침침한 눈을 씻는다
- 이색 「차를 달이며(點茶)」 전문

충남 서천군 한산면 영모리(永慕리) 기린봉(麒麟峰) 아래 자리잡은 '목은 이색선생 영당(牧隱 李穡先生 影堂)'! 산뜻하게 포장된 새 길이 사방으로 통해 있어 서천이나 장항, 부여, 강경 등 어디에서도 쉽게 한산으로 갈 수 있다. 한산에서 '이색선생 사당'을 찾으면 모두들 고개를 갸웃거린다. 대신 '목은선생영당(牧隱先生影堂)'이라면 모르는 사람이 없다. 하나같이 친절하게 길을 가르쳐준다. 봉서사로 가는 좁은 외길을 10여리쯤 달려 ‘절고개’를 넘어서면 바로 목은이 어린 시절을 보낸 고향마을이다. 감싸듯 영당(影堂)을 내려다보고 선 늙은 백일홍 나뭇잎이 붉게 물들어 하나 둘 시고 있다.

- 위 글은 한국일보 1997년 10월 28자 김대성 편집위원의 글임.

3. 단동십훈(檀童十訓)

우리나라 옛 조상님들은 인간존엄성(人間尊嚴性)을 강조하면서 이지적(理智的)이며, 활동적(活動的)이며, 진보적(進步的)이고, 활동적(活動的)이면서, 낙천적(樂天的)인 등이 깃들어진 참다운 인간적(人間的) 도리(道理)를 전승(傳承)하는 수단(手段)과 행동(行動)으로 어린이 십훈(十訓)을 천심(天心)으로 고스란히 간직한 어린이들에게 동작(動作)으로 재롱(才弄)을 부리게 하는 독특한 교훈을 전달해 왔다. 오랜 역사의 정통(精通)을 지닌 이 슬기로운 십훈 열 가지 동작을 가르쳤던 것인데 요즘에 이르러 차차 잊혀가는 경향이 두드러져 안타까운 마음에서 그 뜻과 동작을 다음과 같이 풀어본다.

(1) 불아불아(弗亞弗亞)

할아버지 할머니들은 어린이의 허리를 잡고 세워서 왼편과 오른편으로 기우뚱기우뚱하면서 "부라부라"라고 부르며, 귀에 익혀준다. 불(弗)은 하늘에서 땅으로 내려온다는 뜻이고. 아(亞)는 땅에서 하늘로 올라간다는 뜻을 말하며 "불아불아"는 사랑으로 땅에 내려오고, 신(神)이 되어 하늘로 올라가는 무궁무진한 생명을 가진 어린이를 예찬하는 뜻.

(2) 시상시상(侍想侍想)

어린이를 앉혀놓고 앞, 뒤로 끄더끄덕 하면서 "시상시상"하고 부른다. 사람의 형상과 마음과 그리고 기맥(氣脈)과 신체는 태극(太極)과 하늘과 땅에서 받은 것이므로 사람이 곧 작은 우주(宇宙)라는 인식아래 조상(祖上)님을 거슬러 올라가면 인간 태초의 하느님을 나의 몸에 모신 것이니 조상님과 하느님의 뜻에 맞도록 순종하겠다는 것을 나타내는 뜻.

(3) 도리도리(道理道理)

머리를 좌우로 돌리는 동작으로 천지에 만물이 무궁무진한 도리도리(道理道理)로 생겨났듯이 너도 도리로 생겨났음을 잊지 말라는 뜻이며, 너와 나 과거와 미래를 대자연의 섭리를 가르치는 뜻을 이름이라.

(4) 지암지암(持闇持闇)

두 손을 앞으로 내놓고 손가락을 쥐었다 폈다 하는 동작인데, 그윽하고 무궁한 진리(眞理)는 창졸간(倉卒間)에 알 수 없으니 두고두고 헤아려 깨달으라는 뜻을 이름이라.

(5) 곤지곤지(坤地坤地)

오른손 집게 손가락으로 왼쪽 손바닥을 찧는 동작으로 "지암지암"한다. 이치를 깨닫고, 곤지도(坤地道)에 입각하여 천지간의 무궁무진한 조화(調和)를 알게 된다는 뜻을 담고 있다.

(6) 서마서마(西摩西摩)

어린이를 세우면서 서(立)라는 말로 "섬마섬마"라고 한다. 건운(乾運)에서 곤운(坤運)으로 돌아설 때는 정신문명인 강상(綱常)의 이치만으로는 안되므로 서마도(西摩道)에 입각한 물질문명을 받아들여 발전해 나가라는 뜻으로 "섬마섬마" 또는 "따로따로"라고 불리기도 하며, 독립하여 발전하라는 뜻이 포함된다.

(7) 어비어비(業非業非)

무서움을 가르치는 말로서 어릴 때부터 조상님들의 발자취와 하느님의 뜻에 맞는 삶을 살라는 뜻인즉 자연 이치와 섭리에 맞는 업(業)이 아니면 벌(罰)을 받는다는 뜻.

(8) 아함아함(亞合亞合)

손바닥으로 입을 막으며 소리내는 동작. 두 손을 가로모아 잡으면 아

(亞)자의 모양이 되는데 이것은 천지 좌우의 형국을 아군아제(亞君亞帝)를 이 몸에 모셨다는 것을 상징한다는 뜻을 담고 있다.

(9) 짝짝궁 짝짝궁(작작궁 작작궁 作作弓 作作弓)

두 손바닥을 마주치며 소리내는 동작으로 궁(弓)자를 등지어 두 개 쓰고 밑에 하나를 그으면 아(亞)자가 된다. 활 두 개를 화살 하나위에 놓은 꼴처럼 두 손을 마주치면 아(亞)자의 형국이 되니 이는 천지 좌우와 체궁(體弓)이요, 태극의 궁궁을을(弓弓乙乙)과 상통한다. 하늘에 오르고 땅으로 내리며, 사람으로 오고 신(神)으로 가는 이치를 깨달았으니 작궁무(作弓舞)나 추어보자는 뜻.

(10) 질라아비훨훨의(지나아비 활활의支娜阿備 活活議)

팔을 훨훨 치며 춤추는 동작. 천지우주의 모든 이치를 갖추고 지기(地氣)를 받아 생긴 육신을 훨훨(活活)하게 자라도록 작궁무(作弓舞)를 추어가며 건강하고 조상의 얼을 전승하며 즐겁게 살아가자는 뜻이다. 이 열가지 놀이는 단동 십훈(檀童十訓)이라고 칭하며, 우리 나라만의 고유한 어린이를 키우는 지표가 되어 부모를 비롯하여 할아버지 할머니의 따뜻한 체온으로 어린이에게 전달하는 지표로 되어있다.

-칠사종우회(七四宗友會)에서
송석(松石) 윤성태(尹星泰)씨로부터 전승(傳乘)

4. 청려장(靑藜杖)을 소납(笑納)하소서

언재인가부터 평소(平素) 존경(尊敬)하는 어른께 저의 마음을 담아 드려볼 만한 그 무엇을 찾던 차에 마침 청려장(靑藜杖)을 구했습니다.

원래 지팡이는 신탁(信託)과 기적(奇蹟)의 매체(媒體)였다지요.

구약성서(舊約聖書)에서 신(神)은 아론의 지팡이에 꽃을 피우게 함으로서 이스라엘의 지도자(指導者)로 선택(選擇)했다고 합니다. '모세'가 지팡이로 바위를 치면 물이 솟았고 '탄호이저'의 지팡이를 맞으면 면죄(免罪)가 되기도 했답니다. 또한 로마에서는 집정관(執政官)의 지팡이에 손을 대는 것으로서 노예가 양민(良民)이 되었기도 했고요.

중국(中國)의 비장방(費長房)은 지팡이를 타고 눈 깜짝할 사이에 천리(千里)를 날아다녔으며 당(唐)나라 현종(玄宗)은 선인(仙人)이 지팡이를 던져 다리를 놓아주면 월궁(月宮)까지 가서 항아(姮娥)들과 놀기도 했답니다.

고려(高麗)의 시인(詩人) 이인노(李仁老)는 나물을 먹고 배가 부르니 물가에 가서 두 다리를 담그고 용죽장(龍竹杖)을 베고 누워 있노라니 꿈속에 흰 갈매기가 나타나 해가 저무는 줄도 모르고 희롱(戱弄)을 하더란 말도 있고, 조선(朝鮮)의 정승(政丞) 박순(朴淳)이 지리산에서 은둔(隱遁)할 때 지팡이를 짚고 지팡이 소리를 내면 주변(周邊)의 온갖 잡새가 날아들어 지저귀면서 수행(遂行)을 하기도 했다하니 가히 지팡이에 대한 일화도 많군요.

그러나 다른 물건(物件)과는 달리 지팡이는 자신(自身)이 만들어 짚지는 않는 다더군요.

쉰 살에는 자식(子息)들이 만들어주는 가장(家杖)이 있고,

예순에는 마을 사람들이 만들어 주는 향장(鄕杖)이 있고,

일흔에는 국가(國家)가 만들어 주는 국장(國杖)이 있으며,

여든에는 임금이 만들어 하사(下賜)하는 조장(朝杖)이 있다더군요.

어느 한 70노인(老人)이 국장(國杖)을 짚고 어느 고을에 나타나면 그 고을의 원님은 융숭(隆崇)하고 정중(鄭重)하게 나가 마중을 하기도 했다는데 우리 조상(祖上)들에게 있어 지팡이는 노쇠(老衰)한 몸을 의지하는 기구(器具)로써만이 아니라 유형무형(有形無形)의 명예(名譽)가 부가(附加)되는 상징물(象徵物)로도 인식(認識)되어 짚고 다니시는 노인(老人)의 인품(人品)을 나타내는 때도 있었답니다.

제가 어릴 적에 저의 외조모(外祖母)님께서 세상(世上)을 뜨시니 상주(喪主)이신 외삼촌(外三寸)께서는 외조모(外祖母)가 생전(生前)에 쓰시던 지팡이를 상청(喪廳)에 모셔두던 것을 본 기억(記憶)이 있습니다.

어르신 !

아마도 저승에 가서도 짚고 다니시라는 뜻이 있었고 지팡이를 돌아가신분의 분신(分身)으로까지 생각(生覺)한 효자(孝子)의 마음이 아니었겠나 생각해 봄은 어떻겠습니까 ?

지팡이!

일화(逸話)도 많았겠지만 선용(善用)도 되고 악용(惡用)도 되고 말도 많았을 지팡이라 그 종류(種類) 또한 많았을 것이나 지팡이라도 무절죽장(無節竹杖)이라 하여 벼락을 피한다는 지팡이도 있었고 명아주 풀로 만든 청여장(靑藜杖)이나 적려장(赤藜杖)이 대표적(代表的)인 지팡이라고 합니다.

여기 두 손으로 받쳐 올리는 청려장(靑藜杖)은 가볍고 단단하다 하며 발광(發光)을 하기에 병액(病厄)의 사귀(邪鬼)를 물리친다고도 합니다.

후한(後漢)때 유향(劉向)이 한밤중에 글을 암송하고 있는데 한 노인(老人)이 들어와 이 청려장(靑藜杖)으로 땅을 치니까 불빛이 나서 방안이

훤하게 밝아졌다는 발광(發光)지팡이입니다.

비록 평소(平素) 존경(尊敬)하는 어른께 드리는 위인(偉人)이 되지 못한 처지(處地)이오나 정성(精誠)을 다 하여 평소(平素) 존경(尊敬)하는 어른께 드리는 마음이오니 소납(笑納)하시기 바랍니다.

임진(壬午) 년초(年初) 2002년 초

평강(平康) 또 평강(平康)하시길 빌면서

서울특별시 강서구 화곡4동 822번지 7호

전화: 02-653-5656

이석원(李碩遠) 근(謹)

5. 고금관작대조표(古今官爵對照表)

行政府	司法府	軍人	警察	大學校	朝鮮時代
國務總理	大法院長				領議政 正一品 左,右議政
副總理					左,右贊成 從一品
長官.次官	大法官	大將	廳長	總長	判書,左,右參贊 正二品
次官補	法院長 檢事長	中將		學長	參判.觀察使 從二品
管理官 (1級)	判檢事 (2號以上)	小將	治安正監	主任教授	參議.牧使 正三品
理事官 (1級)	判檢事 (6號以上)	准將	治安監	教授	執義.司諫 從三品副
理事官 (3級)		大領	警務官	副教授	郡守,掌令 正四品
書記官 (4級)	判檢事 (9號以上)	中領	總警	助教授	經歷,僉正 從四品
事務官 (5級)		少領			縣令.持平 正五品
			警正	專任講師	正郞.校理 從五品
		大尉			佐郞.監察 正六品
主事 (6級)					
			警監	2年未滿	縣監,察訪 從六品
		中尉			博士,司正 正七品
			警衛	助教	
主事補 (7級)		少尉			直長.副司正 從七品
		准尉	警査		著作,司猛 正八品
書記 (8級)			警長		奉事.審律 從八品
					訓導.司勇 正九品
書記補 (9級)			巡警		參奉.檢律 從九品

官	品	階	夫人爵
堂上官 (당상관)	正一品(上)	大匡輔國崇祿大夫(대광보국숭록대부)	貞敬夫人(정경부인) 正從1品의 宗親또는 文武官 아내의 품계
	正一品(下)	輔國崇祿大夫(보국숭록대부)	
	從一品(上)	崇祿大夫(숭록대부)	
	從一品(下)	崇政大夫(숭정대부)	
	正二品(上)	正憲大夫(정헌대부)	貞夫人(정부인)
	正二品(下)	資憲大夫(자헌대부)	
	從二品(上)	嘉靖大夫(가정대부)	
	從二品(下)	嘉善大夫(가선대부)	
	正三品(上)	通政大夫(통정대부)	淑夫人(숙부인)
堂下官 (당하관) 參上 (참상)	正三品(下)	通訓大夫(통훈대부)	淑人(숙인)
	從三品(上)	中直大夫(중직대부)	
	從三品(下)	中訓大夫(중훈대부)	
	正四品(上)	奉政大夫(봉정대부)	令人(영인)
	正四品(下)	奉烈大夫(봉렬대부)	
	從四品(上)	朝散大夫(조산대부)	
	從四品(下)	朝奉大夫(조봉대부)	
	正五品(上)	通德郎(통덕랑)	恭人(공인)
	正五品(下)	通善郎(통선랑)	
	從五品(上)	奉直郎(봉직랑)	
	從五品(下)	奉訓郎(봉훈랑)	
	正六品(上)	承議郎(승의랑)	宜人(의인)
	正六品(下)	正六品(下) 承訓郎(승훈랑)	
	從六品(上)	從六品(上) 宣敎郎선교랑)	
	從六品(下)	從六品(下) 宣務郎(성무랑)	

官	品	階	夫人爵
參下 (참하)	正七品	務功郞(무공랑)	安人(안인)
	從七品	啓功郞(계공랑)	
	正八品	通仕郞(통사랑)	端人(단인)
	從八品	承仕郞(승사랑)	
	正九品	從仕郞(종사랑)	孺人(유인)
	從九品	將仕郞(장사랑)	

남편의 품계에 따라 정실부인에게 주는 내외명부 벼슬이다

6. 연령별 별칭내용 (年齡別 別稱內容)

연령(年齡)	별칭(別稱)	별칭내용 (別稱內容)
7세	예기(禮記)	애처롭다는뜻 7세된 어린이유죄불 가형언(有罪不可刑焉) 형벌면책(刑罰免責)
10세	유학(幼學)	도(悼).애처롭다는뜻 7세된 어린이유죄불 가형언(有罪不可刑焉) 형벌면책(刑罰免責)
15세	지학(志學)	논어위정편(論語爲政篇)의 오십유오이지우학(吾十有 五而志于學) 15세 학문에 뜻을 둠.
16세	호패(號牌)	조선왕조 태종때 시행, 한때 폐지 세조4년(1458년) 재시행 조선조 말까지 16세 이상 남자 호패 패용, 길죽한 패로서 앞면 성명, 연령, 출생년의 간지(干支)새기고 뒷면에 해당 관아의 낙인(烙印)찍혔다. 신분구분 아패(牙牌):상아로 이품(二品)이상 문무(文武), 각패(角牌):검은 뿔로 정삼품이하(正三品以下) 문무(文武),황양목패(黃楊木牌) 생원진사(生員進士:황양목 목패(木牌):공사천(公私賤), 가리(苛吏), 아전(衙前), 잡직사서인(雜織士庶人) 향리(鄕吏).
20세	약관(弱冠) 약년(弱年)	예기(禮記) 성인식(成仁式) 남자연령(男子年齡) 20세 일컬음.

30세	장년(壯年 이립(而立)	예기(禮記) 아내 맞이 유실(有室) 연령 남자30세 이르면 "굳게 뜻을 세운다" 자립 자활.
40세	불혹(不惑) 강(强)	논어(論語) 40세 불혹지년(不惑之年), 40세 불혹지세(不惑之歲) 인용한말로서 나이 40세에 이르면 세상사에 미혹(迷惑) 현혹(眩惑)하지 않게 된다 는 뜻. 예기(禮記):강이(强而)니 사(仕)니라, 벼슬길에 나간다.
50세	지명(知命) 애년(艾年)	논어(論語)에 "오십세 지천명(五十歲知天命"에서 인용한 말로써 나이 50세에 이르면 천명을 알게 돈다는 뜻, 예기(禮記):복관정(服官政) 정치에 참여(參與), 애(艾) 쉰살이되면 두발(頭髮)이나 피부(皮膚)가 마른 쑥처럼 허옇게 된다.
51세	망육(望六)	예순을 바라본다는 뜻.
60세	육순(六旬) 이순(耳順) 기(耆:어른기) 지사(指使)	-순(旬:열순)이 여섯(六)이란 말 육십갑자(六十甲子) 간지육갑(干支六甲)을 모두누리는 마지막 나이. -공자(孔子)가 60세가 되어야 천지만물(天地萬物)의 이치를 통달하고 사려와 판단이 성숙하여 남의 말을 듣는 것에 따라서 이해 할수 있다는데서 일커름.(60세 생신) -예기(禮記) 사람에 지시(指示)하여 일을 한다.
61세	망칠(望七) 화갑(華甲) 환갑(還甲) 회갑(回甲) 주갑(周甲)	일흔(70)을 바라본다는 뜻 화(華)자를 분해하면 {+}이 여섯 {-}이 하나로 합하면{61}이 돈다. 사람의 생년(生年) 간지(干支)로 표현하는 오간십이지(五干十二支)사상에 의하여 태어나서 60년이 되면 태어난 해로 되돌아간다는 뜻(六十甲子) 61세 생신. * 고갑(故甲) 망인의 회갑.
62세	진갑(進甲) 진갑(陳甲)	회갑 이듬해(익년(翌年) 맞는 생신. 다시 육십갑자(六十甲子) 펼처져 진행 62세 생신(生辰)
66세	미수(米壽)	미(米)자는 육십(六十六)을 뒤집어쓰고 바로쓴 것이다. 옛날에는 미수를 별로 인식하지 않았으나 77세 88세 99세와 같이 같은 숫자가 겹치는 생신을 별칭 하였으니 66세도 의식하지 않을수 없다. 모든 사회활동 성취, 은퇴연령이면서 여력 경륜이 있으므로 아름다운 연령이다. (66세 생신)

70세	고희(古稀 희수(稀壽) 희경(稀慶) 칠순(七旬) 희연(稀宴) 종심(從心) 노(老)	중국 두보(杜甫)의 시(詩) {인생칠십고래희(人生七十古來 稀) 의 한 구절에서 따온 말. 너무 오래 살았다는 의미 (옛날 70세까지 살기 드믈었다) 매우 드믈게 경사스러움을 나타냄, 아랫사람은 고희 희수라는 말을 해서는 안되며 칠순(七旬)으로 표현해야 한다. 70세 생신(生辰). 예기(禮記) 가사(家事)를 자식(子息)에 이전(而傳)
71세	망팔(望八)	여든(80)을 바라본다.
77세	희수(喜壽)	{희(喜)}자 의 초서(草書)[ ] 자 분해하면 八十이 된다. (77세 생신)
80세	산수(傘壽) 팔순(八旬) 팔질(八耋) 질(耋) 모(旄)모(耄)	{傘}자의 약자(略字) [ ] 자 분해하면 八十이 된다. 여든살(80세) 80세 생신. 예기(禮記)유죄불가형언 형벌면책(有罪不可刑焉 刑罰免責). 耄. 旄 같은뜻 눈이나 정신이 혼미.
81세	망구(望九)	아흔(90)을 바라본다는 뜻.
88세	미수(米壽)	[米]자를 분해하면 {八} {+} {八}로 八十八 뒤집어 쓰고 바르게 쓴데서 유래된다. 88세 생신.
90세	졸수(卒壽) 구순(九旬) 구질(九秩) 모(旄)모(耄)	[卒]卒자를 초서로 쓰면 九十으로 쓰기 때문에 졸수라고 함. *끝나다. 마치다 의 뜻, 그만 살라는 의미 자손이나 아래사람은 졸수라 하면 안되고 구순(九旬)이라고 표현해야된다. 90세 생신. 예기(禮記) 유죄불가형언(有罪不可刑焉) 형벌면책(刑罰免責) 모(旄) 모(耄) 같은뜻. 눈이나 정신이 혼미.
91세	망백(望百)	백(100)을 바라본다는 뜻.
99세	백수(白壽)	[百]자에서 의 한획(-)을 떼어낸 [白]으로 99가 된다. 99세 생신.

100세	백수(百壽)	100세까지 장수(長壽) 예기(禮記) 기(期). 사람의 수명을 100세로 보아 일기(一期) 자식의 부양을 받는다.
108세	다수(茶壽)	[茶]자를 분해하면 [+, +] -20 [木]-80 [八]-8로 합하면 [108]이 된다. 108세 생신.
120세	천수(千壽)	하늘이 준 인간의 수명이라고 함.
125세	천수(天壽) 학수(鶴首) 미수(眉壽) 수연(晬宴) 수연(壽筵)	-천명(天命) 타고난 수명 천년(天年) 천자(天子) 의수(壽) -학이 오래 산다. 장수(長壽) 1000년 산다. 하나 실제로 40-50년 산다. 서조(瑞鳥) -눈썹이 세고 길어지도록 오래삶. 장수축원(長壽祝願). -아이(아기) 돌잔치. -어른의 61세 생신(生辰), (회갑(回甲)부터
140세	만수(萬壽)	
150세	무량수(無量壽)	

옛날애기로는 삼천갑자(三千甲子)를 살았다는 동방삭 설화(說話)를 들어서 널리 알려져 있다. 현대(現代)에 와서는 의료생명과학문명(醫療生命科學文明)이 고도로 발달(發達)되어 남녀(男女)의 평균수명(平均壽命)이 80~90세라고 하니 놀라운 발전(發展)이 아닐 수 없다. 30년 전만 해도 환갑을 못살고 간 사람이 많았는데 위 표에 150세 무량수(無量壽)를 산다고 선인(先人)들이 명시(明示)한 것을 보면 인간(人間)의 수명(壽命)에 대한 선견지명(先見之明)이라고 아니할 수 없다.

자고(自古)로 인명(人命)은 재천(在天)이라 하였으니 인간(人間)으로서 삶이란 인면수심(人面獸心: 사람의 탈을 쓰고 짐승 같은 마음을 쓰는 사람)으로 살다간 나이 숫자가 아니고, 인륜지도덕(人倫之道德)을 지키며, 즐겁고 건강(健康)하게 보람 있는 족적(足跡)을 남기고 수(壽)를 하여 생(生)을 마감하는 것이리라. 위의 자료가 다소(多少)의 참고(參考)가 되었다면 다행으로 생 합니다.

2005 년 4 월 일 자료수집

7. 특별조치법 이전 공유자 연명부(영장산) 주소록

- 特別措置法以前共有者連名簿(靈長山) 주소록

韓山李氏 墓域 藪內洞 山2-1번지 一圓

林 野 共 有 者 名 簿

▌李祖遠外 13人

禮山	李祖遠	1884, 11, 24.生 - 1947, 2, 3.卒	良譜3권	173
수내리 438	李甲珪	1891, 12, 10. - 1960, 6, 19.	韓平君世譜	418
동 199	李承悳	1861, 9, 3. - 1940, 9, 30.	동	197
동 86	李寅珪	1883, 7, 5. - 1938, 12, 26.	동	469
동 202	李興求	1879, 2, 13.	동	229
동 96	李公稙	1873, 12, 13. - 1952, 6, 25.	동	396
	李豊稙	1870, 9, 6. - 1927, 2, 13.	동	389
평동13-1	李容稙	1853, 12, 24. - 1932. 2, 17.	동	420
서현리 150	李玄在	1861, 8, 14. - 동 147	동	147
동 440	李晩珪	1881, 10, 10. - 1955, 5, 15.	동	245
동 436	李旼珪	1890, 12, 13. - 1960, 6, 6.	동	247
수내리 84	李先稙	1879, 7, 23. - 1932, 11, 24.	동	439
동 215	李胤珪	1901, 11, 29. - 1980, 8, 14.	동	493
분당리151	李復珪	1912, 3, 27.	동	219

▌특별조치법이전 공유자연명(特別措置法以前 共有者連名)

주소	성 명	생년월일 - 졸년월일	소속	한평군파세보
서현리149	李德在	1861, 5, 16-1945, 7,10	한평군파	P 148동
동 149	李承澈	1879,11,19.- 1963, 4,11.	동	405
동 252	李仁植	1885, 5,19.-1961,12, 7.	동	417
동	李榮植	1887,11, 3.-1946, 8,22.	동	224
동 436	李俊植	1905, 7, 6. -	동	255
동 437	李明珪	1884, 5,15.-1965,10,12.	동	246
동 436	李旼珪	1890,12,13.-1960, 6, 6.	동	247
동 446	李承儀	1886,12,24.-1942, 3,26.	동	54
동 448	李孝植	1892,10,20.	동	226
동 450	李忠珪	1920, 3, 4.	동	228
분당리198	李聖珪	1902, 2, 24.-1980, 5,18.	동	223
동	李麟珪	1916, 7, 27.	동	224
동 151	李復珪	1912, 3, 27.	동	219
동 154	李命植	1886, 1, 14.- 1945, 12, 2.	동	218
수내동 96	李公植	1874, 12, 13.-1952, 6, 25.	동	396
동	李璿珪	1893, 4, 28.-1970, 11, 24.	동	410
동 95	李明珪	1900, 8, 4.- 1960, 2, 25.	동	414
동 94	李儆植	1873, 10, 24- 1949, 12, 21	동	415
동 92	李龍植	1900, 7, 27.	동	398
동 87	李璋珪	1906, 5, 7.	동	275
동 87	李夏珪	1891, 4, 17.-1975, 4, 7.	동	272
동	李良珪	1914, 3, 19.- 1950, 9, 11.	동	415
동	李章珪	1892, 3, 26.- 1954, 2, 29.	동	240
동 196	李大珪	1911, 5, 17.	동	410
동 197	李成珪			
木里	李貞珪	1893, 8, 15.	동	274
장지리	李吉求	1915, 10, 24.-1968, 9, 20.	동	258
상번천	李性珪	1920, 1, 19.	동	442
장지리	李正珪	1910, 1, 2. - 1940, 1, 25.	동	393
서울도림동	李殷珪	1889, 7, 19.	동	271
봉송동	李聖求	1910, 2, 22. - 1965, 4, 26.	동	420
창신동231	李復珪	1896, 5, 22.- 1977, 1, 14.	동	479
동	李世珪	1905, 7, 14.	동	477
돈암동52	李高植			
화남동89	李壤植	1908, 7, 5. - 1957, 11, 9.	동	301

주소	성명	생년월일 - 졸년월일	소속	한평군파세보
수내리200	李箕馥	1907, 3, 20.	동	389
서현리150	李承淵	1887, 12, 22.- 1961, 2, 3.	동	148
서현리219	李元植	1892, 2, 28.- 1960, 4, 3.	동	490
공덕동20	李應植	1865, 5, 20.	동	243
동	李熙珪	1898, 12, 18. - 1962, 8, 14.	동	243
봉익동	李祖遠	1884, 11, 24. - 1947, 2, 3.	良譜	173
수내리87	李德珪	1901, 4, 20.	韓譜	240
동 199	李斗植	1885, 12, 20. - 1946. 2, 2.	동	494
동 215	李胤珪	1901, 11, 29. - 1980, 8, 14.	동	493
동 96	李坰植	1891, 1, 1. - 1957, 11, 18.	동	248
서현리440	李晩珪	1881, 10, 10. -1955, 5, 15.	동	245
수내리87	李名珪	1908, 2, 14. - 1958, 7, 3.	동	241
동 199	李一珪	1908, 2, 5. - 1979, 8, 14.	동	439
동 86	李寅珪	1883, 12, 26. - 1938, 12, 26.	동	469
동 85	李宅珪	1889, 3, 10. - 1967, 5, 10.	동	471
동	李亨珪	1870, 8, 1.	동	414
동 199	李濬珪	1896, 8, 2. - 1972, 10, 1.	동	491
동 195	李奭珪	1915, 7, 23. - 1968, 8, 28.	동	495
동	李哲珪	1913, 4, 24.	동	494
동 200	李六馥	1910, 8, 12.	동	413
동 346	李甲珪	1891, 12, 10. - 1960, 6, 19.	동	418
동 205	李延珪	1900, 10, 24. - 1949, 3, 13.	동	441
동	李殷珪	1912, 5, 15. - 1965, 2, 12.	동	441
동 204	李章求	1903, 7, 8. - 1960, 9, 19.	동	230
동 204	李福珪	1894, 12, 23.	동	232
동 206	李儀求	1905, 6, 5.	동	231
동 198	李同求	1910, 12, 2.	동	233
동 197	李道求	1913, 12, 6.	동	234
동 197	李範珪	1900, 8, 17. - 1948, 7, 24.	동	236
동 208	李辰珪	1908, 9, 26.	동	239
동 197	李昌求	1904, 2, 7. - 1950, 10, 17.	동	301
동 196	李孝求	1915, 3, 11. - 1972, 11, 26.	동	389

8. 규수 선별 기본법(閨秀選別 基本法)

규수(閨秀:신부)의 선보는 의미는 건강(健康), 미모(美貌), 심성(心性), 출산(出産), 지혜(智慧) 등을 희망하기 때문이다.

(1) 삼흑(三黑)

① 두모발(頭毛髮: 머리카락)이 까만색에 윤이 나고

② 미(眉)-(目上毛: 눈썹)이 까만색에 윤이 나고

③ 안구 초점(眼球 焦點: 눈동자)가 까만색이 분명할 것.

(2) 삼백(三白)

① 수(首: 목)가 흰색이고

② 치아(齒牙: 이빨)이 하얀색이며

③ 안구(眼球: 눈 흰자위)가 백색을 띄어야 할 것.

(3) 삼대(三大)

① 목(目: 눈)이 어글어글하며 커야 한다.

② 흉(胸: 가슴)이 커야 한다.

③ 골반(骨盤: 엉덩이)가 커야 한다.

(4) 삼소(三小)

① 구(口: 입)이 작아야 한다.

② 수(手: 손)이 작아야 한다.

③ 족(足: 발)이 작아야 한다.

(4) 삼홍(三紅)

① 문순(吻脣: 입술)이 붉어야 한다

② 수조(手爪: 손톱)이 붉어야 한다.

③ 족조(足爪: 발톱)이 붉어야 한다.

- 이상의 어록은 동원 이복규(李復珪)씨 로부터 전승(傳承)되었다.

9. 한산이씨 대동보(韓山李氏 大同譜) 및 세보발간(世譜發刊)

(1) 계미보(癸未譜). 1643년(仁祖21) 1권: 이유당(李愉堂) 휘 덕수(諱德洙) 관찰사 겸 순찰사, 인재공의 7대손(觀察使 兼 巡察使, 麟齋公七代孫)

(2) 경신보(庚申譜). 1740년 영조(英祖)16년 8권: 차천공 휘 병연(槎川公諱秉淵) 한성부 우윤[(漢城府 右尹): 괴산공(槐山公) 휘 경황(諱慶滉)의 생현손(生玄孫)] 입지공 휘 산로(立之公 諱 山老)[형조좌랑(刑曹佐郞) 승지공 휘 지훈(承旨公 諱 之薰)의 팔대손 목사공 휘 수보(八代孫 牧使公 諱 秀輔) 상주목사: 인제공(尙州牧使: 麟齋公)의 구대손(九代孫)이며, 우암 송시열 선생(尤菴 宋時烈 先生)이 공(公)의 고모부(姑母夫)]시다.

(3) 병오보(丙午譜). 1846년 헌종(憲宗)12년 21권
 보국공 휘 희갑(輔國公諱羲甲) [이조판서: 좌랑공의 증손 휘 집감사공의 현손(吏曹判書:佐郞公의 曾孫 諱潗監司公의 玄孫)]

(4) 을사보(乙巳譜). 1905년 광무(光武)9년 32권
 강암공 휘 용직(剛菴公諱容稙)[학부대신: 보국공 휘 희갑의 증손((學部大臣: 輔國公諱羲甲의 曾孫)]

(5)대동계도보(大同系圖譜). 1979년 기미(己未) 3권
발행 현송 휘 인구(發行 玄松 諱 仁求) [대동회이사장(大宗會理事長)]
편집 인종 현구(編輯 寅鍾 賢求) [국사편찬위원(國史編纂調査委員)]

▌한산이씨 세보 발간 (韓山李氏 世譜 發刊)

- ▸ 문양공파 세보(文襄公派 世譜) 1995년 을해(乙亥) 5권. 문양공파 이사장 부규(文襄公派理事長 復珪)
- ▸ 인재공파 세보(麟齋公派 世譜) 1994년 갑술(甲戌) 6권. 편집 영복 간행 길원(編輯 英馥, 發行 吉遠)
- ▸ 양경공파 세보 (良景公派 世譜) 1982년 임술(壬戌) 6권. 편집 중규(編輯 重珪), 발행 종손 정석(發行 宗孫 正祏)
- ▸ 한산이씨 문헌총서(韓山李氏文獻叢書) 1981년 신유(辛酉) 3권. 편집 중규(編輯 重珪), 발행 종손 정석(發行 宗孫 正祏)
- ▸ 한평군파 세보(韓平君派 世譜) 1966년 병오(丙午) 1권. 편집 일몽 중규(編輯 一夢 仲珪), 발행 이사장 장규(發行 理事長 璋珪)
- ▸ 한평군파 영상족보(韓平君派映像族譜) 1992년 임신(壬申) 비디오테프2개. 편집 상구(編輯 庠求), 제작발행(製作發行) 한평군파종회(韓平君派宗會)
- ▸ 한평군파 세보중수(韓平君派 世譜 重修) 2000년 경진(庚辰) 3권. 편집 은규, 형구, 상구(編輯 殷珪, 亨求, 庠求), 발행인 이사장 학구(發行人 理事長 學求), 발간 한평군파종회(發刊 韓平君派宗會)
- ▸ 문열공파 세보 창간(文烈公派 世譜 創刊) 2002년 임오(壬午) 10권. 도유사 성원(都有司 聲遠) 편집 문집유사 은규(編輯: 文集有司 殷珪), 수단유사 상구(收單有司 庠求), 발행: 문열공파세보편집위원회(發刊: 文烈公派世譜編纂委員會)

10. 한산 문헌서원의 연혁(韓山 文獻書院 沿革)

판서(判書) 이성중(李誠中) 전주인(全州人)이 한산군수(韓山郡守)시에 입묘(立廟), 효정묘(孝靖廟)라 하다. 1592년 선조 25년(宣祖 二十五年) 임진왜란(壬辰倭亂)에 회진(灰塵)되어 1610년 경술(庚戌)에 관찰사정엽(觀察使 鄭曄:명곡산보(鳴谷山甫)의 서(婿)와 정언 이경탁(正言李慶倬), 군수 이담(郡守 李湛)과 협의(協議) 1610년 광해2년(光海 二年) 한음 이덕형(漢陰 李德馨: 아계상공(鵝溪相公)의 서(婿), 죽천 이덕형(竹泉 李德泂), 참판 이경함(參判 李慶涵), 수찬 이현영(修撰 李顯英), 참의 이경전(叅議 李慶全), 통제사 이경준(統制使 李慶濬), 진사 이념(進士 李埝), 진사 박이립(進士 朴而立) 등(等)이 이건(移建) 문헌서원(文獻書院)이라 하고 가정선생(稼亭先生), 목은선생(牧隱先生), 인재선생(麟齊先生), 음애선생(陰崖先生) 등 사위(四位)를 봉사(奉祀)하였다.

1713년 숙종(肅宗) 39년. 백옥헌(白玉軒)을 추배(追配).

1871년 고종(高宗) 8년. 조정령(朝廷令)으로 철회(撤毁)됨.

1969년 경향 내외손(京鄕內外孫) 및 각 사림(各 士林)의 적극적(積極的)인 협찬(協贊)으로 재건(再建)하여 현암선생(玄巖先生) 문양공(文襄公)을 추배(追配)하였다. 향사(享祀)는 3월, 9월 중정일(中丁日)에 사림(士林)에서 봉사(奉祀)한다.

11. 목은영당(牧隱影堂)의 연혁(沿革)

목은선생(牧隱先生)의 영정(影幀) 화상찬(畵像讚)은 양촌 권근선생(陽村 權近先生)이 지었으며 1526년(中宗21) 병술(丙戌)에 목은선생의 오대손(五代孫)인 좌의정공 휘 유청(左議政公 諱 惟清)이 건립(建立) 하였으며, 1755년 영조(英祖)32년 을해(乙亥) 후손(後孫) 이수옥(李秀玉)이 화공(畵工) 하상벽(河尙壁)을 대동(帶同)하여 구본(舊本)을 개모이본(改摹二本)을 작성한 일본(一本)은 서울 수송영당(壽松影堂)에 봉안(奉安)하였고, 일본은 한산영당(韓山影堂)에 봉안(奉安)되었다. 향사는 3월, 9월 중정일(中丁日)에 봉사(奉祀)한다.

12. 모임 가입단체(加入團體)

(1) 돌마국민학교 제8회동창회(突馬國民學校 第8回同窓會)

동창회 구성 모연문(同窓會 構成 募緣文)

돌마교(突馬校) 팔회동문(八回同門) 앞

푸르름이 더해가는 五月을 맞이하여 돌마교 팔회동문(八回同門)들의 가정(家庭)에 만복(萬福)이 깃드시기를 기원(祈願)합니다

그동안 동문들의 생사(生死)조차 모르고 지나온 우리들의 생활(生活)이 너무나도 메말랐던 것 같습니다. 돌이켜 보건대 사십여년(四十餘年)동안 변화(變化) 많은 세계 역사(世界 歷史)속에 약소민족(弱小民族)의 설움을 누구보다도 더 많이 맛본 우리들의 삶이였나 봅니다.

일어상용(日語常用)으로 공부하고 "さいた, さいた, きいろに, きいろに, まぶしくさいた, れんきようが さいた."라 노래 부르며 철부지 홍안소년시절(紅顔少年時節) 학교 뒷동산에 올라가 솔방울 따서 송탄유(松炭油) 채취, 학교운동장에 아주까리 콩을 재배하던 모습들, 숯내 가에서 고기 잡던 그 모습들……. 이제는 그 흔적조차 서라진 정(情)든 학교 교정(學校校庭)의 이모저모 생각 모두가 다 흘러간 옛 추억의 한 페이지가 되어 버렸습니다. 주름진 얼굴 늘어나는 흰머리 내 생활(生活)을 버리고 가정의 한 도구가 되어 버린 그 모습들, 그 모습들을 재회(再會)하기 위하여 지난 4월 17일 발기회(發起會)를 거쳐 다음과 같이 총회(總會)를 갖기로 하였습니다. 부디 꼭 참석(參席)하여 주시기 바랍니다.

다 음

- 모임내용: 돌마교팔회동창회(突馬校八回同窓會)
- 일시(日時): 1982년 5월 8일 12:00
- 장소(場所): 성남(城南) 모란 정다방(情茶房) 밑 광주식당(廣州食堂)
  - 모란에서 분당 행 버스정류장 옆
- 회비(會費): ₩5,000원
- 전화번호: 3-1295

발기인 일동(發起人 一同) 드림

서기 1940년 일본제국주의 시대에 경기도 광주군 돌마면 돌마국민학교에 입학하여 1945년 8월15일 세계대전에 일본(日本)의 항복으로 해방이 되었으나 남북한으로 38도선을 중심하여 분단되고 미군의 군정(軍政)으로 환희와 혼란의시기인 1946년에 56명이 졸 업후, 1950년 6월25일 북한군의 불법 남침으로 동창생들이 참전으로 많은 희생(犧牲)이 있었으며, 제각기 각 분야에 삶을 영위하고 잿더미가 된 나라 건설에 허기(虛氣)지고 고달픈 노력으로 이룩한 오늘의 대한민국이 경제적으로 세계 열강에 올려놓은 우리들의 젊은 시절이 아니었던가! 그간에 동창들의 생존자가 몇 명 인줄도 모르고 사는 동안 1989년 4월27일 분당신도시개발 정부발표로 각자 흩어져 살아 주소조차 모르고 산지 어언 44년간인 인생후반(人生後半)에 동기동창의 우정(友情)이야 동기간(同氣間)에 비할바 없이 진(津)하기에, 1982년 5월 8일(토) 12시에 성남 모란 광주 식당에서 첫모임에 17명 참석이 이루어지기까지 김병렬, 최선봉, 최대련, 한종택 등의 주도적인 열성과 물심양면으로 이끌어, 결성 후 매월 25일 모임을 갖고 있다. 동창회 모임은 그 옛날 동심으로 돌아가 욕설 섞인 대화와 소담(笑談)이 구수하며 산천경개(山川景槪)따라 명승지와 선진지 등을 찾아다녀 노후(老後)를 즐기며, 입맛따라 골라 다니는 동안 생존(生存)한 동창이 회장 한종택, 총무 최대련과 나를 비롯하여 86세의 최고령인 김병렬과, 이시우, 이금석, 이종원, 최선봉, 박승환, 김석중, 유창성, 6·25 동란 때 포로(捕虜)로 청춘을 바친 장진환이 북한의 사선(死線)을 넘어 수년전에 탈출하여 생환(生還)하였고, 여성(女性)으로 이임구, 구연옥, 이희구, 이순자 등이 타계(他界)한 동창들의 명복(冥福)을 빌었으며, 불원간 차례로 그들의 뒤를 따를 것이다. 참으로 뒤를 되돌아보면 생애의 애환(哀歡)이 길면서도 짧게 느껴지는 인생의 허무함을 무엇이라 표현할 수 없다. 서로 만나면 건강(健康)하라고 격려(激勵)하고 우애(友愛)하는 동창들이 이제 8순이 훨신 넘어가는 시점에서 한 번이라도 이승에서 더 보고 싶은 마음 간절할 뿐이다.

2011년 신묘(辛卯) 12월 17일 모임

충남서산 도비도를 다녀와서.

(2) 한산이씨 서울화수회(韓山李氏 서울花樹會)

구한말 학부대신 강암 용직(剛菴 容稙)께서 충남 한산에 소재한 한산이씨대종회를 각파의 종원들이 서울에 집중되어있고, 목은영당이 현 서울시 종로구 수송동에 계시며 서울화수회조직이 잘 되어 있어 1954년에 대종회업무를 서울로 옮기고 초대이사장에 양경공댁에 속한 의정공파 택규(宅珪)씨를 초대(初代)이사장으로 선발되어 오늘의 19대연임 20대(代)이사장으로 윤구(潤求)박사가 수행(遂行)하고 있으며, 서울화수회는 지속적으로 계승하여 동성제약회장 선규(宣珪)씨, 근규(根珪)씨, 호직(浩稙)씨, 준직(準稙)씨, 영식(榮植)씨, 완구(完求)씨, 세원(世遠)씨, 형복(亨馥)씨, 광복(光馥)씨로 계승(繼承)하고 있다. 호직(浩稙)씨 때부터 서울화수회 이사로 가입하여 오늘에 이르러 고문(顧問)으로 추대 되어 서울근교에서 모여들어 한산화수회는 대종회를 버금하는 구성체로서 활발하게 운용하여, 매년 성남분당에 문화재인 선현묘역에서 노소(老少)를 막론하고 四, 五백명의 일가들이 모인 가운데 총회를 성대하게 치루며, 여흥(餘興)도 연예인(演藝人)을 초청하여 상품(賞品)을 주고 푸짐하게 단합과 돈목을 다지는 노래자랑의 장(場)을 이뤘다.

(3) 관악구화수회(冠岳區花樹會)

(4) 고려역사선양회(高麗歷史宣揚會)

1994년 8월 27일 (사)고려역사선양회(社, 高麗歷史宣揚會) 창립에 참여하여 고려전당(高麗殿堂)에 왕건태조(王建太祖)를 비록한 34왕위(王位), 성충현공(聖忠賢功) 354위 중 우리 선조는 가정이곡(稼亭 李穀)선생, 목은이색(牧隱 李穡)선생, 현암이종덕(玄巖 李種德)선생, 인재공이종학(麟齋公 李種學)선생 등 4위(四位)의 위패(位牌)를 봉안하고 매년 추계제향(秋季祭享)을 전국에서 각기 그의 후예(後裔)들이 성대하고 경건하게 봉행하고 있다. 초창기부터 2005년도까지 회비납부하다 이사직을 사임하고 전례위원으로 봉사 하고 있다. 이세준(李世濬)씨가 대신 선양회이사로 추대되어 전례위원을 겸하고 있으며 이사회비는 대종회예산에서 지불하도록 조치(措置)되었다.

선양회 총재는 차화준(車和俊)씨와 여러분의부총재 총재단과 이사회. 총회와 전례위원회가 있다. 부총재인 전재환(田在桓)씨가 전례위원장을 겸하였고 나를 비롯하여 왕남철(王南喆)씨, 김면기(金勉起)씨, 이사를 겸한 이세준(李世濬)씨, 우관제(禹寬濟)씨 등이 제례연구와 협의, 준비 등 큰 역할을 하고 있다.

(5) 한국성씨총연합회(韓國姓氏總聯合會)

1998年 9月29日 한국성씨총연합회를 창립(創立)하는데 참여하여 감사(監事)로 선임되어 활동하였다.

2000년 6월 정통가족제도수호범국민연합 결성 등으로 법무부제안 가족법개정안 반대 활동을 비롯하여 법무부 호주제 공청회참여, 반대측이 공청회장을 압도하였다. 12월7일 정통가족제도 수호범국민연합 총궐기대회에 전국의 성본 종중 대표와 유림대표 1,500여명의 여의도광장에서 개최하여 함성을 올렸다.

2002년 7월 정부의 가족법 개악저지 대책과 종사법안 압법추진을 위한 전진대회를 거구장에서, 전국 종중대표와 성균관유도회 지도자등 각계대표 350여명이 참여하였었다.

2003년 5월 23일 1,500여명이 모여 서울 종로 탑골공원에서 법무부 가족법 개정안(호주제 폐지법안)반대운동과 서명에 돌입하였었다.

2003년 9월 23일 법무부 가족법 공청회에 참여하여 호주제 수호 측 구상진(具相鎭)변호사와 정환담(鄭煥淡)교수와 폐지 측 김상용, 곽배희, 이경숙, 진선미 등 4명의 발표가 있어 격렬한 반대주장이 논리적으로나 열정으로나 압도적이었다.

2004년도 가족법 개정안 반대 활동으로 가족법 개정안 반대 신문광고, 국회 항의 방문, 자민련 당사 망문 총재단 국회 항의 방문, 각계에 청원서 제출, 한나라당 가족법공청회 참석 등 눈부신 활동을 하였다.

2005년 2월 서울종묘공원에서 "호주제 폐지는 민족문화 말살행위"호주제수호 국민대회 열리다.

어린이에 대한 성범죄 원흉은 가족해체이다!

개악된 가족법 재개정만이 바로 잡을 수 있다.라고 성씨총연합회 황상득 총재가 전단에 올린 간곡한 글이다.

• 정통가족제도 복원이 급선무다.
• 부성혈통(父姓血統)파괴로, 가정이 무너진다.
• 위기타개책으로 국가원로나 지도자급 인사들이 적극 나서야한다.
• “침묵만이 능사가 아니고 어른의 역할이 절실하다.” 라고 역설하였다.

(6) 성균관대학교총동문회(成均館大學校總同門會)

총동문회장 이충구씨(李忠求)씨의 동창회발전기금으로 당시 일금십오억(一金十五億)원을 쾌척(快擲)하면서 동문회발전을 위해 세계에 흩어져 있는 동문들을 찾아 결속을 시켜 해외에 성균인들의 동문회를 조직하는 등 모교를 위해서도 많은 업적을 남기어 회장 연임까지 하는 등 많은 동문들도 역시 고의층(高位層)으로 정계(政界), 관계(官界), 학계(學界), 사회지도자 등으로 많은 동문들의 활동상(活動像)이 성균인의 명예를 드높임으로 600여년의 유구한 역사를 간직한 성균관대학교가 세계적으로도 유일하게 발전하고 있어, 동문회 일원으로서 자랑스럽게 여긴다.

(7) 성균관대학교유학대학원(지)총동문회

- 成均館大學校儒學大學院(指)總同門會

1995, 2, 25. 성균관대학교유학대학원을 7기로 이수하여 동문회장 윤성태(윤성태)씨 때 상임부회장을 역하고, 현재는 이사로서 지속하고 있다. 동문 중에도 성균관 부관장(成均館副館長) 12명 중 7기 동문에서 나를 비롯하여, 노봉구(盧鳳九)씨, 김건중(金建中)씨, 공병철(孔炳哲)씨 등 4명으로 가장 많이 선발되어 활동하였다.

(8) 성균관유교교육원진사반 4기와 석전이수반 5기총동문회

-成均館儒敎敎育院進士班 4期와 釋奠履修班5期總同門會

동문회 3대(代) 회장 서상득(徐相得)씨와 4대회장 정병철(鄭炳哲)씨 5.6대회장 정복희(鄭福喜)씨에 이어 7.8대 김진현(金振鉉)씨에 이르는 동안 이사(理事)로 협력하고 있다. 전체동문의 신망과 추대를 받고 있는 사무총장 전영태(全永泰)씨의 근면성실로 본 동문회가 운용되고 있으며, 성균관의 중요 직분(職分)인 의전(儀典)을 담당(擔當)하고 있다.

(9) 성균관전례상조회(成均館典禮相助會)
(10) 칠사종우회(七,四宗友會)
(11) 한산이씨목양회(韓山李氏牧良會)
(12) 동대문한친회(東大門韓親會)
(13) 매금요오찬회(每金曜午餐會)
(14) 한산이씨봉화공파기로회(韓山李氏奉化公派耆老會)
(15) 한산이씨대종회(韓山李氏大宗會)
(16) 한산이씨 양경공파종회(韓山李氏 良景公派宗會)
(17) 한산이씨 대사성공파종회(韓山李氏 大司成公派宗會)
(18) 한산이씨 봉화공파종회(韓山李氏 奉化公派宗會)
(19) 한산이씨 한성군파종회(韓山李氏 韓城君派宗會)
(20) 한산이씨 한평군파종회(韓山李氏 韓平君派宗會)
(21) 한산이씨 전부공파종회(韓山李氏 典簿公派宗會)

▣ 호정(湖亭) 이상구(李庠求) 선생 연보(年譜)

호정 이상구 선생

- 본적(本籍): 경기도 성남시 분당구 수내동 219번지(京畿道 城南市 盆唐區 藪內洞 二一九番地)
- 부(父): 이범규(李範珪) 관향(貫鄕) 한산인(韓山人)
- 모(母): 금인연(琴仁淵) 관향(貫鄕) 봉화인(奉化人)의 5子中 3子
- 주소(住所): 서울시(市) 관악구(冠岳區) 대학동(大學洞)251-388(호)號
- 성명(姓名): 이상구(李庠求)
- 관향(貫鄕): 한산(韓山)
- 호(號): 호정(湖亭)
- 생년월일(生年月日): 1931년 5월 초4일생

- 1931년 신미(辛未) (음력) 5월 4일. 한산이씨 중시조 목은 이색(牧隱 李穡)선생의 20대손(代孫)으로 선고 범규(先考 範珪)씨와 선비봉화인 금인연(先妣 奉化人 琴仁淵)씨의 삼자(三子)로 경기도 광주군 돌마면 수내리 219번지에서 태어남.
- 1945년 8월 15일. 8.15해방과 배움터
- 1950년 6월 25일. 6.25동란이 발발함과 함께 1.4후퇴 남하피난(南下避難)

- 1951년 8월. 수원비행장 미군부대 통신대 근무(水原飛行場 美軍部隊通信隊勤務)
- 1952년 3월 14일. 선린상업고등학교 졸업(善隣商業高等學校 卒業)
- 1952년 7월 25일. 돌마공민학교 교사 역임(突馬公民學校 敎師 歷任)
- 1953년 2월 25일. 돌마탁주양조장 서기 역임(突馬濁酒釀造場 書記 歷任)
- 1955년 3월. 영농(營農)과 축산업 경영(畜産業 經營)
- 1961년 10월 23일. 안동인 권길순(安東人 權吉順)과 혼인(婚姻)
- 1962년 1월 15일. 돌마면 유선방송수신사업경영(突馬面有線放送受信事業經營)
- 1964년 12월 30일. 돌마면 수내리 이장피임(突馬面藪內里 里長被任)
- 1964년 10월 1일. 한산이씨한평군파세보전 창간(韓山李氏韓平君派世譜全 創刊)
- 1967년 2월 24일. 민주공화당 경기 제5지구당 교육문화분과위원장 역임(民主共和黨 京畿 第5地區黨 敎育文化分科委員長 歷任)
- 1968년. 폐교(廢校)된 양영고등학교복원(養英高等學校)에 협력(復原(協力)함.
- 1968년 8월. 11대조 휘 찬수사공 묘비 근수(11代祖 諱 攢水使公 墓碑謹竪)
- 1969년 6월 5일. 분당단위농업협동조합 서기 역임(盆唐單位農業協同組合 書記 歷任)
- 1970년 3월 12일. 안성군 양성면 방산리에서(安城郡 陽城面 芳山里)에서 양성목장 경영(陽城牧場 經營)
- 1973년 1월 23일. 서울 영등포구 노량진 본동((永登浦區 鷺梁津本洞) 126-15 전입(轉入). 문구점경영(文具店經營)
- 1975년 10월 30일. 관악구 신림동 244-139 전입. 삼성초등학교 앞에 문구점 경영

- 1979년 4월 18일. 문구점을 신림9동 241-76 이전 수퍼마켇 내로 이전 영업
- 1984년 4월 20일. 서울시경찰국장의 감사장 받음
- 1987년 1월 31일. 서울시 행정에 협조 공로로 서울시장 표창장 받음
- 1987년 9월 30일. 신림동 251-388호 서울대학교 교수 임효재 박사가 살던 집을 매입하다.
- 1988년 1월 9일. 명지대학교 신천식 교수팀과 돌마면 수내리 봉화공 묘역의 석물을 탁본하다.
- 1989년 5월 5일. 종로 목은영당 다례일 국회의원 이인구씨의 분당지구신도시개발로 '선조의 묘역 보존에 일가단결로 대처하자'고 간곡히 호소하다.
- 1989년 5월 23일. 성남문화원장을 통하여 분당신도시개발에 유적보존에 관한 진정서를 당국에 전달하다.
- 1989년 5월 30일. 역사유적보존대책청원서를 요로에 제출 및 국회의원 인구(麟求), 긍규(肯珪), 국회의장비서실장 동복(東馥), 감사원 덕구(德求)씨 등 한산이씨대종회이사장 인구(仁求)씨와 성남화수회장 충규(充珪)씨 등에게 협조를 요청하다.
- 1989년 6월 10일. 서울대학교 박물관장 임효재 박사, 서울대학교 규장각실장 이태진 박사, 명지대학교 박물관장 신천식 박사, 한국민속촌 맹인재 촌장, 경기도 강대욱 학예관 등에게 문화재적 자료를 수집하여 제공하고 선대유적(先代遺蹟) 보존에 대한 협조를 부탁하는 등, 눈부신 활동을 하다.
- 1989년 8월. 경기도문화재 위원 7인의 묘역 실측 답사(踏査)시 주도적으로 안내하다.
- 1989년 9월. 서울대학교, 명지대학교, 한양대학교 등 박물관 주관으로 성남분당 지구 문화유적 지표조사가 실시되도록 역할을 하다.

- 1989년 12월 29일. 경기도 성남시 수내동 영장산 한산이씨 묘역일원이 경기도지정기념물 제116호로 지정받다.
- 1990년 5월 7일. 분당중앙공원 묘역 내 사면비 이전에 수원에 거주하는 이성구(李盛求)지가사의 법수로 이전되다.
- 1990년 12월. 경기도 군포시 산본동 '호암공 휘 이기조선생 묘역'이 경기도지정기념물 제121호로 지정되는데 기여하다.
- 1991년 8월 10일 국내 최초로 '한산이씨 한평군파 영상족보'를 제작하다.
- 1991년 11월 28일. 살던 집을 다가구주택으로 건축하여 등기를 필하다.
- 1992년 3월 25일. 한산이씨한평군파종회 이사장 역임.
- 1992년 12월. 경기도 고양시 원당 소재 '한산이씨묘역'이 향토유적 제99-5호로 지정되는데 기여하다.
- 1993년 5월 3일. 한산이씨 대종회 부이사장 역임.
- 1994년 10월. 한산이씨시조 고려호장공묘 비문에 하자(瑕疵)가 있어 삼은공 휘 승오 찬 비문으로 복원비를 건수(建竪)하다.
- 1995년 2월 25일. 성균관대학교 유학대학원(지) 7기 수료.
- 1995년 4월. 고려숭의회(高麗崇義會) 이사(理事)로 선임.
- 1995년 7월 21일. 성균관유도회총본부 상임위원으로 선임.
- 1995년 8월 1일. 성균관 청금록편찬 지도위원(成均館 青衿錄編纂 指導委員)
- 1996년 3월 21일. 성균관 석전교육이수반 제5기 이수(成均館 釋典教育履修班 제5期 履修)
- 1996년 5월 2일. 성균관유교교육원 선비학당 진사반 7기 수료.
- 1996년 7월 17일. 성균관 전학(成均館 典學).
- 1996년 9월 5일. (사)한국전례연구원 4개월간(四個月間) 7기 수료

- 1996년 11월 3일. (사)한국전례원 예절강사 보수교육 시연이수. (社)韓國典禮院 禮節講師 補修教育試演 履修) 자격 취득.
- 1998년 3월. 신천식 박사 저(申千湜博士著) 『목은(牧隱)의 학문(學文)과 학맥(學脈)』 출판비(出判費)를 수내동 통덕랑(通德郎) 휘 정규(諱廷葵)공파 종회가 부담(負擔)하는데 역할(役割)을 하다.
- 1998년 3월 20일. 고려역사선양회(高麗歷史宣揚會) 이사(理事)로 선임選任)되다.
- 1998년 9월 29일. 한국성씨총연합회 창립총회에 한산인(韓山人)으로는 단독으로 참여하다.
- 1998년 10월 9일. 성균관 석전보존회(釋奠保存會) 부회장(副會長) 역임(歷任).
- 1999년 4월 30일. 성균관임원 연수교육 이수.
- 1999년 10월 20일. 사직대제 봉행지도위원(社稷大祭 奉行指導委員) 역임.
- 2000년 3월 한산이씨봉화공파 이사 역임.
- 2000년 9월 24일. 성균관유도회총본부 지도자연수교육 이수.
- 2001년 10월. 신천식 박사 저 『문열공 이계전의 생애와 행록(文烈公李季甸의 生涯와行錄)』 출판비(出判費)를 동성제약 이선규(東星製藥李善珪) 회장(會長)이 출간(出刊)하게 역할하다.
- 2002년 3월 7일. 성균관대학교 총동창회 이사 역임.
- 2002년 4월 1일. 성균관가족법대책위원으로 가족법 개정을 반대하는 활동을 하다.
- 2002년. 인재공댁 음애공 휘 자(陰崖公 諱 耔)묘역 일원이 경기도지정 기념물 제172호 지정되는데 적극 기여하다.
- 2002년 6월. 한산이씨 문열공파 세보창간 수단유사(文烈公派 世譜創刊收單有司)역임.

- 2002년 8월 1일. 한국성씨총연합회 간(韓國姓氏總聯合會 刊) 『한국성씨총감(韓國姓氏總鑑)』 감수위원(監修委員) 역임.
- 2003년 3월 3일. 성균관대학교 유학대학원 부설 서예전문과정 입학, 예서(隸書), 전서(篆書), 행서(行書), 한글반 등 교습(敎習).
- 2003년 5월. 김연갑 저(金煉甲 著) 『아리랑시원설 연구』에 목은선생과의 관련 단서가 될 자료를 제공하다.
- 2003년 8월 5일. 성균관대학교 유학대학원(지) 총동문회 상임부회장 역임.
- 2003년 12월 8일. 성균관중요무형문화재제85호 석전대제보존회 전승회원.
- 2004년 4월 1일. 성균관부관장(成均館副館長) 역임,
- 2005년 3월. 성균관 연혁과 성균관 대사성을 역임한 한산인을 파악하다.
- 2005년 3월. 고려역사선양회 이사 사임(理事 辭任), 선양회 전례위원(宣揚會 典禮委員) 현재.
- 2005년 3월 30일. 한국성씨총연합회 간 총감창간(韓國姓氏總聯合會刊總鑑創刊의 감수위원(監修委員을 맡다).
- 2005년 9월 세화P&C 제약회사 이석규 저(李錫珪著) 『한산이씨총감(韓山李氏總鑑)』의 간행위원(刊行委員)을 맡다.
- 2006년 2월 4일. 한산이씨 집의공파 세보창간(韓山李氏 執義公派 世譜創刊)을 착수(着手)하다.
- 2006년 6월 27일. 파주 고려통일대전 본전 상량식 상량문을 성균관장의 찬으로 받아 거행하는데 역할을 하다.
- 2006년 8월. 한산이씨 거사공 휘 병동(居士公 諱 秉東)파 후손 납골묘비문을 성균관장 최근덕씨 찬으로 받아 건립하다.
- 2006년 11월 3일. 2002년도 간행 문열공파세보 직자 이상(稙字 以上)

의 정오표(正誤表)를 단독으로 작성하여 임원에게 배포하다.

- 2006년 11월 8일. 한산이씨 인재공파 심손 별록을 작성하여 좌의정공파 관복(官馥)씨에게 전달하다.
- 2007년 10월 1일. 경남 사천시 선진리 '조명군총 문화유적 확장공사 준공식 위령제 및 이총 조형물 제막(耳塚 造形物 除幕), 좌랑 이경류공(佐郞 李慶流公) 안식제례(安息 祭禮)'에 갑규씨, 용구씨 등과 함께 참여하다.
- 2007년 10월 30일. 고려대전 위패봉안대제(高麗大殿 位牌奉安大祭)를 봉행(奉行)하다.
- 2007년 11월 14일. 성균관 최근덕 관장 찬 '여주 목은선생 추모비문'을 받다.
- 2007년 11월 20일. 강원대학교 교수 황재국 박사 저 『역주가정이곡 한시집과 한시 연구』를 동성제약 이선규(李善珪)회장이 출판비를 부담하게 역할하다.
- 2008년 4월 25. 한산이씨 한산군 휘 우 대사성공파종회이사장(韓山李氏 韓山君 諱 堣 大司成公派 宗會理事長)으로 선임(選任)되다.
- 2008년 11월. 장지리 대지 561-1과 663-18에 물류창고 2개동(二個棟)을 신축 임대하여 종재(宗財)의 소득원이 되게 하다.
- 2010년 10월. 대사성공묘역 사초와 묘비 개수 및 묘역 계단 설치비를 봉화공파종회에서 지원받아 일신하게 단장(丹粧)하다.
- 2011년 4월 28일. 대사성공파이사장에 재추대되어 고사(固辭)하였으나 3연임(三連任)을 하게 되다.
- 2012년 1월 6일. '대사성공 휘 우 신도비문'을 성균관 최근덕 관장 찬으로 받아 임원회에 결의를 받고 2012년 신년도에 건립예정으로 있다.
- 2011년 11월. 화성시에 당성(唐城)복원에 대한 건의서를 한국성씨총연

협회 부총재 홍재덕(洪在德)씨와 성균관 부관장 이상구(李庠求) 공동으로 제출하다. 이는 당성에 목은선생이 쓰신 망해루기문(望海樓記文)과 망해루와 사적들을 복원의 건의를 받아들여져 2013년에 1차적으로 복원이 시작되게 되었다.

- 2000년. '첨추공묘비 음기'를 비롯하여 '10대조 이하 역대 묘비문'을 천학비재이나 정성으로 쓰다.

▮ 학력(學歷)

- 선린상업고등학교(善隣商業高等學校) 44회 졸업(卒業)
- 성균관대학교 유학대학원(지) 7기 수료(成均館大學校 儒學大學院(指)7期 修了)
- 성균관 유교교육원 선비학당 진사반 수료(成均館儒教教育院선비學堂進士班 修了)
- 성균관석존이수반 5기 수료(成均館釋奠履修班 5期 修了)
- (사)한국전례연구원 7기 수료(社. 韓國典禮硏究員 7期 修了)
- 성균관대학교 부설 서예전문가과정 예. 행서반 이수(成均館大學校附設書藝專門課程 隸,行書班 履修)

▮ 경력(經歷)

- 성균관석존보존회부회장 역임(成均館釋奠保存會副會長歷任)
- 고려역사선양회 이사 역임, 현 전례위원(高麗歷史宣揚會 理事 歷任. 現典禮委員)
- 한국성씨총연합회 감사 역임, 현 상임고문(韓國姓氏總聯合會 監事 歷任, 現常任顧問)
- 한국뿌리문화보존회 이사(韓國뿌리文化保存會 理事)

- 한산이씨한평군파 이사장 역임, 현 고문(韓山李氏韓平君派 理事長歷任. 現顧問)
- 한산이씨대종회 부이사장 역임(韓山李氏大宗會 副理事長 歷任)
- 한산이씨대사성공파 휘 우파종회 삼임, 현 이사장(韓山李氏大司成公諱堣派宗會 三任 現理事長)
- 성균관유도회 서울시본부 부회장 역임(成均館儒道會서울市本部 副會長歷任)
- 성균관원임부관장 역임, 현 고문(成均館原任副館長 歷任, 現顧問)

▌영상족보(映像族譜)

- 한산이씨한평군파영상족보 우리나라 최초 제작

▌세보참여(世譜參與)

- 한산이씨한평군파세보 창간, 중간 편찬위원(韓山李氏韓平君派世譜 創刊. 重刊編纂委員)
- 한산이씨문열공파세보 창간 편찬위원(韓山李氏文烈公派世譜創刊 編纂委員)

▌비석(碑石)

- 한산이씨수사공파 휘 찬 묘비묘도 단독 수립(韓山李氏水使公諱欑墓碑墓道 單獨竪立)
- 한산이씨태조묘비문 하자로 휘 승오 찬 복원비로 단독 수립(韓山李氏始祖墓碑文 瑕疵로 諱承五撰復原碑로單獨竪立)
- 경기도문화재 지정에 자료 제공과 안내 등 헌신적 기여(京畿道文化財指定에 資料 提供과 案內 等 獻身的 寄與)
- 분당중앙공원 한산이씨묘역 일원 경기도기념물 제116호(盆唐中央公園韓山李氏墓域一圓 京畿道記念物 第116號)

- 군포시공원 한산이씨 호암공 휘 기조 묘역 경기도기념물 제121호(軍浦市公園 韓山李氏 浩菴公 諱 基祚 墓域 京畿道記念物 第121號)
- 용인시 기흥읍 한산이씨 음애공 휘 자 묘역 경기도기념물 제 172호(龍仁市 器興邑 韓山李氏 陰崖公 諱 耔 墓域 京畿道記念物第172號)
- 고양시 원당 한산이씨묘역 일원 향토문화제 제99-5호(高陽市 元堂 韓山李氏墓域一圓 鄕土文化財 第99-5號)
- 시흥시 소래 한산이씨 정희공 휘 기하 묘역 경기도기념물 제 호(始興市 蘇萊 韓山李氏 貞僖公 諱 基夏 墓域 京畿道記念物 第 號)

▮ 저서 출간 주도적 역할(著書 出刊 主導的 役割)

- 역주가정이곡한시집 추판비교보섭기여 황인국교수 저(譯註稼亭李穀漢詩集 出版費交涉寄與 黃在國 敎授 著)
- 목은이색의 학문과 학맥 출판비교섭기여 신천식 교수 저(牧隱李穡의學文과學脈 出判費交涉 寄與 申千湜 敎授 著)
- 존양제 이계전의 생애와 행록 출판비교섭기여 신천식 교수 저(存養齋李季甸의生涯와行錄 出版費交涉寄與. 申千湜 敎授 著)
- 한산이씨보감 창간 자료제공급 교정, 이석규 세화 피엔시 회장 저(韓山李氏寶鑑創刊 資料提供及 校正. 李錫珪 世和P&C會長 著)
- 아리랑 시원설 연구목은선생관련 결정적 자료수집 제공 김연갑 선생 저(아리랑始原說硏究 牧隱先生關聯 決定的 資料蒐集 提供 金煉甲先 生著)

▮ 수상(受賞)

- 감사장(感謝狀) - 치안행정에 협조(治安行政에 協助) 서울시 경찰국장 박배근
- 표창장(表彰狀) - 지방사회 헌신봉사(地域社會 獻身奉仕) 서울특별시장 염보현

호정(湖亭) 이상구의 崇祖 외길 인생

한산이문과 나

초판인쇄일 2013년 02월 01일
초판발행일 2013년 02월 08일

지은이 : 이상구
감　수 : 이현복
펴낸이 : 김순진
주　간 : 지성찬
편집장 : 전명숙
디자인 : 김초롱
펴낸곳 : 도서출판 문학공원
등　록 : 2004년 3월 9일 제6-706호
주　소 : (우편번호 130-814)서울 동대문구 신설동 114-89
삼우빌딩 C동 302호 스토리문학사
전　화 : 02-2234-1666
팩　스 : 02-2236-1666
홈페이지 : http://cafedaumnet/yob51
이메일 : 4615562@hanmailnet

* 책값은 뒤표지에 있습니다.

ISBN : 978-89-6577-060-2　93090